企业人力资源管理师通过必备

（二级）

徐　明　编著

经济管理出版社

图书在版编目（CIP）数据

企业人力资源管理师通过必备．二级/徐明编著．—北京：经济管理出版社，2010.3

ISBN 978-7-5096-0918-7

Ⅰ．①企… Ⅱ．①徐… Ⅲ．①企业管理—劳动力资源—资源管理—资格考核—自学参考资料 Ⅳ．①F272.92

中国版本图书馆 CIP 数据核字（2010）第 028852 号

出版发行：经济管理出版社
北京市海淀区北蜂窝 8 号中雅大厦 11 层
电话：(010)51915602　　邮编：100038

印刷：三河文阁印刷厂　　经销：新华书店

组稿编辑：宋　娜　　责任编辑：宋　娜
技术编辑：杨国强　　责任校对：超　凡

787mm×1092mm/16　　21 印张　　524 千字
2010 年 3 月第 1 版　　2010 年 3 月第 1 次印刷

定价：48.00 元

书号：ISBN 978-7-5096-0918-7

前言

一年两次的人力资源管理师考试，对每一个报名的人来说都是梦想的起点。面对考试，很多人其实是为了获取一个证书，从而证明自己在这个行业中的实力，他们或为日后进入这个行业，或为升职加薪，当然也有为获取能力而“充电”学习……总之，虽然大家怀揣着各种各样的目的，但想得到的结果是一样的：通过考试，获得国家职业资格证书。

如何通过考试？大家都知道天上是不会掉馅饼的，不经历风雨，怎么见彩虹？任何成功不经过努力是不可能轻易获得的。问题的关键是：考生们也在意了，也努力了，也辛苦了，也奋斗了，然而结局却不尽如人意。怎么解决这个问题？

一、积极的应考心态

不管你的目的是什么，复习考试的心态很重要。首先是信心，信心不是别人给的，是自己给自己的。怎么给？在学习中逐步建立自己的信心。具体步骤是：在学习初期，先树立一个无知者无畏的信心。随着一章一章的学习和做题，随着一个一个问题的解决，考生的信心逐渐清晰，最终成为一个强大的自信！

再就是，恒心——持之以恒，或者说是坚持。我在课堂上经常讲“龟兔赛跑”的例子，相信我的学生们应该记忆犹新。没错，学习乌龟的坚持，管他比赛的是谁，兔子也好，罗伯斯也好，刘翔也好……他且跑他的，我自坚持我的！诱惑也好，摇摆也好，只要坚持就好！当然，在这个充满诱惑、心情浮躁的社会，坚持好说，但坚持好难！正是因为要和来自外界和自身的诱惑做斗争，在你最终用坚持战胜诱惑后，才能感受到资格证书的可贵！

二、正确的学习方法

1. 流程——找到学习的规律

任何事物都有它自身的规律，对人力资源管理的学习也不例外。怎么学习理论？对于每一章，要梳理出其流程，先自己梳理，然后根据本书第一篇所给的各章流程加以完善和对照，并且牢记流程，最后根据流程把书上的知识点一个一个消化。如果能够按照这样的步骤去做，必将收到事半功倍的效果！

在工作中怎么学习？如果大家在工作中就是做这人力资源这一行业的，那么所要做的是把书本上学到的理论在实践工作中加以运用；如果不是从事这一行业的，那么可以通过观察自己企业的人力资源管理，找出其中存在的问题并相应地给出解决思路和方案，这样也可以达到目的，即所谓的“在干中学”。

2. 练习——熟练掌握的工具

看懂了并不意味着就会做！这是无数经验和事实证明的。眼高手低是很多人的通病，因为人力资源管理师考试是由理论 + 技能 + 论文共同组成的，其中理论考试有 125 道单选+多选，并且考试时间只有90分钟，所以如果不在课后进行大量的练习，要想在这么短的时间内做完全部的考题都是一个大问题。

本书的第二篇每章都有100道左右的理论练习题，以及6~8道技能练习题，第三篇有5套真题，第四篇有2套模拟题，这样共有1400道理论选择题，100道左右的专业技能题。通过大量的做题，足以达到“从量变到质变”的目标。为使学员达到最佳的学习效果，本书的所有习题都没有答案，目的是方便学员自测。

《企业人力资源管理师应试精讲（二级）》是本书的配套用书，它对本书每章的理论和专业技能练习题、5套真题、2套模拟题给出了答案和对应的国家培训教程中的页码，每道题还有详细的知识点讲解，便于大家能够检验自己的学习水平，透彻理解人力资源管理的精髓，并且可以迅速掌握知识点。

3. 上课——最简捷的学习方式

很多人都说忙，没错，其实大家都忙，但是再忙也要挤出时间来学习，最简便、快捷的方式是听课。因为老师对于教材的讲解可以使大家少走弯路，并且可以在课堂上通过提问和沟通了解到在课本上了解不到的超值的知识和经验！如果实在因为出差或生病没有参加面授课，也一定要在以后把课补齐！会听的看门道，不会听的即使得到的是热闹，最起码老师可以带着学生把知识点过一遍，也等于学习了一遍！

三、明确的计划和有效的执行

1. 计划——时间管理

时间对于每个人都是公平的，关键在于怎么去善待时间、管理时间。为了通过考试，学生们必须给自己制订一个学习、复习计划，没有计划的人是凌乱的，或者说是找不到生命目标的，同学们要从现在到考试，根据时间，制定复习的轮次。一般来说，教材要看3遍以上，题目至少要做3~5套，具体计划如下：

<table>
<tr><th>时 间
(Time)</th><th>项 目
(Project)</th><th>任 务
(Task)</th><th>执 行
(Implementation)</th><th>目 标
(Aim)</th></tr>
<tr><td>___月___日—___月___日
(1~1.5周)</td><td>第一轮
规划、招聘</td><td>听课、做课后习题、找老师答疑</td><td></td><td rowspan="4">通过一个月的第一轮学习，看书达到2遍（预习1遍，上课听讲1遍），对教材内容有宏观、详细的认识</td></tr>
<tr><td>___月___日—___月___日
(1~1.5周)</td><td>第一轮
培训、绩效</td><td>听课、做课后习题、找老师答疑</td><td></td></tr>
<tr><td>___月___日—___月___日
(1~1.5周)</td><td>第一轮
薪酬、关系</td><td>听课、做课后习题、找老师答疑</td><td></td></tr>
<tr><td>___月___日—___月___日
(0.5周)</td><td>第一轮
基础</td><td>听课、做课后习题、找老师答疑</td><td></td></tr>
<tr><td>___月___日—___月___日
(1周)</td><td>第二轮
规划、招聘、培训</td><td>做题，并对照教材纠正</td><td></td><td rowspan="3">通过做题，找到复习、学习中不懂、遗漏的地方</td></tr>
<tr><td>___月___日—___月___日
(1周)</td><td>第二轮
绩效、薪酬</td><td>做题，并对照教材纠正</td><td></td></tr>
<tr><td>___月___日—___月___日
(1周)</td><td>第二轮
关系、基础</td><td>做题，并对照教材纠正</td><td></td></tr>
<tr><td>___月___日—___月___日
(周末2天的整块时间)</td><td>第三轮
2007年5月真题
2007年11月真题</td><td>做题，并对照教材纠正</td><td></td><td>通过做题，找到复习、学习中不懂、遗漏的地方</td></tr>
</table>

续表

时间 (Time)	项目 (Project)	任务 (Task)	执行 (Implementation)	目标 (Aim)
____月____日—____月____日 (周末2天的整块时间)	第三轮 2008年5月真题 2008年11月真题	做题，并对照教材纠正		
____月____日—____月____日 (周末2天的整块时间)	第三轮 2009年5月真题	做题，并对照教材纠正		
____月____日—____月____日 (考前倒数第二个周末)	第四轮 模拟试题一	做题，并对照教材纠正		最后两周的模拟考试，所得的成绩基本上就可以判断最终考试的情况
____月____日—____月____日 (考前倒数第二个周末)	第四轮 模拟试题二	做题，并对照教材纠正		

2. 有效执行——自我管理

执行力强或不强，关系着大家是否能顺利通过考试。即使计划作得再好，不去执行，不去有效地执行，做好的计划照样是废纸一张。那么就和自己战斗，在这仅有的几个月里，打败自己内心中那些借口和懒惰，战胜自己，将自己制订的计划付诸实施，并且将计划坚持下去，那么在考试的路上你就已经成功了一半！

四、成功就在眼前

心态：信心 + 恒心 = 淡定从容！

方法：流程 + 练习 + 上课 = 事半功倍！

方式：时间管理 + 有效执行 = 通过考试！

努力吧！亲爱的朋友们。如果能够按照上述这些流程、办法去计划，去付诸实践，成功就在眼前！当考试结束后，大家走出教室，看到的将是蓝的天、白的云，一番靓丽的景色！同时，还能收获意想不到的自己的坚持，自己对计划坚持的实践！其实，仔细、静静地想想：在这个世界上，对于生命旅途目标的坚持和执行，才是最重要的！学会坚持，学会执行，我们将获得比自己生命的更高的期待，因为我们已拥有对更高目标追求的积淀和能力！

本书使用说明

（1）完善计划。根据每一篇首页的学习计划书，将自己的学习时间填入空白处，并按照计划，严格执行。

（2）闭卷自测。从第二篇起，开始有大量的练习，各章的自测时间如下：理论知识部分 90 分钟，专业技能部分 120 分钟，请严格按照规定时间进行闭卷测验。

（3）重复训练。测验后可以对照《企业人力资源管理师应试精讲（二级）》给出的答案和注解进行自学，各章习题可以循环使用，反复训练，最好测试时不要将答案写在书上，以方便多次练习。

（4）本书的体例格式自成体系，第一篇的序号、图号、表号与国家统一教材完全对应，以方便学生的学习。

目　录

第一篇　基础必备

第二篇 循序渐进

第三篇 高级进阶

第四篇 学有所成

第一篇 基础必备

学习方法和流程

按照规律，要想通过人力资源管理师的考试，读书至少要3遍以上。第一篇的基础必备，主要针对第一遍的学习，完全按照《培训教程》+《基础知识》的编写体例，将老师在课堂上所讲的重点加以理解和记忆。这部分学习起来较为细致，正所谓把书读薄。

学习计划书（第一阶段）

时间	项目	任务	执行情况	目标
___月___日—___月___日 (1~1.5周)	第一轮 规划、招聘	听课、做课后习题、找老师答疑		通过一个月的第一轮学习，看书达到2遍（预习1遍，上课听讲1遍），对教材内容有宏观、详细的认识
___月___日—___月___日 (1~1.5周)	第一轮 培训、绩效	听课、做课后习题、找老师答疑		
___月___日—___月___日 (1~1.5周)	第一轮 薪酬、关系	听课、做课后习题、找老师答疑		
___月___日—___月___日 (0.5周)	第一轮 基础	听课、做课后习题、找老师答疑		

第一章 人力资源规划

人力资源规划是将企业经营战略和目标转化成人力需求，以企业整体的超前和量化的角度分析和制定人力资源管理的一些具体目标。依据组织的发展战略、目标制定，要适应组织内外部环境的变化。其目的是使组织人力资源供需平衡，保证组织长期持续发展和员工个人利益的实现。

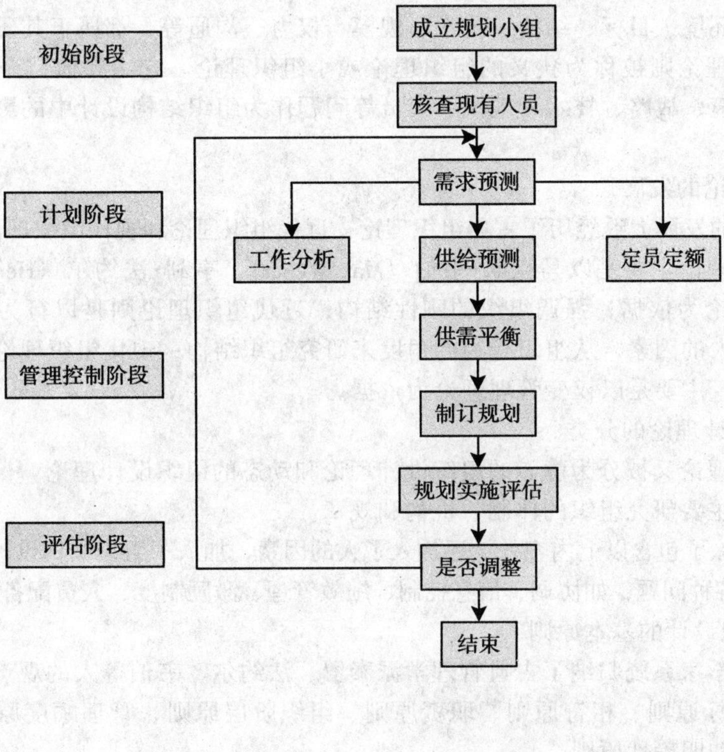

第一节 企业组织结构设计与变革

第一单元 企业组织结构设计

知识要求

一、组织结构设计的基本理念

组织结构是组织内部分工协作的基本形式或框架。

组织结构设计是指以企业组织结构为核心的组织系统的整体设计工作。

（一）组织设计理论的内涵

1. 组织理论与组织设计理论的对比分析

组织理论又被称做广义的组织理论或大组织理论，它包括了组织运行的全部问题，如组织运行的环境、目标、结构、技术、规模、权力、沟通等，都属于其研究对象。

组织设计理论则被称为狭义的组织理论或小组织理论。它主要研究企业组织结构的设计，而把环境、战略、技术、规模、人员等问题作为组织结构设计中的影响因素来加以研究。

2. 组织理论的发展

组织理论的发展大致经历了古典组织理论、近代组织理论和现代组织理论三个阶段。

古典组织理论主要是以马克斯·韦伯（Max Weber）、亨利·法约尔（Henri Fayol）等人的行政组织理论为依据，强调组织的刚性结构；近代组织理论则是以行为科学为理论依据，着重强调人的因素，从组织行为的角度来研究组织结构；现代组织理论则是从行为科学中分离出来，主要是以权变管理理论为依据。

3. 组织设计理论的分类

组织设计理论又被分为静态的组织设计理论和动态的组织设计理论。

静态理论主要研究组织的体制、机构和规章。

动态理论除了包含以上内容外，还加入了人的因素，加入了组织结构设计，以及组织在运行过程中的各种问题，如协调、信息控制、绩效管理、激励制度、人员配备及培训等。

（二）组织设计的基本原则

西方管理学家系统归纳了古典管理学派泰罗、法约尔、韦伯等人的观点，提出了 8 条指导原则：目标原则、相符原则、职责原则、组织阶层原则、管理幅度原则、专业化原则、协调原则和明确性原则。

美国管理学家孔茨等人，提出了健全组织工作的 15 条基本原则。

我国企业在组织结构的变革实践中积累了丰富的经验，也相应地提出了一些设计原则，现可以归纳如下：

1. 任务与目标原则

企业组织设计的根本目的是为实现企业的战略任务和经营目标服务的。这是一条最基本的原则。

2. 专业分工和协作的原则

(1) 实行系统管理，把职能性质相近或工作关系密切的部门归类，成立各个管理子系统，分别由各副总经理负责管辖。(2) 设立一些必要的委员会及会议来实现协调。(3) 创造协调的环境，提高管理人员的全局观念，增加相互间的共同语言。

3. 有效管理幅度原则

有效管理幅度不是一个固定值，它受职务的性质、人员的素质、职能机构健全与否等条件的影响。管理幅度的大小同管理层次的多少成反比例关系。

4. 集权与分权相结合的原则

管理分权时主要应考虑的因素有：企业规模的大小、企业生产技术特点、各项专业工作的性质、各单位的管理水平和人员素质的要求等。

5. 稳定性和适应性相结合的原则

组织设计时，既要保证组织外部环境和企业任务变化时能够正常运转，又要保证组织在运转过程中能够根据变化作出相应的变更。

二、新型组织结构模式

(一) 多维立体组织结构

多维立体组织又称多维组织、立体组织或多维立体矩阵制等，它把矩阵组织结构形式与事业部制组织结构形式有机地结合在一起，形成了一种全新的管理组织结构模式。

多维立体组织结构综合考虑了产品、地区与职能参谋机构，形成了三类主要管理组织机构系统：一是按产品划分的事业部；二是按职能（如市场研究、生产、调查、财务、人事、质量控制等）划分的专业参谋机构，即专业成本中心；三是按地区划分的管理机构，即地区利润中心。由三方代表共同组成产品事业委员会。它主要应用于跨国公司和规模巨大的跨地区公司。

(二) 模拟分权组织结构

实现“模拟”的独立经营、独立核算，以调动其生产经营积极性和主动性，达到改善整个企业生产经营管理目的的组织结构。

(三) 分公司与总公司

分公司与总公司结构模式较多地出现在由横向合并而形成的企业中，合并后各分公司保持了较大的独立性。分公司是总公司的分支机构或附属机构，在法律上和经济上均无独立性，不是独立的法人企业。分公司没有自己的独立名称。

(四) 子公司与母公司

子公司是指受集团或母公司控制但在法律上独立的法人企业。其特点如下：子公司不是母公司本身的一个组成部分或分支机构，它有自己的公司名称和董事会，有独立的法人财产，并以此承担有限责任，可以以自己的名义从事各种业务活动和民事诉讼活动。

(五) 企业集团

企业集团的职能机构包括：(1) 依托型组织职能机构，又称依附型组织职能机构，是指由一家实力雄厚企业兼任集团本部的职能机构。(2) 独立型组织职能机构，在成员企业之上建立一套独立的专门职能机构。(3) 智囊机构及业务公司和专业中心。智囊机构又称决策咨询委员会、战略研究部或信息公司，其任务有：收集、整理、储存相关信息资料，提供给集团协商议事的理事会参考；参与制订集团的经营战略规划、中长期计划和年度生产经营计划；根据理事会的指示，为集团高层对重大问题的决策提供备选方案，参与集团的决策活动，为集团制定和实施正确的经营决策出谋划策。（4）非常设机构，即从集团本部或成员企业抽调人员，组成临时工作机构。

能力要求

一、组织结构设计的程序

1. 分析组织结构的影响因素，选择最佳的组织结构模式

（1）企业环境。如果企业面临的环境复杂多变，就要求划分权力时给中下层管理人员较多的经营决策权和随机处理权。如果企业面临的环境是稳定的，则可以把管理权较多地集中在企业领导手里，设计比较稳定的组织结构，实行程序化、规模化管理。（2）企业规模。企业规模小，管理工作量小，为管理服务的组织结构也相应简单；企业规模大，管理工作量大，需要设置的管理机构多，各机构间的关系也相对复杂。（3）企业战略目标。（4）信息沟通。信息沟通贯穿于管理活动的全过程。

一个较大的企业，整体性结构模式和局部性结构模式是可以不同的。在整体上是事业部制的结构，在某个事业部内则可以采用职能制的结构。因此，不应该把不同的结构模式截然对立起来。

2. 根据所选的组织结构模式，将企业划分为不同的、相对独立的部门

3. 为各个部门选择合适的部门结构，进行组织机构设置

4. 将各个部门组合起来，形成特定的组织结构

5. 根据环境变化不断调整组织结构

二、部门结构不同模式的选择

（一）以工作和任务为中心来设计部门结构

优点：具有明确的高度稳定性。

缺点：组织中每个人往往只了解自己的工作和任务，很难了解整体的任务并把自己的工作和它联系起来。因此，这种结构模式的适用范围较小。

（二）以成果为中心来设计部门结构

这种结构包括事业部制和模拟分权制等模式。事业部制一般在大型企业中采用。模拟分权制结构中的各个部门和单位，有自己的管理机构。

（三）以关系为中心来设计部门结构

以关系为中心设计的部门内部结构通常出现在一些特别巨大的企业或项目之中，如某些跨国公司。它缺乏明确性和稳定性，实用性较差。

第二单元　企业组织结构变革（变是永恒）

知识要求

企业战略与组织结构的关系

1. 组织结构的功能在于分工和协调，是保证战略实施的必要手段

钱德勒得出一个著名的结论：组织结构服从战略。

2. 通过企业发展阶段的研究可以进一步说明战略与组织结构的关系

企业发展阶段的主要战略有：（1）增大数量战略。在行业处于发展阶段，应采用简单的结构。（2）扩大地区战略。随着行业发展，要求建立职能部门结构。（3）纵向整合战略。在行业增长阶段后期，应选择事业部结构。（4）多种经营战略。在行业进入成熟期，应采用矩阵结构。

能力要求

一、企业组织结构变革的程序

（一）组织结构诊断

1. 组织结构调查

系统反映组织结构的主要资料有：（1）工作岗位说明书。（2）组织体系图。（3）管理业务流程图。

2. 组织结构分析

（1）内外环境变化引起的企业经营战略和目标的改变。（2）关键性职能和中心地位。（3）分析各种职能的性质及类别。

3. 组织决策分析

（1）决策影响的时间。（2）决策对各职能的影响面。（3）决策者所需具备的能力。（4）决策的性质。

4. 组织关系分析

分析某个单位应同哪些单位和个人发生联系？要求别人给予何种配合和服务？它应对别的单位提供什么协作和服务？

（二）实施结构变革

1. 企业组织结构变革的征兆

（1）企业经营业绩下降。（2）组织结构本身病症的显露。（3）员工士气低落。

2. 企业组织结构变革的方式

（1）改良式变革。（2）爆破式变革。（3）计划式变革。

3. 排除组织结构变革的阻力

其根本原因是：改革冲击已习惯的工作方法和业务知识技能，失去工作安全感，持有因循守旧思想。

为保证变革顺利进行，应事先研究并采取以下相应措施：（1）让员工参加组织变革的调查、诊断和计划。（2）大力推行与组织变革相适应的人员培训计划。（3）大胆起用年富力强和具有开拓创新精神的人才。

二、企业组织结构的整合

组织结构整合是企业最常用的组织结构变革方式，是一种计划式变革。

（一）企业结构整合的依据

结构整合主要在于解决结构分化时出现的分散倾向和实现相互间协调的要求。

（二）新建企业的结构整合

结构整合主要按规定的标准对分解后的各部门、各层次、各岗位和各职位之间的关系进行修正和确认，排除那些相互重复和冲突的职责、任务，纠正那些不符合组织总目标的局部要求。

（三）现有企业的结构整合

企业组织内部的不协调会从以下几方面表现出来：1. 各部门间经常出现冲突。2. 存在过多的委员会。3. 高层管理部门屡屡充当下属部门相互间冲突时的裁判和调解者。4. 组织结构本身失去了相互协调的机能。

（四）企业结构整合的过程

1. 拟定目标阶段。2. 规划阶段。3. 互动阶段。4. 控制阶段。

企业制定组织结构变革方案的实例总结：任何一个整合方案都不是十全十美的，总会存在一些明显的缺陷和不足。企业组织结构的变革以及机构的调整一定要从企业实际情况出发，在分析比较各种方案的科学性、可行性和现实性的基础上，选择出最优的方案。同时，也可以取长补短，兼收并蓄，将几套方案作出必要的合并或者微调，然后付诸实施。

新的组织结构确立之后，需要有一个过渡期，只有经过一段时期的“磨合—微调—适应，再磨合—再微调—再适应”的过程，才能使全员及企业自身接受这种变革，为完成企业改革与发展以及总体战略目标的实现作出贡献。

注意事项

对组织结构改革要持积极态度，防止产生观望等待和消极畏难情绪。认真论证、反复评估、慎重对待、稳步推进，不能草率从事，并且做到：1. 组织结构改革方案要经过仔细研究和充分酝酿，避免出现“心血来潮”、“朝令夕改”的现象。2. 尽可能地先进行试点，再逐步推广，避免“限期完成”的运动方式。3. 为了切实保证企业组织结构整合的顺利进行，除了要在事前做好各种准备工作之外，在初步完成整合之后，还需要建立健全和完善各种规章制度，以及做好相关的配套工作。

第二节　企业人力资源规划的基本程序

知识要求

一、企业人力资源规划的内容

人力资源规划有广义和狭义之分。广义的人力资源规划泛指各种类型的人力资源规划，而狭义的人力资源规划是特指企业人员规划。

（一）狭义的人力资源规划

1. 人员配备计划。2. 人员补充计划。3. 人员晋升计划。

（二）广义的人力资源规划

除了上述三种人员计划外，还包括：1. 人员培训开发计划。2. 员工薪酬激励计划。3. 员工绩效管理计划。4. 其他计划。

二、企业人力资源规划的作用

（一）满足企业总体战略发展的要求

（二）促进企业人力资源管理的开展

（三）协调人力资源管理的各项计划

（四）提高企业人力资源的利用效率

（五）使组织和个人发展目标相一致

三、企业人力资源规划的环境

（一）外部环境

1. 经济环境

在宏观上改变着企业员工队伍的数量、质量和结构，其影响主要体现在：（1）经济形势。（2）劳动力市场的供求关系。

2. 人口环境

不同年龄段的员工在收入、生理需要、价值观念、生活方式、社会活动等方面存在着一定的差异性，有着不同的追求。

3. 科技环境

科学技术对人员规划的影响是全面的，企业讲究创新。

4. 文化法律等社会因素

影响人力资源活动的法律因素有：政府有关的劳动就业制度、工时制度、最低工资标准、职业卫生、劳动保护、安全生产等规定，以及户籍制度、住房制度、社会保障制度等。

（二）内部环境

1. 企业的行业特点。2. 企业的发展战略。3. 企业文化。4. 企业人力资源管理系统。

四、制订企业人员规划的基本原则

（一）确保人力资源需求的原则

（二）与内外环境相适应的原则

（三）与战略目标相适应的原则

（四）保持适度流动性的原则

能力要求

一、制订企业人力资源规划的基本程序

1. 调查、收集和整理涉及企业战略决策和经营环境的各种信息。2. 根据企业或部门的实际情况确定其人员规划期限，了解企业现有人力资源状况。3. 在分析人力资源需求和供给的影响因素的基础上，采用定性和定量相结合，定量为主的各种科学预测方法。4. 制订人力资源供求协调平衡的总计划和各项业务计划，提出各种具体的调整、供大于求或求大于供的政策措施。5. 人员规划的评价与修正。

二、企业各类人员计划的编制

（一）人员配置计划

（二）人员需求计划

（三）人员供给计划

（四）人员培训计划

（五）人力资源费用计划

（六）人力资源政策调整计划

（七）对风险进行评估并提出对策

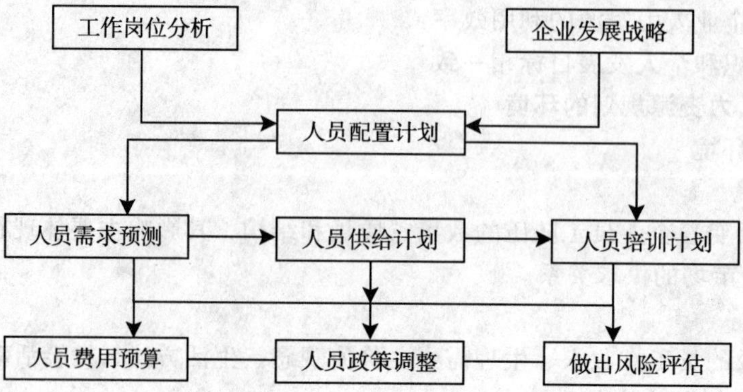

图 1-9　企业各类人员计划的关系图①

第三节　企业人力资源的需求预测

第一单元　人力资源需求预测的基本程序

知识要求

一、人力资源预测的内涵

（一）预测

人员预测包括需求预测与供给预测，以及两者的平衡。

（二）人力资源需求预测

人力资源需求预测是估算组织未来需要的员工数量和能力组合，是公司编制人力资源规划的核心和前提，其直接依据是公司发展规划和年度预算。选择预测的技术，必须具体考虑到企业面临的现实环境、能获得的数据、管理风格等。

（三）人力资源供给预测

人力资源供给预测是指企业根据既定的目标对未来一段时间内企业内部和外部各类人力资源补充来源情况的分析预测。

（四）人力资源预测和人员规划的关系

人力资源预测是人员规划的一部分，是人员规划中定量分析最多的部分。

二、人力资源需求预测的内容

（一）企业人力资源需求预测

（二）企业人力资源存量与增量预测

（三）企业人力资源结构预测

（四）企业特种人力资源预测

---

①本书图号、表号均为国家统一教材中的图号、表号，以便读者阅读，后文不再解释。

三、人力资源预测的作用

（一）对组织方面的贡献

1. 满足组织在生存发展过程中对人力资源的需求。2. 提高组织的竞争力。3. 人力资源预测是人力资源部门与其他直线部门进行良好沟通的基础。

（二）对人力资源管理的贡献

1. 人力资源预测是实施人力资源管理的重要依据。2. 有助于调动员工的积极性。

四、人力资源预测的局限性

（一）环境的不确定性

人力资源预测并非完全严谨、科学，企业生存环境充满复杂性，因此企业要制订应急计划，以防止危机事件的出现。

（二）企业内部的抵制

许多企业旧的做事方式和规章根深蒂固，人力资源规划体系的引入会招致反对，规划的过程中必须讲究技巧，平衡新规则与旧方法之间的冲突。

（三）预测的代价高昂

无论投入多大人力、物力、财力进行预测和规划，人力资源的收益都很难评估，尤其是潜在收益往往容易被低估，不可能量化。

（四）知识水平的限制

人力资源预测和规划工作相当复杂，要求预测者具有高度的想象力、分析能力和独创性，不断提高其预测能力。

能力要求

人力资源需求预测包括现实人力资源预测、未来人力资源需求预测、未来流失人力资源预测分析。具体人力资源需求预测程序如下：

一、准备阶段

（一）构建人力资源需求预测系统

它由企业总体经济发展预测系统、企业人力资源总量与结构预测系统和人力资源预测模型与评估系统三个子系统构成。

（二）预测环境与影响因素分析

1. SWOT 分析法

SWOT 分析法中，S（Strength）代表优势，W（Weakness）代表劣势，O（Opportunity）代表机会，T（Threat）代表威胁。SWOT 分析法实际上是对企业内外部条件各方面内容进行综合概括，分析企业组织的优劣势、面临的机会和威胁的一种方法。

2. 竞争五要素分析法

美国人迈克尔·波特提出的一种模型，要对企业进行以下五项分析：对新加入竞争者的分析、对竞争策略的分析、对自己产品替代品的分析、对顾客群的分析、对供应商的分析。

（三）岗位分类

1. 企业专门技能人员的分类。2. 企业专业技术人员的分类。3. 企业经营管理人员的分类。

（四）资料采集与初步处理

二、预测阶段

1. 确定之物编制和人员配置。2. 进行人力资源盘点。3. 讨论、修正统计结果。4. 统计未来的人员流失状况。5. 统计未来人力资源需求量。6. 进行企业整体的人力资源需求预测。

三、编制人员需求计划

企业各部门对员工的补充需求量主要包括两部分：一是由于企业各部门实际发展的需要而必须增加的人员；二是原有的员工中，因年老退休、退职、离休、辞职等原因发生了“自然减员”，而需要补充的那一部分人员。

第二单元　人力资源需求预测的技术路线和方法

知识要求

人力资源需求预测实际上是预测学的一部分，一般应用以下原理：

1. 惯性原理

模式：由 A–预测 A+。

2. 相关性原理

模式：在已知 B+，C+的情况下，由 A = f（B，C）预测 A+。

3. 相似性原理

模式：At = α·Bt，其中 α 是修正系数。

能力要求

一、人力资源需求预测的技术路线（见图 1–11）

二、对象指标与依据指标

三、人力资源需求预测的定性方法

（一）经验预测法

它可以采用“自下而上”和“自上而下”两种方式。

（二）描述法

它不适用于长期预测。

（三）德尔菲法

它又叫专家评估法，一般采用问卷调查的方式，听取专家（尤其是人事专家）对企业未来人力资源需求量的分析评估，是一种定性预测方法。

四、人力资源需求预测的定量方法

（一）转换比率法

计划期末需要的员工数量 =（目前的业务量 + 计划期业务的增长量）/目前人均业务量×（1 + 生产率的增长率）

（二）人员比率法

（三）趋势外推法

（四）回归分析法

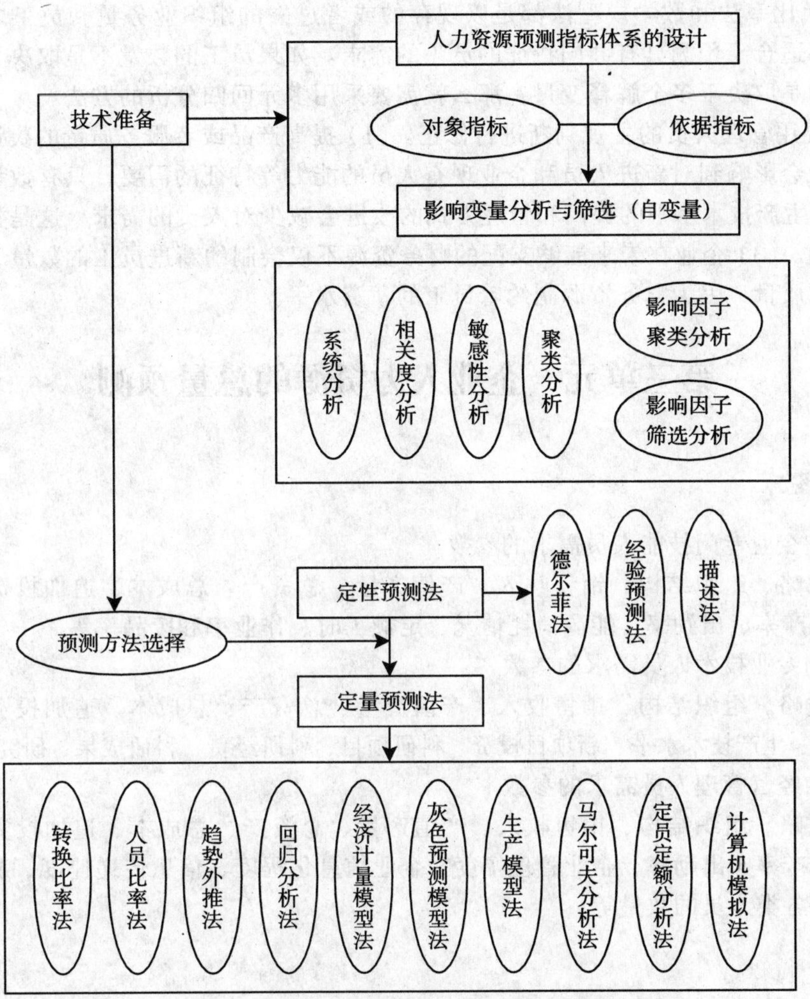

图 1-11　人力资源需求预测技术路线图

（五）经济计量模型法

（六）灰色预测模型法

（七）生产模型法

（八）马尔可夫分析法

它是一种转移概率矩阵，使用统计技术预测未来的人力资源变化。

（九）定员定额分析法

重点掌握工作定额分析法，其公式为：

$N = W/[Q \times (1 + R)]$，其中 N 表示人力资源需求量；W 表示企业计划期任务总量；Q 表示企业定额标准；R 表示计划期劳动生产率变动系数。

（十）计算机模拟法

注意事项

人力资源需求预测定量方法的注意事项如下：

1. 转换比率法和数学模型法都是以现存的或者过去的组织业务量和员工之间的关系为基础，都适合于预测具有共同特征的员工的需求。如果员工的数量不是取决于业务量一个因素，而是取决于多个解释变量，那么就需要采用多元回归分析的方法。

2. 需要用管理人员的主观判断进行修正。(1) 提高产品或者服务质量的决策或进入新市场的决策会影响到对新进人员和企业现有人员的能力等特征的需要，只有数量分析是不够的。(2) 生产技术水平的提高和管理方式的改进会减少对人员的需求，这是数量分析中难以反映的。(3) 企业在未来能够支配的财务资源不仅会制约新进员工的数量，也会制约新进员工的质量，因为财务资源制约着员工的薪资水平。

第三单元　企业人力资源的总量预测

知识要求

1. 影响企业专门技能人员需求的参数

企业战略、组织结构、销售收入、产值产量、总资产、总成本、追加投资、人工成本、劳动生产率、出勤率、能源消耗情况、定额工时、作业率和废品率等。

2. 影响专业技术人员需求的参数

企业战略、组织结构、销售收入、产值产量、总资产、总成本、追加投资、人工成本、出勤率、生产技术水平、新项目投资、科研项目、科研经费、科研成果、研究成果获奖。

3. 影响经营管理人员需求的参数

企业战略、组织结构、销售收入、产值产量、总资产、总成本、追加投资、人工成本、劳动生产率、出勤率、企业管理幅度、企业信息化程度、信息传递速度、决策速度以及企业其他各类人员的数量等。

第四节　企业人力资源供给预测与供求平衡

第一单元　企业人力资源供给分析

知识要求

一、内部供给预测

企业内部人力资源供给量必须考虑的因素如下：企业内部人员的自然流失（伤残、退休、死亡等）、内部流动（晋升、降职、平调等）、跳槽（辞职、解聘）等。

二、外部供给预测

1. 影响企业外部劳动力供给的因素

(1) 地域性因素。(2) 人口政策及人口现状。(3) 劳动力市场发育程度。(4) 社会就业意识和择业心理偏好。

2. 企业外部人力资源供给的主要渠道

（1）大中专院校应届毕业生。（2）复员转业军人。（3）失业人员、流动人员。（4）其他组织在职人员。

能力要求

一、企业人员供给预测的步骤

1. 对企业现有人力资源进行盘点，了解现状。2. 分析调整数据，统计出员工调整的比例。3. 了解将来可能出现的人事调整状况。4. 汇总上述数据，得出企业内部人力资源供给量的预测。5. 分析结果得出企业外部人力资源供给预测。6. 汇总得出企业人力资源供给预测。

二、内部供给预测的方法

（一）人力资源信息库

它大致可分为以下两类：

1. 技能清单

它一般清单由四部分组成：（1）主要说明员工的工作岗位、经验、年龄等。（2）介绍员工技术能力、责任、学历等。（3）对员工工作表现、提升准备条件等的评价。（4）对员工最近一次的客观评价，尤其对工作表现的评价（绩效考核）。

2. 管理才能清单

管理才能清单集中反映管理者的管理才能及管理业绩，为管理人员的流动决策提供有关信息。它包括：管理幅度范围、管理的总预算、下属的职责、管理对象的类型、受到的管理培训、当前的管理业绩等。

（二）管理人员接替模型

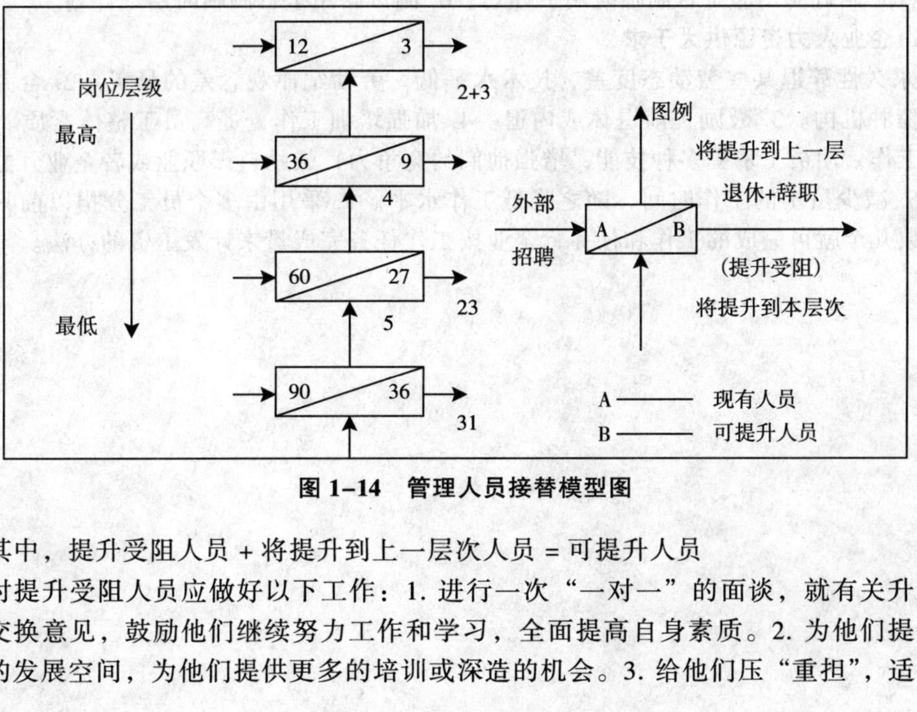

图 1-14　管理人员接替模型图

其中，提升受阻人员 + 将提升到上一层次人员 = 可提升人员

对提升受阻人员应做好以下工作：1. 进行一次“一对一”的面谈，就有关升迁问题深入交换意见，鼓励他们继续努力工作和学习，全面提高自身素质。2. 为他们提供更加宽松的发展空间，为他们提供更多的培训或深造的机会。3. 给他们压“重担”，适当扩大

他们的工作范围。

（三）马尔可夫模型

马尔可夫模型是分析组织人员流动的典型矩阵模型，它的基本思想是：通过发现组织人事变动的规律，推测组织在未来的人员供给情况。

对业务主管（教程中案例）离职率高的对策如下：1. 查明公司业务主管离职率高的原因。2. 加大对公司业务员的培训力度。3. 采用多种方式，广开人员补充的渠道。

第二单元　企业人力资源供给与需求平衡

能力要求

企业人力资源供求达到平衡（包括数量和质量）是人力资源规划的目的。企业人力资源供求关系有三种情况：(1) 人力资源供求平衡。(2) 人力资源供大于求，结果是导致企业内部人浮于事，内耗严重，生产或工作效率低下。(3) 人力资源供小于求，企业设备闲置，固定资产利用率低，也是一种浪费。

一、企业人力资源供求平衡

即使是供求总量上达到平衡，也会在层次、结构上发生不平衡。企业应依具体情况制订供求平衡规划。

二、企业人力资源供不应求

1. 将符合条件而又处于相对富余状态的人调往空缺职位。2. 如果高技术人员出现短缺，应拟定培训和晋升计划。3. 如果短缺现象不严重，且本企业员工又愿延长工作时间，可制订延长工时适当增加报酬的计划。4. 提高企业资本技术有机构成，提高工人的劳动生产率。5. 制订聘用非全日制临时用工计划。6. 制订聘用全日制临时用工计划。

三、企业人力资源供大于求

1. 永久性辞退某些劳动态度差、技术水平低、劳动纪律观念差的员工。2. 合并和关闭某些臃肿机构。3. 鼓励提前退休或内退。4. 加强培训工作，提高员工整体素质。5. 加强培训工作，使员工掌握多种技能，增强他们的竞争力，鼓励自谋职业或者企业开办第三产业。6. 减少员工的工作时间，随之降低工作水平。7. 采用由多个员工分担以前只需一个或少数几个就可完成的工作和任务，企业按工作任务完成量来计发工资的办法。

第二章　招聘与配置

人事相宜，动态平衡；人尽其才，事尽其功。“人事相宜”是让所有的事都有合适人去做、去管；让所有的人都去做与管相应的事、合适的事。两者结合，因人而异，因事制宜，就能充分挖掘人与事的潜力，产生巨大的能量，实现资源增值。

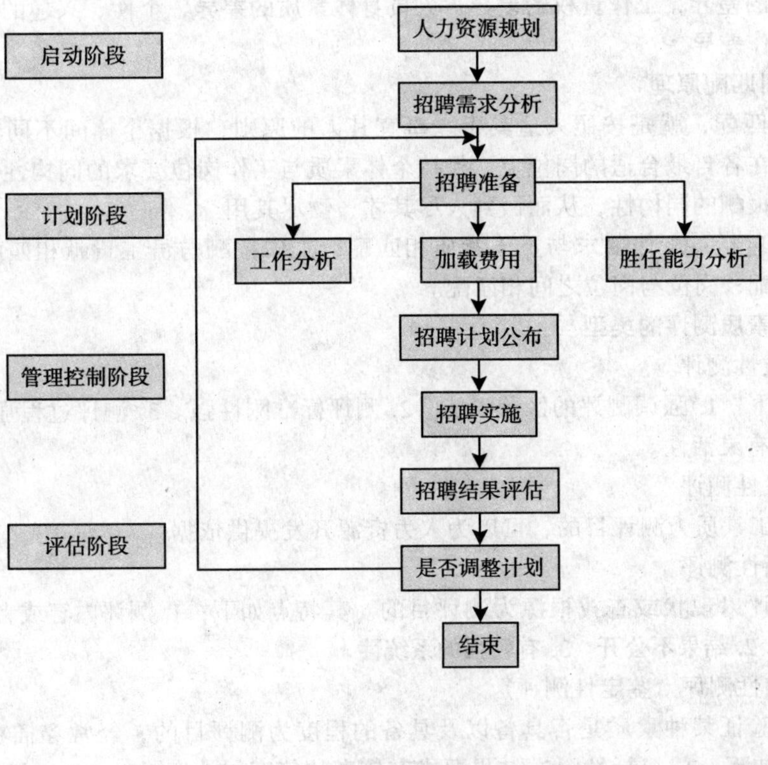

第一节 员工素质测评标准体系的构建

学习目标

一、员工素质测评的基本原理

（一）人体差异原理

员工测评的对象是人的素质。只有人的素质存在而且具有差别时，员工测评才具有现实的客观基础。员工测评的基本假设认为，人的素质是有差异的，这种差异是客观存在的，是不为意志所转移的。造成人们素质差异的因素是多方面的，既有先天的因素，也有后天的自然、社会因素。具体到与工作相联系的素质，不同的人做相同的工作有着不同的效果和效率。

（二）工作差异原理

工作任务的差异，工作责权的差异，人员身体素质的差异，个性、兴趣的差异，都会导致员工的工作差异。

（三）人岗匹配原理

所谓人岗匹配，就是按照人适其事、事宜其人的原则，根据个体间不同的素质和要求，将其安排在各自最合适的岗位上，保持个体素质与工作岗位要求的同构性，即保持个体需要与工作报酬的同构性，从而做到人尽其才、物尽其用。

人岗匹配包括：工作要求与员工素质相匹配；工作报酬与员工贡献相匹配；员工与员工之间相匹配；岗位与岗位之间相匹配。

二、员工素质测评的类型

（一）选拔性测评

其特点如下：1. 强调测评的区分工能。2. 测评标准刚性强。3. 测评过程强调客观性。4. 测评指标具有灵活性。

（二）开发性测评

以开发员工素质为测评目的，可以为人力资源开发提供依据。

（三）诊断性测评

诊断性测评以现状或查找根源为测评目的。其特点如下：1. 测评内容或者十分精细，或者全面广泛。2. 结果不公开。3. 有较强的系统性。

（四）考核性测评（鉴定性测评）

以鉴定或验证某种素质是否具备以及具备的程度为测评目的，经常穿插在选拔性测评中。其特点如下：1. 概括性。2. 结果要求有较高的信度与效度。

三、员工素质测评的主要原则

员工素质测评的主要原则既是素质测评实践经验及其技能技巧的科学总结，又是素质测评实践的思想方法。

（一）客观测评与主观测评相结合

（二）定性测评与定量测评相结合

（三）静态测评与动态测评相结合

静态测评是指对被测评者已形成的素质水平的分析评判，不考虑素质前后的变化。动态测评是根据素质形成与发展的过程而不是结果进行的素质测评，是从前后的变化情况而不是当前所达到的标准进行的素质测评。

（四）素质测评与绩效测评相结合

素质测评是对一个人的德、能、智、体的素质的测评，而绩效测评是一种业绩实效的考察评定，素质与绩效互为表里。

（五）分项测评与综合测评相结合

分项测评是把素质分解为一个个的项目分别独立地进行测评，然后将测评结果简单相加。综合测评则是对综合素质的各个方面进行整体系统的测评。

四、员工素质测评量化的主要形式

素质测评的量化形式从理论上来说，有一次量化、二次量化、类别量化、模糊量化、顺序量化、等距量化、比例量化与当量量化等形式。

（一）一次量化与二次量化（直接的、间接的）

当序数词解释时，一次量化是指对素质测评的对象进行直接的定量刻画。二次量化即指对素质测评的对象进行间接的定量刻画，即先定性描述后再定量刻画的量化形式。当基数词解释时，一次量化是指素质测评的量化过程可以一次性完成。二次量化则不然，它是指整个素质测评量化过程要分两次计算才能完成。

（二）类别量化与模糊量化

类别量化就是把素质测评对象划分到事先确定的几个类别中去，然后给每个类别赋予不同的数值。

模糊量化则要求把素质测评对象同时划分到事先确定的每个类别中去，根据该对象的隶属程度分别赋值。例如：可以把管理者的风格划分为“民主型”、“专制型”、“中介型”。

（三）顺序量化、等距量化与比例量化

顺序量化一般是先依据某一素质特征或标准，将所有的素质测评对象两两比较排成序列，然后给每个测评对象一一赋予相应的顺序数值（成对比较法）。

等距量化则比顺序量化更进一步，它不但要求素质测评对象的排列有强弱、大小、先后等顺序的关系，而且要求任何两个素质测评对象间的差异相等，然后在此基础上才给每个测评对象一一赋值。

比例量化又比等距量化更进一步，不但要求素质测评对象的排列有顺序等距关系，而且还要存在倍数关系。

（四）当量量化

当量量化就是先选择某一中介变量，把各种不同类别或不同质的素质测评对象进行统一性的转化，对它们进行近似同类同质的量化。

五、素质测评标准体系

测评与选拔标准体系设计是员工测评与选拔活动的中心与纽带。它把测评与选拔主体、客体、对象、方法和结果连为一体，同时也成为整个测评与选拔工作指向的中心。

（一）素质测评标准体系的要素

一般由标准、标度和标记三个要素组成。

1. 标准

它指测评标准体系的内在规定性，从它揭示的内涵来看，有客观形式、主观评价、半客观半主观三种。如果从标准表示的形式来看，则有评语短句式、设问提示式、方向指示式三种。其中，根据测评指标操作的方式，方向指示式又可划分为测定式与评定式。

2. 标度

它是对标准外在形式的划分，测评指标的标度大致有量词式、等级式、数量式、定义式、综合式。

3. 标记

它是对应不同标度的符号表示，没有独立意义。

（二）测评标准体系的构成

测评标准体系设计分为横向结构和纵向结构两个方面。横向结构是指将需要测评的员工素质的要素进行分解，并且列出相应的项目；纵向结构是指将每一项素质用规范化的行为特征或表征进行描述与规定，并且按层次细分。

1. 测评标准体系的横向结构

（1）结构性要素（身心要素）。它包括身体素质和心理素质。（2）行为环境要素。内部环境指个人自身所具备的素质，它直接影响个人能力的发挥；外部环境指客观外界存在的、间接影响个体行为表现的环境条件，包括工作性质和组织背景两个方面。（3）工作绩效要素。它主要包括一个人的工作数量、工作质量、工作效率、工作成果、群众威信、人才培养等要素。

2. 测评标准体系的纵向结构

（1）测评内容。测评内容的确定步骤一般是分析被测评对象的结构，找出所有值得测评的因素，然后根据测评目的与职位要求进行筛选。（2）测评目标。测评目标是素质测评中直接指向的内容点。

测评内容、测评目标与测评指标是测评标准体系的不同层次。测评内容是测评所指向的具体对象与范围，测评目标是对测评内容的明确规定，测评指标则是对测评目标的具体分解。

（三）测评标准体系的类型

1. 效标参照性标准体系。2. 常模参照性指标体系。

选拔标准由参加选拔的所有候选人的“一般”水平决定。高于“一般”水平的人被选拔，而低于“一般”水平的人被淘汰。

六、品德测评法（性格倾向）

（一）FRC 品德测评法

它是计算机辅助分析的考核性品德测评方法。

（二）问卷法

它是一种实用、方便、高效的方法。

（三）投射技术

1. 测评目的的隐蔽性。2. 内容的非结构性与开放性。3. 反应的自由性。

七、知识测评

知识测评实际是对人们掌握的知识量、知识结构与知识水平的测量与评定。

知识测评可以从不同的层次进行。美国教育学家布卢姆提出了著名的“教育认知目标分类学”，把认知目标分为六个层次：知识、理解、应用、分析、综合、评价。我国知识测评的三个层次：记忆、理解、应用。

八、能力测评

（一）一般能力测评，即通常所说的智力测验。

（二）特殊能力测评，主要指对于某些行业、组织与岗位特定能力的测评。

（三）创造力测评（创新力），在人才选拔尤其是选拔高层管理人才和技术型人才时，创新能力的高低更是一个重要的考虑因素。

（四）学习能力测评。

能力要求

一、企业员工素质测评的具体实施

企业对员工的素质能力进行测评，必须经过准备、实施、数据调整和处理，以及测评结果的分析。

（一）准备阶段

1. 收集必要的资料

2. 组织强有力的测评小组

测评人员必须做到：(1) 坚持原则，公正不偏。(2) 有主见，善于独立思考。(3) 有一定的测评工作经验。(4) 有一定的文化水平。(5) 有事业心，不怕得罪人。(6) 作风正派，办事公道。(7) 了解被测评对象的情况。

3. 测评方案的制定

(1) 确定被测评对象范围和测评目的。(2) 设计和审查员工素质能力测评的指标与参照标准。(3) 编制或修订员工素质能力测评的参照标准。(4) 选择合理的测评方法。

人事测评方法通常采用四个指标，即效度、公平程度、实用性和成本。

表 2-7 各类测评方法在四项指标上的评价

方法	效度	公平程度	实用性	成本
智力测验	中	中	高	低
性向和能力测定	中	高	中	低
个性与兴趣测验	中	高	低	中
面谈	低	中	高	中
工作模拟	高	高	低	高
情境练习	中	未知	低	中
个人资料	高	中	高	低
同行评定	高	中	低	低
推荐信	低		高	低
评价中心	高	高	低	高

（二）实施阶段

1. 测评前的动员，使员工明确测评的意义和目的

2. 测评时间和环境的选择

(1) 测评时间。(2) 测评环境如下：宽敞、通风、光线充足、明亮，温度适中，安静。

3. 测评操作程序

（1）报告测评指导语包括员工素质测评的目的、强调测评与测验考试的不同、填表前的准备工作和填表要求、举例说明填写要求、测评结果保密和处理，测评结果反馈。（2）具体操作。（3）回收测评数据。

（三）测评结果调整

1. 引起测评结果误差的原因

（1）测评的指标体系和参照标准不够明确。（2）晕轮效应（以点带面）。（3）近因误差。（4）情感效应。（5）参评人员训练不足。

2. 测评结果处理的常用分析方法

（1）集中趋势分析。（2）离散趋势分析。（3）相关分析。（4）因素分析。

3. 测评数据处理

（四）综合分析测评结果

测评结果的描述包括：（1）数字描述。（2）文字描述。

员工素质测评的文件分析所需材料有：1. 测评手册。2. 独立的测评说明。3. 标准说明。4. 有效性研究。5. 阅读水平文件。6. 影响因素分析。7. 评分程序。8. 推荐使用的合格分数。9. 测评员工手册。10. 法律支持文件。11. 测评示范。12. 测评使用者培训方案。13. 测评出版者的资信证明。14. 支持性服务目录。15. 参考资料。

二、企业员工测评实施案例

某公司计划招聘某岗位人员，其招聘过程如下：

（一）组建招聘团队

（二）员工初步筛选

（三）设计测评标准

（四）选择测评工具

表 2–20 测评工具选择表

序号	测评指标	测评工具
1	战略管理能力	文件筐
2	团队管理能力	文件筐
3	自我意识	无领导小组讨论
4	领导技能（人际关系）	无领导小组讨论
5	分析式思考	文件筐
6	自我管理能力	结构化面试
7	成就需求	心理测评
8	市场意识	心理测评
9	关注细节与秩序	结构化面试

（五）分析测评结果

（六）作出最终决策

（七）发放录用通知

第二节　面试的组织与实施

第一单元　面试的基本程序

知识要求

一、面试的内涵

面试，是指在特定的时间和地点，由面试考官与应聘者按照预先设计好的目的和程序，进行面谈，相互观察、相互沟通的过程。

特点：1. 以谈话和观察为主要工具。2. 面试是一个双向沟通的过程。3. 面试具有明确的目的性。4. 面试是按照预先设计的程序进行的。5. 面试考官与应聘者在面试过程中的地位是不平等的。

二、面试的类型

1. 根据标准化的程度，可分为结构化面试和非结构化面试。2. 根据实施的方式，可分为单独面试和小组面试。3. 根据面试的进程，可分为一次性面试和分阶段面试。4. 根据面试的题目，可分为情境性面试和经验性面试。

三、面试的发展趋势

1. 面试形式丰富多样。2. 结构化面试成为面试的主流。3. 提问的弹性化。4. 面试测评的内容不断扩展。5. 面试考官的专业化。6. 面试的理论和方法不断发展。

能力要求

一、面试的基本程序

（一）面试的准备阶段

1. 制定面试指南，主要内容有：（1）面试团队的组建。（2）面试准备。（3）面试提问分工和顺序。（4）面试提问技巧。（5）面试评分办法。

2. 准备面试问题。（1）确定岗位才能的构成和比重。（2）提出面试问题。

3. 评估方式确定。（1）确定面试问题的评估方式和标准。（2）确定面试评分表。

4. 培训面试考官。

（二）面试的实施阶段

1. 关系建立阶段：如“今天天气真好！”

2. 导入阶段：如“请用 3 分钟介绍一下你自己！”

3. 核心阶段：如“请问你与用人部门的主管对某一岗位的用人要求有不同意见时，你是怎么处理的（可以是开放性问题、行为性问题、探索性问题）？”

4. 确认阶段：面试官进一步对核心阶段所获得的信息进行确认。例如“概括一下你刚才所说的安排新员工的程序是怎样的？”

5. 结束阶段：询问应聘者还需要了解哪些情况，整理好面试记录表。

面试实施阶段应注意的问题：1. 在办公桌上摆上即将面试的候选人的简历。2. 在桌上摆一份介绍企业的小册子。3. 注意名片的摆放位置。4. 确保面试私密性，减少干扰。5. 开始面试时，面试主持最好不要让秘书接待，要亲自接待。

（三）面试的总结阶段

1. 综合面试的结果。2. 面试结果的反馈。3. 面试结果的存档。

（四）面试的评价阶段

二、面试中的常见问题

1. 面试目的不明确。

2. 面试标准不具体。

3. 面试缺乏系统性。

4. 面试问题设计不合理。（1）直接让应聘者描述自己的能力、特点、个性问题；（2）多项选择式的问题。

5. 面试考官的偏见。（1）第一印象；（2）对比效应；（3）晕轮效应；（4）录用压力。

三、面试的实施技巧

1. 充分准备。2. 灵活提问。3. 多听少说。4. 善于提取要点。5. 进行阶段性总结。6. 排除各种干扰（艺术 60%，技术 40%）。7. 不要带有个人偏见。8. 在倾听时注意思考。9. 注意肢体语言沟通。

表 2–27　肢体语言信息的含义表

肢体语言	典型含义
目光接触	友好、真诚、自信、果断
不做目光接触	冷淡、紧张、害怕、说谎、缺乏安全感
摇头	不赞同、不相信、震惊
打哈欠	厌倦
搔头	迷惑不解、不相信
微笑	紧张、害怕、焦虑
跺脚	紧张、不耐烦、自负
双臂交叉在胸前	生气、不同意、防卫、进攻
抬一下眉毛	怀疑、吃惊
眯眼睛	不同意、反感、生气
鼻孔张大	生气、受挫
手抖	紧张、焦虑、恐惧
身体前倾	感兴趣、注意
懒散地坐在椅子上	厌倦、放松
坐在椅子边缘上	焦虑、紧张、有理解力的
摇椅子	厌倦、自以为是、紧张
驼背坐着	缺乏安全感、消极
坐姿笔直	自信、果断

注意事项

员工招聘时应注意的问题：1. 简历并不能代表本人。2. 工作经历比学历更重要。3. 不要忽视求职者的个性特征。4. 让应聘者更多地了解组织。5. 给应聘者更多的表现机会。6. 注意不忠诚和欠缺诚意的应聘者。7. 关注特殊员工（经历坎坷或者能力超强的应聘者）。8. 慎重做决定。9. 面试考官要注意自身的形象。

第二单元　结构化面试的组织与实施（标准化面试）

知识要求

一、结构化面试问题的类型

1. 背景性问题。2. 知识性问题。3. 思维性问题。4. 经验性问题。5. 情境性问题。6. 压力性问题。7. 行为性问题。

二、行为描述面试的内涵

（一）实质

1. 用过去的行为预测未来的行为。2. 识别关键性的工作要求。3. 探测行为样本。

（二）假设前提

1. 一个人过去的行为最能预示其未来的行为。2. 说和做是截然不同的两码事。

（三）要素

1. 情境（Situation）。2. 目标（Target）。3. 行动（Action）。4. 结果（Result）。

能力要求

一、基于选拔性模型的结构化面试步骤

（一）构建选拔性素质模型

（二）设计结构化面试提纲

（三）制定评分标准及等级评分表

（四）培训结构化面试考官，提高结构化面试的信度和效度

（五）结构化面试及评分

（六）决策

二、结构化面试的开发

结构化面试的开发包括：测评标准的开发，即选拔性素质模型的构建；结构化面试问题的设计；评分标准的确定。

第三单元　群体决策法的组织与实施

知识要求

群体决策法的特点如下：1. 决策人员的来源广泛。2. 决策人员不唯一。3. 群体决策法运用了运筹学群体决策法的原理。

能力要求

群体决策法的实施步骤如下：

一、建立招聘团队

招聘团队由高层管理人员、专业人力资源管理人员、用人部门经理、用人部门经验丰富的员工代表组成。

二、实施招聘测试

根据招聘计划进行各种测试，如笔试、面试等。

三、作出聘用决策

运用群体决策法进行招聘决策。

第三节　无领导小组讨论的组织与实施

第一单元　无领导小组讨论的操作流程

知识要求

一、评价中心的含义

评价中心是多角度对个体行为标准化评估的各种方法的总称。它使用多种测评技术，通过多名测评师对个体在特定的测评情境中表现出的行为作出判断，将所有测评师的意见通过讨论或统计的方法进行汇总，得出对个体的综合评估。

评价中心的主要作用是：1. 用于选拔员工。2. 用于培训诊断。3. 用于员工技能发展。

二、无领导小组讨论的概念

无领导小组讨论（Leaderless Group Discussion，LGD）是评价中心方法的主要组成部分，是指由一定数量的一组被评人（6~9 人），在规定时间内（约 1 小时），就给定的问题进行讨论，讨论中各个成员处于平等的地位，并不指定小组的领导者或主持人。

三、无领导小组讨论法的类型

1. 根据讨论的主题有无情境性，可分为无情境性讨论和情境性讨论。2. 根据是否给应聘者分配角色，可分为不定角色的讨论和指定角色的讨论。

四、无领导小组讨论的优缺点

（一）优点

1. 具有生动的人际互动效应。2. 能在被评价者之间产生互动。3. 讨论过程真实，易于客观评价。4. 被评价者难以掩饰自己的特点。5. 测评效率高。

（二）缺点

1. 题目的质量影响测评的质量。2. 对评价者和测评标准的要求较高。3. 应聘者表现易受同组其他成员影响。4. 被评价者的行为仍然有伪装的可能性。

能力要求

无领导小组讨论的步骤如下：

一、前期准备

前期准备包括编制讨论题目、设计评分表、编制计时表、对考官培训、选定场地、确定讨论小组。

二、具体实施阶段

分为宣读指导语和讨论阶段两部分内容。

评分者的观察要点包括：1. 发言的内容。2. 发言的形式和特点。3. 发言的影响。

三、评价与总结

考官应该着重评估被评价者以下几个方面的表现：1. 参与程度。2. 影响力。3. 决策程序。4. 任务完成情况。5. 团队氛围和成员共鸣感。

讨论会有两个作用：1. 通过交换意见，对应聘者作出更全面的评价。2. 若不同评分者对同一被评价者的评价产生分歧，可进行充分讨论。

第二单元　无领导小组讨论的题目设计

知识要求

一、无领导小组讨论的原理

如果想要对被评价者作出比较客观的评价，一般取决于以下两个主要因素：1. 评价者的知识和经验。2. 被评价者暴露的外在行为的范围。

二、题目的类型

（一）开放式问题

它主要用于考察被评价者思考的全面性、针对性以及思路是否清晰，能否提出新的见解。

（二）两难式问题

它主要考察被评价者分析问题的能力、语言表达能力以及影响力。

（三）排序选择型问题

排序选择型问题是指一个问题有若干个备选答案，让被评价者对其进行排序，或者从中选择符合某种条件的选项。一般先提供问题的主题与备选答案，再由被评价者分别提出自己的观点，然后进行小组讨论得到统一的意见。它主要用于考察被评价者分析问题的能力、语言表达能力等。

（四）资源争夺型题目

它主要考察被评价者的语言表达能力、分析问题能力、概括与总结能力、发言的积极性和灵敏性及组织协调能力。

（五）实际操作型题目

实践操作型，顾名思义，是指通过动手来完成的任务。它主要考察被评价者的主动性、合作能力等。

三、设计题目的原则

（一）联系工作内容

（二）难度适中

（三）具有一定的冲突性

能力要求

无领导小组讨论题目设计的一般流程如下：

一、选择题目类型

题目可以是开放式问题、两难式问题、排序选择型问题等。

二、编写初稿

题目类型确定后，开始收集材料、案例。在撰写初稿时应特别注意两个问题：1. 团队合作。2. 广泛收集资料。

三、调查可用性

四、向专家咨询

向专家咨询主要包括以下几个方面的内容：1. 题目是否与实际工作相联系，能否考察出被评价者的能力。2. 如果是资源争夺型问题或两难式问题，案例是否能均衡。3. 题目是否需要继续修改、完善。

五、测试

测试时着重观测以下几个方面：1. 题目的难度。2. 平衡性。

六、反馈、修改、完善

测试后，工作人员要收集反馈信息，分析三个方面的意见：1. 参与者的意见。2. 评分者的意见。3. 统计分析的结果。

第三章　培训与开发

人力资源的培训与开发是指为了满足企业不断发展的需要，为了提高员工的知识和技能，改善员工的工作态度，使员工能胜任本职工作并不断有所创新，在综合考虑组织的发展目标和员工的个人发展目标的基础上，对员工进行的一系列有计划、有组织的学习与训练活动。

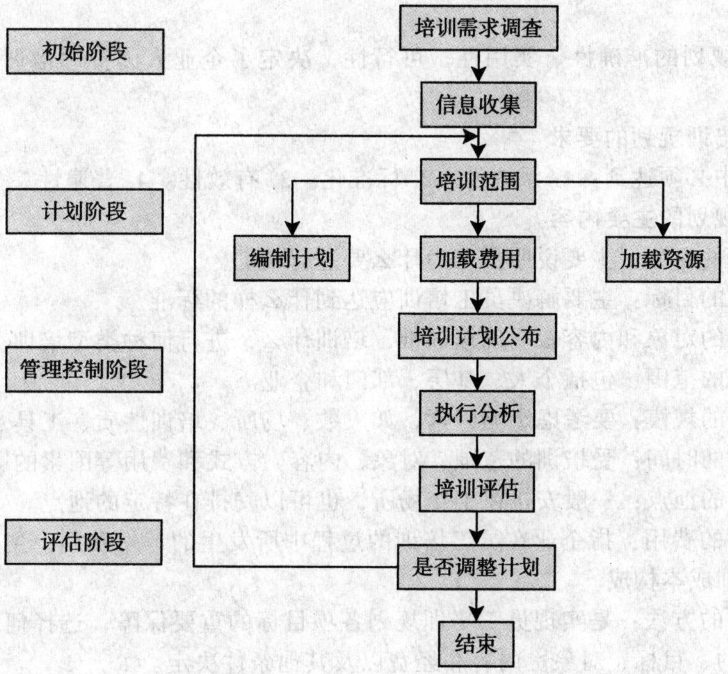

第一节　企业员工培训规划与课程设计

第一单元　员工培训规划的制订

知识要求

一、员工培训规划的概念

在培训需求分析的基础上，从企业总体发展战略的全局出发，根据企业各种培训资源的配置情况，对计划期内的培训目标、对象和内容、培训的规模和时间、培训评估的标准、负责培训的机构和人员、培训师的指派、培训费用的预算等一系列工作所作出的统一安排。

员工培训规划的准确性、实用性、可行性，决定了企业人力资源培训与技能开发的成败。

二、制订培训规划的要求

制订过程中必须达到：1. 系统性。2. 标准化。3. 有效性。4. 普遍性。

三、培训规划的主要内容

（一）培训的目的：主要说明员工为什么要进行培训。

（二）培训的目标：主要解决员工培训应达到什么样的标准。

（三）培训的对象和内容：明确培训谁，培训什么，进行何种类型培训。

（四）培训的范围：包括个人、基层、部门和企业。

（五）培训的规模：要考虑影响因素，如人数、场所、培训性质、工具及费用等。

（六）培训的时间：受培训的范围、对象、内容、方式和费用等因素的影响。

（七）培训的地点：一般安排在工作场所，也可以安排在特定的地点。

（八）培训的费用：指企业在员工培训的过程中所发生的一切费用，主要由直接培训成本和间接培训成本构成。

（九）培训的方法：是实现员工培训规划各项目标的重要保障，选择何种方式方法应当由培训的目的、目标、对象、内容和经费以及其他条件决定。

（十）培训的教师：企业培训应当以员工为中心，培训的管理工作应当以教师为主导。

（十一）计划的实施。

能力要求

一、制订培训规划的基本步骤

1. 培训需求分析。2. 工作岗位说明。3. 工作任务分析。4. 培训内容安排。5. 描述培训目标。6. 设计培训内容。7. 设计培训方法。8. 设计评估标准。9. 试验验证。

二、制订培训规划应注意的问题

1. 制定培训的总体目标。

制订培训规划的主要依据：(1) 企业的总体战略目标。(2) 企业人力资源的总体规划。(3) 企业培训需求分析。

2. 确定具体项目的子目标。

3. 分配培训资源：按轻重缓急分配人力、物力、财力。

4. 进行综合平衡主要从五个方面进行综合平衡：(1) 在培训投资与人力资源规划之间进行平衡。(2) 在企业正常生产与培训项目之间进行平衡。(3) 在员工培训需求与师资来源之间进行平衡。(4) 在员工培训与个人职业生涯规划之间进行平衡。(5) 在培训项目与培训完成期限之间进行平衡。

第二单元　教学计划的制订

知识要求

一、教学计划的内容

1. 教学目标

2. 课程设置

课程内容、课程结构、课程的设置和组合方式是员工教学计划的核心。课程设置决定了教与学的方式、教学方法、教学手段的选择。

3. 教学形式

4. 教学环节

5. 时间安排

二、教学计划的设计原则

(一) 适应性原则

(二) 针对性原则

(三) 最优化原则

(四) 创新性原则

能力要求

一、国外常见的几种教学计划设计程序

1. 肯普的教学设计程序。2. 加涅和布里格斯的教学设计程序。3. 迪克和凯里的教学设计程序。

二、我国常用的教学设计程序

我国常用的教学设计程序主要步骤：(1) 确定教学目的。(2) 阐明教学目标。(3) 分析教学对象的特征。(4) 选择教学策略。(5) 选择教学方法及媒体。(6) 实施具体的教学计划。(7) 评价学员的学习情况，及时进行反馈修正。

第三单元 培训课程的设计

知识要求

一、培训课程的要素

（一）课程目标

它指学习的方向和学习过程中各阶段应达到的标准，应根据环境的需求来确定。

（二）课程内容

（三）课程教材

（四）教学模式

（五）教学策略

（六）课程评价

它用来评估学员对学习内容的广度和深度，有定性和定量两种评价方法。

（七）教学组织

（八）课程时间

（九）课程空间

（十）培训教师

（十一）学员

二、培训课程设计的基本原则

1. 培训课程设计要符合企业和学员的需求。2. 培训课程设计要符合成人学员的认知规律。3. 培训课程的设置应体现企业培训功能的基本目标，进行人力资源开发。

三、课程设计文件的格式

1. 封面。2. 导言。3. 内容大纲。4. 开发要求。5. 交付要求。6. 产出要求。

能力要求

培训课程设计的程序：

一、培训项目计划的层次

（一）企业培训计划

（二）课程系列计划

（三）培训课程计划

二、培训课程分析

（一）课程目标分析：1. 学员分析。2. 任务分析。3. 课程目标分析。

（二）培训环境分析：1. 实际环境分析。2. 限制条件分析。3. 引进与整合。4. 器材与媒体可用性。5. 先决条件。6. 报名条件。7. 课程报名与结业程序。8. 评估与证明。

三、信息和资料的收集

（一）咨询客户、学员和有关专家

（二）借鉴其他培训课程

四、课程模块设计

五、课程内容的确定

课程内容的选择是课程设计的核心问题。

六、课程演练与试验

七、信息反馈与课程修订

注意事项

一、课程内容选择的基本要求

1. 相关性。2. 有效性。3. 价值性。

二、课程内容制作的注意事项

1. 教材内容不能多而杂。2. 凡是培训师讲授、表达的内容，教材不必重复。3. 教材以提示重点、要点、强化参训者认知为重要功能。4. 应将课外阅读资料与课堂教材分开。5. 教材应简洁直观，按照统一的格式和版式制作。6. 制作时用“教材制作清单”进行控制和核对。

三、不同企业发展阶段采取不同的培训内容

1. 创业初期，应着力提高创业者的营销公关能力、客户沟通能力。2. 发展期，应着力提高中层管理人员的管理能力，如培养并影响他们的管理风格和思维习惯，使之适应企业的要求；提高他们的管理知识，培养他们的管理观念和管理技能。3. 成熟期，应注重建设企业文化，将企业长期发展所必需的观念、规则和态度传播到每一个员工中去。

第四单元　企业培训资源的开发

知识要求

一、培训中的印刷材料

印刷材料最常用、可靠、便宜、易携，主要有：1. 工作任务表。2. 岗位指南。3. 学员手册。4. 培训者指南。5. 测验试卷。

二、培训教师的来源

（一）聘请企业外部培训师

1. 优点

（1）选择范围大，可获取到高质量的培训教师资源。（2）可带来许多全新的理念。（3）对学员具有较大的吸引力。（4）可提高培训档次，引起企业各方面的重视。（5）容易营造气氛，获得良好的培训效果。

2. 缺点

（1）企业与其之间缺乏了解，加大了培训风险。（2）外部教师对企业以及学员缺乏了解，降低培训适用性（针对性差）。（3）学校教师可能会由于缺乏实际工作经验，导致培训最终只是“纸上谈兵”。（4）外部聘请教师成本较高。

3. 开发途径

（1）从大中专院校聘请教师。（2）聘请专职的培训师。（3）从顾问公司聘请培训顾问。（4）聘请本专业的专家、学者。（5）在网络上寻找并联系培训教师。

（二）开发企业内部的培训师

1. 优点

（1）对各方面比较了解，更具有针对性。（2）与学员相互熟识，能保证培训中交流顺畅。（3）培训相对易于控制。（4）内部开发教师资源成本低。

2. 缺点

（1）不易于在学员中树立威望。（2）选择范围较小。（3）受环境制约，不易上升到新的高度（观念陈旧）。

能力要求

一、设计合适的培训手段

培训手段的可行性要从以下几个方面来考虑：1. 课程内容和培训方法。2. 学员的差异性。3. 学员的兴趣与动力。4. 评估手段的可行性。

二、开发培训教材的方法

1. 切合学员的实际需要，必须能足够反映该领域内最新信息的材料。2. 资料包的使用。3. 利用一切可开发的学习资源组成活的教材。4. 可充分利用的信息资源。5. 设计视听材料。

三、培训教师的选配

培训教师能力的高低以及培训教师的能力结构对培训效果有着至关重要的影响。

培训教师的选配标准如下：1. 具备专业理论知识。2. 应有实际工作经验。3. 具有授课经验和技巧。4. 能够熟练运用培训教材与工具。5. 具有良好的交流与沟通能力。6. 具有引导学员自我学习的能力。7. 善于发现问题并解决问题。8. 积累相关的案例与资料。9. 掌握相关前沿问题。10. 拥有培训热情和教学愿望。

第五单元　企业管理人员的培训设计

知识要求

一、管理人员的层次等级

1. 高层管理人员：对企业战略目标和方针进行创造性的规划、决策和控制。2. 中层管理人员：承担经营活动各职能工作的具体计划、组织领导和控制工作，是企业的中坚力量。3. 基层管理人员：与一线操作员工最接近，其管理水平直接影响到企业员工的积极性和对企业的忠诚度。

二、管理人员的技能组合

表 3-7　不同层次管理人员在能力上的侧重要求（%）

	专业技能	人文技能	理念技能
高层管理人员	17.9	39.4	42.7
中层管理人员	22.8	42.4	34.8
基层管理人员	50.3	37.7	12.0

能力要求

一、企业管理人员的一般培训

1. 知识补充与更新。2. 技能开发。3. 观念转变。4. 思维技巧。

二、企业高层管理人员的培训

（一）高层管理人员的培训方式

参加高级研习班、研讨会、报告会、自学、企业间的交流、热点案例研究等；参加在职高等学历教育和 MBA、EMBA 等教育；出国考察、业务进修等。

（二）接班人的教育培训

接班人的教育培训的主要方式：1. 企业内部教育。2. 参加外部研讨班。3. 到国外高等学校进修。4. 到子公司实习。5. 将上述若干培养方式综合起来的“三明治”式培养课程。

三、企业中层管理人员的培训

培训目标主要有：胜任工作，适应环境，深化文化，培养接班人。

四、企业基层管理人员的培训

表 3–9　基层管理人员培训内容

管理知识
企业总体经营计划和分计划；监工的任务、责任和权限；工作标准化；人际关系；工作方法 会议组织与控制；全面质量管理及实施；合理化建议的组织和生产方法；员工考核和激励；企业规章制度等
管理工作的实施
如何进行生产组织；如何进行人员调配；如何进行成本管理；如何进行革新和发明；操作和流程改进；工作目标和标准的确定；监察技巧 员工敬业乐业教育；如何改进员工工作表现；如何利用有效的奖惩制度；如何建立有效的跟踪制度；如何回答员工关于福利措施的问题；如何发挥团队精神……

五、管理技能开发的基本模式

（一）在职开发

（二）替补训练

（三）短期学习

（四）轮流任职计划

（五）决策模拟训练

（六）决策竞赛

（七）角色扮演

（八）敏感性训练

它强调的不是训练的内容，而是训练的过程；不是思想上的训练，而是感情上的训练。

（九）跨文化管理训练

第二节　企业员工培训效果的评估

第一单元　培训评估系统的设计

知识要求

一、培训效果与培训评估的含义

培训效果与培训评估就是对员工培训活动的价值作出判断的过程。培训效果是指企业和受训者从培训当中所获得的收益。

二、培训效果评估的作用和内容

培训评估意义的体现来自于对培训过程的全程评估。全程评估可以分为三个阶段，即培训前的评估、培训中的评估和培训后的评估。

（一）培训前评估的作用和评估内容

评估内容：1. 培训需求整体评估。2. 培训对象知识、技能和工作态度评估。3. 培训对象工作成效及行为评估。4. 培训计划评估。

（二）培训中评估的作用和主要内容

评估内容：1. 培训活动参与状况监测。2. 培训内容监测。3. 培训进度与中间效果监测评估。4. 培训环境监测评估。5. 培训机构和培训人员监测评估。

（三）培训效果评估的作用和主要内容

评估内容：1. 目标达成情况评估。2. 效果效益综合评估。3. 工作者的工作绩效评估。

三、培训效果评估的形式

（一）非正式评估和正式评估

1. 非正式评估

它是指评估者依据自己的主观性的判断，而不是用事实和数字来加以证明。

优点：（1）减少了一般评估给培训对象带来的紧张不安，增强了信息资料的真实性和评估结论的客观性和有效性。（2）方便易行。（3）成本低。它可以更真实而准确地反映出培训对象的态度变化。

2. 正式评估

它是评估方案、测试工具和评判标准。在正式评估中，对评估者自身素质不高，起关键作用的因素不再是评估者本身。

优点：（1）在数据和事实的基础上作出判断，使评估结论更有说服力。（2）更容易将评估结论用书面形式表现出来，如记录和报告等。（3）可将评估结论与最初计划比较核对。

（二）建设性评估和总结性评估

1. 建设性评估

建设性评估是指在培训过程中以改进而不是以是否保留培训项目为目的的评估。建设性评估经常是一种非正式的主观的评估。

优点：有助于培训对象学习的改进，帮助培训对象明白自己的进步，从而使其产生某种满足感和成就感。

2. 总结性评估

培训结束时，对受训者的学习效果和培训项目本身的有效性所进行的评估。这种评估经常是正式的和客观的，终局测试身份正规，具有较强的说服力。

能力要求

培训效果评估的基本步骤：

一、做出培训评估的决定

(一) 评估的可行性分析

(二) 确定评估的目的

二、制订培训评估的计划

(一) 选择培训的评估人员

(二) 选定培训评估的对象

(三) 建立培训评估数据库

(四) 选择培训评估的形式

(五) 选择培训评估的方法

(六) 确定方案及测试工具

三、收集整理和分析数据

四、培训项目成本收益分析

公式：投资回报率 = 培训项目产出/培训项目投入 × 100%

五、撰写培训评估报告

六、及时反馈评估结果

必须将结果及时反馈给有关人员，包括：1. 培训管理人员。2. 高层的领导者。3. 受训员工。4. 受训者的直接主管。

第二单元　培训评估标准的确立

知识要求

一、评估培训成果的标准

标准是对某一事务进行测量和评定的统一规范。评估培训成果的标准是指企业培训管理人员用来评价培训成果的统一的尺度和规范。

二、培训成果的层级体系

第一层次是受训者对培训的反应；第二层次是受训者的学习收获；第三层次是员工态度、行为的变化；第四层次是受训者的实际成果（见表 3-10）。

三、培训效果的四级评估

(一) 反应评估

反应评估是第一级评估，即在课程刚结束时，了解学员对培训项目的主观感觉或满意程度。这层面的评估易于进行，是最基本、最普遍的评估方式。

表 3-10 培训效果评估四个层级

评估层级		评估内容
1	反应评估	受训者对培训的满意程度
2	学习评估	受训者在知识、技能、态度、行为方式等方面的学习收获
3	行为评估	受训者在工作过程中态度、行为方式的变化和改进
4	结果评估	受训者在一定时期内取得的生产经营或技术管理的业绩

（二）学习评估

学习评估是第二级评估，着眼于对学习效果的度量，即评估学员在知识、技能、态度或行为方式方面的收获，往往在培训之中或之后进行。

优点：对培训学员有压力，使他们更认真地学习；培训讲师也是一种压力，使他们更负责、更精心地准备课程和讲课。

缺点：评估的压力可能使报名不踊跃；测试方法的可靠度和可信度有多大、测试方法的难度是否合适，对工作行为转变来说并非是最好的参考指标。

（三）行为评估

行为评估主要评估学员在工作中的行为方式有多大程度的改变。行为层面的评估主要有观察、主管评价、客户评价、同事评价等方法。

（四）结果评估

结果评估是第四级评估，判断培训成果的转化情况。

四、制定培训评估标准的要求

坚持 SMART 原则，尽量采用量化指标描述。在设定培训评价标准时，应当注重评估指标和标准的相关性、可靠性、区分度和可行性。

表 3-11 培训效果四个评估层级的主要特点

评估层级	评估内容	评估方法	评估时间	评估单位
反应评估	衡量学员对具体培训课程、培训师、培训组织的满意度	问卷调查、电话调查、访谈、观察法、综合座谈	课程结束时	培训单位
学习评估	衡量学员对培训内容、技巧、概念的吸收、掌握程度	提问法、角色扮演、笔试法、口试法、演讲、模拟练习与演示、心得报告与文章发表	课程进行时、课程结束时	培训单位
行为评估	衡量学员在培训后的行为改变是否因培训所导致	问卷调查、行为观察、访谈法、绩效评估、管理能力评鉴、任务项目、360 度评估	3 个月或半年以后	学员直接主管上级
结果评估	衡量培训给公司的业绩带来的影响	个人与组织绩效指标、生产率、离职率、成本效益分析、客户与市场调查等	半年或一年后绩效评估	学员单位主管

能力要求

一、培训评估标准的应用举例

根据认知成果、技能成果、情感成果、绩效成果及投资回报率五大类培训的成果，提出具体的评估标准和衡量的方法。

表 3–12　培训评估的标准与方法

成果分类	标准举例	测量方法
认知成果	安全规则、电工学原理、绩效考评步骤	笔试、工作抽样、访谈
技能成果	操作规范、技能等级、质量标准、定额标准	现场观察、工作抽样、专家评定
情感成果	对培训的满意度、工作态度、行为方式	访谈、关注某小组、态度调查
绩效成果	缺勤率、事故发生率、劳动效率、专利项数	现场观察、原始记录、统计日报
投资回报率	直接成本、间接成本	预算、统计分析

二、五种培训成果的评估

（一）认知成果

它可采用笔试或口试的方法评判。

（二）技能成果

技能成果可采用现场观察、工作抽样等方法进行评判。

（三）情感成果

它运用调查问卷法采集。

（四）绩效成果

绩效成果可以用来评价受训者通过该项目培训对个人或组织绩效所产生的影响程度。

（五）投资回报率

公式：投资回报率 = 培训项目收益/培训项目成本 × 100%

或：投资净回报率 =（培训项目收益 – 培训项目成本）/ 培训项目成本 × 100%

第三单元　培训效果评估的方法

知识要求

一、培训效果的定性评估方法

培训的定性评估法是指评估者在调查研究、了解实际情况的基础之上，根据自己的经验和相关标准，对培训效果作出评价的方法。评估的结果只是一种价值判断，因此它适合于对不能量化的因素进行评估。

优点：简单易行，综合性强，需要的数据资料少，可以考虑到很多因素，评估过程中评估者可以充分利用自己的经验。

缺点：评估结果受评估者的主观因素、理论水平和实践经验的影响很大；不同评估者的工作岗位不同、工作经历不同、掌握的信息不同、理论水平和实践经验存在差异，评估者对同一问题很可能作出不同的判断。

定性评估法有很多种，如问卷调查、访谈、观察和座谈等都是定性评估法的范畴。

二、培训效果的定量评估方法

通过调查统计分析来发现与阐述行为规律，是行为学中最常见的处理方法。

能力要求

一、问卷调查法

问卷调查法主要用于对培训师、培训场地、培训教材等主要环节的调查。

步骤如下：1. 明确你要通过问卷调查了解什么信息。2. 设计问卷。3. 测试问卷。4. 正式开展调查。5. 进行资料分析，编写调查信息报告。

二、访谈法

应用范围很广，如了解学员对培训方案和学习方法的反应。

步骤如下：1. 明确你要采集的信息。2. 设计访谈方案。3. 测试访谈方案。4. 全面实施。5. 进行资料分析。

三、观察法

一般只是针对一些投资大、培训效果对企业发展影响较大的项目。

四、座谈法

五、内省法（定性）

（一）准备工作

（二）全面实施阶段

（三）排序计分阶段

六、笔试法

1. 确定培训目标。2. 起草测试题目。3. 选择、排列测试题目。4. 为学员准备考试说明。5. 准备计分卡。6. 进行测验。7. 分析测验结果。

七、操作性测验

八、行为观察法

第四单元　撰写培训效果评估报告

知识要求

评估报告的撰写要求如下：1. 调查培训结果必须注意接受调查的受训者有代表性。2. 尽量实事求是。3. 评估者必须综观培训的整体效果。4. 注意表达方式。5. 需要作中期评估报告。6. 注意报告的文字表述与修饰。

能力要求

撰写培训评估报告的步骤：1. 导言。2. 概述评估实施的过程。3. 阐明评估结果。4. 解释、评论评估结果和提供参考意见。5. 附录：包括收集和分析资料用的图表、问卷、部分原始资料等。6. 报告提要。

第四章　绩效管理

绩效管理是指各级管理者和员工为了达到组织目标共同参与的绩效计划制订、绩效辅导沟通、绩效考核评价、绩效结果应用、绩效目标提升的持续循环过程。绩效管理的目的是持续提升个人、部门和组织的绩效。

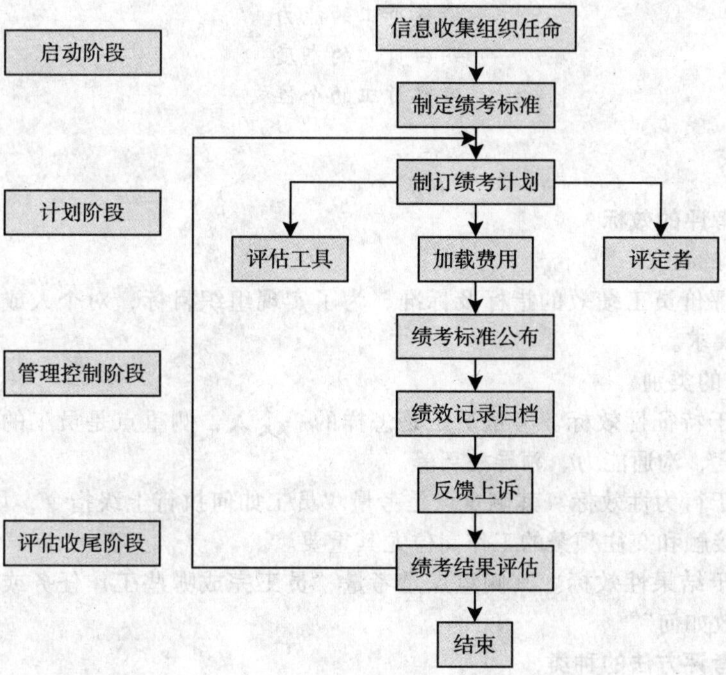

第一节　绩效考评的方法与应用

第一单元　绩效考评的方法

绩效不仅包括凝结劳动者劳动活动的结果，还包含劳动者的潜在劳动和流动劳动。绩效考核考察员工最终劳动成果以及在劳动过程中的表现包括：劳动态度、行为表现、心理品质、能力素质。

了解员工的品行
掌握员工的业绩
清楚员工的能力
明白员工的态度
考察员工的个性

知识要求

一、绩效考评的效标

（一）效标的含义

效标即指评价员工绩效的指标及标准，为了实现组织目标，对个人或集体的绩效应当达到的水平要求。

（二）效标的类别

第一类属于特征性效标。考量员工是怎样的一个人，侧重点是员工的个人特质，如忠诚性、可靠度、沟通能力、领导技巧等。

第二类属于行为性效标。其侧重点是考量“员工如何执行上级指令，如何工作”，这类效标对人际接触和交往频繁的工作岗位尤其重要。

第三类属于结果性效标。其侧重点是考量“员工完成哪些工作任务或生产了哪些产品，其工作成效如何”。

二、绩效考评方法的种类

按照所选择的效标不同，可以区分为四种类型，除品质主导型的考评方法没有专门介绍过之外，其他三种类型的考评方法主要的内容如下：1. 行为导向型的考评方法，包括：主观考评方法，主要有排列法、选择排列法、成对比较法、强制分配法和结构式叙述法；客观考评方法，主要有关键事件法、强迫选择法、行为定位法、行为观察法和加权选择量表法。2. 结果导向型的绩效考评方法，主要有目标管理法、绩效标准法、短文法、直接指标法、成绩记录法和劳动定额法。3. 综合型的绩效考评方法，主要有图解式评价量表法、合成考评法、日清日结法和评价中心法。

三、合成考评法的含义和特点

合成考评法的特点：1. 考评对象是一个团队而不是某个员工。2. 考核的侧重点具有双重性。3. 表格现实简单便于填写。4. 考评表采用了三个评定等级。

四、日清日结法的含义和特点

日清日结法也即 OEC 法（Overall Every Control and Clear，OEC），是指全方位地对每人每天每事进行清理控制，做到“日清日毕，日清日高”。其中“O”代表“Overall”，意为“全面的”;“E”代表“Everyone，Everything，Everyday”，意为“每个人、每件事、每一天”；“C”代表“Control and Clear”，意为“控制和清理”。所谓“清理”就是对企业的人、事、物、时间、空间进行全面清理，所谓“控制”就是工作目标和要求清楚。

海尔公司管理的新风格和新模式，可以概括为四个字“严（严格）、细、实、恒（持之以恒）”。海尔公司始终秉持“一个核心和三个原则”的管理理念，一个核心即：市场不变的规律就是“永远在变”的法则。因此，要根据“永远在变”的市场法则，不断提高和更新自己奋斗的目标。

日清日结必须坚持三个基本原则：1. 闭环原则（善始善终）。2. 比较分析原则。3. 不断优化的原则。

能力要求

一、行为导向型考评方法

（一）结构式叙述法

结构式叙述法属于行为导向型主观考评方法，采用预先设计的结构性的表格，由考评者按照各项目要求，以文字对员工的行为作出描述的考评方法。

优点是该法简便易行；缺点是可靠性和准确性大打折扣。

（二）强迫选择法

强迫选择法，也称强制选择业绩法，它是一种行为导向型的客观考评方法。考评者必须从 3~4 个描述员工某一方面行为表现的项目中选择一项内容作为单项考评结果。由于谨慎地使用了中性的描述语句，使考评参与者对该工作表现是积极的还是消极的认知是模糊的。因此，考评者不知道下属员工的考评结果是高、是低还是一般。

采用强迫选择法可以避免考评者的趋中倾向、过宽倾向、晕轮效应或其他常见的偏误。

二、结果导向型考评方法

（一）短文法

短文法，也称书面短文法或描述法。对本方法有以下两种解释：一种说法认为，该方法是由被考评者在考评期末撰写一篇短文，对考评期内所取得的重要的突出业绩作出描述，以作为上级主管考评的重要依据。另一种说法认为，本方法是由考评者写一篇短文以描述员工绩效，并特别列举其突出的长处和短处的事实。缺点是此方法所花费时间和精力比较大，受到个人写作能力的限制，水平低的人往往不得要领，表述不清，水平高的人，又容易夸大其词，文过饰非。

（二）成绩记录法

成绩记录法是一种新开发出来的绩效考评方法。这种方法比较适合从事教学、科研工作的教师、专家们采用，因为“成绩记录本身就代表一切”，同时也适用那些与教师、专家工作具有相同性质工作的人员（律师），即他们每天工作的内容是不同的，无法用完全固化的衡量指标进行考量。

（三）劳动定额法

1. 通过调查分析，使其组织形式和作业方法达到精简、高效、健康、舒适、安全等方面的要求，最终实现劳动组织最优化、工作环境条件安全化、作业流程程序标准化、人工操作规范化、人机配置合理化、生产产出效率化的目标。2. 在工作研究的基础上，进行时间研究，运用工作日写实、测时和工作抽样等工时研究方法。3. 通过一段试行期，开始正式执行新的劳动定额，如工时定额、产量定额、综合定额、单项定额、看管定额、服务定额、工作定额，以及计划定额、设计定额、现行定额和不变定额等多种多样的形式和方法。

三、综合型绩效考评方法

（一）图解式评价量表法

首先，选择绩效有关的若干评价要素。其次，以这些评价因素为基础，确定出具体的考评项目（指标），每个项目分成5~9个等级，用数字或文字表示。最后，制成专用的考评量表。优点是该方法具有简单易行、使用方便、设计简单、汇总快捷等优点。缺点是本方法极容易产生晕轮效应或集中趋势等偏误。

（二）合成考评法

为了提高绩效考评的质量，有些企业将几种比较有效的方法综合在一起的考评方法。合成考评法的开发与应用实例说明，企业完全可以因地制宜、因人制宜、因时制宜，设计更加适用可行的绩效考评方法。

这种描述性表格与绩效改进计划合成在一起的考评方法，虽然不能进行人员的横向比较，但对每个管理人员来说，由于各自岗位的工作内容和特点上存在明显的差异，具有更强的针对性和适用性，从而有助于提高绩效管理的水平。

（三）日清日结法（海尔公司控制销售人员、避免客户源的流失）

日清日结法（OEC）实施程序步骤：

1. 设定目标：（1）目标型计划。（2）例行型计划。（3）问题型计划。

2. 控制："今日功课今日毕，明日还有新功课。"

3. 考评与激励：体现了"客观、真实、公正、公平和公开"的原则。

（四）评价中心技术（测量学的方法）

采用六种方法技术：1. 实务作业或称套餐式练习。2. 自主式小组讨论。3. 个人测验。4. 面谈评价。5. 管理游戏。6. 个人报告。

第二单元　绩效考评方法的应用

知识要求

绩效考评方法在实际应用之中，可能出现的偏误如下。绩效考评的正确性、可靠性和有效性，主要受以下各种问题的制约和影响：

一、分布误差

（一）宽厚误差

宽厚误差也称宽松误差，即评定结果是负偏态分布，也就是大多数员工被评为优良。原因如下：1. 因为评价标准过低造成的。2. 主管为了缓和关系、避免冲突和对抗，给下属过高的评价。3. 采用了主观性很强的考评标准和方法。4. 在考评中曾与被考评者反复多次进行沟通。5."护短"心理，为了避免本单位不光彩事情的扩展，担心如不良记录人员过多会"砸牌子"，影响本部门的声誉。6. 对那些已经付出很大努力的员工进行鼓励，或希望提高那些薪资水平低的员工的薪酬待遇。7.“水至清则无鱼，人至察则无徒”，认为考评过于严格的精确，不利于激励员工。8. 尽量避免产生长久的、消极的影响，如怕影响员工今后的提升。9. 对那些一贯优秀的业务骨干，即使他们有一定的失误，也要予以保护。

（二）苛严误差

苛严误差也称严格、偏紧误差，即评定结果是正偏态分布，也就是大多数员工被评为不合格或勉强合格。原因如下：1. 可能是因为评定标准过高造成的。2. 惩罚那些难以对付不服管理的人。3. 迫使某些有问题的员工辞职或为有计划的减员提供有说服力的证据。4. 压缩提薪或奖励人数的比例。5. 自认为应当严格执行上级对优秀者的评估标准。

（三）集中趋势和中间倾向

集中趋势和中间倾向也称居中趋势，都集中在某一分数段或所有的员工被评为“一般”，这种考评结果造成绩效管理的扭曲，出现“好人不好，强人不强，弱者不弱”。克服分布误差的最佳方法就是“强迫分布法”。

二、晕轮误差

纠正这种误差的方法，一是建立严谨的工作记录制度；二是评价标准要制定得详细、具体、明确；三是对考评者进行适当培训，端正考评者的认识，提高考评的技巧技术水平，或者将评价结果与实际绩效的误差大小作为对考评者评价的重要内容之一。

三、个人偏见

个人偏见即基于被考评个人的特性，如年龄、性别、宗教、种族、出身、地域等方面的差异，因考评者个人的偏见或者偏好的不同所带来的评价偏差。解决办法包括：培训、多人多次评价、考评稽核制度。

四、优先和近期效应

优先效应是指考评者根据下属最初的绩效信息，对其考评期内的全部表现作出的总评价，从而出现了“以偏概全”的考评偏差。

近期效应是指考评者根据下属最近的绩效信息，对其考评期内的全部表现作出的总评价，以近期的部分信息替代全期的全部信息，从而出现了“以近代远”的考评偏差。这类效应可谓“以时点代时段”，“只见树木，不见森林”。

解决方法：要求所有的考评者，必须掌握全面的数据资料，在事前注意了解相关资料，在事中、事后也要掌握翔实的数据资料，依据全面真实的信息，根据绩效标准进行科学系统的考评评价。

五、自我中心效应

一是对比偏差，即考评者按照自己的标准寻找被考评者与其不同的方面进行评定。二是相似偏差，即考评者按照自己的标准寻找被考评者与其相同的方面进行评价。

自我中心效应误差的原因与晕轮效应误差相同，因此纠正方法也相同。

六、后继效应

后继效应也称记录效应，即被考评者在上一个考评期内评价结果的记录，对考评者在本考评期内的评价所产生的作用和影响（上期代全部）。

克服方法：训练考评者一次只评价全体员工绩效的某一方面，再评价另一个方面，最后将每个员工的所有评价结果汇总（对考评者进行培训）。

七、评价标准对考评结果的影响

图解式评价量表中所列举的评价标准，表面上看是比较详细和具体的，但实际上由于各个评价因素和优良差劣的分级是完全开放式的，因此很可能生成不合理、不公正的考评结果。

总之，评价标准的不明确是影响考评结果的客观原因，而上述介绍的其他六类绩效考核考评中常见的误差和偏误，基本上属于主观性的，即由考评者主观方面的因素造成的。

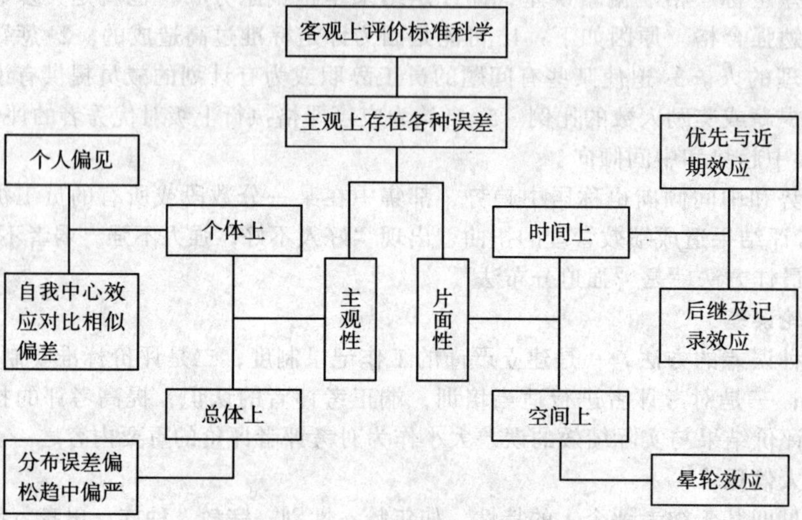

图 4-1　考评误差分析图

能力要求

表 4-9　绩效考评方法汇总表

绩效考评方法	主要特点					
行为导向型：主观考评方法（5分）	经济性	可行性	准确性	功能性	开发性	有效性
排列法	X	X	Z	Z	Z	Z
选择排列法	X	X	Z	Z	Z	Z
成对比较法	X	X	Z	Z	Z	Z
强制分布法	X	X	Z	Y	Y	Z
结构式叙述法	X	Y	Z	Z	Z	Z
关键事件法	Y	Y	Y	Y	Y	Z
强迫选择法	Z	Y	Y	Y	Z	Z
行为定位法	Z	Y	Y	Y	Y	X
行为观察法	Z	Y	Y	Y	Y	Y
加权选择法	Z	Y	Y	Y	Y	Y
结果导向型：考评方法（6分）	经济性	可行性	准确性	功能性	开发性	有效性
目标管理法	Z	Y	Y	X	X	X
绩效标准法	Y	Y	Y	X	Y	Y
短文法	Y	Y	Z	Y	Z	Y
直接指标法	X	X	Y	Y	Z	Y
成绩记录法	Y	X	Y	X	X	Y
劳动定额法	Z	X	X	X	X	X

续表

绩效考评方法	主要特点					
行为导向型：客观考评方法（5分）	经济性	可行性	准确性	功能性	开发性	有效性
综合型：考评方法（4分）	经济性	可行性	准确性	功能性	开发性	有效性
图解式评价量表法	Y	Y	Y	Y	Y	Y
合成考评法	Y	Y	Y	Y	X	Y
日清日结法	Z	Y	X	X	X	X
评价中心法	Z	Y	X	Y	X	X

注：经济性——在制定实施本方法过程中所耗费的各种成本；可行性——在执行本方法的过程中是否容易贯彻实施；准确性——采用本方法所得到的考评结果误差偏向的程度；功能性——本方法在一般性评比、薪酬奖励和人事决策等诸方面的作用；开发性——对于员工职业技能开发和行为激励方面可发挥的作用；有效性——大多数人认为本方法是可靠、实用、有效的方法；X——特别好；Y——比较好；Z——比较差。

第二节　绩效考评指标和标准体系设计

第一单元　绩效考评指标体系设计

知识要求

一、绩效考评指标体系设计的内容

由于绩效考评的对象、目的和性质的不同，绩效考评指标体系的结构和内容也不相同。

（一）适用不同对象范围的考评体系，有以下两类体系

1. 组织绩效考评指标体系

组织绩效考评根据工作性质不同，可分为生产性组织的绩效考评、技术性组织的绩效考评、管理性组织的绩效考评和服务性组织的绩效考评等。

对生产性组织，一般应以最终的工作成果如生产数量、生产质量等为主要考评指标，同进也要考评其工作方式、组织气氛等指标。

对于管理性组织和服务性组织，考评中应主要考评其整体素质、工作效率、出勤率、工作方式、组织的气氛等指标。

技术性组织，可能会有一定的物质性的工作成果，也可能没有直接的物质性的工作成果，与上述三种组织不同，因此应兼顾工作过程与工作成果两个方面。

2. 个人绩效考评指标体系

要视企业的规模、被考评者人数以及考评目的等因素来确定。以下几种方式可供参考：（1）按岗位实际承担者的性质和特点，对岗位进行横向区分。例如：管理岗位、生产岗位两大类。（2）按岗位在企业生产过程中的地位和作用可划分为：生产岗位、技术岗位、管理岗位和服务岗位四大类。

除了按岗位横向分类对担任不同岗位的人员分别制定绩效考评指标体系外，制定时还应充分考虑绩效考评的具体目的和要求，如用于奖励的考评应侧重于工作成果，而用于培训的考评则侧重于考评工作过程。

非监督岗位又分为高级人员、一般人员与推销人员三种具体的绩效评价标准书。

（二）不同性质指标构成的考评体系

1. 品质特征型的绩效考评指标体系

它是以反映和体现被考评者的品质特征的指标为主体构成的考评体系。考评指标主要有：性格特征、兴趣爱好、举止、记忆能力、语言表达能力、思维判断能力、理解想象能力、逻辑思考能力、综合分析能力、计算能力、自学能力、注意力分配能力、听写能力、组织管理能力、调研能力、独创见解和创新能力、专业知识面、操作技能、应变能力、进取精神、人际关系、思想政策水平等。

2. 行为过程型的绩效考评指标体系

它是以反映员工在劳动工作过程中的行为表现的各种指标为主体构成的指标体系。

3. 工作结果型的绩效考评指标体系

无论组织或员工个人，他们的工作绩效总是表现为某种实际的产出结果，无论这些结果是物质性的实物产品，还是精神性的非实物的成果，都是可以采用一定的生产技术经济的指标，进行衡量和评定的。

二、绩效考评指标体系的设计原则

1. 针对性原则。2. 科学性原则，应以生理学、心理学、管理学、行为科学、人才学等科学原理为依据。3. 明确性原则。

能力要求

一、绩效考评指标体系的设计方法

（一）要素图示法

要素图示法是指将某类人员的绩效特征，用图表描绘出来，然后加以分析研究，确定需考评的绩效要素。

（二）问卷调查法

在调查表中将所有与本岗位工作有关的要素和指标一一列出，用简单明确的文字对每个指标作出科学的界定，再将调查表分发给有关人员填写，收集、征求不同人员意见，最后确定绩效考评指标体系的构成。问卷调查法的步骤如下：

第一步，根据绩效考评目的和对象，查阅工作岗位说明书，通过必要的现场调查，详细地采集与工作绩效各种要素和指标相关的数据和资料。

第二步，列出所有相关的影响和制约工作绩效的要素及具体的指标，并进行初步筛选。

第三步，用简洁精练的语言或计算公式，对每个相关要素（指标）要领的内涵和外延，作出准确的界定。

第四步，根据调查的目的和单位的具体情况，确定调查问卷的具体形式、所调查对象和范围，以及具体的实施步骤和方法。

第五步，设计调查问卷。将需要调查的内容，以一定的格式编制成问卷。

第六步，发放调查问卷。通过一定的渠道将调查问卷分发给调查者，选择的渠道应是可靠的。

第七步，回收调查问卷，进行整理汇总和统计分析，取得最后的调查结果。

（三）个案研究法

通过选取若干具有代表性的典型人物、事件或岗位的绩效特征进行分析研究，来确定绩效考评指标和考评要素体系。

（四）面谈法

它是通过与各类人员，如被考评者的上级、人力资源管理人员、被考评者以及与被考评者有较多联系的有关人员的访问和谈话收集有关资料，以此作为确定考评要素的依据。

面谈法有两种形式：1. 个别面谈法。2. 座谈讨论法。

（五）经验总结法

根据特定时期的用人政策、本单位的具体情况，以及考评单位所积累的经验来确定考评的要素。

（六）头脑风暴法

四个基本原则：1. 任何时候都不批评别人的想法。2. 思想越激进越开放越好。3. 强调产生想法的数量。4. 鼓励别人改进想法。

二、绩效考评指标体系的设计程序

四个步骤：1. 工作分析。2. 理论验证。3. 进行指标调查，确定指标体系。4. 进行必要的修改和调整。

第二单元　绩效考评标准的设计

知识要求

一、绩效考评标准的设计原则

标准就是衡量事物的依据和准则。绩效考评标准是指对员工绩效考评进行考量评定分级分等的尺度。

（一）定量准确的原则

绩效考评标准应当达到准确量化的要求，考评指标凡是能用量化的，应尽可能使用数量表示和计量。

（二）先进合理的原则

所谓先进，是指考评标准不但要反映企业单位的生产技术和管理水平，还应当具有一定的超前性。一般情况下，应以多数员工（70%~80%）能达到的水平作为绩效考评指标的评定标准。

（三）突出特点的原则

绩效考评标准要突出各类工作岗位的性质和特点，对不同的岗位的要求是不同的。

（四）简洁扼要的原则

应尽量避免适用专业性很强的术语及模棱两可的词语，减少考评者因产生歧义影响绩效考核的准确性和可靠性。

二、绩效考评标准和种类

绩效考评标准一般有两种，一种是综合等级标准，另一种是分解提问标准。

（一）综合等级标准

它是将反映绩效考评指标内涵及外延等方面的特征进行综合，按顺序进行等级划分并指派一定的分值。

（二）分解提问标准

它是将反映绩效考评指标内涵及外延等方面的特征独立并列，对独立并列的特征采用一定的表述方式提问，根据提问内容作答。

能力要求

一、考评指标标准的评分方法

考评指标评价标准的计分，可采用单一要素和多种要素综合计分两种方法。

（一）单一要素的评分方法，可采用自然数法和系数法。系数可分为函数法和常数法两种计分方法。

（二）多种要素综合计分法，多种要素综合计分法是建立在测评尺度为等距水平或假设具有等距水平的基础之上。具体包括：简单相加法、系数相乘法、连乘积法和百分比系数法等。

二、绩效考评标准量表的设计

可以分成以下四类：

（一）名称量表

名称量表或称类别量表。它是量表在测量上一种最低的形式，在这里根据一般原则指派给事物某一类别（特征）的数字或其他标志。

（二）等级量表（招聘量化）

等级量表也称位次量表，等级量表和类别量表都是一个分类基础上或者说是在一个变量上对事物进行分类，但是根据事物的特性和分类原则。这时量表上每一个类别只具有序列性，因而指派给每一类别的数字就具有等级或序列的特性。

（三）等距量表

等距量表除了具有类别和等级量表的性质外，要求一定数量差距在整个量表的阶梯上都是相同的。

（四）比率量表

它是在量表中测量水平最高的量表，也被科学家认为是较为理想的量表。

第三节　关键绩效指标的设定与应用

知识要求

一、关键绩效指标的内涵

关键绩效指标（Key Performance Indicator，KPI），可以将其理解为一种考评的新方法，或者说是一种绩效管理的新模式。

建立战略导向的 KPI 体系具有以下意义：1. 使 KPI 体系不仅成为激励约束企业员工

行为的一种新型的机制，同时还要发挥 KPI 体系战略导向的牵引作用。2. 通过企业战略目标的层层分解，将员工的个人行为与部门的目标结合。3. 彻底转变传统的以控制为中心的管理理念，强调对员工的行为激励。

战略导向的 KPI 体系与一般绩效评价体系的主要区别是：1. 从目的来看，前者以战略为中心，后者以控制为中心，指标体系的设计与功用来源于控制的意图。2. 从指标产生的过程上看，前者是在组织内部自上而下对战略目标层层分解产生；而后者是自下而上根据个人以往的绩效与目标产生的。3. 从考评指标的构成上看，前者是通过财务与非财务指标相结合，而后者是以财务指标为主。4. 从指标的来源上看，前者来源于组织的战略目标与竞争的需要，而后者与组织战略的相差程度不高。

二、设定关键绩效指标的目的

1. 知道现在的绩效表现与期望是否有差距。2. 把握全局，明确目标，突出重点，简化程序，满足企业绩效管理需要。3. 有利于被考评者明确的努力方向和清晰的目标地位。

三、选择关键绩效指标的原则

（一）整体性

（二）增值性，KPI 是通过对公司整体价值的创造以及工作业务流程的分析，找出影响程度较大的若干指标。

（三）可测性，以保障数据资料的可靠性、公正性和准确性。

（四）可控性，其数值的大小或高低，也都应当限定在员工通过积极努力和辛勤劳作可以达到的水平上。

（五）关联性，KPI 指标之间必须具有一定的关联性。

四、确定工作产出的基本原则

1. 增值产出的原则。2. 客户导向的原则。3. 结果优先的原则。4. 设定权重的原则。

五、平衡计分卡的概念及特点

1. 平衡计分卡是一个核心的战略管理与执行的工具。2. 平衡计分卡是一种先进的绩效衡量的工具。3. 平衡计分卡是企业各级管理者与管理对象有效沟通的方式。4. 平衡计分卡是一种规范的管理制度。

能力要求

一、提取关键绩效指标的方法

（一）目标分解法（MBO 的变体）

1. 确定战略的总目标和分目标。2. 进行业务价值树的决策分析。3. 各项业务关键驱动因素分析。

（二）关键分析法

关键分析法是通过多方面信息的采集和处理，寻求一个企业成功的关键点，弄清到底是什么原因导致企业克敌制胜的，并对企业成功的关键点进行跟和监控。

（三）标杆基准法

标杆基准法是企业将自身的关键绩效行为，与那些在行业中领先的、最具影响的或最具竞争力的企业的关键绩效行为作为基准，进行深入、全面的比较研究，探究这些基准企业的绩效形成的原因。

二、提取关键绩效指标的程序和步骤

（一）利用客户关系图分析工作产出（精益化管理）

通过绘制客户关系图可以观察到为哪些客户提供工作产出，全面掌握为每个客户提供的工作产出的具体项目和构成，根据绩效考评要求，分析内外客户对这些工作产出的满意度标准，设定考评标准衡量绩效。

（二）提取和设定绩效考评的指标

SMART 方法是 5 个英文单词第一个字母的结合，S（Specific），指“具体的”；M（Measurable），指“可度量的”；A（Attainable），指“可实现的”；R（Realistic），指“现实的”；T（Time-bound），指“有时限的”。

（三）根据提取的关键指标设定考评标准

1. 先进的标准水平，包括本行业先进水平，国内同类企业的先进水平，国际同类企业的先进水平。2. 平均的标准水平，包括本行业平均水平，国内同类企业的平均水平，以及国际同类企业的平均水平。3. 基本的标准水平，它是指期望被考评者达到的水平。

（四）审核关键绩效指标和标准

审核关键绩效指标的要点包括：1. 工作产出是否为最终产品。2. 多个考评者对同一个绩效指标和标准评价，结果是否具有可靠性。3. 关键绩效考评指标的总和是否可以解释被考评者 80%以上工作目标。4. 关键绩效指标和考评标准是否具有可操作性。5. 关键绩效指标的考评标准是否预留出可以超越的空间。

（五）修改和完善关键绩效指标和标准

表 4-16　设定关键绩效指标常见问题及解决方法

常见问题	问题举例	解决和纠正方法
工作的产出项目过多	列出 15~20 项的工作产出	删除与工作目标不符合的产出项目；比较产出结果对组织的贡献率；合并同类项，将增值贡献率的产出归到一个更高的类别
绩效指标不够全	对某项产出可从质量、数量和时限几个方面进行衡量，但在关键绩效指标中仅仅给出了数量标准，如发展客户的数量	设定针对性强的更全面、更深入的绩效考评指标
对绩效指标的跟踪和监控耗时过多	正确回答客户问题的比率	跟踪“正确率”比较困难，但可以跟踪“错误率”
对绩效标准缺乏超越的空间	绩效标准中使用“零错误率”、“100%”、“从不”、“总是”、“所有”等指标	如果 100%正确的绩效标准确实必须达到，那么就将其保留；如果不是必须达到的，就修改绩效标准，以预留出超越标准的空间

三、企业关键绩效指标标准体系的构建

企业的 KPI 体系一般可以沿着两条主线进行设计：1. 一种是按组织结构层级进行纵向分解，采用目标—手段相结合的分析方法。2. 另一种是按企业主要业务流程进行横向分解，采用目标—责任相结合的分析方法。

明确 KPI 体系设计的两条主线后，可以采用以下三种方法进行具体设计：1. 依据平衡计分卡的设计思想构建 KPI 体系。2. 根据不同部门所承担的责任确立 KPI 体系。3. 根据企业工作岗位分类建立 KPI 体系。

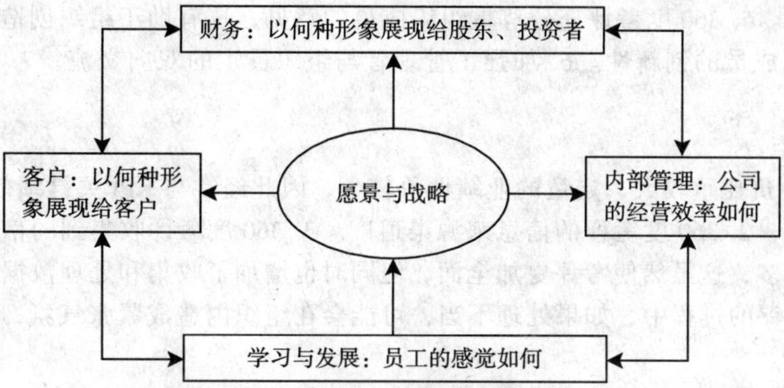

图 4-6　平衡计分卡的设计思想

第四节　360 度考评方法

知识要求

一、360 度考评方法的产生与发展

该方法主要强调全方位客观地对员工进行考评，既注重最终成果，又将员工行为、过程和个人努力的程度纳入考评的内容，使得绩效考评更客观全面。

二、360 度考评方法的内涵

360 度考评方法又称全视角考评方法，它是指由被考评者的上级、同事、下级和（或）客户（包括内部客户、外部客户）以及被考评者本人担任考评者，从多个角度对被考评者进行 360 度的全方位评价，再通过反馈程序，达到改变行为、提高绩效等目的的考评方法。

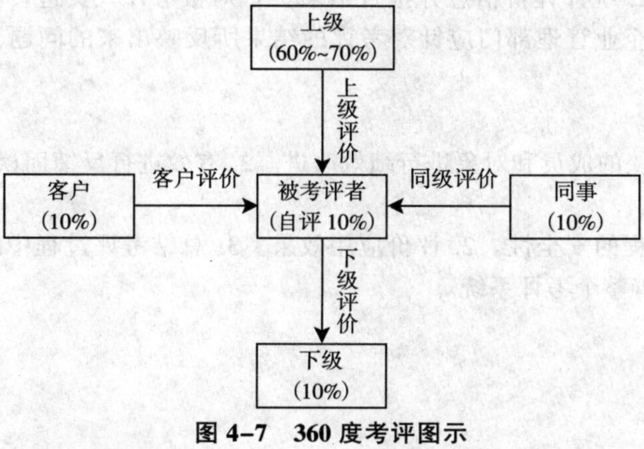

图 4-7　360 度考评图示

三、360 度考评方法的优缺点

（一）优点

1. 全方位、多角度。2. 不仅是工作产出，还考虑深层次的胜任特征。3. 360 度考评有助于强化企业的核心价值观，增强企业的竞争优势，建立更为和谐的工作关系。4. 采用

匿名评价方式。5. 360 度考评充分尊重组织成员的意见，这有助于组织创造更好的工作气氛，激发组织成员的创新性。6. 加强了管理者与组织员工的双向交流。7. 促进员工个人发展。

（二）缺点

1. 定性评价比重较大，定量的业绩评价较少，因此经常与 KPI 关键绩效评价相结合，使评价更全面。2. 360 度考评的信息来源渠道广。3. 360 度考评收集到的信息比单渠道评价方法要多得多，这虽然使考评更加全面，但同时也增加了收集和处理数据的成本。4. 在实施 360 度考评的过程中，如果处理不当，可能会在组织内造成紧张气氛，影响组织成员的工作积极性。

四、基于互联网的 360 度考评

（一）基于互联网的 360 度考评的优势

1. 克服地域性差异给绩效考评带来的问题。2. 网络系统可简化评价管理工作，降低评价过程的复杂性。3. 保持了整个评价过程的适时性和动态性。4. 大大地降低了评价成本。

（二）基于互联网的 360 度考评面临的问题

1. 受公司网络化程度影响大。2. 存在信息案例隐患。

能力要求

360 度考评的实施程序如下：

（一）评价项目设计

1. 进行需求分析和可行性分析。2. 编制基于岗位胜任特征模型的评价问卷。

（二）培训考评者

1. 组建 360 度考评者队伍。2. 对选拔出的考评者进行如下培训：沟通技巧、考评实施技巧、总结评价结果的方法、反馈评价结果的方法等。

（三）实施 360 度考评

1. 实施考评。2. 统计评价信息并报告结果。3. 对被考评人员进行如何接受他人的评价信息的培训。4. 企业管理部门应针对考评的结果所反映出来的问题，制订改善绩效的行动计划。

（四）反馈面谈

1. 确定进行面谈的成员和对象进行绩效改进。2. 有效进行反馈面谈。

（五）效果评价

1. 确认执行过程的安全性。2. 评价应用效果。3. 总结考评过程中的经验和不足，找出存在的问题，完善整个考评系统。

第五章　薪酬管理

薪酬是员工为企业提供劳动而得到的货币和实物报酬的总和，包括工资、奖金、津贴、提成、分红、福利等。薪酬管理，是在组织发展战略指导下，对员工薪酬支付原则、薪酬策略、薪酬水平、薪酬结构、薪酬构成进行确定、分配和调整的动态管理过程。

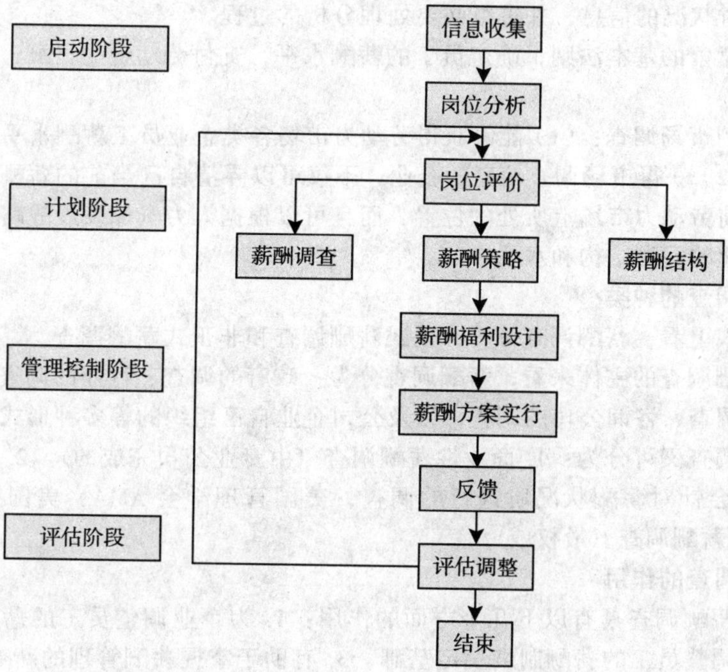

第一节　薪酬调查

第一单元　薪酬市场调查

知识要求

一、薪酬调查的基本概念

薪酬调查是指企业采用科学的方法，通过各种途径，采集有关企业各类人员的工资福利待遇以及支付状况的信息，并进行必要处理分析的过程。

按照市场竞争的基本法则，确定员工的薪酬水平，支付劳动者的报酬，才是比较公正公平的举措。

通过薪酬的市场调查：（1）能够获得劳动力市场各类企业员工薪酬水平及结构等方面的真实信息。（2）获得市场调查信息的企业，不仅可以弄清自己当前的薪酬水平，相对于竞争对手在目前劳动力市场上所处的位置，而且可以根据人力资源发展战略的要求，及时地调整自己企业的薪酬结构和水平。

二、薪酬调查的种类

从调查方式上看，薪酬调查分为：正式薪酬调查和非正式薪酬调查。

从主持薪酬调查的主体来看，薪酬调查分为：政府的调查、行业的调查、专业协会或企业家联合的调查、咨询公司的调查，以及公司企业自己组织的等多种形式的薪酬调查。

正式薪酬调查又可分为：1. 商业性薪酬调查（由专业公司完成的）。2. 专业性薪酬调查（由专业协会针对薪酬状况所进行的调查，美国管理学会 AMA，美国行政管理协会 AMS）。3. 政府薪酬调查（最权威）。

三、薪酬调查的作用

企业通过薪酬调查具有以下几个方面的作用：1. 为企业调整员工的薪酬水平提供依据。2. 为企业调整员工的薪酬制度奠定基础。3. 有助于掌握薪酬管理的新变化与新趋势。4. 有利于控制劳动力成本，增强企业竞争力。

四、岗位评价、绩效考评与薪酬管理的关系（见图 5–1）

【能力要求】

无论企业规模大小，在确定一个或多个岗位的工资时，都需要进行薪酬调查。薪酬市场调查的过程如图 5–2 所示。

一、确定调查目的

一般而言，调查的结果可以为以下工作提供参考依据：整体薪酬水平的调整，薪酬差距的调整，薪酬晋升政策的调整，具体岗位薪酬水平的调整等。

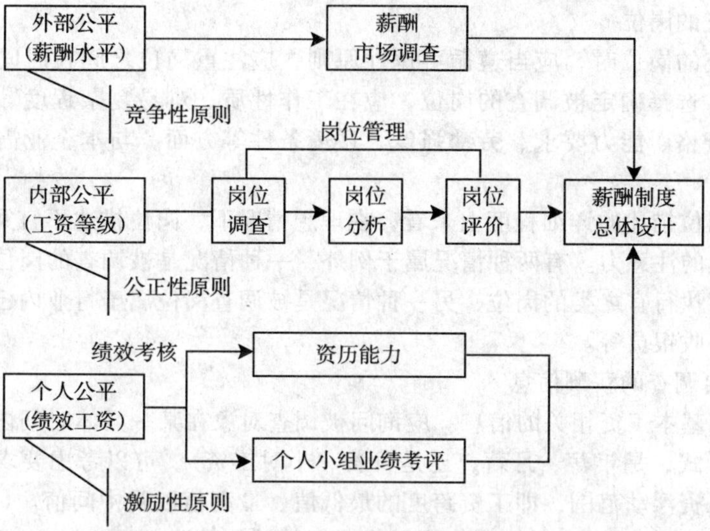

图 5-1　岗位评价、绩效考评与薪酬管理的关系

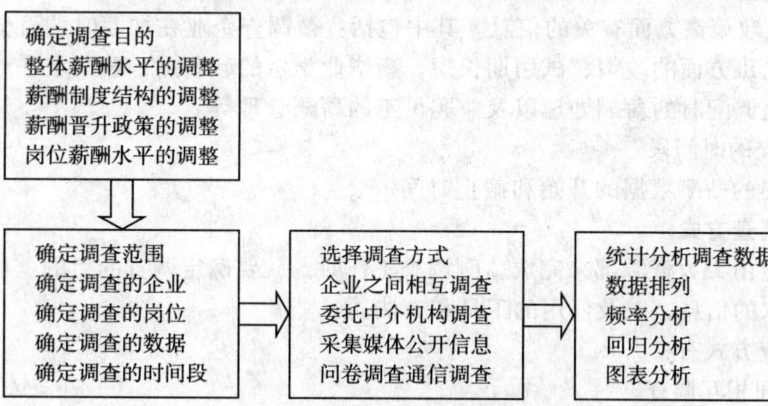

图 5-2　薪酬市场调查的程序图

二、确定调查范围

1. 确定调查的企业

一定要坚持可比性原则，即在选择被调查的具体企业时，要选择其雇佣的劳动力与本企业具有可比性的企业。有以下几类企业可供调查时选择：第一类，同行业中同类型的其他企业；第二类，其他行业中有相似相近工作岗位的企业；第三类，与本企业雇用同一类的劳动力，可构成人力资源竞争对象的企业；第四类，在本地区同一劳动力市场上招聘员工的企业；第五类，经营策略、信誉、报酬水平和工作环境均合乎一般标准的企业。

劳动力市场可以划分为地方性劳动力市场、地区性劳动力市场、全国性劳动力市场以及国际性劳动力市场。

高级专业技术人员，包括财务总监、总工程师，高级经营管理人员的招聘通常是全国性的，高级技工、具有一定专业程度要求的职能管理人员的招聘通常是地区性的，而一般办公室事务性人员的招聘则是地方性的。

2. 确定调查的岗位

确定被调查的岗位时，应当遵循可比性原则，应注重岗位之间在时间和空间多个维度上的可比性。选择确定被调查的岗位，应在工作性质、难易复杂程度、岗位职责、工作权限、任职资格、能力要求、劳动强度、环境条件等方面，与本企业需调查的岗位具有可比性。

此外，从岗位描述的详细程度上来看，在理想情况下，岗位描述不宜冗长，否则容易分散被调查企业的注意力。有两种情况属于例外，一种情况是被调查的岗位属于企业的最高经营层或首席执行官之类的岗位，另一种情况是被调查岗位属于行业内已经几乎标准化的岗位，如超市收银员等。

3. 确定需要调查的薪酬信息

（1）与员工基本工资相关的信息。应询问被调查对象在某一具体时间内的基本工资收入情况（工资形式，是年薪、月薪，还是日薪、小时工资）。可以考虑要求被调查者填写被调查岗位的工资浮动范围，即工资跨度的最低值、最高值以及中间值。（2）与支付年度和其他奖金相关的信息。（3）股票期权或影子股票计划等长期激励计划。（4）与企业各种福利计划相关的信息。比如：补充养老保险、健康保险、人寿保险、伤残保险以及休假福利等。（5）与薪酬政策诸方面有关的信息。其中包括：被调查企业在加薪时的百分比；公司的加班与工作轮班方面的政策；试用期长短，新毕业学生的起薪点；薪酬水平地区差异的控制；员工异地调配时的薪酬处理以及兼职员工的薪酬管理等。

4. 确定调查的时间段

要明确收集的薪酬数据的开始和截止时间。

三、选择调查方式

当企业确定由人力资源部来完成薪酬调查工作时，就要确定调查的目的、被调查的对象、所需要获取的信息，以及使用的工具和方法。

常用的调查方式有：

1. 企业之间相互调查

2. 委托中介机构进行调查

一个包括 15 家公司和 20 个岗位的薪酬调查需要花费 10~15 周的时间。

可以在快（时间短）、准（质量高）、全（数据全）三个方面满足客户企业的要求。

3. 采集社会公开的信息

例如，政府所做的薪酬调查侧重于宏观信息的收集和调查，侧重于宏观经济和行业性的普遍性问题，而行业协会、专业学会或学术团体对薪酬的调查，也不可能面面俱到，完全满足企业的需要，只能用于对宏观的把握和参考。

4. 调查问卷

调查不能获取完全令人满意的调查结果原因：岗位在不同的企业中对企业的价值或贡献大小不同；特定企业的企业文化、管理理念和薪酬策略不同；在职者在该岗位上工作时间的长短不同；在职者在该岗位浮动范围之中的哪个点上是不确定的；不同的行业有不同的惯例；不同企业所处的地理位置与劳动力市场存在明显的差异。

四、薪酬调查数据的统计分析

1. 数据排列法

先将调查的同一类数据由高至低排列，再计算出数据排列中的中间数据（中点位 50%）。

2. 频率分析法

如果被调查单位没有给出某类岗位完整的工资数据，只能采集到某类岗位的平均工资数据。在进行工资调查数据分析时，可以采取频率分析法，记录在各工资额度内各类企业岗位平均工资水平出现的频率，从而了解某类岗位人员工资的一般水平。

3. 趋中趋势分析法

（1）简单平均法：根据薪酬调查的数据，采用以下公式求出某类岗位基本工资额，作为确定本企业同类岗位人员工资的基本依据。（2）加权平均法：不同企业的工资数据将会被赋予不同的权重，而权重的大小则取决于每一家企业在同类岗位上工作的员工人数。（3）中位数法（必须奇数家企业）。

4. 离散分析法

离散分析法是统计数据处理分析的重要方法之一，具体又包括标准差分析和四分位、百分位分析等几种方法。（1）百分位法：首先将某种岗位的所有薪酬调查数据从低到高排列，划分为 10 组，每组中所包括的样本数分别为企业调查总数的 10%；在百分位中的第 5 个小组中的最后一个数据必然是所有数据的中值。（2）四分位法。

5. 回归分析法

回归分析法是指找出影响薪酬水平、薪酬差距或薪酬结构的主要因素以及影响程度，进而对薪酬水平、薪酬差距或薪酬结构的发展趋势进行预测。

6. 图表分析法

图表分析法是在对调查数据进行统计汇总以及对资料进行整理的基础上，首先按照一定格式编制统计表，然后制成各种统计图如直线图、柱状图、饼状图、结构图等。

五、提供薪酬调查分析报告

薪酬调查分析报告应该包括薪酬调查的组织实施情况分析、薪酬数据分析、政策分析、趋势分析、企业薪酬状况与市场状况对比分析以及薪酬水平或制度调整的建议。

注意事项

设计薪酬调查问卷的注意事项：在设计调查问卷时，应将为实现目标所需要的所有信息设置在其中，填写问卷时间不应超过 2 小时。

设计表格的具体要求为：1. 明确薪酬调查问卷要调查的内容，再设计表格。2. 确保表格中的每个调查项目都是必要的。3. 试填表格样本，了解表格设计是否合理。4. 要求语言标准，问题简单明确。5. 把相关的问题放在一起。6. 尽量采用选择判断式提问，尽可能减少表中的文字书写量。7. 保证留有足够的填写空间，一些人手写时字体较大。8. 使用简单的打印样式以确保易于阅读。9. 可注明填表须知。10. 考虑信息处理的简便性和正确性。11. 复写纸、自动读入计算机（其他）。12. 如果表格收集的数据用 OCR 和 OMR 自动读入计算机，表格需要仔细设计，确保正确地完成数据处理。

第二单元 员工薪酬满意度调查

知识要求

薪酬满意度调查内容包括：

表 5-7 薪酬满意度调查内容表

薪酬满意度调查内容	1. 员工对薪酬水平的满意度
	2. 员工对薪酬结构、比例的满意度
	3. 员工对薪酬差距的满意度
	4. 员工对薪酬决定因素的满意度
	5. 员工对薪酬调整的满意度
	6. 员工对薪酬发放方式的满意度
	7. 员工对工作本身（如自主权、成就感、工作机会等）的满意度
	8. 员工对工作环境（如管理制度、工作时间、办公设施等）的满意度

能力要求

一、薪酬满意度调查的程序

1. 确定调查对象：企业内部所有员工。2. 确定调查方式：发放调查表。3. 确定调查内容：包括员工对薪酬福利水平、薪酬福利结构比例、薪酬福利差距、薪酬福利的决定因素、薪酬福利的调整、薪酬福利的发放方式等的满意度。

二、薪酬满意度调查表的设计

三、薪酬满意度调查结果的分析

第二节 工作岗位的分类

知识要求

一、工作岗位分类的几个基本概念

横向分类，包括：1. 职系。2. 职组。3. 职门。

纵向分类，包括：4. 岗级。5. 岗等。

1. 职系

职系是由工作性质和基本特征相似相近，而任务轻重、责任大小、繁简难易程度和要求不同的岗位所构成的岗位序列。一个职系就相当于一种专门职业。

2. 职组

职组是由工作岗位性质和特征相似相近的若干职系所构成的岗位群。

3. 职门

职门是工作性质和特征相近的若干职组的集合。职门是岗位分类中的大类。

4. 岗级

在同一职系中，工作岗位性质、任务轻重、繁简难易程度、责任大小以及所需人员资格条件相同或相近的工作岗位的集合。坚持同级同薪、提级提薪的原则，充分体现劳动贡献与劳动报酬之间的一致性和对应性，有利于激励员工，充分调动其积极性、主动性和创造性。

5. 岗等

岗等是将工作性质不同，但工作繁简难易、责任大小以及所需资格条件等因素相同、相近的岗位纳入统一的岗等，从而使各个职系中隶属于不同的岗位纳入统一的岗等维度之中。

二、工作岗位分类的内涵

工作岗位分类也称岗位分类分级或岗位归级，在国家机关（公共部门）行政人事管理中，被称为职位分类。

岗位分类是在岗位调查、分析、设计和岗位评价的基础上，采用科学的方法，根据岗位自身的性质和特点，对企事业单位中全部岗位，从横向与纵向两个维度上所进行的划分，从而区别出不同岗位的类别和等级，作为企事业单位人力资源管理的重要基础和依据。

岗位分级的最终结果，是将企事业单位的所有岗位纳入由职门、职组、职系、岗级和岗等构成的体系之中。职系和职组是按照岗位的工作性质和特点对岗位所进行的横向分类，岗级和岗等是按照岗位的责任大小、技能要求、劳动强度、劳动环境等要素指标对岗位所进行的纵向分级。

岗位分类是岗位研究的重要组成部分，它与岗位调查、岗位分析、岗位设计和岗位评价存在着不可分割的联系。岗位调查为岗位分析提供各种必要的数据、资料和信息，而岗位分析又是岗位分类的重要前提，它为岗位评价与岗位分类奠定了基础。从广义上理解，岗位评价是岗位分类、分级的一个组成部分，岗位评价是对相同性质的同类岗位相对价值的衡量、比较和评定；而岗位分类是对一定范围内所有岗位的多层次的分类、分级、分等。从逻辑关系上看，岗位评价是在岗位按其性质进行初步分类的基础上，对岗位的细分细化，将同类岗位划级列等，从而完成岗位研究的各项目标，为企业的人力资源管理提供依据。

三、工作岗位分类的相关概念

（一）岗位分级与职业分类标准的关系

总之，岗位分类与职业分类是特殊性与（有规律）一般性的关系，职业分类对企业中的岗位分类起着重要的指导和规范作用，而企事业单位的岗位分类又为国家职业分类体系提供了丰富的内容和有益的补充。

（二）岗位分级与岗位分类

首先，岗位分类适用于国家各级政府及其职能部门和机构，研究的对象是公共部门的公务员。而岗位分级适用于实行岗位分类法以外的各种企事业单位。其次，岗位分类作为一种人事制度，是国家公务员人事管理的基础环节，一般由国家专门的组织机构负责制定。企事业单位的岗位分级则由其主管部门负责组织。最后，两者的实施难度不同。一套科学合理的岗位分类体系的形成，往往需要十几年甚至几十年的时间。

企业单位的岗位分级应采用科学的方法，按照严格的程序进行，但也不能强求一律，一定要从企业单位的实际条件和情况出发，坚持岗位分级方法的适用性、实用性和可行性原则。

（三）岗位分级与品位分类（品位分类用在公务员）

品位分类是一种按照预定分类原则和方法根据人员的学历、资历及贡献大小等资格条件，将人员分成不同品级的人事制度，它是人员招聘、录用、考核、晋升、培训、工资、奖惩等各项人力资源管理的重要依据。与岗位分类主要区别：1. 分类标准不同。岗位分类以事为标准，事（岗位）在人先，以事择人；而品位分类则以人为标准，人在事（岗位）先，以人择事。2. 分类的依据不同。岗位分类是根据工作或岗位的性质、繁简难易、责任轻重和所需资格条件进行，对事不对人；而品位分类则根据对人员资历、学历、劳动态度、综合绩效和贡献率的分析，达到对人员进行分类的目的，对人不对事。3. 适用范围不同。岗位分类适用于专业性、机械性、事务性强的岗位，因为这类岗位的职务和工作量较容易量化，而且比较固定；而品位分类则适合于工作经常变化、工作效果不易量化的岗位或工作，如对领导责任较大、需要发挥个人积极性与能动性的岗位以及机密性、临时性等工作。

四、工作岗位横向分类的原则

1. 岗位分类的层次宜少不宜多。2. 直接生产人员岗位的分类应根据企业的劳动分工与协作的性质与特点来确定。3. 大类、小类的数目多少与划分的粗细程度有关。

五、岗位纵向分级的含义

岗位纵向分级是指在岗位横向分类的基础上，根据岗位工作繁简难易程度、责任大小以及本岗位人员任职资格条件等因素，对同一职系中的岗位划分出不同岗级，并对不同职系中的岗位进行统一规定岗等的过程。

六、生产与管理岗位统一岗等的基本要求

企业在对生产性岗位和管理性岗位分别进行了内部分级（岗级）列等（岗等）之后，需要将两者有机地衔接起来，根据生产性和管理性岗位的岗级，完成岗位的统一列等。

1. 要充分考虑岗位工作任务难易程度。2. 要考虑对员工行为激励的程度。3. 要体现企业员工工资管理的策略。

能力要求

一、工作岗位分类的主要步骤

1. 岗位的横向分级，即根据岗位的工作性质及特征，将它们划分为若干类别。2. 岗位的纵向分级，即根据每一岗位的繁简难易程度、责任轻重以及所需学识、技能、经验水平等因素，将它们归入一定的档次级别。3. 根据岗位分类的结果，制定各类岗位的岗位规范（怎么做）即岗位说明书（是什么）。4. 建立企业岗位分类图表，说明企业各类岗位的分布及其配置状况，为企业员工的分类管理提供依据。

二、工作岗位横向分类的步骤与方法

（一）工作岗位横向分类的步骤

1. 将企事业单位内全部岗位，按照工作性质划分为若干大类，即职门。2. 将各职门内的岗位，根据工作性质的异同继续进行细分。3. 将同一职组内的岗位再一次按照工作的性质进行划分，即将大类下的中类再细分为若干个小类，把业务性质相同的岗位组成一个职系。

（二）工作岗位横向分类的方法

1. 按照岗位承担者的性质和特点，对岗位进行横向的区分。2. 按照岗位在企业生产过程中的地位和作用划分。

三、工作岗位纵向分级的步骤与方法

（一）岗位纵向分级的步骤

1. 按照预定标准进行岗位排序，并划分出岗级

分别把每一个职系中的岗位，按照业务工作的繁简难易、责任大小以及所需人员资格条件等因素，对其进行分析和评价，并把它们按照一定的顺序，如从“简”、“轻”、“低”到“繁”、“重”、“高”进行排序。

2. 统一岗等

（二）生产性岗位纵向分级的方法

1. 选择岗位评价要素。2. 建立岗位要素指标评价标准表。3. 按照要素评价标准对各岗位打分，并根据结果划分岗级。4. 根据各个岗位的岗级（相同职系）统一归入相应的岗等（不同职系）。

（三）管理性岗位纵向分级的方法

1. 精简企业组织结构，加强定编定岗定员管理，对企业岗位进行科学的设计和改进。2. 对管理岗位进行科学的横向分类。3. 为了有效地完成管理岗位划岗归级的任务，评价要素的项目分档要多。4. 在对管理岗位划岗归级后，应对管理岗位岗级进行统一列等。

第三节　企业工资制度设计与调整

第一单元　企业工资制度的设计

知识要求

一、工资制度的内涵

工资制度是根据法律规定和政策制定的，是与工资的制定与分配相关的一系列准则、标准、规定和方法的总和。工资制度中必须明确的内容有：工资分配政策、原则、工资支付方式、工资标准、工资结构、工资等级及级差、奖金、津贴、过渡办法、其他规定等。

二、企业工资制度的分类

（一）岗位工资制

1. 概念

岗位工资制是以员工在生产经营工作中的岗位为基础确定工资等级和工资标准，进行工资给予的工资制度。

2. 岗位工资制最大的特点

工资的给予“对岗不对人”，具体如下：（1）根据岗位支付工资。（2）以岗位分析为基础。（3）客观性较强。

3. 岗位工资制的主要类型

（1）岗位等级工资制。1）一岗一薪制：指一个岗位只有一个工资标准，凡在同一岗位上工作的员工都按照统一的工资标准获得工资。2）一岗多薪制：指在一个岗位内设置几个工资标准以反映岗位内部员工之间的劳动差别的岗位工资制度。

（2）岗位薪点工资制。薪点工资制是在岗位评价的基础上，用点数和点值来确定员工工资的工资制度。

岗位薪点数的确定：

1）薪点数的确定：①岗位薪点的确定；②个人薪点的确定；③加分薪点数。

2）薪点值的确定：基值和浮动值两部分。

薪点工资制有以下的优点：1）岗位薪点工资制使工资分配直接与企业效益和员工的工作业绩相联系，体现了效率优先的原则。2）工资用薪点表示，比岗位等级工资制更容易做到将工资分配向关键岗位、技术岗位倾斜。3）在薪点值的确定过程中，浮动值是按照部门的效益或业绩来确定的。

（二）技能工资制

1. 概念

技能工资制是一种以员工的技术和能力为基础的工资。

2. 技能工资制的前提

（1）明确对员工的技能要求。（2）制定实施与技能工资制度配套的技能评估体系。（3）将工资计划与培训计划相结合。

3. 技能工资的种类

（1）技术工资：主要应用于"蓝领"员工。（2）能力工资：属于"白领"工资，包括基础能力工资和特殊能力工资。

（三）绩效工资制

1. 概念

绩效工资制是以员工的工作业绩为基础支付的工资，支付的唯一根据或主要根据是工作成绩和劳动效率。

2. 特点

（1）注重个人绩效差异的评定。（2）关于个人绩效的大多数信息都是由主管人员收集上来的。（3）在这种工资制度下，反馈的频率不是很高。

3. 绩效矩阵

在绩效矩阵中，员工工资增长的规模和频率取决于两个方面的因素：一是个人的绩效评价等级；二是个人在工资浮动范围中的位置。那么他的工资很快会超过企业工资范围的最高界限。因此，在员工的绩效等级一定的情况下，企业要首先考虑员工工资的市场比率的范围，然后再决定其工资增长的幅度。

绩效矩阵除了可以给企业在员工加薪方面提供依据外，还可以帮助企业确定并维持员工的市场工资水平（市场工资比率）。

通常对能够进入前两个绩效评价等级的员工人数的百分比进行严格的限制。比如，有些企业规定，在绩效评价结果中处于A等级的员工百分比不能超过10%，B等级的员工百分比不能超过25%，而E等级的百分比不能少于5%。

4. 绩效工资制的不足

（1）绩效工资制的基础缺乏公平性。（2）绩效工资过于强调个人的绩效。（3）如果员工认为绩效评价的方式方法不是公平的、精确的，整个绩效工资制度就有崩溃的危险。

5. 现在企业主要的绩效工资形式

（1）计件工资制。（2）佣金制（提成制）。优点：可以充分地调动营销人员的营销积极性；可以使营销人员觉察到自己的工作投入对企业的重要性。缺点：它使营销人员和企业之间产生较大的离心力。（客户流失）

（四）特殊群体的工资

1. 管理人员的工资制度

管理人员是企业中的重要员工，其工资构成：（1）基本工资。（2）奖金和红利。（3）福利与津贴。

2. 经营者年薪制

经营者年薪制是指以企业的一个经济核算年度（通常为一年）为时间单位确定经营者（主要是企业的厂长、经理，即法人代表）的基本工资，并根据其年终经营成果确定其效益收入（可变工资）的一种工资制度。

（1）实行经营者年薪应具备的条件（委任/委派）：1）健全的经营者人才市场，完善的竞争机制。2）明确的经营者业绩考核指标体系。3）健全的职工代表大会制度，完善的群众监督机制。

（2）年薪制的组成形式：1）基本工资加风险收入。2）年薪加年终奖金。

（3）年薪水平的确定：1）经营者的工作是高级的复杂劳动，劳动耗费是普通员工劳动耗费的倍加。2）年薪水平的确定既要照顾到员工的心理承受能力，又要能够吸引到企业需要的经营管理人才。3）得到年薪的经营者不再享受企业员工的工资性收入与福利待遇。

3. 团队工资制度

（1）团队的定义：它是由一些具备特定技能的人员结合在一起的行为组织。团队成员为共同的目标努力工作，彼此相互负责、相互尊重。团队分为：平行团队、流程团队、项目团队。

（2）团队工资制度的组成要素：基本工资、激励性工资、绩效认可奖励。

1）基本工资。

2）激励性工资：①对于平等团队来说给予员工激励性工资不是一个明智的选择，因为一旦对平等团队采用激励性工资，团队成员就会花太多的时间用在团队的工作上，从而耽误了自己的更重要的常规工作；②流程团队成员的任务可能会有不同，但是应该使员工间的工资差距最小化，所以应该对流程团队的员工支付相同金额的激励性工资；③对于项目团队来说，成员之间技能、能力和对团队的贡献存在着差距，所以他们的基本工资通常也存在着较大的差异，如果对项目团队的成员支付相同金额的激励性工资，会抵消基本工资所体现出来的差别性，并影响整个工资制度的有效性。

3）绩效认可奖励。它有两种形式：货币性奖励和非货币性奖励。非货币性奖励比较常用，这些奖励通常具有名义价值，一般是一些具有象征性的物品奖励。货币性奖励与非货币性奖励的区别在于：非货币性奖励用来认可优良的业绩表现；货币性奖励用来认可优良的工作结果。

（3）团队工资的设计应该注意的问题。1）平行团队工资制度的设计。在设计平行团队的工资制度的结构时，企业应该确保成员将小部分的时间和精力投入到团队中去。2）流程团队的工资制度设计。基本工资应该是团队工资结构方案的关键，基本工资支付的主要依据就是团队成员的能力和技能。团队中的每一个成员应该能够胜任其他成员的工作。3）项目团队工资制度的设计。基本工资在项目团队的工资结构中属于传统组成部分。项目团队工资结构中的可变性来自于少量货币性奖励和基于团队绩效的激励性工资。少量的货币性奖励被广泛地用于事后奖励绩效。弊端：一是项目团队工作比流程团队工作更难量化；二是项目团队工作中的可变因素较多。

三、企业工资制度设计的主要内容

（一）工资水平及其影响因素

工资水平是指企业一定时期内所有员工的平均工资。其计算公式为：

工资水平 = 工资总额/企业平均人数

工资水平影响因素：

1. 企业外部影响因素

（1）市场因素：1）商品市场。2）劳动力市场。

（2）生活费用和物价水平。

（3）地域的影响。

（4）政府的法律、法规。

2. 企业内部影响因素

（1）企业自身特征对工资水平的影响。企业的发展阶段主要分为：起步期、成长期、成熟期、衰退期。（2）企业决策层的工资策略。

（二）工资结构及其类型

1. 工资结构

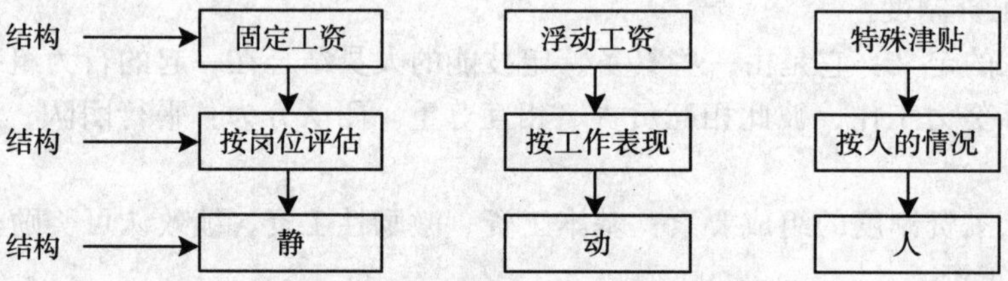

图 5-15 工资结构图

2. 工资结构类型

（1）以绩效为导向的工资结构（绩效工资制）。

特点：员工的工资主要根据其近期劳动绩效来决定。

优点：激励效果好。

缺点：使员工只重视眼前效益，不重视长期发展，没有学习新知识、技能的动力，只重视自己绩效，不重视与人合作、交流。

（2）以工作为导向的工资结构（岗位工资制）。

特点：根据工作重要程度、任职要求来决定。

优点：有利于激发员工的工作热忱和责任心。

缺点：无法反映贡献差别。适用于各工作之间的责、权、利明确的企业。

（3）以技能为导向的工资结构（技能工资制）。

只适用于技术复杂程度高、劳动熟练程度差别大的企业或处于艰难期，急需提高企业核心能力的企业。

（4）组合工资结构（组合工资制）。

优点：全面考虑了员工对企业的投入，适用于各类企业。

表 5-21　各种工资制度结构对比表

绩效工资制	年龄与工龄	基本工资（20%）
	技术与培训水平	
	职务（岗位）价值	
	绩效（生产量、销售量）	绩效工资（80%）
岗位工资制	年龄与工龄	工龄工资及其他（11.1%）
	技术与培训水平	岗位工资（86.9%）
	职务（岗位）价值	能力工资（2%）
	绩效（生产量、销售量）	
技能工资制	年龄与工龄	技术等级工资（90%）
	技术与培训水平	
	职务（岗位）价值	职务津贴（5%）
	绩效（生产量、销售量）	生产津贴（5%）
组合工资制	年龄与工龄	工龄工资（14%）
	技术与培训水平	基础工资（33%）
	职务（岗位）价值	岗位工资（24%）
	绩效（生产量、销售量）	奖金（29%）

（三）工资等级

1. 工资等级

反映不同岗位之间在工资结构中的差别，以岗位评价和岗位分级的结果为依据，根据岗位评价得到每个岗位的最终点数，划分岗位等级，并使工资等级与岗位等级一一对应。

2. 工资档次

由于同一工资等级的员工在能力上有差别，实际工资管理中企业可根据员工的能力、绩效等情况，将同一工资等级划分成若干个档次。

3. 工资级差

工资级差是指不同等级之间工资相差的幅度，即企业内最高等级与最低等级的工资比例关系以及其他各等级之间的工资比例关系。

4. 浮动幅度

浮动幅度是指在同一个工资等级中，最高档次的工资水平与最低档次之间的工资差距。

5. 等级重叠

等级重叠是指各个相邻的工资等级浮动幅度在数值上的交叉程度。

四、企业工资制度设计的原则

（一）公平性原则

亚当·斯密（J.S.Adams）的公平理论，一种为横向比较，即员工将自己所获得的报酬与自己的投入的比值与组织内其他人做比较。另一种为纵向比较，就是员工将自己目前所获得的报酬与目前投入的努力的比值，同自己过去所获得的报酬与过去投入的努力的比值进行比较，只有前者大于或等于后者时，他才感觉到是得到了公平的对等。（比如员工减少自己的工作投入、消极的工作态度、怠工或者离开企业）公平感：让员工认同，满足员工的需求。

企业工资的公平性可以分为三种：1. 内部公平性：岗位评价。2. 外部公平性：市场调查。3. 个人公平性：绩效考核。

（二）激励性原则

（三）竞争性原则

在一般情况下，企业员工的工资水平应该比行业的平均水平高15%。

（四）经济性原则

（五）合法性原则

能力要求

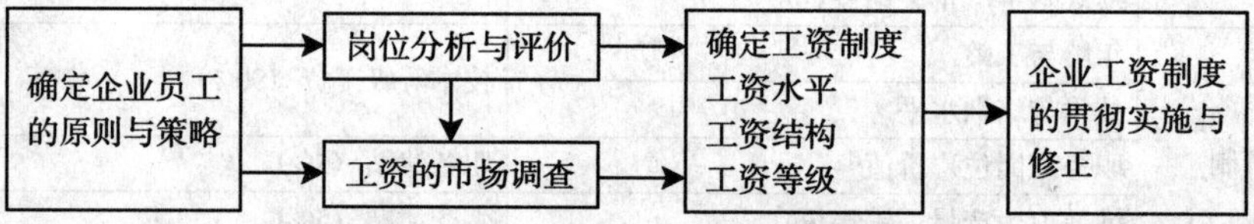

图 5-17 企业工资设计程序图

一、确定工资策略

它可分为三类：

1. 高弹性类

其特点是员工的工资在不同时期个人收入起伏较大。

2. 高稳定类

其特点是员工的工资与实际绩效关系不太大，而主要取决于年功及企业整体经营状况。

3. 折中类

其特点是既有高弹性成分，以激励员工提高绩效，又有高稳定成分，以促使员工注意长远目标。

表 5-19 企业工资策略与企业发展战略的关系

发展战略	发展阶段	工资策略	工资水平	工资结构类型	
				性质	工资结构
以投资促进发展	合并或迅速发展阶段	以业绩为主	高于平均水平的工资与高于中等个人绩效奖相结合	高弹性	以绩效为导向
保持利润与保护市场	正常发展至成熟阶段	工资管理技巧	平均水平的工资与高于中等个人、班组或企业绩效奖相结合	高弹性	以绩效为导向
				高稳性	年功工资
				折中	以技能为导向、以工作为导向、组合工资
收获利润并向别处投资	无发展或衰退阶段	着重成本控制	低于平均水平的工资与刺激成本控制的适当奖励相结合	高弹性	以绩效为导向
				折中	以技能为导向、以工作为导向、组合工资

二、岗位评价与分类

目的：通过量度企业内部各个岗位的价值并建立起岗位间的相对价值关系，以此为基础来保证工资制度的内部公平性，其主要内容包括岗位分析、岗位评价以及分类分级。

三、工资市场调查

四、工资水平的确定

常用的有两种方法：1. 将工资水平完全建立在市场工资调查数据的基础上。企业全部的一般性岗位的工资水平（工资率）由工资调查数据得到；而特殊岗位的工资率可以通过工资曲线得到，即将特殊岗位的岗位评价数据代入工资曲线的方程即可得出。2. 根据工资曲线确定工资水平。

五、工资结构的确定

企业工资结构的确定的定义：确定不同员工的工资构成项目及其所占的比例。

1. 工资构成项目的确定。2. 工资构成项目的比例确定。

六、工资等级的确定

1. 工资等级类型的选择

不同的企业有不同的岗位，一般为两种类型：（1）分层式工资等级类型：企业包括的工资等级比较多，呈金字塔形排列，员工工资水平的提高是随着个人岗位级别向上发展而提高的。（2）宽泛式：宽带式工资等级类型：企业包括的工资等级少，呈扁平状，员工工资水平的提高既可以是因为个人岗位级别向上发展而提高的，也可以是因横向工作调整而提高的。

2. 工资档次的划分

在确定了员工所在岗位对应的工资等级后，可以根据员工个人能力水平高低的不同进入该工资等级的不同档次，并可以根据绩效考核结果逐年调整。由于企业的岗位等级一般都是金字塔形，岗位级别越高，可提供的岗位越少，员工的升迁机会越少。

3. 浮动工资（奖金或绩效工资）的设计

员工的浮动工资不仅要与企业经济效益、部门业绩考核结果挂钩浮动，还必须与个人业绩考核结果挂钩。

浮动工资设计方法：（1）确定浮动工资总额。（2）确定个人浮动工资份额。

七、企业工资制度的实施与修正

劳动报酬是对人工成本和员工需求之间进行权衡的结果。世界上不存在绝对公平的工资制度，只存在员工是否满意的工资制度。

第二单元　宽带式工资结构设计

知识要求

一、宽带式工资结构的内涵

宽带式工资，又称工资宽带，宽带式工资结构是将企业传统的10个、20个，甚至30个工资等级及其变动范围进行重新组合，压缩原有工资等级的数目。一般来说，每个工资等级的最高值与最低值之间的区间变动比率，即同一工资等级内部最高值与最低值之间的比率要达到1倍或1倍以上。

典型的宽带工资结构设计，一般只有4个工资等级，每个工资等级的最高值与最低值之间的区间变动比率可能超过200%以上，而在传统的工资结构设计中，工资区间的变动比率通常只有40%~50%。

二、宽带式工资结构的作用

1. 宽带式工资结构支持扁平型组织结构，打破了传统工资结构所维护和强化的那种严格的等级制，利于企业提高效率及创造参与型和学习型的企业文化。2. 宽带式工资结构能引导员工自我提高。3. 宽带式工资结构有利于岗位变动。岗位变动包括三个方向：升迁、横向移动、下调。通常情况下，员工能接受升迁；排斥横向移动。不能接受向下级岗位移动下调，宽带式工资结构减少了工资等级的数量，扩大了工资等级的范围。使很多“下调”的情况转化为“横向移动”，大大减少了员工调动的阻力。4. 宽带式工资结构有利于管理人员以及人力资源专业人员的角色转变。5. 宽带式工资结构有利于工作绩效的促进。

能力要求

宽带式工资结构的设计程序：

一、明确企业的要求

操作步骤：第一，界定新价值观；第二，创立新的培训和开发计划；第三，重新界定办公室领导者和管理层的角色；第四，真正授予员工以简化流程的权力；第五，改革工资。

二、工资等级的划分

三、工资宽带的定价

工资宽带的定价就是为解决这类问题而产生的，它参照市场工资水平和工资变动区间，在存在外部市场差异的情况下，对同一工资宽带之中的不同职能或岗位族的工资分别进行定价，并以此为依据，向处于同一宽带之中，但是职能却各不相同的员工支付工资。

四、员工工资的定位

企业通常采取三种方法：1. 绩效曲线法。2. 严格按照员工的新技能获取情况，确定他们在工资宽带中的定位。3. 那些强调员工能力的企业则有可能这样确定员工在工资宽带中的位置：①确定某一明确的市场工资水平；②在同一工资宽带内部，对低于该市场工资水平的部分，根据员工的知识、技能、能力和绩效进行工资定位；③对于高于该市场工资水平的部分，则根据员工的关键能力开发情况进行工资定位。

五、员工工资的调整

宽带式工资结构强调员工个人能力的提高和业绩表现，而非僵化的岗位等级结构。企业必须建立对员工的技能或能力评价体系以及绩效管理体系，才能确定客观、公平的员工工资变动依据。

第三单元　企业工资制度的调整

知识要求

一、工资调整的含义

工资调整，主要是指工资标准的调整。大致又可分为三类：第一类是个体工资标准的调整；第二类是整体工资标准的调整；第三类是结合内部分配改革对工资结构的调整。

二、工资调整的项目

（一）工资定级性调整

它包括：①对试用期满或没有试用期但办完入职手续的新员工的工资定级；②对原来没有的岗位或没有在企业中聘任的军队转业人员的工资定级；③对已工作过但新调入企业的员工的工资定级等。

应注意以下因素：

1. 员工工资定级时应考虑的因素。

（1）员工的生活费用。（2）同地区同行业相同或相似岗位的劳动力的市场工资水平。（3）新员工的实际工作能力。

2. 工资定级时的内部公平与对外有竞争力的平衡问题：采用工资加奖金的办法。

（二）物价性调整

物价性调整是为了补偿因物价上涨而给员工造成的经济损失而实施的一种工资调整方法。

（三）工龄性调整

它包含年功工资。

（四）奖励性调整

员工做出突出的成绩或重大的贡献后。

（五）效益性调整

效益性调整是一种当企业效益提高时，对全体员工给予等比例奖励的工资调整方法。

（六）考核性调整

达到一定的合格次数即可以提升一个工资档次的调整工资的方法。

能力要求

一、员工个体工资标准的调整

（一）工资等级调整

管理人员提升职务等级，工人到高于现任等级的岗位上工作，按照新的岗位（职务）等级确定相应的工资等级。

当员工需要调整到比现任岗位等级较低的岗位时，也按调低后的岗位等级确定相应的工资级。由于岗位的调整，晋升工资等级或下调工资等级，一律从新任岗位的次月起执行。

（二）工资标准档次的调整

包括以下情况：1.“技变”晋档。2.“学变”晋档。3.“龄变”晋档。4.“考核”晋档。

二、员工工资标准的整体调整

（一）定期普遍调整工资的标准

整体调整工资标准，综合居民消费价格增长、社会和本企业劳动生产率增长、员工生活水准的提高等多种因素，是“阳光普照”式的调整。

（二）根据业绩决定加薪幅度

为了将员工工资水平的提高与他们对企业的贡献率有效地结合在一起，也可以根据员工绩效水平，确定其工资调整的幅度。基本做法如下：在每个年度的终结，通常由员工的直接主管对其进行评价，并根据绩效等级决定基本工资的加薪幅度。

三、企业员工工资结构的调整

企业员工工资结构的调整即工资构成的调整。伴随着每一次工资改革，都要进行一次工资结构的调整。

注意事项

调整员工工资时应注意的问题：当员工有加薪要求，但绩效考核成绩较低，没有达到加薪的标准时，就应该向他解释公司的加薪政策；如果某员工的绩效考核良好，却没有得到加薪时，就要认真调查原因；如果员工指出与他岗位相同、能力相同的员工得到了加薪，他没加薪时，不要轻易将该员工与他所讲的员工进行比较，应交由部门经理解释。

第四节　企业员工薪酬计划的制订

能力要求

一、制订薪酬计划的准备工作

对所有信息进行分析、检查。所需的资料包括员工薪酬的基本资料，企业人力资源规划资料，物价、市场薪酬水平，国家薪酬、税收政策的变动资料，企业薪酬支付能力资料等。

表 5-23　制订薪酬计划所需资料一览表

	姓名、年龄、性别、所在部门
员工薪酬的基本资料	岗位名称
	当前薪酬水平
	当前工资级别
	所在工资级别的最高工资、中位工资、最低工资
	上次调资的时间、额度、调资类型
企业整体的薪酬资料	企业现有的员工人数
	企业在过去一年内实际发生的薪酬总数
企业在未来一年人力资源规划资料	拟招聘的新员工人数
	拟招聘新员工的薪酬水平
	预计晋升职务的员工人数
	预计岗位轮换的员工人数
	预计休假的员工人数
	预计辞职、辞退、退休的员工人数
物价变动材料	在过去一年里当地物价变动资料
市场工资水平	当前市场的劳动力供求状况与薪酬水平
国家薪酬政策	国家当前有关薪酬的法律、法规等
企业财务状况	企业薪酬支付能力
	企业上一年度经济效益状况
	股东要求的回报率
	企业预计的效益状况

续表

姓名、年龄、性别、所在部门	
薪酬预测	预测企业在未来一年的工资增长率
	预测在未来一年员工所在部门薪酬总额的增长
	预测员工在未来一年增薪的时间、额度、调资类型

二、制订薪酬计划的方法

有两种，一种是从下而上法，另一种是从上而下法。

（一）从下而上法

优点：比较实际、灵活，且可行性较高。缺点：不易控制总体的人工成本。

（二）从上而下法

优点：可以控制总体的薪酬成本。缺点：缺乏灵活性。

由于两种方法各有优劣，通常企业会同时采用这两种方法：首先自上而下，然后自下而上。

三、制订薪酬计划的程序

1. 薪酬市场调查。2. 了解企业财力状况，根据企业人力资源策略，确定企业薪酬水平采用何种市场薪酬水平，是 90%点处、75%点处，还是 50%点处、25%点处。3. 了解企业人力资源规划。

四、薪酬计划表的运用

五、薪酬计划报告的撰写内容

它包括：本年度企业薪酬总额和各主要部门薪酬总额；人力资源规划情况，如预计的招聘、晋升、辞退（职）、岗位轮换等情况；预测的下一年度企业薪酬总额和薪酬增长率，以及各主要部门薪酬增长率等。

第五节　企业补充保险

知识要求

一、企业年金的概念和内容

（一）企业年金的概念

企业年金，是指企业及其员工在依法参加基本养老保险的基础上，自愿建立的补充养老保险制度。企业建立企业年金应具备三个条件：一是依法参加基本养老保险并按时足额缴费；二是生产经营比较稳定，经济效益较好；三是企业内部管理制度健全。

（二）企业年金的适用范围

依法参加基本养老保险并履行缴费义务；具有相应的经济负担能力；已建立集体协商机制。

（三）企业年金方案的内容

参加人员范围资金筹集方式、员工企业年金个人账户管理方式、基金管理方式、计发办法和支付方式、支付企业年金待遇的条件、组织管理和监督方式、终止缴费的条件、双方约定的其他事项。

（四）企业年金计划的申报和备案

劳动保障行政部门自收到企业年金方案文本之日起15日内未提出异议的，企业年金方案即行生效。

二、企业年金基金的管理

（一）资金筹集方式

企业年金费用由企业和员工个人共同缴纳。

（二）企业年金基金的组成

企业年金基金由下列各项组成：企业缴费、员工个人缴费、企业年金基金投资运营收益。

（三）员工企业年金个人账户管理方式

企业年金基金实行完全积累，采用个人账户方式进行管理。可以按照国家规定投资运营并入企业年金基金。企业缴费应当按照企业年金方案规定比例计算的数额计入员工企业年金个人账户；员工个人缴费额计入本人企业年金个人账户。

三、企业年金的支付方式

（一）企业年金的领取

员工在达到国家规定的退休年龄时，可以从本人企业年金个人账户中一次性或定期领取企业年金。员工或退休人员死亡后，由其指定的受益人或法定继承人一次性领取。

（二）个人账户转移

实行企业年金制度的企业，其员工在变动工作单位时，企业年金个人账户资金可以随同转移。员工升学、参军、失业期间或新就业单位没有实行企业年金制度的，其企业年金账户可由原管理机构继续管理。

能力要求

一、企业年金设计程序

1. 确定补充养老金的来源

可行的来源方式有两种：（1）完全由企业负担。（2）由企业和员工共同负担。

2. 确定每个员工和企业的缴费比例

3. 确定养老金支付的额度

4. 确定养老金的支付形式

5. 确定实行补充养老保险的时间

6. 确定养老金基金管理办法

二、企业年金的管理与监督

（一）建立企业年金理事会

也可以聘请企业以外的专业人员参加，其中员工代表应不少于1/3。

（二）确定受托人

受托人可以委托具有资格的企业年金账户管理机构作为账户管理人，负责管理企业年金账户。企业年金基金必须与受托人、账户管理人、投资管理人和托管人的自有资产或其他资产分开管理，不得挪作其他用途。

三、补充医疗保险设计程序

1. 确定补充医疗保险基金的来源和额度。2. 确定补充医疗保险基金的支付范围。3. 确定支付医疗费用的标准。4. 确定补充医疗保险基金的管理办法。

第六章　劳动关系管理

劳动关系是指劳动力所有者（劳动者）与劳动力使用者（用人单位）之间，为实现劳动过程而发生的一方有偿提供劳动力，由另一方用于同其生产资料相结合的社会经济关系。

第一节　劳务派遣

知识要求

一、劳务派遣的含义和性质

（一）劳务派遣的含义

劳务派遣是指劳务派遣单位与接收单位签订劳务派遣协议，由劳务派遣单位招用雇员并派遣该劳动者到接收单位工作，劳动者和派遣机构从中获得收入的经济活动。

劳务派遣现象由来已久，是非正规就业的一种重要形式。

（二）劳务派遣的性质

劳务派遣是一种典型的非正规就业方式，通过描述劳务派遣现象，可以将劳务派遣定性为一种组合劳动关系。它存在着三种主体和三重关系。三种主体是劳务派遣机构、接收单位和受派遣劳动者；三种关系是劳务派遣机构与受派遣劳动者的关系、劳务派遣机构与接收单位的关系和接收单位与受派遣劳动者的关系。

劳务派遣机构与受派遣劳动者的关系属于有“关系”没劳动的形式劳动关系；接收单位与受派遣劳动者的关系属于有劳动没“关系”的实际劳动关系。两者结合起来观察，则构成了一个完整的劳动关系。

二、劳务派遣的成因

（一）形式劳动关系的运行

劳务派遣机构是形式劳动关系的主体之一，其职责是派遣劳动者的招聘、甄选、考核和录用，将劳务派遣到接收单位，支付工资、提供福利待遇、为受派遣劳动者缴纳社会保险、督促派遣劳动者的接收单位执行国家劳动标准和劳动条件，收取派遣劳动者的接收单位支付的派遣服务费；行使和履行与劳动者订立的以劳务派遣形式用工的劳动合同，以及与接收单位订立的劳务派遣协议约定的应由本方享有和承担的其他权利义务。

（二）实际劳动关系的运行

派遣劳动者的接收单位是实际劳动关系的主体之一。其职责是为派遣劳动者提供工作岗位和其他劳动安全卫生条件，实施劳动安全卫生管理；向劳务派遣机构支付派遣服务费。

（三）劳动争议处理

劳务派遣中的劳动争议，既可能发生于派遣劳动者与派遣机构之间，也可能发生于派遣劳动者与接收单位之间；派遣机构与接收单位之间发生的争议虽然也会涉及派遣劳动者的利益，但不属于劳动争议，而是属于民事纠纷。

（四）劳务派遣的成因

1. 降低劳动管理成本（劳动者接收单位）。2.促进就业与再就业。3. 为强化劳动法制提供条件。4. 满足外国组织驻华代表机构等特殊单位的需求。

三、劳务派遣的管理

（一）劳务派遣机构的管理

在劳务派遣的组合劳动关系运行中，劳务派遣机构和接收单位都对保护劳动者的合法权益承担义务。派遣机构具有作为受派遣劳动者的形式用人主体和派遣劳动者与接收单位之间的中介组织者的双重身份。

1. 资格条件，劳务派遣机构必须具备企业法人设立的条件。2. 设立程序，劳务派遣机构的设立应当实行许可制度。3. 合同体系，其一为形式用人主体与受派遣劳动者的劳动合同；其二为派遣机构与接收单位的劳务派遣协议。

（二）派遣劳动者的管理

为了防范和制止对派遣雇员的歧视，应注意下述要点：1. 派遣雇员与正式雇员享有平等的法定劳动权利，如参加工会的权利、民主参与的权利、提请劳动争议处理的权利等，实际用人单位的集体合同规定的工作时间、休息休假、劳动安全卫生等劳动条件标准同样适用于派遣雇员。2. 在同一岗位使用的派遣雇员与正式雇员应当同等待遇，同岗同酬。3. 用人单位的内部劳动规则的实施，包括劳动定额标准、劳动纪律、绩效评价等对派遣雇员与正式雇员一律平等。4. 实际用工单位应当根据工作岗位的实际需要与劳务派遣单位确定派遣期限，不得将连续用工期限分割订立数个短期劳务协议。5. 被派遣劳动者可根据《劳动合同法》有关规定，与劳务派遣单位解除劳动合同。6. 被派遣劳动者如有严重违纪、严重失职、营私舞弊以及不能胜任工作等《劳动合同法》规定的相应情形的，用工单位可以将劳动者退回派遣单位，派遣单位依法可以与劳动者解除劳动合同。被派遣劳动者的派遣期限到期，应提前告知，并应协同派遣单位办理劳动合同的终止手续和工作交接。7.实际用工单位不得将被派遣劳动者再派遣到其他用人单位。

第二节 工资集体协商

知识要求

一、工资集体协商

（一）工资集体协商的含义

1. 工资集体协商是指企业工会（雇员）代表与企业（雇主）代表依法就企业内部工资分配制度、工资分配形式、工资收入水平等事项进行平等协商，在协商一致的基础上签订工资协议的行为。2. 工资协商是指专门就工资事项签订的专项集体合同。3. 工资集体协商制度是调整劳动关系运行的重要机制。

在工资集体协商制度建设的过程中，应逐渐使各类企业短期工资的决定方式由雇主单方决定的机制过渡到通过集体协商，建立工资分配的共决机制。

（二）工资集体协商的内容

1. 工资协议的期限。2. 工资分配制度、工资标准和工资分配形式。3. 职工年度平均工资水平及其调整幅度。4. 奖金、津贴、补贴等分配办法。5. 工资支付办法。6. 变更、解除工资协议的程序。7. 工资协议的终止条件。8. 工资协议的违约责任。9. 双方认为应当协商约定的其他事项。

二、工资指导线制度

（一）工资指导线制度的含义

国家为实现促进经济社会持续稳定发展、促进就业和物价稳定等政策目标，都要对经济运行实施宏观调控。政府宏观调控工资总量和水平，调节工资分配关系，指导工资增长，指导企业工资分配的办法、规定的总称。

工资指导线适用于各类企业和与之建立劳动关系的劳动者。

（二）工资指导线的作用

1. 为企业集体协商确定年度工资增长水平提供依据，有利于企业形成正常的工资增长机制。2. 引导企业自觉控制人工成本水平。3. 完善国家的工资宏观调控体系，体现了市场经济条件下的“政企分开”。

三、制定工资指导线应遵循的原则

1. 符合国家宏观经济政策。2. 国家不实行全国统一的工资指导线标准。3. 制定工资指导线实行协商原则。

四、工资指导线的主要内容

（一）经济形势分析

（二）工资指导线意见

工资指导线有三条线：上线（预警线）、基准线、下线。

1. 上线也称预警线，是对工资增长较快、工资水平较高企业提出的预警和提示。2. 基准线是年度货币工资平均增长目标，是对生产经营正常、有经济效益的企业合理的工资增长水平。3. 下线主要适用于经济效益较差或亏损企业。

五、劳动力市场工资指导价位

（一）劳动力市场工资指导价位制度的内容

劳动力市场工资指导价位制度是劳动保障行政部门按照国家统一规范和制度要求，通过科学的方法，定期对各类企业中不同职业（工种）的工资水平进行调查、分析、汇总、加工，形成各类职业（工种）的工资价位。

劳动力市场工资指导价位分为年工资收入和月工资收入两种形式，按高位数、中位数、低位数三种标准反映平均水平。

（二）劳动力市场工资指导价位制度的意义

1. 能够为劳动力市场机制在实现劳动力资源优化配置方面发挥基础性的调节作用提供条件。2. 有利于政府劳动管理部门转变职能。3. 有利于引导劳动力合理、有序流动。4. 可以为新办企业在确定雇员初始工资水平时提供参考。

能力要求

一、工资集体协商的程序

（一）工资集体协商代表的确定

工资集体协商代表的确定程序与集体协商代表的确定程序是一致的。

工资集体协商代表应依照法定程序产生。1. 雇员一方由工会代表，未建立工会的企业，由雇员民主推举代表，并得到半数以上雇员同意。2. 雇主一方代表由企业法定代表人和法定代表人指定的其他人员担任。3. 协商双方应各自确定一名首席代表。4. 雇员一方的首席代表应当由工会主席担任。5. 未成立工会的，由雇员集体协商代表推举。6. 雇主一方的首席代表应当由法定代表人担任。

工资集体协商会涉及一系列宏观、微观经济形势分析，法律、法规和政策以及协商谈判的技能技巧等专业问题，协商双方均可书面委托本企业以外的专业人士作为本方协商代表，但委托人数不得超过本方代表的1/3。协商双方享有平等的建议权、否决权和陈述权。

（二）工资集体协商的实施步骤

1. 提出方应事先向另一方提出书面的协商意向书，明确协商的时间、地点、内容等；另一方接到协商意向书后，应于20日内予以书面答复，并与提出方共同进行工资集体协商。2. 在不违反有关法律、法规的前提下，协商双方有义务按照对方的要求，在协商开始前5日内，提供与工资集体协商有关的真实情况和资料。3. 协商形成的工资协议草案，应提交职工代表大会或职工大会讨论审议。4. 协商双方达成一致意见后，由企业行政方制作正式工资协议文本，经双方首席代表签字盖章后成立。

（三）工资协议的审查

1. 工资协议签订后7日内，由企业将工资协议一式三份及说明，报送当地（县级以上）劳动保障行政部门审查。2. 劳动保障行政部门应在收到工资协议15日内，对协商双方代表资格、工资协议条款内容和签订程序进行审查，若对工资协议无异议，应及时向协商双方送达《工资协议审查意见书》，工资协议即行生效；如对工资协议有修改意见，则应将修改意见在《工资协议审查意见书》中通知协商双方，双方应就修改意见及时协商，修改工资协议，并重新报送劳动保障行政部门。3. 工资协议报送15日后，协商双方未收到劳动保障行政部门的《工资协议审查意见书》，视为劳动保障行政部门同意，该工资协议即行生效。4. 在接到已经生效的工资协议后，协商双方应于5日内，以适当形式向双方人员公布。

（四）明确工资协议期限

一般情况下一年进行一次。雇员和雇主双方均可在原工资协议期满前60日内，向对方书面提出协商意向书，进行下一轮的工资集体协商。

二、劳动力市场工资指导价位的制定程序

劳动力市场工资指导价位的制定分为信息采集、价位制定和公开发布三个步骤。

（一）信息采集

（二）价位制定

高位数指工资收入数列中前一定百分比（5%~10%）的数据的算术平均数；中位数为处于工资收入数列中间位置的数值；低位数为工资收入数列中后一定百分比（5%~10%）

的数据的算术平均数。

在制定劳动力市场工资指导价位时，应注意以下几点：1. 坚持市场取向原则。2. 坚持实事求是原则。

（三）公开发布

工资指导价位在每年 6~7 月发布，每年发布一次。具体目标是：1. 建立规范化的信息采集制度。2. 建立科学化的工资指导价位制定方法。3. 建立现代化的信息发布手段。

第三节　劳动安全卫生管理

知识要求

劳动安全卫生管理制度的种类如下：

一、安全生产责任制度

法定代表人对本单位安全负全面责任，分管安全卫生的负责人和专职人员对安全卫生负直接责任，总工程师负安全卫生技术领导责任，各职能部门、各级生产组织负责人在各自分管的工作范围内对安全卫生负责，工人在各自的岗位上承担严格遵守劳动安全技术规程的义务。

二、安全技术措施计划管理制度

其计划项目主要包括：安全技术措施、劳动卫生措施、辅助性设施建设、改善措施以及劳动安全卫生宣传教育措施等。

三、安全生产教育制度

此项制度是企业对劳动者进行安全技术知识、安全技术法制观念的教育、培训和考核制度，是防止发生工伤事故的重要措施。

四、安全生产检查制度

此项制度是劳动部门、产业主管部门、用人单位、工会组织对劳动安全卫生法律、法规、制度的实施依法进行监督检查的制度。

五、重大事故隐患管理制度

其要点为：1.重大事故隐患分类。2.重大事故隐患报告。3.重大事故隐患预防与整改措施。4.劳动行政部门、企业主管部门对重大事故隐患整改完成情况的检查验收。

六、安全卫生认证制度

其要点为：1.有关人员资格认证，如特种作业人员资格认证。2.有关单位、机构的劳动安全卫生资格认证。3.与劳动安全卫生联系特别密切的物质技术产品的质量认证等。

七、伤亡事故报告和处理制度

包括以下内容：1.企业职工伤亡事故分类。2.伤亡事故报告。3.伤亡事故调查。4.伤亡事故处理。

八、个人劳动安全卫生防护用品管理制度

分为两类：其一是国家关于个人劳动安全卫生防护用品的国家标准和行业标准的制定，生产特种个人劳动安全卫生防护用品的企业生产许可证颁发、质量检验检测的规定；

其二是企业内部有关个人劳动安全卫生防护用品的购置、发放、检查、修理、保存、使用的规定，包括个人劳动安全卫生防护用品发放制度、检查修理制度、相关教育培训制度等。

九、劳动者健康检查制度

包括两个制度：1. 员工招聘健康检查。2. 企业员工的定期体检。

能力要求

一、编制审核劳动安全卫生预算

（一）职业安全卫生保护费用分类

主要包括以下各类：1. 劳动安全卫生保护设施建设费用。2. 劳动安全卫生保护设施更新改造费用。3. 个人劳动安全卫生防护用品费用。4. 劳动安全卫生教育培训经费。5. 健康检查和职业病防治费用。6. 有毒有害作业场所定期检测费用。7. 工伤保险费。8. 工伤认定、评残费用等。

（二）职业安全卫生预算编制审核程序

二、严格执行各项劳动安全卫生管理制度

职业危害是职业危害因素对劳动者人身造成的有害后果，既可以表现为对劳动者的急性伤害，如劳动安全卫生事故，也可能表现为慢性伤害，即各类职业病。职业危害既具有客观现实性，又具有可避免性。这些条件主要是：劳动条件的不良状态、劳动组织的不完善、人的错误管理行为与错误操作行为以及人们对自然规律的认识不足和防护手段、方法的欠缺等。

三、积极营造劳动安全卫生环境

（一）营造劳动安全卫生观念环境

企业树立安全第一、预防为主的劳动安全卫生观念，安全第一是处理生产与安全两者之间关系的基本准则。预防为主，防重于治。建立以人为本的企业劳动安全卫生的价值理念。安全第一、预防为主、以人为本。

（二）营造劳动安全卫生制度环境

1. 建立健全的劳动安全卫生管理制度。2. 严格执行各项劳动安全卫生规程。3. 奖惩分明。

（三）营造劳动安全卫生技术环境

1. 直接使用安全技术和无害装置、无害工艺。

2. 完善劳动场所设计，实现工作场所优化。包括：(1) 科学装备、布置工作地。(2) 保持工作场所的正常秩序和良好的工作环境。(3) 正确组织工作场所的供应和服务。(4) 劳动环境优化等。

3. 劳动组织优化。主要包括：(1) 不同工种、工艺阶段合理组织。(2) 准备性工作和执行性工作合理组织。(3) 作业班组合理组织。(4) 工作时间合理组织等。

第四节　企业劳动争议处理

知识要求

一、劳动争议处理概述

（一）劳动争议的概念

劳动争议也称劳动纠纷，是指劳动关系双方当事人之间因劳动权利和劳动义务的认定与实现所发生的纠纷。特征如下：1. 劳动争议的当事人是特定的。2. 劳动争议的内容是特定的。3. 劳动争议有特定的表现形式。

（二）劳动争议的分类

1. 按照劳动争议的主体划分

（1）个别争议。职工一方当事人人数为 2 人以下，有共同争议理由的。（2）集体争议。职工一方当事人人数为 3 人以上，有共同争议理由的。（3）团体争议。工会与用人单位因签订或履行集体合同发生的争议。

2. 按照劳动争议的性质划分

（1）权利争议（已经有的或已签订合同的）。（2）利益争议（有待取得的）。

3. 按照劳动争议的标的划分

（1）劳动合同争议。（2）关于劳动安全卫生、工作时间、休息休假、保险福利而发生的争议。（3）关于劳动报酬、培训、奖惩等因适用条件的不同理解与实施而发生的争议等。

（三）劳动争议产生的原因

1. 劳动争议的内容只能是以劳动权利义务为标的。2. 市场经济的物质利益原则的作用，使得劳动关系当事人之间，既有共同的利益和合作的基础，又有利益的差别和冲突。

二、劳动争议处理的原则

1. 着重调解及时处理的原则。2. 在查清事实的基础上依法处理的原则。3. 当事人在适用法律上一律平等的原则。

三、企业调解委员会对劳动争议的调解

（一）调解的特点

1. 群众性。2. 自治性。3. 非强制性。

（二）调解委员会调解与劳动争议仲裁委员会、人民法院处理劳动争议时调解的区别

1. 在劳动争议处理中的地位不同。调解委员会的调解是独立的程序，后者的调解不具有程序性。2. 主持调解的主体不同。3. 调解案件的范围不同。4. 调解的效力不同。

（三）调解委员会的构成和职责

1. 调解委员会的组成

（1）职工代表，由职工代表大会或职工大会推举产生。（2）用人单位代表，由用人单位法定代表人指定。（3）工会代表，由用人单位工会委员会指定。

2. 调解委员会的职责

（1）按照法律规定的原则和程序处理本单位的劳动争议。（2）开展劳动法律法规、企

业内部劳动管理规则的宣传教育工作，预防劳动争议的发生。(3) 建立必要的工作制度，进行调解登记、档案管理和分析统计工作。

(四) 调解委员会调解劳动争议的原则

1. 自愿原则

(1) 申请调解自愿。(2) 调解过程自愿。(3) 履行协议自愿。

2. 尊重当事人申请仲裁和诉讼权利的原则

(1) 劳动争议发生后，解决方式由当事人自由决定，调解委员会不得阻止。(2) 调解过程中，当事人可提出申请仲裁的请求，调解委员会不得干预。(3) 劳动争议经调解委员会调解达成协议，当事人反悔，调解委员会不得阻拦和干预。

四、劳动争议仲裁委员会对劳动争议的仲裁

(一) 劳动争议仲裁的含义

其特征为：1. 仲裁主体具有特定性。2. 仲裁对象具有特定性。

(二) 劳动争议仲裁组织机构

1. 劳动争议仲裁委员会的构成：(1) 劳动行政部门代表。(2) 同级工会代表。(3) 用人单位方面的代表。

2. 仲裁委员会的办事机构。劳动行政主管部门的劳动争议处理机构是劳动争议仲裁委员会的办事机构。

(三) 劳动争议仲裁的原则

1. 一次裁决原则。2. 合议原则。3. 强制原则。4. 回避原则。5. 区分举证责任原则。

(四) 劳动争议当事人的权利义务

1. 劳动争议当事人的权利

(1) 当事人有提起仲裁申请、答辩、变更申诉请求、撤诉、要求劳动争议仲裁委员会公正调解和裁决的权利。(2) 当事人有委托代理人参加仲裁活动的权利。(3) 当事人有申请回避的权利。(4) 当事人有提出主张、提供证据的权利。(5) 当事人有自行和解的权利。(6) 当事人有不服仲裁裁决向人民法院起诉的权利。(7) 当事人有申请执行的权利。

2. 劳动争议当事人的义务

(1) 当事人有正当行使权利的义务。(2) 当事人有遵守仲裁庭纪律和程序的义务。(3) 当事人有如实陈述案情、提供证据、回答仲裁员提问的义务。(4) 当事人有尊重对方当事人和其他仲裁参加人的义务。(5) 当事人有自觉履行发生效力的仲裁调解书和仲裁书的义务。(6) 当事人有按规定交纳仲裁费的义务。

能力要求

一、劳动争议处理的程序

1. 根据我国劳动立法的有关规定，当发生劳动争议时，争议双方应协商解决。2. 不愿协商或协商不成，当事人可以申请企业劳动争议调解委员会调解。3. 调解不成或不愿调解，当事人申请劳动争议仲裁机构仲裁。4. 当事人一方或双方不服仲裁裁定，则申诉到人民法院，由人民法院依法审理并做出最终判决。

二、调解委员会调解的程序

(一) 申请和受理

自知道或应当知道其权利被侵害之日起的 30 日内，以口头或书面的形式向调解委员会提出申请，并填写《劳动争议调解申请书》。调解委员会在征询对方当事人的意见后，进行审查并做出受理或不予受理的决定。

（二）调查和调解

（三）制作调解协议书或调解意见书

调解委员会调解劳动争议的期限为 30 日，即调解委员会应当自当事人申请调解之日起 30 日内结束，到期未结束的，视为调解不成。

三、劳动争议仲裁程序

（一）申请和受理

审批应在填表 7 日内做出决定。决定立案的，应在决定立案的 7 日内向申诉人发出书面通知，要求在 15 日内提交答辩书和证据。决定不予立案的，应在 7 日内制作不予受理通知书，说明不予立案的理由。当事人双方可以自行和解。仲裁庭审查后决定其撤诉是否成立，认为成立的，应在 7 日内制发仲裁决定书准予撤诉。

申请劳动争议仲裁应当符合以下条件：1. 申诉人必须是与本案有直接利害关系的职工与单位。2. 有明确的被诉人、具体的要求和理由。3. 属于国家有关劳动争议处理法规规定的劳动争议。4. 属于受诉仲裁委员会管辖，并符合申请仲裁的时效规定。

（二）案件仲裁准备

仲裁庭在仲裁委员会领导下处理劳动争议案件，实行一案一庭制。仲裁庭由一名首席仲裁员、两名仲裁员组成。仲裁庭应当于开庭的 4 日前，将开庭时间、地点的书面通知送达当事人。

（三）开庭审理和裁决

当事人可以委托 1~2 名律师或其他公民代理参加仲裁活动。

（四）仲裁文书的送达

仲裁文书的送达方式为：直接送达、留置送达、委托送达、邮寄送达、公告送达。

劳动争议的申诉时效为 60 日，即提出仲裁要求的一方应在劳动争议发生之日起的 60 日内向劳动争议仲裁机构提出申请，超过 60 日，仲裁委员会可以不予受理。

四、集体劳动争议处理的程序

特别程序与普通程序相比，其特点表现在：1. 劳动争议仲裁庭为特别合议仲裁庭，由 3 人以上的单数仲裁员组成。2. 劳动者一方当事人应当推举代表参加仲裁活动，代表人数由仲裁委员会确定。3. 影响范围重大的集体劳动争议案件由省级劳动争议仲裁委员会管辖。4. 集体劳动争议应自组成仲裁庭之日起的 15 日内结束，需要延期的，延长的期限不得超过 15 日。5. 仲裁庭应按照就地、就近的原则进行处理，开庭场所可设在发生争议的企业或其他便于及时办案的地方。6. 劳动争议仲裁委员会对受理的劳动争议及其处理结果应及时向当地政府汇报等。

五、团体劳动争议的处理方法

（一）因签订集体合同发生争议的处理方法

1. 当事人协商。2. 由劳动争议协调处理机构协调处理。(1)申请和受理。(2)拟订协调处理方案。(3)协调处理。(4)制作《协调处理协议书》。(5)此类争议应自决定受理的 30 日内结束。3. 当事人的和平义务。

（二）履行集体合同发生争议的处理方法

1. 当事人协商。2. 劳动争议仲裁委员会仲裁。3. 法院审理。

六、劳动争议案例分析的方法

（一）按照劳动争议自身的规定性进行分析

此种分析方法的要点分别是：

1. 确定劳动争议的标的。

2. 分析确定意思表示的意志内容，包括以下要素：（1）行为人的意思表示必须包含一定的意图，即追求一定法律效果的意图。（2）意思表示必须完整地表达追求该项意图的必须内容。（3）行为人以一定的方式将内心的意图表示于外部，可以由他人客观地加以识别。

3. 分析确定意思表示所反映的意志内容是否符合劳动法律法规、集体合同、劳动合同、企业内部劳动管理规则的规定。

（二）按照承担法律责任要件进行分析

1. 分析确定劳动争议当事人所实施的行为。2. 分析确定当事人的行为是否造成或足以造成一定的危害。3. 分析确定当事人行为与危害结果之间是否存在直接的因果关系。4. 分析确定行为人的行为是否有主观上的过错。

第七章　基础知识

第一节　劳动经济学

第一单元　劳动经济学的研究对象和研究方法

劳动经济学是研究市场经济制度中的劳动力市场现象及劳动力市场运行规律的科学。

一、劳动资源的稀缺性

资源的有限性称为资源的稀缺性。它具有如下属性：其一，相对稀缺性；其二，绝对稀缺性；其三，本质表现是消费劳动资源的支付能力、支付手段的稀缺性。

二、效用最大化

在个人可支配资源的约束条件下，使个人需要和愿望得到最大限度的满足。利润最大化不过是效用最大化的变形，它突出了效用的货币收益方面，而忽略非货币效益方面。

三、劳动力市场

它是生产要素市场的重要组成部分。在同一市场，则是供给与需求的相互对立和适应。供给与需求的选择反映为按照一定的价格实现商品的交换。劳动力市场上劳动力供求的运动，同时决定一个经济社会的就业规模和获得的工资量。

四、劳动经济学的研究方法

（一）实证研究方法

1. 实证研究方法的特点：其重点是研究现象本身“是什么”的问题。2. 实证研究方法的步骤：运用实证研究方法研究客观现象的过程。

（二）规范研究方法

规范研究方法以某种价值判断为基础，说明经济现象及其运行应该是什么的问题。

第二单元　劳动力供给和需求

一、劳动力与劳动力供给

（一）劳动力和劳动力参与率的概念

劳动力是指在一定年龄之内，具有劳动能力与就业要求，从事或能够从事某种职业劳动的全部人口，包括就业者和失业者，即社会劳动力。

劳动力参与率是衡量、测试人口参与社会劳动程度的指标。其含义是劳动力在一定范围内的人口的比率。它只是测度和反映人口参与社会劳动程度的指标。

具体的计算公式分别为：

总人口劳参率 = 劳动力/总人口 × 100%

年龄别（性别）劳参率 = 某年龄（性别）劳动力/该年龄（性别）人口 × 100%

劳动力供给是指在一定的市场工资率的条件下，劳动力供给的决策主体（家庭或个人）愿意并且能够提供的劳动时间。

劳动力供给量变动对工资率变动的反应程度被定义为劳动力供给的工资弹性，简称劳动力供给弹性。

（二）劳动力参与率的生命周期

变动趋势如下：1. 15~19 岁年龄组的青年人口劳参率下降。2. 女性劳参率呈上升趋势。3. 老年人口劳参率下降。4. 25~55 岁年龄男性成年人的劳参率保持高位水平。

（三）经济周期与两种劳动参与假说

经济周期是指经济运行过程中繁荣与衰退的周期性交替。

劳参率的两种假说，即附加性劳动力假说与悲观性劳动力假说。一级劳动力由男性成年人构成；二级劳动力主要由中年妇女构成。附加性劳动力假说认为，二级劳动力参与率与失业率存在着正向关系。失业率上升，二级劳动力参与率提高。悲观性劳动力假说认为，二级劳动力参与率与失业率存在着反向关系。失业率上升，二级劳动力参与率下降。

二、劳动力需求

劳动力需求：是指企业在某一特定时期内，在某种工资率下愿意并能够雇用的劳动量。劳动力需求是企业雇佣意愿和支付能力的统一。两者缺一不可。

劳动力需求的派生性以及该需求是生产要素需求的组成部分。因为劳动力需求量与工资率存在反向关系，帮劳动力需求的自身工资弹性值为负值。

劳动力需求的工资弹性分为五类：1. 需求无弹性，即 $Ed = 0$。2. 需求有无限弹性，即 $Ed \to \infty$。3. 单位需求弹性，即 $Ed = 1$。4. 需求富有弹性，即 $Ed > 1$。5. 需求缺乏弹性，即 $Ed < 1$。

三、企业短期劳动力需求的决定

（一）边际生产力递减规律

短期的生产实际上就是产量取决于一个可变要素的投入。可变要素投入发生变化。产量相应地发生变化。当把可变的劳动投入增加到不变的其他生产要素上，最初劳动投入的增加会使产量增加；但是当其增加超过一定限度时，增加的产量开始递减。这就是劳动的边际生产力递减规律。

在其他生产要素不变的情况下，劳动投入的增加所引起产量变动可分为三个阶段：第一阶段，边际产量递增阶段。第二阶段，边际产量递减阶段。第三阶段，总产量绝对减少。

（二）企业短期劳动力需求的决定

企业短期劳动力需求决定的原则：$MRP = VMP = MP \cdot P = MC = W$。

四、劳动力市场的均衡

广义的劳动力市场是指劳动力所有者个体与使用劳动要素的企业之间，在劳动交换过程中所体现的、反映社会经济特征之一的经济关系。

狭义的劳动力市场是指市场机制借以发挥作用，实现劳动力资源优化配置的机制和形式。

（一）劳动力市场的性质

第一，劳动力市场是社会生产得以进行的前提条件。第二，劳动力与工资的交换行为。第三，劳动力市场的劳动交换。第四，通过劳动力市场的交换，实现劳动要素与非劳动生产要素的最佳结合。

（二）劳动力市场的静态与动态均衡

经济学中运用的均衡概念，一般含有两种含义；其一指某种经济现象所处的状态；其二指分析方法。

（三）劳动力市场均衡的意义

1. 劳动力资源的最优分配。2. 同质的劳动力获得同样的工资。3. 充分就业。

五、人口、资本存量与均衡工资率

（一）人口对劳动力供给的影响

1. 人口规模。2. 人口年龄结构。3. 人口城乡结构。

（二）资本存量对劳动力需求的影响

（三）人口、资本存量与劳动力市场均衡

第三单元　完全竞争市场条件下的工资水平与工资结构

一、均衡价格论的一般原理及工资决定

均衡价格论：它说明通过商品供给与商品需求的运动决定商品价格形成的理论（主要代表：马歇尔、亚当·斯密、凯恩斯）。

二、工资形式

生产要求分为四类：土地、劳动、资本和企业家才能。分别对应为地租、工资、利息和利润。

（一）基本工资

1. 工资率是指单位时间的劳动价格。

2. 货币工资与实际工资。

货币工资，指工人单位时间的货币所得。它受三个主要因素的影响：货币工资率、工作时间长度和相关的工资制度安排。

实际工资，指经价格指数修正过的货币工资，用以说明工资的实际购买能力。

计算公式：实际工资 = 货币工资/价格指数

3. 计时工资和计件工资。

（二）福利

福利是工资转化形式和劳动力价格的重要构成部分。福利的支付方式大体划分为两类：其一为实物支付，包括各种免费或折价的工作餐、折价或优惠的商品和服务。其二为延期支付，包括各类保险支付，如退休金、失业保险等。

福利无论以何种具体方式表现，实质上都是由工人自己的劳动支付的。

福利的特征：1. 福利支付以劳动为基础。2. 法定性。3. 企业自定性和灵活性。

实物支付是普遍存在的福利支付方式，原因是：第一，实物支付可以降低企业按基本工资支付的法定保险金。第二，实物支付变相地提高了个人所得税的纳税起点。第三，从社会的角度看，实物支付可以增加就业，改善居民的生活质量。

延期支付是福利的另一种具体表现形式。

第四单元 就业与失业

一、就业总量的决定

就业或劳动就业是指有劳动能力和就业要求的人，参与某种社会劳动并通过劳动获得报酬或经营收入的经济活动。

(一) 总供给、总需求与均衡国民收入

所谓总供给，是指一国在一定时期内生产的最终产品和服务按价格计算的货币价值总量。

总供给 = 各类生产要素供给的总和（劳动 + 资本 + 土地 + 管理）

= 各类生产要素相应的收入的总和

= 消费 + 储蓄

所谓总需求，指社会在一定时期内对产品和服务需求的总和。

总需求 = 消费品需求 + 投资品需求

均衡国民收入 = 总供给 = 总需求

= 消费 + 储蓄

= 消费 + 投资

(二) 就业总量决定

经济社会的总需求价格与总供给价格相等时的社会总需求，一般称为有效需求，也称均衡国民收入。社会就业总量取决于均衡国民收入或取决于总需求水平。

二、失业及其类型

失业，是指劳动力供给与劳动力需求在总量或结构上的失衡所形成的，具有劳动能力并有就业要求的劳动者处于没有就业岗位的状态。主要有以下失业类型：

1. 摩擦性失业

劳动者进入劳动力市场寻找工作直至获得就业岗位时所产生的时间滞差，以及劳动者在就业岗位之间的变换所形成的失业。它是一种正常性失业，即劳动力市场处于劳动力供求均衡状态时也会存在这种类型的失业。

2. 技术性失业

由于引进先进技术替代人力，以及改善生产方法和管理而造成的失业，称为技术性失业。解决技术性失业最有效的方法：推行积极的劳动力市场政策，强化职业培训，普遍地实施职业技能开发。

3. 结构性失业

造成劳动力供求结构上的失衡所引致的失业称为结构性失业。

4. 季节性失业

由于气候状况有规律的变化对生产、消费产生影响所引致的失业称为季节性失业。

三、需求不足性失业

(一) 需求不足性失业的两种具体表现形式

其一，增长差距性失业。其二，周期性失业。

（二）缓解需求不足性失业的对策

其一，依靠市场自身的力量无法实现充分就业的国民收入均衡。其二，刺激总需求及扩大有效供给是解决需求不足性失业的根本方向。

四、失业的度量和失业的影响

失业率 = 失业人数/社会劳动力人数 × 100%

= 失业人数/就业人数 + 失业人数 × 100%

失业持续期是指失业者处于失业状态的持续时间。

其计算公式：平均失业持续期 = ∑失业者 × 周数/失业人数

面对劳动力市场，人们可以有三种身份，即就业者、失业者和非劳动力三种状态。

失业的负面影响：其一，失业造成家庭生活困难。其二，失业是劳动力资源浪费的典型形式。其三，失业直接影响劳动者精神需要的满足程度。

五、政府行为和劳动力市场

（一）政府支出

政府支出包括各级政府支出的总和，主要分为政府购买和转移支付两类。

（二）劳动力市场的制度结构要素

1. 最低劳动标准

最低劳动标准包括最低工资标准和最长劳动时间标准等。

（1）最低工资标准。（2）最长劳动时间标准。

2. 最低社会保障

3. 工会

最低劳动标准、最低社会保障、工会权利义务三个制度结构，在现代市场经济国家都是以法律的形式确定下来，受到法律的保护。

（三）就业与收入的宏观调控

1. 财政政策

它可分为两类：扩张性的财政政策和紧缩性的财政政策。政府实施财政政策的主要措施包括：调整政府购买水平、调整政府转移支付水平和变动税率。

2. 货币政策

它包括两种类型：扩张性货币政策和紧缩性货币政策。政府实施货币政策的主要措施包括：调节法定准备金率、调整贴现率和公开市场业务。

3. 收入政策

（1）收入政策及其作用。第一，有利于宏观经济的稳定。第二，有利于资源的合理配置。第三，有利于缩小不合理的收入差距。

（2）收入差距的衡量指标——基尼系数。所谓基尼系数，是意大利经济学家基尼依据洛伦茨曲线创制的用来判断某种收入分配平等程度的一种尺度。基尼系数小于 0.2 时，收入差距非常小。

（3）收入政策措施。1）调控收入与物价关系的措施。第一，制定工资—物价指导线。第二，在物价和工资增长过快、影响宏观经济稳定的情况下，对物价和工资进行管制以至于冻结。第三，实施以税收为基础的收入控制政策。2）收入平等化措施。第一，实行个人收入所得税制度。第二，对遗产、赠与、财产、高消费征税。第三，发展社会保障事业，解决失业保险、医疗保险、养老保险、未成年子女的家庭补贴。第四，对失业者，特别是其中的贫困者，提供就业机会与就业培训。第五，发展教育事业，这有利于从根本上消除贫困，扩大社会平等。第六，改善居民住房条件，向低收入阶层提供廉价住房或住房补贴。

第二节　劳动法

第一单元　劳动法的体系

一、劳动法的概念

狭义的劳动法仅指劳动法律部门的核心法律，即《中华人民共和国劳动法》。广义的劳动法则是指调整劳动关系以及劳动关系密切联系的其他一些社会关系的法律规范的总和。

二、劳动法的基本原则

（一）劳动法基本原则的含义和特征

基本原则的特点：第一，劳动法的基本原则是劳动法律部门中具有指导性、纲领性的法律规范；第二，不同的法律部门有着不同的基本原则。

（二）劳动法基本原则的作用

第一，指导劳动法的制定、修改和废止。第二，指导劳动法的实施，正确适用法律，防止出现偏差。第三，劳动法的基本原则有助于劳动法的理解、解释。

（三）劳动法基本原则的内容

1. 保障劳动者劳动权的原则

劳动权是指法律保证的有劳动能力的公民能够参加社会劳动并因劳动而产生或与劳动有密切联系的各项权利，包括平等的劳动就业权、自由择业权、劳动报酬权、休息休假权、劳动保护权、职业培训权等。

平等的就业权和自由择业权是劳动权的核心。

劳动保障具体体现在以下三个方面：（1）基本保护。对劳动者的劳动权的最低限度的保护，即基本权益的保障。（2）全面保护。对劳动者权益和权能的保护，包括人身权益和财产权益、法定权益和约定权益。（3）优先保护。它指劳动法对劳动关系当事人的利益都给予合法保护的同时，优先保护在劳动关系中事实上处于相对弱势地位的劳动者。

2. 劳动关系民主化原则

3. 物质帮助权原则

三、劳动法律渊源

（一）劳动法律渊源的含义

第一种含义是指对劳动法产生决定性影响的所有因素。第二种含义是指对法律适用者有约束力的规范。第三种含义是指法的表现形式，即法是由何种国家机关通过何种方式并表现为何种法律文件形式而获得成立的。我国的劳动法学中，将劳动法律渊源理解为第三种含义。

（二）劳动法律渊源的类别

1. 宪法中关于劳动问题的规定

我国宪法全面规定了劳动者的基本权利，如劳动权、报酬权、休息休假权、劳动安全卫生保护权、物质帮助权、培训权、结社权等原则。

2. 劳动法律

劳动法律包括《中华人民共和国工会法》、《中华人民共和国劳动法》等。劳动法律是劳动法的最主要的表现形式。

3. 国务院劳动行政法规

例如，《工伤保险条例》、《企业劳动争议处理条例》、《职工奖惩条例》、《劳动保障监察条例》、《女职工劳动保护规定》、《国务院关于建立统一的企业职工基本养老保险制度的决定》等。

4. 劳动规章

5. 地方性劳动法规

6. 我国立法机关批准的相关国际公约

7. 正式解释

除上述与我国劳动法律渊源相类似的形式外，还有以下类别：（1）雇佣规定（内部劳动规则）：雇佣组织为完成其特定的生产经营任务，必然要求其组织内的雇主与雇员的行为要有所规范，即所谓无规矩何以成方圆。（2）劳动（雇佣）合同：它是雇员与雇主确立劳动关系、明确双方权利义务的协议。（3）集体合同：它是通过工会与雇主或雇主协会按照合法的程序，经过集体谈判达成的关于一般劳动条件的协议。（4）习惯法。（5）法官法或判例法：法官法是指大陆法系中，最高法院或终审法院的裁决中所创立并适用的，而在制定法或成文法中不存在的规则。英、美、法系属判例法。

四、劳动法的体系

1. 促进就业法律制度（公平就业法、反歧视就业法都属于就业法）。2. 劳动合同和集体合同制度。3. 劳动标准制度。4. 职业培训制度。5. 社会保险和福利制度。6. 劳动争议处理制度。7. 工会和职工民主管理制度。8. 劳动法的监督检查制度。

第二单元　劳动法律关系

一、劳动法律关系及其特征

（一）劳动法律关系的含义

劳动法律关系是指劳动法律规范在调整劳动关系过程中所形成的劳动者（雇员）与用人单位（雇主）之间的权利义务关系。

（二）劳动法律关系的种类

1. 劳动合同关系。2. 劳动行政法律关系。3. 劳动服务法律关系。

（三）劳动法律关系的特征

1. 劳动法律关系是劳动关系的现实形态。2. 劳动法律关系的内容是权利和义务。3. 劳动法律关系的双务关系，是一种双务关系，雇主、雇员在劳动法律关系之中既是权利主体，又是义务主体，互为对价关系。4. 劳动法律关系具有国家强制性，劳动法律关系是以国家强制力作为保障手段的社会关系。

二、劳动法律关系的构成要素

（一）劳动法律关系的主体

它是指依据劳动法律的规定，享有权利、承担义务的劳动法律关系的参与者，包括企业、个体经济组织、国家机关、事业组织、社会团体等用人单位和与之建立劳动法律关系的劳动者。

（二）劳动法律关系的内容

它指劳动法律关系主体依法享有的权利和承担的义务。

（三）劳动法律关系的客体

它是指主体权利义务所指向的事物，即劳动法律关系所要达到的目的和结果。它包括体现一定的行政管理和物质利益性质的事物，如劳动、工资、保险福利、工作时间、休息休假、劳动安全卫生等事物。

三、劳动法律事实

1. 劳动法律行为

行为人做出意思表示是劳动法律行为成立的一般要件，应符合以下基本要求：（1）行为人的意思表示必须包含建立、变更、终止劳动法律关系的意图。（2）意思表示必须完整地、合乎规范地表达劳动法律关系建立、变更、终止的必需内容。（3）行为人必须以一定的方式将自己的内心意图表达于外部，可以由他人客观地加以识别。

2. 劳动法律事件

它指不以当事人的主观意志为转移，能够引起一定的劳动法律后果的客观现象。例如：企业破产、战争或其他现象。

第三节　现代企业管理

第一单元　企业战略管理

一、企业战略环境分析

（一）企业战略的概念与特征

企业战略是指企业为了适应未来环境的变化，寻求长期生存和稳定发展而制定的总体性和长远性的谋划与方略。

企业战略的实质是实现外部环境、企业实力和战略目标三者之间的动态平衡。

企业战略具有全局性、系统性、长远性、风险性、抗争性的特征，离开这些特征就称不上经营战略。

（二）企业环境的结构及特点

企业的外部环境是指企业周围的、不受企业控制但与企业生产经营活动相关联的各种外界因素，称为企业的经营环境。

（三）经营环境分析的方法

1. 外部环境的调研

（1）获取口头信息。（2）获取书面信息。（3）专题性调研。

2. 外部环境的预测

所谓预测，是指人们对未来某种不确定的东西或未知事件调查研究后做出的符合事物发展规律的设想或结论。这种设想或结论可以指导人们的实际行动。

（四）经营环境的微观分析

1. 现有竞争对手的分析

2. 潜在竞争对手的分析

（1）产品差异化。（2）规模经济。（3）绝对成本优势。（4）进入分销渠道。（5）资本需求。（6）现有企业的反应。

3. 替代产品或服务威胁的分析

4. 顾客力量的分析

5. 供应商力量的分析

（五）经营环境的宏观分析

1. 政治法律环境。2. 经济环境（包括经济体制、经济形势、经济结构、经济政策）。3. 技术环境。4. 社会文化环境。

二、企业分析

（一）企业资源状况分析

1. 企业资源的概念

2. 企业资源分析

（1）物质资源状况。（2）人力资源状况。（3）财务资源状况。（4）技术资源状况。（5）管理资源状况。（6）无形资产状况。

（二）企业能力分析

1. 能力的概念及内容

（1）基本活动（生产加工、成品储运、市场营销、售后服务）。（2）支持活动（采购管理、技术开发、人力资源管理、企业基础设施）。

2. 企业能力分析的方法

（1）纵向分析。（2）横向分析。（3）财务分析。

（三）企业内部条件和外部环境的综合分析——明确企业的战略目标

SWOT 分析法，S 优势，W 劣势，O 机会，T 威胁。

（四）企业的战略选择

1. 总体战略

（1）进入战略：购并战略、内部创业战略、合资战略。（2）发展战略：单一产品或服务的发展战略、横向发展战略、纵向发展战略、多样化发展战略。（3）稳定战略。（4）撤退战略（逃跑战略）：它是企业主动从缺乏发展前景的某一市场或行业退出的战略，其目的是妥善地转移企业的资源，减少企业的退出障碍和成本。其主要的撤退方式有：特许经营、分包、卖断、管理层与杠杆收购、拆产为股/分拆、资产互换与战略贸易。

2. 一般竞争战略

一般竞争战略有低成本战略、差异化战略和重点战略。

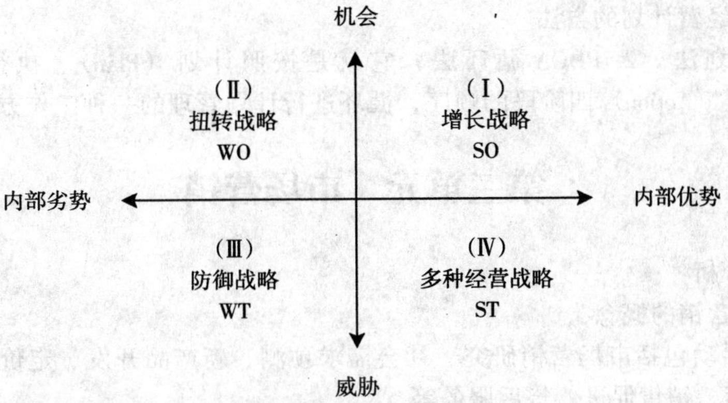

图 3–2　SWOT 分析图

3. 不同行业阶段的战略

(1) 新兴行业的战略。(2) 成熟行业的战略。(3) 衰退行业的战略。

三、企业经营战略的实施与控制

(一) 企业经营战略的实施

(二) 企业经营战略的控制

1. 企业战略控制的特点：战略控制系统是开放系统；战略控制的标准是企业的总体目标。

2. 战略控制的基本要求。(1) 战略评价标准。(2) 实际成效。(3) 绩效评价。

3. 战略控制的方法：事前控制、事中控制、事后控制。

第二单元　企业计划与决策

一、科学决策的要求与方法

(一) 决策科学化的要求

1. 合理的决策标准。2. 有效的信息系统。3. 系统的决策观念。4. 科学的决策程序。5. 决策方法科学化。

(二) 确定型决策方法

1. 量本利分析法。2. 线性规划法。3. 微分法。

(三) 风险型决策法

1. 收益矩阵。2. 决策树。3. 敏感性分析。

(四) 不确定型决策方法

1. 悲观决策标准。2. 乐观系数决策标准。3. 中庸决策标准。4. 最小后悔决策标准。5. 同等概率标准（机会均等标准）。

二、企业经营计划

(一) 企业计划职能的作用及特点

作用：1. 使决策目标具体化。2. 有利于提高企业的工作效率。3. 为控制提供标准。

(二) 制订企业计划的原则

1. 可行性与创造性相结合原则。2. 短期计划和长期计划相结合原则。3. 稳定性与灵活性相结合原则。

（三）编制经营计划的方法

1. 滚动计划法。2. PDCA 循环法，它就是按照计划（Plan）、执行（Do）、检查（Check）和处理（Action）四阶段的顺序，循环进行计划管理的一种工作方法。

第三单元　市场营销

一、市场分析

（一）市场营销的概念

市场营销活动包括市场营销研究、社会需求预测、新产品开发、定价、分销、物流、广告、人员推销、销售促进、售后服务等。

（二）市场的概念和分类

市场是指某种产品的现实购买者和潜在购买者需求的总和。

市场包含三个主要因素：具有某种需要的人、为满足这种需要的购买能力和购买欲望。其公式表示为：市场 = 人口 + 购买力 + 购买欲望。

（三）消费者市场分析

1. 影响消费者购买行为的主要因素

（1）文化因素。（2）社会因素。（3）个人因素。（4）心理因素。

2. 消费者的购买决策过程

（1）参与购买的角色：1）倡议者；2）影响者；3）决策者；4）购买者；5）使用者。

（2）消费者购买行为类型。1）习惯性购买行为；2）化解不协调的购买行为；3）寻求多样化的购买行为；4）复杂的购买行为。

（3）购买决策过程。1）引起需要；2）收集信息；3）评价方案；4）决定购买；5）买后行为。

（四）组织市场分析

二、市场营销管理过程

（一）分析市场机会

（二）选择目标市场

1. 市场细分

它是按照顾客需求差别来进行的，可以深刻、细致地识别某一细分市场顾客的需求，从中寻找对企业营销最有利的细分市场竞争。

2. 目标市场的选择

目标市场的选择有三种：无差异市场营销、差异市场营销、集中市场营销。

3. 市场定位

市场定位，就是根据所选定目标市场上的竞争者现有产品所处的位置和企业自身的条件，从各方面为企业产品创造一定的特色，塑造并树立一定的市场形象，以求在目标顾客心目中形成一种特殊的偏好。

（三）设计市场营销组合

市场营销组合是指企业用于追求目标市场预期销售量水平的可控营销变量的组合。

“产品”代表企业提供给目标市场的货物和劳务。

（四）执行和控制市场营销计划

1. 市场营销计划的执行。2. 市场营销计划的控制。

三、市场营销策略

（一）产品策略

1. 产品组合策略。(1) 扩大产品组合。(2) 缩减产品组合。(3) 产品线延伸。

2. 品牌与商标策略：它包括品牌化策略、品牌使用者策略、品牌统分策略。

3. 包装策略。(1) 相似包装策略。(2) 差别包装策略。(3) 组合包装策略。(4) 复用包装策略。(5) 附赠品包装策略。

4. 产品生命周期：投入期、成长期、成熟期、衰退期。面对处于衰退期的产品，通常有以下几种策略可供选择：(1) 维持策略。(2) 集中策略。(3) 收缩策略。(4) 放弃策略。

5. 服务策略。它包括售前服务和售后服务。其中，售后服务的服务方式主要有：固定服务、流动服务。

（二）定价策略

1. 成本导向定价法。2. 需求导向定价法。3. 竞争导向定价法。

（三）分销策略

1. 销售渠道的概念

所谓销售渠道是指产品由企业（生产者）向最终顾客（消费者）移动过程中所经过的各个环节，或企业通过中间商（转卖者）到最终顾客的全部市场营销结构。

销售渠道的特性取决于几个参数：(1) 渠道层次数目。(2) 渠道的长度。(3) 渠道的宽度。(4) 渠道的多重性。

2. 销售渠道的设计

（四）促销策略

1. 广告，广告是企业以一定代价，通过各种传播媒介，向可能的购买者传递企业产品或劳务信息，以增加影响、扩大销售的一种手段，即公共关系广告与商业广告。2. 人员推销。3. 营业推广。4. 宣传。

第四节　管理心理与组织行为

第一单元　个体心理与行为的分析

一、个体差异

人有差异是心理学的第一定律。所谓个体差异，是指个体在成长过程中，因受遗传和环境的交互影响，使不同个体之间在身心特征上显示出的彼此各不相同的现象。个体差异现象表现在年龄、性别、容貌、身高、体能、能力、兴趣、态度、性格、动机等方面。

（一）员工的能力与人格

1. 能力差异

其一是指个人在某方面所表现出的实际能力，即“所能为者”；其二是指个人将来有机会通过学习，在行为上表现出的能力，即“可能为者”。前者称为实际能力或“成就”，后者称为潜在能力或“性向”。

2. 人格差异

3. 五大人格特质与工作绩效

表 4–1 五种核心人格特质高分者的特征

情绪稳定性	外向	开放性	宜人性	责任感
平静	热情	想象力	可信	自信
安全	乐群	审美	直率	有组织
高兴	支配	好奇	合作	可依赖
不忧虑	精力充沛	常新	温顺	追求成就
不冲动	寻求刺激	有创造性	谦虚	自律
	自信	灵活	好脾气	深思熟虑
	健谈	有教养		坚持不懈
	爱交际	智慧		

（二）员工的态度

1. 态度的分析

2. 工作满意度

影响员工满意度的五大因素：富有挑战性的工作；公平的报酬；支持性的工作环境；融洽的人际关系；个人特征与工作的匹配。

3. 组织承诺

最早提出组织承诺的是贝克尔，他认为组织承诺是由于员工对组织投入的增加，而使员工不得不继续留在该组织的一种心理现象。组织承诺的三种承诺形式：感情承诺、继续承诺、规范承诺。

（三）员工的知觉和归因

1. 知觉及其意义

2. 社会知觉

它是指个体对其他个体的知觉，即我们如何认识他人。例如：首因效应、光环效应、投射效应、对比效应、刻板效应。

3. 归因

它是利用有关的信息资料对人的行为进行分析，从而推论其原因的过程。行为的原因可分为内因和外因。

二、工作动机的理论与应用

（一）人的多重需求与组织的报酬形式

关键的社会性心理需求和动机包括：成就需求、权力需求、亲和需求、安全需求、地位需求五种。

（二）组织公正与报酬分配

1. 分配公平。2. 程序公平。3. 互动公平。

（三）期望理论与绩效薪资

有效的绩效薪资计划应具备以下特点：1. 确保努力程度与绩效、绩效与薪酬有比较直接的联系。2. 薪酬本身的价值受到员工的重视。3. 有规范的、科学的发放方法及程序。4. 确立可接受的、有效的考核标准。5. 员工对考核标准和实施有信心。6. 整个计划易于理解和计算。7. 有基本的最低工资。8. 提供及时的、明确的绩效反馈。9. 让员工参与计划的制订和实施。

三、员工的学习和行为的管理

（一）员工的学习

1. 强化的学习法则：强化原则、惩罚原则、消退原则。2. 认知学习原理。3. 社会学习理论。

（二）员工学习与组织行为矫正

第二单元　工作团队的心理与行为

一、工作团队的动力

（一）工作团队有效性的理论

1. 什么是工作团队

"一个团队是一个小数目的人群，他们具有互补性的技能，承诺一个共同目标、一系列绩效目标和他们共同负责的方法。一个团队的实质是共同的承诺，没有它，群体作为个体动作；有了它，他们便成为一个强有力的集体绩效单位。"

2. 团队的有效性模型

团队的有效性由四要素构成：绩效、成员满意度、团队学习、外人的满意度。

（二）团队的动力因素分析

团队过程的主要范畴是沟通、影响、任务和维护的职能、决策、冲突、氛围和情绪问题。1. 沟通。2. 影响。3. 任务和维护的职能。4. 决策。5. 冲突。6. 氛围。

二、群体决策与人际沟通

（一）群体决策

1. 优点：（1）能提供丰富全面的信息。（2）能提供更多的决策方案。（3）能增加决策的可接受性。（4）能增加决策过程的民主性。

缺点：（1）造成时间上的浪费。（2）从众心理会妨碍个人倾向。（3）易产生个人倾向。（4）对决策结果责任不清。

2. 影响群体决策的群体因素。（1）多样性。（2）熟悉度。（3）认知能力。（4）决策能力。（5）平等性。（6）规模。（7）决策规则。

（二）人际关系与沟通

1. 人际关系的发展阶段。（1）选择或定向阶段。（2）试验和探索阶段。（3）加强阶段。（4）融合阶段。（5）盟约阶段。

2. 沟通的风格模式

根据周哈利窗，可以把个体的沟通风格划分成四种类型：自我克制型、自我保护型、自我暴露型、自我实现型。

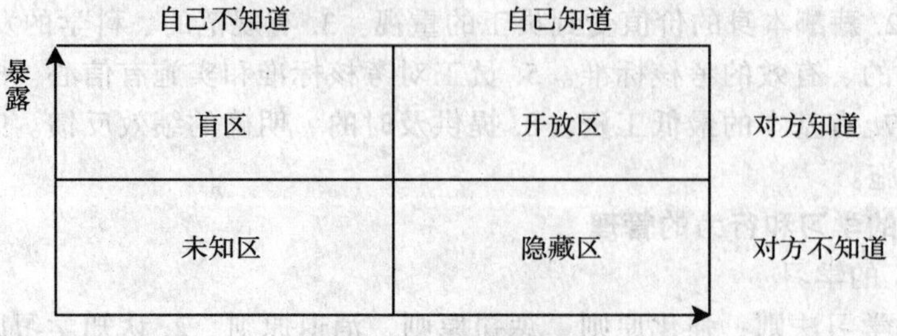

图 4–2　周哈利窗

由此可见，个体不太健康、经常受到折磨或长期处于绝境中的人，常是一些说谎的人。他们言不由衷，他们暴露自己的目的伪装多于真实。由于长期说谎，言行只是为了装门面，结果就与真实的本性脱离了。

第三单元　领导行为及其理论

一、领导的活动与角色

（一）领导者与管理者

（二）经历角色分析

它包括人际关系角色、信息类角色、决策类角色。

表 4–3　领导者与管理者的区别

管理者	领导者
制订计划和预算	设定方向
组织和调控人员	团结成员
控制和解决问题	激励和鼓舞
短视的	远视的
集中于系统和结构	集中于人
询问如何和何时	询问什么和为什么
复制和模仿	起源与创造
维持	发展
正确地做事	做正确的事

二、领导特质、风格及其权变因素

（一）领导的特质

有领导魅力的管理者的七个关键特征：自信、远见、有清楚表达目标的能力、对目标的坚定信念、行为不循规蹈矩、是变革的代言人、对环境敏感。

（二）领导的行为和风格

1. 领导行为风格的确定

2. 领导行为的权变理论

（1）费德勒的权变模型。（2）领导情境理论。（3）路径—目标理论。（4）参与模型。

领导行为权变理论中的参与模型提出五种领导风格：独裁Ⅰ、独裁Ⅱ、磋商Ⅰ、磋商Ⅱ、群体决策。

三、领导理论中的新观点

（一）情商与领导效果

情感智力与工作绩效成正相关。

（二）领导替代论

（三）领导技能和职业发展计划

1. 加速站。2. 辅导。3. 按需培训。4. 确定领导技能的范畴。

它提出了有效领导技能的四个范畴：参与性和人际关系、竞争性和控制能力、创新性和企业家精神、维持秩序和理性。

第四单元　人力资源管理中的心理测量技术

一、心理测量的原理

（一）心理测量和心理测验

心理测量，就是将人的智力、人格、兴趣、情绪等心理特征按一定规则表示成数字，并赋予数字一定解释的过程。

（二）心理测验的类型

1. 按测验的内容可分为两大类，一类是能力测验，另一类是人格测验。2. 按测验方式可分为纸笔测验、操作测验、口头测验和情境测验。3. 按同时施测人数多少可分为个别测验和团体测验。4. 按测验目的可分为描述性测验、诊断性测验和预测性测验。5. 按测验应用领域可分为教育测验、职业测验和临床测验。

（三）心理测验的技术标准

1. 信度（Reliability），又称稳定性或可信性。2. 效度（Validity），可信的测验不一定是有效的测验。3. 难度（Difficulty）。4. 标准化（Standardization）和常模（Norm）。

二、心理测量与人力资源管理

（一）用于招聘和筛选的心理测量

1. 择优策略。2. 淘汰策略。3. 轮廓匹配策略。

（二）晋升中的测评

（三）培训与开发中的心理测量

1. 它是培训需求分析的必要工具。2. 为培训内容和培训效果提供依据。3. 它是员工职业生涯管理的重要步骤。

第五节　人力资源开发与管理

第一单元　人力资源的基本理论

一、人的管理哲学——人性假设

（一）人性内容及特征

1. 人性内容

人性，即人的本性，是人通过自己的社会性的生命活动，形成或获得的全部属性的综合，也即现实生活中的人所具有的全部规定性。（1）自然属性，又称生物属性。（2）心理属性：人的心理属性或心理现象总括为四方面：心理过程、心理状态、个性心理特征和个性意识倾向。

2. 人性特征

人性在自然界和社会经济活动中呈现出独有的特征：（1）能动性。（2）社会性。（3）整体性。（4）两面性。（5）可变性。（6）个体差异性。

（二）人性假设

1. 管理中的人性假设

2. 人性假设及其相应的管理

（1）“经济人”假设——X 理论、人本恶。（2）“社会人”假设——Y 理论、人本善。（3）“自我实现人”假设。（4）“复杂人”假设。

对四种假设应当予以正确认识和评价：第一，四种人性假设是历史发展的必然。第二，四种人性假设及以其为基础所提出的许多管理主张、措施有其合理性、科学性一面，至今仍有借鉴意义。第三，四种人性假设有其片面性、非科学性一面。第四，四种人性假设虽然是随历史进步依次产生。

二、以人为本的管理思想

（一）人本管理的含义

人本管理，即以人为核心、以人为根本的管理。1. 企业中的人是首要因素。2. 企业为人的需要而存在。3. 人本管理不是企业管理的又一项工作，而是现代企业管理的一种理念、指导思想、管理意识，是一个哲学概念。

（二）人本管理的原则

1. 人的管理第一。2. 满足人的需要，实施激励。3. 优化教育培训，完善人、开发人、发展人。4. 以人为本、以人为中心构建企业的组织形态和机构。5. 和谐的人际关系。6. 员工个人与组织共同发展。

（三）人本管理的机制

动力机制、约束机制、压力机制、保障机制、环境优化机制、选择机制。

三、人力资本理论

（一）人力资本理论的产生

20世纪50年代末、60年代初，人力资本理论正式诞生。其代表人物美国经济学家舒尔茨。

（二）人力资本基本概念

1. 人力资本的含义

人力资本，是指通过费用支出（投资）于人力资源，而形成和凝结于人力资源体中，并能带来价值增值的智力、知识、技能及体能的总和。

包括以下几方面含义：第一，人力资本是活的资本。第二，人力资本直接由投资费用转化而来。第三，人力资本独特的本质功能是与物质资源要素相结合，转移价值、创造价值并产生新的价值增值。第四，人力资本内含一定的经济关系。

2. 人力资本的特征

（1）人力资本存在于人体之中，它与人体不可分离。（2）人力资本以一种无形的形式存在，必须通过生产劳动方能体现出来。（3）人力资本具有时效性。（4）人力资本具有收益性，其对经济增长的作用大于物质资本。人力资本是一切资本中最重要、最宝贵、最具能动性的资本。（5）人力资本具有无限的潜在创造性。（6）人力资本具有积累性。（7）人力资本具有个体差异性。

（三）人力资本投资

1. 人力资本投资的含义

它是指投资者通过对人进行一定的资本投入，增加或提高人的智能和体能，使其最终提高劳动产出的投资行为。

2. 人力资本投资的特征

（1）人力资本投资的连续性、动态性。（2）人力资本投资主体与客体具有同一性。（3）人力资本投资的投资者与收益人的不完全一致性。（4）人力资本投资收益形式多样。

3. 人力资本投资的成本

相关的成本：（1）人力资本投资的机会成本。（2）社会成本和私人成本。（3）边际成本。（4）沉淀成本。

4. 人力资本投资的支出结构：主体结构、形式结构、时间结构

5. 教育投资成本支出

6. 人力资本投资支出

7. 人力资本流动投资的成本

四、人力资本投资的收益率

（一）私人收益与私人收益率

1. 个体偏好及资本化能力，能力低的人接受教育比能力高的人接受教育的边际收益率低。2. 资本市场平均报酬率。3. 货币的时间价值及收益期限。4. 劳动力市场的工资水平。5. 国家政策。

第二单元　人力资源开发

一、人力资源开发的目标

（一）人力资源开发目标的特性

1. 人力资源开发目标的多元性。2. 人力资源开发目标的层次性。3. 人力资源开发目标的整体性。

人的潜能包括生理潜能和心理潜能。生理潜能又包括体力潜能和智力潜能两个方面；心理潜能包括性格、气质、能力、知识、兴趣、毅力、品质、价值观、道德水准等多方面。两者相比，人的生理潜能是有限的，而人的心理潜能却是无比巨大的。

（二）人力资源开发目标层次

1. 人力资源开发的总体目标。2. 人力资源开发的具体目标。

二、人力资源开发的理论体系

（一）人力资源的心理开发

（二）人力资源的生理开发

（三）人力资源的伦理开发

通过道德理想、道德信念、道德规范、道德观念、道德情感、道德行为、道德品质、道德教育、道德评价和道德控制，或称“义”与“利”的关系问题。

（四）人力资源的创新能力开发

1. 人力资源创新能力的基本内涵

（1）对“创新”的理解。所谓创新，就是“建立一种新的生产函数”，把一种从来没有过的关于生产要素和生产条件的“新组合”引入生产体系，包括引进新产品、引用新技术、开辟新市场、控制原材料的新供应来源和实现企业的新组织五种情况。（2）人力资源创新能力的定义。（3）人力资本与人力资源创新能力的联系。（4）影响人力资源创新能力的因素有：天赋、知识和技能、个人努力、文化、经济条件。

2. 人力资源创新能力开发体系框架

（1）人力资源创新条件建设体系。（2）人力资源创新能力运营体系。

创新能力开发体系、创新能力激励体系、创新能力配置体系。

（五）人力资源的教育开发

人力资源的教育开发的重点是职业教育。

三、人力资源开发的内容与方法

（一）职业开发

（二）组织开发

它是将组织确定为四种相互作用的变量，即任务、机构、技术和人。

（三）管理开发

管理开发的基本手段包括：法律手段、行政手段、经济手段、宣传手段和目标管理手段。

（四）环境开发

社会环境、自然环境、工作环境和国际环境。

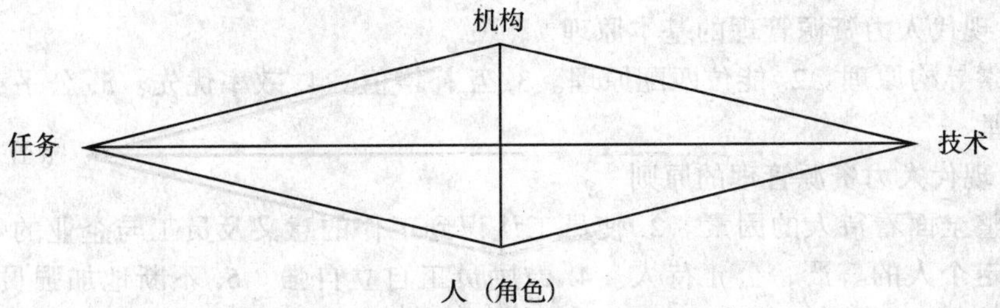

图 5-5　组织的四种相互作用的变量

第三单元　现代人力资源管理

一、企业人力资源管理的概念和作用

（一）人力资源的一般特点

特点：具有时间性、消费性、创造性、主观能动性。

（二）人力资源管理的基本概念

人力资源管理活动表现在以下两个方面：1. 对人力资源的外在要素——量的管理。2. 对人力资源的内在要素——质的管理。

现代人力资源管理理论是以企业人力资源为中心，研究如何实现企业资源合理配置的学问。

（三）现代人力资源管理的特征

1. 在管理内容上，传统的劳动人事管理以事为中心，现代人力资源管理以人为中心。2. 在管理形式上，传统的劳动人事管理主要采取静态管理，现代人力资源管理属于动态管理。3. 在管理方式上，传统的劳动人事管理主要采取制度控制和物质刺激手段，现代人力资源管理采取人性化管理。4. 在管理策略上，传统的劳动人事管理侧重于近期或当前人事工作，现代人力资源管理不仅注重近期或当前具体事宜的解决，更注重人力资源的整体开发、预测与规划。5. 在管理技术上，传统的劳动人事管理照章办事，机械呆板；现代人力资源管理追求科学性和艺术性。6. 传统的劳动人事管理多为被动反应型，现代人力资源管理多为主动开发型。7. 在管理体制上，传统的劳动人事管理手段单一，以人工为主，现代人力资源管理引入计算机软件系统。8. 在管理层次上，传统的劳动人事管理部门很少参与决策，现代人力资源管理则处于决策层。

（四）现代企业人力资源管理学

（五）人力资源管理的地位和作用

现代企业管理的重心已从过去对物的管理转移到对人的管理。人力资源管理是现代企业管理的核心。

二、企业人力资源管理原理和职能

（一）两种不同的人力资源管理学

现代人力资源管理理论与传统的人事管理理论基于两种完全不同的管理哲学。一种哲学认为，将员工看成单一的技术要素；另一种哲学则认为，员工是组织中“活”的要素。两者的根本区别在于：一个是“用人做事”，另一个是使人“乐于成事”。

（二）现代人力资源管理的基本原理

1. 同素异构原理。2. 能位匹配原理。3. 互补增值。4. 效率优先。5. 公平竞争。6. 动态优势原理。

（三）现代人力资源管理的原则

1. 完整全面看待人的因素。2. 使员工认识到工作的意义及员工与企业的利益休戚相关。3. 肯定个人的尊严，公正待人。4. 鼓励员工自立自强。5. 不断地加强员工间沟通。6. 不要高估自己而低估下属的能力。7. 要用简洁的语言向下属解释计划、决策和意图。8. 因人而异，随机制宜。

（四）现代人力资源管理对象的特征

它包括员工的基本特征和员工的动态特征。

（五）企业人力资源管理的职能

它涉及六种基本职能：吸收；录用；保持；发展；评价；调整。

三、人力资源管理的三大基石和两种技术

（一）人力资源管理的三大基石

1. 定编定岗定员定额。2. 员工的绩效管理。3. 员工的技能开发。

（二）现代人力资源管理的两种测量技术

1. 工作岗位研究。2. 人员素质测评。

第二篇　循序渐进

学习方法和流程

在循序渐进篇中，每章节都会列出考试的分值，分值来自于对历次考试出题分值的统计，理论知识出题分值在前，专业技能分值在后。第二遍的学习应强调对知识点的强化记忆和对各章节的巩固学习，学员在复习记忆的基础上，辅之以一定数量的练习，既可以帮助记忆，也强化了对知识点的理解和掌握。

学习计划书（第二阶段）

时间	项目	任务	执行情况	目标
___月___日—___月___日 (1周)	第二轮 规划、招聘、培训	做题，并对照教材纠正		通过做题，找到复习、学习中不懂的、遗漏的地方
___月___日—___月___日 (1周)	第二轮 绩效、薪酬	做题，并对照教材纠正		
___月___日—___月___日 (1周)	第二轮 关系、基础	做题，并对照教材纠正		

第一章 人力资源规划（15~19/20分）

第一节 企业组织结构设计与变革（5~6分）

1. 组织结构设计的基本理论。①组织结构是组织内部分工协作的基本形式或框架；②组织结构设计是指以企业组织结构为核心的组织系统的整体设计工作；③它是企业总体设计的重要组成部分。

2. 组织理论又被称做广义的组织理论或大组织理论，它包括了组织运行的全部问题；组织设计理论被称为狭义的组织理论或小组织理论。它主要研究企业组织机构的设计，而把环境、战略、技术、规模、人员等问题作为组织结构设计中的影响因素来加以研究。

3. 组织理论的发展大致经历了古典组织理论、近代组织理论和现代组织理论三个阶段。古典组织理论主要以马克斯·韦伯、亨利·法约尔等人的行政组织理论为依据，强调组织的刚性原则；近代组织理论以行为科学为理论依据，着重强调人的因素；现代组织理论则是从行为科学中分离出来，主要以权变管理理论为依据。

4. 组织设计理论又被分为静态和动态的组织设计理论，静态主要研究体制、机构、规章（古典组织学派）；动态研究静态的基本内容以及人的因素，并加进了组织结构设计和组织在运行过程中的各种问题。

5. 我国企业组织设计基本原则：①任务与目标；②专业分工和协作；③有效管理制度；④集权与分权相结合；⑤稳定性与适应性相相合。

6. 直线制："U"形组织。直线制与职能制的有机结合，兼具两者优缺点。

7. 直线职能制：以直线制为基础，加上职能部门。

8. 事业部制：也称"M"形分权制结构。"集中决策、分散经营"，按产品、地区和顾客等标志将企业划分为若干相对独立的经营单位，独立核算、自负盈亏。

9. 矩阵制：建立在直线职能制与事业部制基础上，由职能部门系列和为完成某一临时任务而组建的项目小组系列组成，具有"双通道命令系统"。

10. 多维立体组织结构的三类主要管理组织机构系统：一是按产品划分的事业部，即产品利润中心；二是按职能划分的专业参谋机构，即专业成本中心；三是按地区划分的管理机构，即地区利润中心。

11. 模拟分权组织结构：它是事业部制的变体，适合产品单一，但企业规模大的情况。

12. 分、子公司：分公司不是独立的法人企业，只是分级机构或附属机构；子公司是独立的法人企业。

13. 企业集团中的智囊机构及业务公司和专业中心：智囊集团又称决策咨询委员会、战略研究捕获信息公司，其任务有：收集、整理、储存相关信息资料，提供给集团协商议事的理事会参考；参与制订集团的经营战略规划、中长期计划和年度生产经营计划，根据理事会的知识，为集团高层对重大问题的决策提供备选方案，参与集团的决策活动，为集团制定和实施正确的经营决策出谋划策。

14. 组织结构设计的程序：（1）分析组织结构的影响因素，选择最佳的组织结构模式：①企业环境；②企业规模；③企业战略目标；④信息沟通。（2）根据所选的组织结构模式，将企业划分为不同的、相对独立的部门。（3）为各个部门选择合适的部门结构，进行组织机构设置。（4）将各个部门组合起来，形成特定的组织结构。（5）根据环境的变化不断调整组织结构。

15. 部门结构不同模式的选择：①以工作和任务为中心来设计部门结构。以工作和任务为中心设计的部门内部结构包括：直线制、直线职能制、矩阵制（任务小组）等模式，这种结构模式的最大优点是具有明确性和高度稳定性，但企业适应性较低，适用范围较小。②以成果为中心来设计部门结构。以成果为中心设计的部门结构包括事业部制和模拟分权制等模式，事业部制一般在大型企业中采用，模拟分权制结构中的各个部门和单位，由于企业生产技术上的联系紧密，不能完全拥有自治权，但它有自己的管理机构。③以关系为中心来设计部门机构。它通常出现在一些特别巨大的企业或项目之中，如某些跨国公司。但缺乏明确性和稳定性、实用性较差。

16. 钱德勒：组织机构服从战略。

17. 组织发展战略主要有：①增大数量战略。发展阶段，只需要采用简单的结构或形式。②扩大地区战略。行业进一步发展，要求企业将产品或服务扩展到其他地区。企业组织要求建立职能部门结构。③纵向整合战略。行业增长阶段后期，此时组织应选择事业部制机构。④多种经营战略。行业进入成熟期，分别用矩阵结构或经营单位结构。

18. 企业组织结构变革的程序：（1）组织结构诊断。①组织结构调查；②组织结构分析；③组织决策分析。（2）实施结构变革。①企业组织结构变革的征兆；②企业组织结构变革的方式；③排除组织结构变革的阻力。

19. 系统地反映组织结构的主要资料有：工作岗位说明书、组织体系图、管理业务流程图。

20. 组织决策分析要考虑的因素：①决策影响的时间；②决策对各职能的影响面；③决策者所具备的能力；④决策的性质。

21. 组织结构的变革征兆：①企业经营业绩下降；②组织结构本身病症的显现；③员工士气低落，不满情绪增加。

22. 企业组织结构变革的方式：改良式、爆破式、计划式。

23. 保证改革顺利进行的措施：①让员工参加组织变革的调查、诊断和计划；②大力推行与组织变革相适应的人员培训计划；③大胆起用年富力强和具有开拓创新精神的人才。

24. 任何一个整合方案都不是十全十美的，总会存在一些明显的缺陷和不足。企业组织结构的变革以及机构的调整，一定要从企业实际情况出发，在分析比较各种方案的科学性、可行性和现实性的基础上选择出最优的方案，磨合—微调—适应，再磨合—再微调—再适应。

25. 对组织结构变革要持积极态度，防止产生观望等待和消极畏难情绪。①组织结构改革方案要经过仔细研究和充分酝酿，避免出现心血来潮、朝令夕改的现象；②尽可能地先进行试点，再逐步推广，避免限期完成的运动方式；③为了切实保证企业组织结构整合的顺利进行，除了要在事前做好各种准备工作之外，在初步完成整合后，还需要建立健全和完善各种规章制度，以及相关的整套工作。

第二节　企业人力资源规划的内容（2~3 分）

26. 广义的人力资源规划泛指各种类型人力资源规划，而狭义的人力资源规划是特指企业人员规划，也叫人力资源的补充计划。

27. 狭义人力资源规划，按照年度编制的计划主要有：①人员配备计划；②人员补充计划；③人员晋升计划。

28. 广义人力资源规划，按照年度编制的计划，除了上述三种人员计划之外，还包括：①人员培训开发计划；②员工薪酬激励计划；③员工绩效管理计划；④其他计划（与绩效有关）。

29. 企业人力资源规划的作用：①满足企业总体战略发展的要求；②促进企业人力资源管理的开展；③协调人力资源管理的各项计划；④提高企业人力资源的利用效率；⑤使组织和个人发展目标相一致。

30. 企业人力资源规划的环境：（1）外部环境：①经济环境；②人口环境；③科技环境；④文化法律等社会因素影响人力资源活动的法律因素有：政府有关的劳动就业制度、工时制度、最低工资标准、职业卫生、劳动保护、安全生产等规定，以及户籍制度、住房制度、社会保障制度等。（2）内部环境：①企业的行业特征；②企业的发展战略；③企业文化；④企业的人力资源管理系统。

31. 制定企业人员规划的基本原则：①确保人力资源需求的原则；②与内外环境相适应的原则；③与战略目标相适应的原则；④保持适度流动性的原则。

32. 制定企业人力资源规划的基本程序：①调查、收集和整理涉及企业战略决策和经营环境的各种信息；②根据企业或部门的实际情况确定其人员规划期限，了解企业现有人力资源情况；③在分析人力资源需求和供给的基础上，采用定性和定量相结合；④制订人力资源供求协调平衡的总计划和各项业务计划并提出具体调整措施；⑤人员规划的评价与修正。

33. 企业各类人员计划的编制：①人员配置计划；②人员需求计划；③人员供给计划；④人员培训计划；⑤人力资源费用计划；⑥人力资源政策调整计划；⑦对风险进行评估并提出对策。

第三节 企业人力资源的需求预测（5~6分）

34. 人力资源需求预测的内容：①企业人力资源需求预测；②企业人力资源存量与增量的预测；③企业人力资源结构预测；④企业特种人力资源预测。

35. 人力资源预测对组织方面的贡献：①满足组织在生存发展过程中对人力资源的需求；②提高组织竞争力；③人力资源的预测是人力资源部与其他直线部门进行良好沟通的基础。

36. 人力资源预测的局限性：①环境的不确定性；②企业内部的抵制；③预测的代价高昂；④知识水平的限制。

37. 影响人力资源需求预测的一般因素：①顾客需求的变化（市场需求）；②生产需求（或企业总产值）；③劳动成本趋势（工资情况）；④劳动生产率的变化趋势；⑤追加培训的需求；⑥每个公众员工的移动情况；⑦旷工趋向（或出勤率）；⑧政府的方针政策的影响；⑨工作小时的变化；⑩退休年龄的变化；⑪社会安全福利保障。

38. 预测学中，一般应用以下原理：①惯性原理；②相关性原理；③相似性原理。

39. 人力资源需求技术：③、④、⑤、⑥属于回归分析。

定性预测法：经验预测法、描述法和德尔菲法（专家评估法，分为四轮）。

定量预测法：①转换比率法：计划期末需要的员工数量 = $\frac{\text{目前的业务量+计划期业务的增长量}}{\text{目前人均业务量×（1+生产率的增长率）}}$；②人员比率法；③趋势外推法；④回归分析法；⑤经济计量模型法；⑥灰色预测模型法；⑦生产模型法；⑧马尔可夫分析法；⑨定员定额分析法：$N = \frac{W}{Q \cdot (1 + R)}$：N 人力资源需求量，W 企业计划期任务总量，Q 企业定额标准，R 计划期劳动生产率变动系数；⑩计算机模拟法。

第四节 企业人力资源供给预测与供求平衡（3~4分）

40. 企业人员供给包括内部和外部供给两种，其预测类型也包括内部供给预测、外部供给预测。

41. 内部供给预测：企业内部自然流失（伤残、退休、死亡）、内部流动（晋升、降职、平调）、跳槽（辞职、解聘）等。

42. 外部供给预测：（1）影响企业外部劳动力供给的因素：①地域性因素；②人口政策及人口现状；③劳动力市场的发育程度；④社会就业意识和择业心理偏好。（2）企业外部人力资源供给的主要渠道：①大中专应届毕业生；②复员转业军人；③失业、流动人员；④其他组织在职人员。①、②可预测。

43. 企业内部供给预测的方法：①人力资源信息库：技能清单，管理才能清单；②管理人员接替模型；③马尔可夫模型。

44. 上一篇图 1–14 提升受阻人员应做好以下工作：进行一对一的面谈，就有关的升迁问题深入交换意见鼓励继续努力工作和学习全面提高自身素质；为他们提供更加宽松的发展空间，为他们提供更多的培训和深造机会；给他们压“重担”，适当扩大工作范围，让其承担更多更重要的责任，在可能的情况下，即使不升职也可以提高他们的薪资等级等。

45. 企业人力资源供求关系有三种情况：人力资源供求平衡；人力资源供大于求，导致组织内部人浮于事，内耗严重，生产或工作效率低下；人力资源供小于求，企业设备闲置，固定资产利用率低，浪费。

46. 供不应求的应对方法：①将符合条件，而又处于相对富余状态的人调往空缺岗位；②如高技术人员出现短缺，应拟订培训和晋升计划，在企业内部无法满足要求时，应拟订外部招聘计划；③如短缺现象不严重，且企业的员工又愿意延长工时，则可根据劳动法有关法规，指定延长工时适当增加报酬的计划，只是短期应急；④提高企业资本技术有机构成，提高工人的劳动生产率，形成机器替代人力资源的格局；⑤制订聘用非全日制临时用工计划，如返聘已退休者，或聘用小时工等；⑥制订聘用全日制临时用工计划。

47. 供大于求的应对办法：①永久性辞退某些劳动态度差、技术水平低、劳动纪律观念差的员工；②合并和关闭某些臃肿的机构；③鼓励提前退休或内退；④加强培训工作，提高员工整体素质；⑤加强培训工作，使员工掌握多种技能，增强竞争力；⑥减少员工工作时间，随之降低工资水平；⑦采用多个员工分担以前只需要一个或少数几个人就可以完成的工作和任务，企业按工作任务的完成量来计发工资的办法。

人力资源规划理论知识练习题

一、单项选择题（第 1~60 题，每题 1 分，共 60 分。每小题只有一个最恰当的答案，请在括号内填写。）

1. 以行政组织理论为依据，强调组织的刚性结构的组织理论是（　　）。

A. 古典组织理论　B. 近代组织理论　C. 现代组织理论　D. 组织行为理论

2. 以下组织理论发展的三个阶段，与其优缺点相匹配正确的是（　　）。

A. 古典组织理论：强调组织刚性结构，权变管理理论

B. 现代组织理论：强调人的因素，行为科学理论

C. 现代组织理论：强调组织刚性结构，行政组织理论

D. 近代组织理论：强调人的因素，行为科学理论

3. 以行为科学为理论依据，作为行为科学的一部分存在的理论是（　　）。

A. 古典组织理论　B. 近代组织理论　C. 现代组织理论　D. 组织行为理论

4. 以权变理论为依据，强调按照企业面临的内外部条件而灵活地进行组织设计的理论是（　　）。

A. 古典组织理论　B. 近代组织理论　C. 现代组织理论　D. 组织行为理论

5. 现代组织理论是从行为科学中分离出来，主要是以（　　）为依据，它既吸收了以前各种组织理论的有益成果，又强调应按照企业面临的内外部条件而灵活地进行组织设计。

A. 行政组织理论　B. 行为科学　　C. 权变管理理论　D. 组织设计理论

6. 对于静态组织设计理论主要研究内容不正确的是（　）。

A. 组织体制　B. 机构　C. 规章　D. 绩效管理

7. 对于动态组织设计理论主要研究内容不正确的是（　）。

A. 协调　B. 信息控制　C. 人员配备及培训　D. 组织机构

8. 以下不属于静态组织设计理论的是（　）。

A. 组织的规章　B. 组织的体制　C. 组织的机制　D. 组织的协调

9. 管理学家（　）系统地归纳了古典学派的观点并提出了 8 条指导原则。

A. 孔茨　B. 厄威克　C. 钱德勒　D. 赫兹伯格

10. 管理幅度与管理层次之间呈（　）关系。

A. 正相关　B. 负相关　C. 正比例　D. 反比例

11. 有效管理幅度的影响因素,表述不正确的是（　）。

A. 职务性质　B. 个人爱好　C. 人员素质　D. 职能机构

12. 合理集权的作用不包括（　）。

A. 是企业大生产的客观要求

B. 有利于企业统一领导和指挥

C. 有利于企业调动下级的积极性和主动性

D. 有利于企业人力、物力、财力的合理分配和使用

13. 下列对多维立体组织描述，错误的是（　）。

A. 按产品划分的事业部是组织的产品利润中心

B. 按职能划分的专业参谋机构属于组织的专业成本中心

C. 按地区划分的管理机构属于组织的地区利润中心

D. 此种组织适合生产经营活动边界性很强的大型联合企业

14.（　）是矩阵组织的进一步发展，它把矩阵组织结构形式与事业部制组织结构形式有机地结合在一起，形成了一种全新的管理组织结构模式。

A. 模拟分权组织结构　B. 子公司与母公司

C. 多维立体组织结构　D. 企业集团

15. 以下关于子公司和分公司的描述，正确的是（　）。

A. 子公司具有独立法人资格　B. 分公司一般自负盈亏，自主经营

C. 分公司一般有自己的董事　D. 发生资不抵债的情况，母公司要替子公司负责

16. 以下关于智囊机构的说法，不正确的是（　）。

A. 又称战略研究部或信息公司　B. 参与制定集团年度生产经营计划

C. 对集团高层提供的方案进行决策　D. 收集、整理、储存相关信息资料

17. 以（　）为中心设计的部门结构包括事业部制和模拟分权制等模式。

A. 成果　B. 工作　C. 关系　D. 人员

18. 组织结构功能的大小，在很大程度上取决于（　）。

A. 企业的经营决策　B. 企业的规模大小

C. 技术先进程度和灵活性　D. 企业获取信息和利用信息的程度

19. 当一个大型企业的不同组成部分在生产、技术、经营业务方面有紧密联系时，（　）比较适用。

A. 以工作和任务为中心　B. 模拟分权结构模式

C. 以关系为中心　　D. 以利润为中心

20. 以成果为中心的部门结构包括（　）和模拟分权制等模式。

A. 直线制　　B. 直线职能制　　C. 矩阵制　　D. 事业部制

21. 跨国公司适用的组织设计原则是（　）。

A. 以工作和任务为中心的组织设计原则

B. 以成果为中心的组织设计原则

C. 以关系为中心的组织设计原则

D. 以成本为中心的组织设计原则

22. 企业在运行（　）时适合采用事业部制的组织结构。

A. 增大数量战略　　B. 扩大地区战略　　C. 纵向整合战略　　D. 多种经营战略

23. 企业战略与组织结构的关系是（　）。

A. 战略滞后与组织结构的变革

B. 增大数量战略适用与成熟期的组织结构

C. 纵向整合战略适用与发展期的组织结构

D. 组织结构服从战略

24. 关于组织变革的征兆，不正确的有（　）。

A. 企业经营业绩下滑　　B. 企业利润有较大的提高

C. 组织结构决策迟缓　　D. 员工士气低落

25. 短期内完成组织结构的重大以至于根本性变革是（　）。

A. 改良式　　B. 计划式　　C. 爆破式　　D. 循序渐进式

26. 保证改革顺利进行，应采用的措施不正确的是（　）。

A. 员工参与　　B. 推行与变革相适应的培训

C. 起用具有创新精神的人才　　D. 对不赞成改革的人采取惩罚为主的教育方式

27. 组织结构变革常招致各方面的抵制和反对，以下不属于其表现的是（　）。

A. 生产经营情况恶化　　B. 工作效率降低

C. 要求离职的人员增多　　D. 市场占有率缩小

28. 组织结构整合式企业最常用的组织结构变革方式，是一种（　）。

A. 计划式变革　　B. 爆破式变革　　C. 改良式变革　　D. 常用性变革

29. 广义的人力资源规划不包括（　）。

A. 人员培训开发计划　　B. 员工薪酬激励计划

C. 员工绩效管理计划　　D. 人员退出计划

30. 狭义的人力资源规划不包括（　）。

A. 人员配备计划　　B. 人员培训开发计划

C. 人员补充计划　　D. 人员晋升计划

31. 让岗位上的员工定期地、有计划地流动，以提高知识技能，使之成为复合型人才。此项工作适用于（　）。

A. 员工职业生涯规划　　B. 员工培训开发计划

C. 人员配备计划　　D. 人员晋升计划

32. 企业人力资源规划的外部环境不包括（　）。

A. 经济环境　　B. 人口环境　　C. 企业行业特征　　D. 文化法律等因素

33. 企业人力资源规划的内部环境不包括（　　）。

A. 企业发展战略　B. 企业行业特征　C. 企业文化　D. 文化法律等因素

34. 不属于制定企业人员规划的基本原则的是（　　）。

A. 确保人力资源需求的原则　B. 与内外环境相适应的原则

C. 与战略目标相适应的原则　D. 稳定性与流动性相结合的原则

35.（　　）是人员规划中应解决的核心问题。

A. 人员匹配　B. 人员晋升

C. 人力资源组织结构　D. 人力资源的供给保障

36. 编制人力资源规划的核心和前提是（　　）。

A. 人力资源的需求问题　B. 人力资源的地域差异问题

C. 人力资源的供给保障问题　D. 人力资源的成本问题

37. 进行人力资源需求预测必须考虑的影响因素不包括（　　）。

A. 企业文化　B. 管理风格

C. 企业面临的现实环境　D. 能获得的数据

38.（　　）不是影响人力资源需求预测的一般因素。

A. 顾客需求的变化　B. 生产需求

C. 组织变革的需求　D. 追加培训的需求

39. 环境与影响因素分析中的SWOT法中“S”代表（　　）。

A. 劣势　B. 优势　C. 机会　D. 威胁

40. 环境与影响因素分析中的SWOT法中“W”代表（　　）。

A. 劣势　B. 优势　C. 机会　D. 威胁

41. 环境与影响因素分析中的SWOT法中“O”代表（　　）。

A. 劣势　B. 优势　C. 机会　D. 威胁

42. 环境与影响因素分析中的SWOT法中“T”代表（　　）。

A. 劣势　B. 优势　C. 机会　D. 威胁

43. 人力资源需求预测的原理表述不正确的是（　　）。

A．惯性原理　B. 相关性原理　C. 相似性原理　D. 系统原理

44. 已知事物A和B有类似的发展变化规律，知道B的发展规律则可以预测对象A的发展轨迹，这是人力资源需求预测中的（　　）原理。

A. 相似性原理　B. 相关性原理　C. 惯性原理　D. 相同性原理

45. 人力资源需求预测的定性方法是（　　）。

A．转换比率法　B. 德尔菲法　C. 人员比率法　D. 回归分析法

46. 以下企业人员需求预测方法中，不属于量化分析方法的是（　　）。

A. 德尔菲法　B. 人员比率法　C. 回归分析法　D. 趋势外推法

47. 以下不属于人力资源需求预测的定量方法的是（　　）。

A. 灰色预测模型法　B. 转换比率法

C. 马尔可夫分析法　D. 经验预测法

48. 德尔菲法又叫专家评估法，一般采用（　　）调查的方式。

A. 问卷　B. 背景　C. 市场　D. 分析

49. 人力资源需求预测的定量方法是（　　）。

A. 经验预测法 B. 人员比率法 C. 德尔菲法 D. 描述法

50. 某手机生产公司在 2009 年的年产量为 100000 台，基层生产员工为 1000 人。在 2010 年计划增产 50000 台，估计生产率的增长率为 0.25，假设该公司福利良好，基层生产人员不流失，那么在 2010 年该公司至少应招聘（ ）名基层生产人员？

A. 50 B. 100 C. 200 D. 250

51. 对一定范围内变化的，与时间有关的灰色过程进行预测的方法是（ ）。

A . 生产模型法 B. 工作定额分析法 C. 经济计量模型法 D. 灰色预测模型法

52. 不属于定员定额分析法的是（ ）。

A. 工作定额分析法 B. 岗位定员法 C. 人员比率法 D. 比例定员法

53. 通过转移概率矩阵，使用统计预测未来的人力资源变化的方法是（ ）。

A. 生产模型法 B. 工作定额分析法 C. 经济计量模型法 D. 马尔可夫分析法

54. 以下不属于影响专业技术人员需求的参数的是（ ）。

A. 企业战略 B. 人工成本 C. 科研项目 D. 定额工时

55. 企业内部人力资源供给量的考虑因素不包括（ ）。

A. 内部人员自然流失 B. 内部流动 C. 解聘 D. 择业偏好

56. 下列不属于影响企业外部劳动力供给因素的有（ ）。

A. 严格的户籍制度 B. 劳动力市场的发育程度

C. 地域性因素 D. 经济因素

57. 在组织内，候选人供给预测主要采用的方法是（ ）等。

A. 上司的推荐 B. 员工的选举 C. 人力资源信息库 D. 在位人员的推荐

58. 机构臃肿、人浮于事、生产效率下降具体表现为（ ）。

A. 人力资源供求平衡 B. 人力资源供大于求

C. 人力资源供不应求 D. 人力资源供求失衡

59. 下列哪一项是解决企业人力资源供大于求的有效方法？（ ）

A. 加强培训工作，使员工掌握多种技能，增强他们的竞争力

B. 制定延长工时，适当增加报酬

C. 提高企业资本技术有机构成，提高员工的劳动生产率，形成机器替代人力资源的格局

D. 通过科学的激励机制来解决

60. 下列不属于企业人力资源供不应求的解决办法的是（ ）。

A. 依据《劳动法》等有关法规，制定延长工时适当增加报酬

B. 提高工人的劳动生产率

C. 提高员工整体素质

D. 返聘已退休者，或聘用小时

二、多项选择题（第 1~40 题，每题 1 分，共 40 分。每题有一个或多个答案正确，请在括号内填写。少选、多选，均不得分。）

1. 组织设计所坚持的原则有（ ）。

A. 任务与目标原则 B. 专业分工和协作原则

C. 有效管理幅度原则 D. 集权与分权相结合原则

E. 稳定性与适应性相结合原则

2. 多维立体组织结构是将（ ）有机结合在一起。

A. 矩阵式制　　B. 事业部制　　C. 直线职能制
D. 模拟分权制　　E. 母子公司制
3. 企业集团的决策咨询委员会的主要任务有（　）。
A. 收集、整理和储存相关信息资料
B. 参与制订集团的经营战略规划
C. 根据理事会的指示，为集团高层对重大问题的决策提供备选方案
D. 参与制订集团的中长期计划
E. 参与制订年度生产经营计划
4. 组织结构设计的主要影响因素有（　）。
A. 企业环境　B. 企业规模　C. 企业战略目标　D. 信息沟通　E. 业务流程
5. 组织结构调查中，能系统地反映组织结构的主要资料有（　）。
A. 工作岗位说明书　　B. 组织体系图
C. 管理业务流程图　　D. 组织战略目标
E. 组织人力资源规划
6. 属于组织结构调查的内容有（　）。
A. 工作岗位说明书　　B. 组织体系图
C. 管理业务流程图　　D. 组织战略
E. 领导方式
7. 以下组织结构变革的方式中，属于改良式变革的是（　）。
A. 新设一个职位　　B. 两家企业合并
C. 企业组织结构的整合　　D. 局部改革某个科室的职能
E. 从弱矩阵制改为项目制
8. 企业集团是一种新型的组织结构模式，其构成包括（　）。
A. 主体成员企业层　　B. 控股成员企业层
C. 参股成员企业层　　D. 协作成员企业层
E. 核心企业
9. 晋升计划的内容一般由（　）组成。
A. 晋升条件　B. 晋升人员　C. 晋升比率　D. 晋升时间　E. 晋升目标
10. 下列关于企业人力资源规划及其作用表述正确的是（　）。
A. 促进企业人力资源管理的开展
B. 企业人力资源规划是指企业根据既定的目标对未来一段时间内企业内部和外部各类人力资源补充来源情况的分析预测
C. 协调人力资源管理的各项计划
D. 人力资源需求预测是公司编制人力资源规划的核心和前提
E. 提高企业人力资源的使用效率
11. 制订企业人员规划的基本原则（　）。
A. 确保人力资源需求的原则　　B. 定量准确的原则
C. 与内外环境相适应的原则　　D. 岗位分类的层次宜少不宜多的原则
E. 保持适度流动性的原则
12.下列选项中是影响人力资源活动的法律因素的有（　）。

A. 工时制度　B. 劳动保护　C. 职业卫生　D. 住房制度　E. 户籍制度

13. 制订企业人力资源规划的基本原则有（　）。

A. 确保人力资源需求的原则　B. 与内外环境相适应的原则

C. 与战略目标相适应的原则　D. 保持适度流动性原则

E. 目标层层分解的原则

14. 企业各类人员的计划包括（　）。

A. 人员配置计划　B. 人员需求计划　C. 人员供给计划　D. 人员培训计划

E. 风险评估对策

15. 以下属于企业人员编制计划内容的有（　）。

A. 人员的培训计划　B. 人力资源费用计划

C. 人力资源政策调整计划　D. 对风险进行评估

E. 人员的需求计划

16. 人力资源需求预测的内容有（　）。

A. 企业人力资源需求预测　B. 企业人力资源存量与增量预测

C. 企业人力资源结构预测　D. 企业特种人力资源预测

E. 企业人力资源质量预测

17. 人力资源预测对组织的贡献主要有（　）。

A. 满足组织发展要求

B. 提高组织竞争力

C. 人力资源部与其他部门良好沟通的基础

D. 是实施人力资源管理的重要依据

E. 有助于调动员工积极性

18. 人力资源预测存在的问题表现在（　）。

A. 环境的不确定性　B. 企业内部的抵制

C. 预测的代价高昂　D. 知识水平的限制

E. 企业文化的不统一

19. 人力资源预测的局限性包括（　）。

A. 环境的不确定性　B. 企业内部的抵制

C. 预测的代价高昂　D. 知识水平的限制

E. 与企业发展战略难以吻合

20. 影响人力资源需求预测的一般因素有（　）。

A. 市场需求　B. 生产需求　C. 劳动力成本　D. 劳动生产率的变化趋势

E. 追加培训的需求

21. 下列（　）因素可以影响人力资源的需求预测。

A. 社会安全福利保障　B. 出勤率　C. 工厂经营方针的变化

D. 每个工种员工的移动情况　E. 追加培训的需求

22. 竞争 5 要素法有以下几种分析（　）。

A. 对新加入竞争者的分析　B. 对竞争策略的分析　C. 对自己产品替代品的分析

D. 对顾客群的分析　E. 对供应商的分析

23. 经验预测法的方式包括（　）。

A. 自上而下　B. 自下而上　C. 描述假设　D. 分析综合　E. 调查问卷

24. 回归分析法（　）。

A. 是人力资源需求预测方法　B. 又称回归模型预测法

C. 是人力资源供给预测方法　D. 属于专家预测法

E. 对历史数据的要求比较高

25. 岗位定员法是根据（　）计算和确定定员人数的方法。

A. 岗位工作的经验要求　B. 岗位工作的效率

C. 岗位工作人员的生产率　D. 工作岗位的多少

E. 岗位工作负荷量的大小

26. 以下属于影响企业专门技能人员需求的参数有（　）。

A. 企业战略、组织结构　B. 产值产量、总资产（净资产）

C. 劳动生产率、出勤率　D. 能源消耗情况

E. 定额工时、作业率和废品率

27. 以下不属于影响经营管理人员需求的参数的是（　）。

A. 科研项目、科研经费　B. 生产技术水平、能源消耗情况

C. 企业管理幅度、企业信息化程度　D. 信息传送速度、决策速度

E. 企业其他各类人员的数量

28. 属于企业人力资源规划内部环境的是（　）。

A. 企业的行业特征　B. 企业的发展战略

C. 企业文化　D. 企业人力资源管理系统

E. 企业的科技环境

29. 影响企业外部劳动力供给的因素有（　）。

A. 地域性因素　B. 人口政策　C. 人口现状

D. 劳动力市场发育程度　E. 社会就业意识

30. 影响企业外部劳动力供给的因素有（　）。

A. 择业心理偏好　B. 企业人员的自然流失

C. 社会就业意识　D. 劳动力市场发育程度

E. 地域性因素

31. 企业外部人力资源供给的主要渠道有（　）。

A. 大中专毕业生　B. 复转军人　C. 失业人员

D. 流动人员　E. 其他组织在职人员

32. 企业内部人员的自然流失包括（　）。

A. 伤残　B. 退休　C. 辞职　D. 死亡　E. 解聘

33. 内部供给预测的人力资源信息库的技能清单包括（　）。

A. 员工的岗位、经验和年龄

B. 员工技术能力、责任和学历

C. 对员工工作表现、提升准备条件的评价

D. 对员工最近一次的客观评价

E. 管理的总预算

34.人力资源信息库中属于技能清单的有（　）。

A. 技术能力　B. 受到的管理培训　C. 下属的职责　D. 工作经验　E. 工作表现

35.（　）是内部供给预测的方法。

A. 马尔可夫模型　B. 人力资源信息库

C. 管理人员接替模型　D. 灰色预测模型法

E. 回归分析法

36. 管理才能清单项目主要有（　）。

A. 管理幅度范围　B. 管理的总预算　C. 下属的职责　D. 管理对象的类型

E. 当前的管理业绩

37. 对通过管理人员接替模型分析出的提升受阻的人，应做到（　）。

A. 进行“一对一”面谈　B. 提供更加宽松的发展空间

C. 适当扩大工作范围　D. 可能的情况下提高薪资等级

E. 不让他们承担更多的责任

38. 下列选项中属于企业人力资源供求关系的是（　）。

A. 人力资源供求平衡　B. 人力资源供大于求

C. 人力资源供小于求　D. 人力资源结构平衡

E. 人力资源质量平衡

39. 人力资源供不应求的解决方法有（　）。

A. 符合条件，处于相对富裕状态的人员调往空缺岗位

B. 拟订培训和晋升计划

C. 延长工时并适当增加报酬

D. 提高工人的劳动生产率

E. 制订聘用非全日制临时用工计划

40. 人力资源供大于求的解决方法有（　）。

A. 永久性辞退劳动态度差、技术水平低的员工

B. 合并和关闭某些臃肿的机构

C. 鼓励提前退休和内退

D. 加强培训工作，提高员工整体素质

E. 制订聘用非全日制临时用工计划

人力资源规划专业技能练习题

一、简答题（本题共3题，每小题10分，共30分。）

1. 简述组织结构设计的步骤和部门结构选择的方式。

2. 简述组织结构诊断的内容和程序。

3. 列举并简述你所知道的人力资源需求预测的分析方法。

二、综合题（第1题15分，第2题25分，第3题30分，共70分。）

1. 某高新技术企业按业务的分类，成立了三个针对不同产品的事业部，各事业部下设销售团队、技术支持团队和研发团队。各部门的业务收入和成本都是独立核算的，但需要平摊后勤部门（行政部、人力资源部、财务部）所产生的成本。目前，公司共有员工138人，其中三个事业部104人，后勤部门30人，高层领导4人。由于公司成立时间不到三年，客户资源还不够稳定，所承接的业务量波动较大。因此，在工作任务繁重时有些

员工，尤其是研发和技术人员，会抱怨压力过大，各事业部经理也会抱怨合格人手太少，招聘来的人不能立即适应项目的工作需要；但在工作任务相对较少的时期，经理们又会抱怨本部门的人力成本太高，导致利润率下降。

请回答以下问题：

（1）绘制该公司的组织结构图。

（2）该公司在人员供需状况上遇到了什么问题？请为该公司提供解决问题的建议。

2. 下图为某电子产品公司的组织结构图。该图表明，总经理对公司的财务和人事工作全权负责，并直接管理家电产品车间、电信产品车间及机械产品车间 3 个生产部门。设副总经理 2 名，其中 1 名负责企业的行政部和办公室的工作，另 1 名负责研发部、销售部以及企业规划部的运作。公司的业务流程是，由企业规划部在总经理和 1 名主管副总经理的领导下，根据市场信息来规划产品的研制与生产；研发部门按照企业规划部的规划，负责新产品的研发工作；新产品研制成功，经公司领导讨论决定后，交由产品车间负责生产；销售部销售生产出来的产品，并负责收集市场反馈信息。

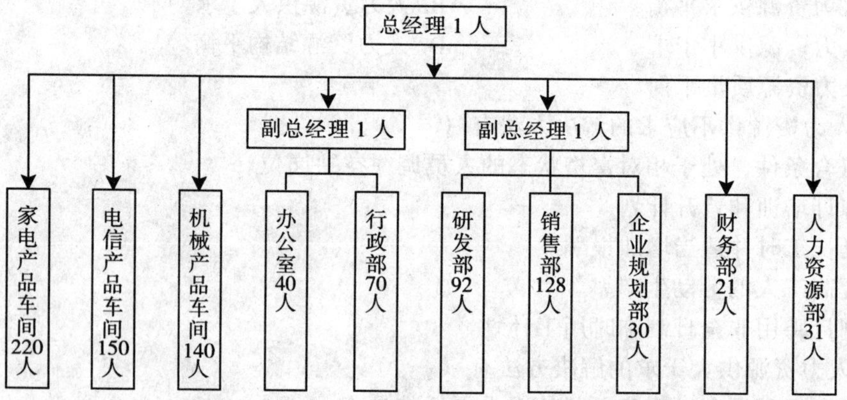

图 1–2

随着企业的不断发展和壮大，高层管理者日益感到现行的组织结构存在不足，管理机构臃肿，人浮于事的现象比较严重，产品无法满足客户的需要，销售额出现了下滑趋势；各部门之间，尤其是生产部门与其他职能部门之间的冲突时有发生，在管理咨询专家的建议下，企业领导决定按照事业部制的方式对组织结构进行调整和变革，以达到提高管理效率，增强企业竞争力的目的。

请回答以下问题：

（1）根据以上情况，说明该组织结构存在的主要问题是什么？

（2）如果按照事业部制的方式对组织结构进行调整和变革，应从哪些方面入手？

（3）在组织结构调整过程中，需要裁减冗余人员。人力资源部应对此发挥什么作用？

3. 某公司的组织结构如图 1–2 所示。总经理直接负责财务部和办公室的工作，并直接管理家电、电信及机械控制 3 个部门的生产部门。下设副总经理 2 名，1 名负责企业的行政部、人力资源部的工作，另 1 名负责研发部、销售部的工作。随着企业的发展壮大，高层管理者感到现行的组织结构严重制约企业的发展，许多新的问题开展显露。如产品的品种、质量无法满足客户的需要，产品销售量明显下滑；管理人员人浮于事、工作效率低下；各部门之间，尤其是生产部门与职能部门之间的矛盾与冲突时有发生。

在管理咨询专家的建议下，企业领导决定采取事业部制，对组织结构进行必要的调整和改革，以提高管理效率，增强企业竞争力。

请根据案例回答以下问题：

（1）该公司现有组织结构存在哪些问题？

（2）该公司的组织结构应如何进行调整，并设计新的组织结构图。

（3）为了顺利推进组织变革，公司应采取哪些具体措施？

第二章　招聘与配置（15~19/15分）

第一节　员工素质测评标准体系的构建（3分）

1. 员工素质测评的基本原理：(1)个体差异原理：员工测评的对象是人的素质；(2)工作差异原理；(3)人岗匹配原理。①工作要求与员工素质；②工作报酬与员工贡献；③员工与员工之间；④岗位与岗位之间。

2. 员工素质测评的类型：选拔性测评、开发性测评、诊断性测评、考核性测评。

3. 选拔性测评：以选拔优秀员工为目的的测评。主要特点：①强调测评的区分功能；②测评标准刚性强；③测评过程强调客观性；④测评指标具有灵活性；⑤结果体现为分数或等级。

4. 开发性测评：以开发员工素质为目的的测评。摸清情况，了解优势与不足，指出努力方向，提供开发依据。

5. 考核型测评（鉴定性测评）：鉴定或验证某种素质是否具备以及具备的程度，经常穿插在选拔性测评中。主要特点：①概括性：测评范围比较广泛，涉及素质各个方面，是总结性的；②结果要求有较高的信度与效度。

6. 员工素质测评的主要原则：①客观测评与主观测评相结合；②定性测评与定量测评相结合；③静态测评与动态测评相结合；④素质测评与绩效测评相结合：素质测评是对一个人的德、能、识、体的素质的测评，素质与绩效互为表里，素质是取得绩效的条件保证，而绩效是素质高低的事实证明；⑤分项测评与综合测评相结合。

7. 员工素质测评量化的主要形式：一次量化与二次量化，类别量化与模糊量化，顺序量化、等距量化与比例量化，当量量化。

8. 一次量化与二次量化：①当一、二作序数词，一次量化指对素质测评的对象进行直接的定量刻画，如违纪次数、身高、产品数量。二次量化即指对素质测评的对象进行简洁的定量刻画，如用“强烈”、“一般”、“淡漠”对员工行为进行描述，1表示“强烈”，2表示“一般”，3表示“淡漠”。②当一、二作基数词，一次量化之素质测评的量化过程可以一次性完成。二次量化指整个素质测评量化过程要分两次计量完成。

9. 类别量化与模糊量化（属二次量化）。类别量化：把素质测评对象划分到事先规定的类别中，给每个类别赋予不同数字（界限明确且测评者能完全把握的素质特征），如技术型、管理型。模糊量化：把素质测评对象同时划分到事先确定的每个类别中去，根据对象隶属程度分别赋值（分类界限无法明确，无法把握的素质特征），如民主型、专制型。

10. 当量量化：先选择某一中介变量，把各种不同类别或并不同质的素质测评对象进行统一性转化，进行近似同类同质的量化。

11. 测评与选拔标准体系及其分数等级、评语，是充当一种价值等价物的作用，由标准、标度、标记三个要素组成。

12. 标准：测评标准体系的内在规定性，表现为各种素质规范化行为特征或表征的描述与规定，分为客观、主观、半客观半主观，或者评语短句式、设问题提示式、方向指示式。

13. 标度：标准的外在形式，表现为对素质行为特征或表现的范围、强度和频率的规定。它包括：①量词式；②等级式："甲乙丙丁"、"ABCD"、"1234"；③数量式：以分数来解释测评标志水平变化；④定义式；⑤综合式：综合上述两种或更多。

14. 标记：对应不同标度（范围、强度和频率）的符号表示，通常用字母、汉字或数字来表示。它可以出现在标准体系中，也可以直接说明标准。标记没有独立意义，只有当它们与相应强度或频率相联系时才有意义。

15. 在测评标准体系的设计中，可以概括为结构性要素、行为环境要素和工作绩效要素：①结构性要素：静态。身体素质和心理素质。②行为环境要素：动态。内部环境指个人自身所具备的素质，它直接影响到个人能力的发挥；外部环境指客观外界存在的、间接影响个体行为表现的环境条件。它包括工作性质和组织背景两方面：工作性质指工作难度、工作责任、工作周期、工作范围、工作地位等；组织背景指人际关系、群体素质、领导因素、组织状况等。③工作绩效要素主要包括一个人的工作数量、工作质量、工作效率、工作成果、群众威信、人才培养等要素。

16. 测评内容、测评目标与测评指标是测评体系的不同层次。测评内容是测评所指的具体对象和范围，测评目标是对测评内容的明确规定，测评指标则是测评目标的具体分解。

17. 品德测评法：①FRC 品德测评法：是事实报告计算机辅助分析的考核性测评方法；②问卷法；③投射技术：广义上把真正测评目的加以隐蔽的一切间接测评技术。狭义上把一些无意义的、模糊的、不确定的图形、句子、故事、动画片、录音、哑剧呈现在被测评者面前，不给任何提示、说明和要求，由被测评者判断。

品德测评法的特点是：测评目的的隐蔽性；内容的非结构性与开放性；反应的自由性。

18. 知识测评：美国教育学家布卢姆把认知目标由低至高分为六个层次：记忆（知识）、理解、应用、分析、综合、评价。

我国测评专家根据布卢姆的认知目标六层次，提出了知识测评的三个层次：记忆、理解、应用。

19. 能力测评包括一般能力测评、特殊能力测评、创造力测评、学习能力测评：①一般能力测评：智力测验；②特殊能力测评：对于某些行业、组织与岗位特定能力的测评。这种测评具有专业特色与要求。

20. 企业员工素质测评的具体实施（4 个阶段）。

21. 组织强有力的测评小组：①坚持原则，公正不偏；②有主见，善于独立思考；③有一定的测评工作经验；④有一定的文化水平；⑤有事业心，不怕得罪人；⑥作风正派，办事公道；⑦了解被测评对象的情况。

22. 选择合理的测评方法：

表 2–7

方法	效度	公平程度	可用性	成本
智力测验	中	中	高	低
性向和能力测定	中	高	中	低
个性与兴趣测	中	高	低	中
面谈	低	中	高	中
工作模拟	高	高	低	高
情景练习	中	未知	低	中
个人资料	高	中	高	低
同行评定	高	中	低	低
自我介绍	低	高	中	低
推荐信	低	—	高	低
评价中心	高	高	低	高

23. 引起测评结果误差的原因：①测评的指标体系和参照标准不够明确；②晕轮效应：以点概面；③近因误差：由于测评人员对被测评对象近期印象深刻、记忆清楚，而对远期表现印象模糊、记忆不清引起的；④感情效应；⑤参评人员训练不足。

24. 测评结果处理的常用分析方法：①集中趋势分析；②离散趋势分析；③相关分析（正、负、零相关）；④因素分析。

25. 测评工具选择表：

表 2–20

序号	测评指标	测评工具
1	战略管理能力	文件筐
2	团队管理能力	文件筐
3	自我意识	无领导小组讨论
4	领导技能	无领导小组讨论
5	分析式思考	文件筐
6	自我管理能力	结构化面试
7	成就需求	心理测评
8	市场意识	心理测评
9	关注细节与秩序	结构化面试

第二节 面试的组织与实施（6~8 分）

26. 指在特定的时间和地点，由面试官与应聘者按照预先设计好的目的和程序进行面谈、互相观察、相互沟通的过程。通过面试，可以了解应聘者的经历、知识、技能和能力。

27. 面试的特点：①以谈话和观察为主要工具；②面谈是一个双向沟通的过程；③面

试具有明确的目的性；④面试是按照预先设计的程序进行的；⑤面试考官与应聘者在面试过程中的地位是不平等的。

28. 面试的类型：①根据面试的标准化程度，面试可分为结构化面试、非结构化面试和半结构化面试；②根据面试实施的方式，面试可分为单独面试与小组面试；③根据面试的进程，面试可分为一次性面试与分阶段面试；④根据面试题目的内容，面试可分为情景性面试和经验性面试。

29. 面试的发展趋势：①面试形式丰富多样；②结构化面试成为面试的主流；③提问的弹性化；④面试测评的内容不断扩展；⑤面试考官的专业化；⑥面试的理论和方法不断发展。

30. 面试的基本程序：准备阶段、实施阶段、总结阶段、评价阶段。

31. 制定面试指南（准备阶段 1）：①团队的组建；②面试准备；③面试提问分工和顺序；④面试提问技巧；⑤面试评分办法。

32. 实施阶段：①关系建立阶段（封闭性问题）；②导入阶段（开放性、熟悉的问题）；③核心阶段（核心胜任力、开放性问题）；④确认阶段（开放性问题）；⑤结束阶段（反问，行为性、开放性问题）。

33. 面试结果的反馈（总结阶段 2）：①了解双方更具体的要求；②关于合同的签订；③对未被录用者的信息反馈。

34. 面试中的常见问题：（1）面试目的不明确。（2）面试标准不具体。（3）面试缺乏系统性。（4）面试问题设计不合理：①直接让应聘者描述自己的能力、特点、个性的问题；②多项选择式问题。（5）面试考官的偏见：第一印象、对比效应、晕轮效应、录用压力。

35. 面试的实施技巧：①充分准备；②灵活提问；③多听少说；④善于提取要点；⑤进行阶段性总结；⑥排除各种干扰；⑦不要带有个人偏见；⑧在倾听时注意思考；⑨注意肢体语言沟通。

36. 员工招聘时应注意的问题：①简历并不能代表本人；②工作经历比学历更重要；③不要忽视求职者的个性特征；④让应聘者更多地了解组织；⑤给应聘者更多的表现机会；⑥注意不忠诚和欠缺诚意的应聘者；⑦关注特殊员工；⑧慎重作决定；⑨ 面试考官要注意自身的形象。

37. 结构化面试问题的类型：①背景性问题；②知识性问题；③思维性问题；④经验性问题；⑤情境性问题；⑥压力性问题；⑦行为性问题。

38. 行为描述面试：简称 BD，是一种特殊的结构化面试。它采用的面试问题都是基于关键胜任特征（胜任力）的行为性问题。

39. 行为描述面试了解两方面信息，一是应聘者过去的工作经历，判断他选择本企业发展的原因，二是了解他特定行为所采取的行为模式。实质为：①用过去的行为预测未来的行为；②识别关键性的工作要求；③探测行为样本。

40. 行为描述面试的假设前提：①一个人过去的行为最能预示其未来的行为；②说和做是截然不同的两码事。

41. 行为描述面试的 4 个关键要素（STAR 法则）：情境（Situation）、目标（Target）、行动（Action）、结果（Result）。

42. 结构化面试的开发：测评标准的开发，即选拔性素质模型的构建；结构化面试问题的设计；评分标准的确定。

43. 群体决策法：在招聘活动中，组建决策团队，由具有不同背景的多个决策人员对应聘者进行评价和打分，最后综合各决策人员的评价意见，得出应聘者最终评价结果的招聘决策方法。其特点：①决策人员来源广泛；②决策人员不唯一；③运用运筹学群体决策法的原理，提高决策科学性与有效性。

44. 群体决策的步骤：①建立招聘团队：应由企业高管人员、专业人力资源管理人员、用人部门经理、用人部门经验丰富的员工代表组成；②实施招聘测试；③做出聘用决策。

第三节　无领导小组讨论的组织与实施（6~8 分）

45. 评价中心是从多角度对个体行为进行标准化评估的各种方法的总称。它的主要作用是选拔员工、培训诊断、技能发展。包括无领导小组讨论、公文筐测验、案例分析、管理游戏等。

46. 无领导小组讨论（LGD）是指由一定数量的一组被评价人（6~9 人），在规定的时间内（约 1 小时）就给出的问题进行讨论，讨论中各个成员处于平等的地位，并不指定小组的领导者或主持人。通常，被评价人通过讨论得到一个全体成员一致认可的用于问题解决的决策方案，评价者通过对被评价人在讨论中的语言及行为的观察，评价被评价人的领导能力、人际沟通技巧、主动性、口头表达能力、说服力、自信心等能力。

47. 无领导小组讨论优点：①具有生动的人际互动效应；②能在被评价者之间产生互动；③讨论过程真实，易于客观评价；④被评价者难以掩饰自己的特点；⑤测评效率高。

48. 无领导小组讨论缺点：①题目的质量影响测评的质量；②对评价者和测评标准的要求较高；③应聘者表现易受同组其他成员影响；④被评价者的行为仍然有伪装的可能性。

49. 无领导小组讨论操作流程：前期准备、具体实施、评价与总结。

50. 无领导小组讨论评分表（前期准备 2）。

表 2-36

测评指标	决策能力	计划能力	组织协调能力	人际影响力	团队合作能力	语言表达能力	灵活性	推理能力	创新能力
权重	17	15	15	13	13	10	6	5	6
行为记录									
评分									
加权得分									
评分标准：优—10 良—7 中—4 差—1					总分				

51. 编制无领导小组讨论计时表（前期准备 3），如表 2-37 所示。

52. 实施阶段：①宣读指导语；②讨论阶段。

53. 评价与总结：①参与程度；②影响力；③决策程序；④任务完成情况；⑤团队氛

表 2–37

序号	姓名	每次发言时间				合计	
		1	2	3	…	次数	时间
1							
2							
3							
…							

围和成员共鸣感。

54. 无领导小组讨论是通过被评价者的外在表现来反映其内在素质的，如果想要对被评价者做出比较客观的评价，一般取决于以下两个主要因素：①评价者的知识和经验；②被评价者暴露的外在行为的范围。

55. 无领导小组讨论的题目类型：开放式问题、两难式问题、排序选择型问题、资源争夺型问题、实际操作问题。

56. 无领导小组讨论的题目设计原则：联系工作内容；难度适中；具有一定的冲突性。

57. 无领导小组讨论题目的设计流程：①选择题目类型：5 种类型；②编写初稿：团队合作；广泛收集资料；③调查可用性；④向专家咨询；⑤试测；⑥反馈、修改、完善。

参与者的意见；评分者的意见；统计分析的结果。

招聘配置理论知识练习题

一、单项选择题（第 1~60 题，每题 1 分，共 60 分。每小题只有一个最恰当的答案，请在括号内填写。）

1. 员工测评的基本假设（　　）。

A. 素质差异性　B. 性别差异性　C. 职位差异性　D. 权责差异性

2. 姐姐喜欢美工，妹妹喜欢唱歌，这体现了（　　）。

A. 个体差异原理　B. 工作差异原理　C. 人岗匹配原理　D. 环境差异原理

3. 员工测评的对象是（　　）。

A. 员工　B. 员工的表现　C. 员工的行为　D. 人的素质

4.（　　）应遵循人适其事、事宜其人的原则。

A. 工作差异原理　B. 个体差异原理　C. 人岗匹配原理　D. 人员开发原理

5. 选拔性测评的主要特点为（　　）。

A. 测评标准强调客观性　B. 测评过程有较强的系统性

C. 结果不公开　D. 测评内容十分精细

6. 强调区分性功能的测评类型是（　　）。

A. 选拔型测评　B. 开发性测评　C. 诊断性测评　D. 考核性测评

7. 某公司的销售主管王女士在对销售人员做培训之前，先做了一个综合素质测评，这属于（　　）测评的类型。

A. 考核性　B. 诊断性　C. 开发性　D. 选拔性

8.（　　）又称鉴定性测评，是指以鉴定或验证某种素质是否具备以及具备的程度为目的的测评。

A. 选拔性测评　B. 开发性测评　C. 诊断性测评　D. 考核性测评

9. 静态测评的优点是便于（　）。

A. 横向比较　B. 纵向比较　C. 前后比较　D. 综合比较

10. 对素质测评的对象进行直接的定量刻画的量化形式，称为（　）。

A. 一次量化　B. 二次量化　C. 类别量化　D. 模糊量化

11. 所谓类别量化就是把（　）对象划分到事先确定的几个类别中去，然后给每个类别赋予不同的数字。

A. 绩效测评　B. 素质测评　C. 定性测评　D. 综合测评

12. 根据测评对象的隶属程度分别赋值的素质测评量化形式是（　）。

A. 等距量化　B. 当量量化　C. 类别量化　D. 模糊量化

13. 先依据某一素质特征或标准，将所有的素质测评对象两两比较排成序列，然后给每个测评对象一一赋予相应的顺序数值是（　）。

A. 序数或基数量化　B. 类别量化　C. 顺序量化　D. 当量量化

14. 先选择某一中介变量，把各钟不同类别或并不同质的素质测评对象进行统一性的转化，对它们进行近似同质同类的量化（　）。

A. 序数或基数量化　B. 类别量化　C. 顺序量化　D. 当量量化

15. 以下不属于当量量化特点的是（　）。

A. 近似等值　B. 主观量化

C. 需要一个中介变量　D. 客观量化

16. 素质测评标准体系对测评对象的数量与质量的测评起着（　）作用。

A. 标准　B. 标度　C. 标尺　D. 标记

17.（　）就是指测评标准体系的内在规定性，常常表现为各种规范化行为特征或表征的描述规定。

A. 标度　B. 标准差　C. 标准　D. 误差

18. 所谓（　），即对标准的外在形式划分，常常表现为对素质行为特征或表现的范围、强度和频率的规定。

A. 标度　B. 标记　C. 标准　D. 刻度

19. 形式为“优、良、中、差”的员工素质测评标度为（　）。

A. 量词式标度　B. 数量式标度　C. 定义式标度　D. 等级式标度

20. 身体素质和心理素质属于测评标准体系中的（　）。

A. 结构性要素　B. 行为环境要素　C. 工作绩效要素　D. 内部环境要素

21. 工作绩效是一个人的素质与（　）的综合表现。

A. 工作质量　B. 能力水平　C. 工作长短　D. 工作数量

22.（　）是指测评所指向的具体对象与范围。

A. 测评内容　B. 测评目标　C. 测评指标　D. 测评结果

23. 效标参照性标准体系是对测评对象内涵的（　）描述或诠释。

A. 直接　B. 间接　C. 主观　D. 客观

24. 飞行员选拔标准来自于对飞机驾驶工作本身直接描述，这种选拔标准为（　）。

A. 测评外延体系　B. 测评内容标准体系

C. 效标参照性标准体系　D. 品德标准内容体系

25. 事实报告计算机辅助分析的考核性品德测评方法是（　　）。

A. 问卷法　B. 投射技术　C. FRC 品德测评法　D. 德尔菲法

26. 借助计算机分析技术，对个体品德结构要素进行考核的方法是（　　）。

A. 问卷法　B. FRC 法　C. 投射技术　D. OEC 法

27. 投射技术的特点不包括（　　）。

A. 测评结果的明确性　B. 测评目的的隐蔽性

C. 内容的非结构性与开放性　D. 反应的自由性

28. 结合我国知识测评实践，提出的知识测评的三个层次，即记忆、理解和（　　）。

A. 分析　B. 应用　C. 综合　D. 评价

29. 以下不是能力测评的范围的是（　　）。

A. 一般能力测评　B. 创造力测评　C. 技术能力测评　D. 学习能力测评

30. 人事测评方法通常采用四个指标，即效度、公平程度、实用性、（　　）。

A. 测评时间　B. 近因误差　C. 相关分析　D. 成本

31. 评测者由于只关注到被评测者某方面的品质特征而做出片面的判断，这是（　　）。

A. 晕轮效应　B. 感情效应　C. 近因效应　D. 首因效应

32. 相关分析法是描述两组测评数据之间相互关系的方法。（　　）表示完全正相关，（　　）表示零相关。

A. $r > 1.00$　$r = 1.00$　B. $r = 1.00$　$r = 0$

C. $r = 0$　$r > 1.00$　D. $r = 1.00$　$r = 0$

33. 与测评指标自我管理能力相对应的测评工具是（　　）。

A. 文件筐　B. 心理测评　C. 结构化面试　D. 无领导讨论小组

34. 下面不属于面试的特点的是（　　）。

A. 以说话和观察为工具

B. 面试考官与应聘者在面试过程中地位是平等的

C. 双向沟通

D. 具有明确的目的性

35. 以下面试类型是根据面试题目的内容来划分的是（　　）。

A. 结构化面试和经验型面试　B. 小组面试和无领导小组讨论

C. 经验性面试和情境性面试　D. 阶段面试和单独面试

36. 以下不是面试发展趋势的是（　　）。

A. 面试考官专业化　B. 半结构化面试成为主流

C. 面试形式丰富多样　D. 提问的弹性化

37. 以下不属于面试测评内容的是（　　）。

A. 思维能力和面试环境　B. 心理成熟度和反应能力

C. 知识和仪表　D. 求职动机和进取精神

38. 以下面试的实施阶段的正确顺序是（　　）。

①导入阶段　②关系建立阶段　③核心阶段　④结束阶段　⑤确认阶段

A. ①②③④⑤　B. ③④①②⑤　C. ②①③⑤④　D. ①③⑤②④

39. 面试考官提问应聘者一些有所准备的、比较熟悉的题目，如让应聘者介绍自己的经历、自己过去的工作等，以进一步缓解应聘者的紧张情绪。这是面试实施阶段的（　　）。

A. 确认阶段　B. 核心阶段　C. 关系建立阶段　D. 导入阶段

40. 在面试中如"当你与用人部门主管在某一岗位的用人要求出现分歧时，你怎样处理？"的问题是面试中的（　）。

A. 导入阶段　B. 核心阶段　C. 关系建立阶段　D. 确认阶段

41. 面试官事先没有确定提纲，想到什么就问什么，这种面试常见的问题指的是（　）。

A. 目的不明确　B. 缺乏系统性　C. 标准不具体　D. 问题设计不合理

42. 合格的面试考官不应该有的行为是（　）。

A. 尽量创造和谐的氛围　B. 面试过程察言观色

C. 面试前做好充分的准备　D. 认真倾听，适当发表结论性意见

43. 企业人力资源部门在招聘员工时，有很多应该去注意的问题，以下的答案中错误的是（　）。

A. 让应聘者更多地了解组织

B. 面试考官要注意自身的形象

C. 慎重做决定

D. 不要在他第一次来面试的时候给他过多表现机会

44. 以下不是结构化面试问题类型的是（　）。

A. 背景性问题　B. 常识性问题　C. 知识性问题　D. 经验性问题

45. 面试时考官问："你认为什么是一个人成功的标准？"此问题属于结构化面试类型中的哪种问题？（　）

A. 背景性问题　B. 思维性问题　C. 经验性问题　D. 行为性问题

46. 下列不属于行为描述面试的实质的是（　）。

A. 用过去的行为预测未来的行为　B. 识别客观性的工作需要

C. 探测行为样本　D. 识别关键性的工作要求

47. 在进行行为描述面试时，面试考官应把握住的关键要素是（　）。

A. 情境、目标、行动、结果　B. 情景、目标、行动、结果

C. 计划、目标、行动、结果　D. 目标、行动、结果、规划

48. 参照模型指标等级得分情况，对比岗位和候选人员的选拔性素质水平线，为招聘、选拔、安置和晋升进行（　）的决策。

A. "人—组织—岗位"　B. "人—岗位—组织"

C. "组织—岗位—人"　D. "岗位—组织—人"

49. 在群体决策法中，决策人员的来源广泛，其中包括企业的高层管理者，负责从战略角度协调相关部门的（　）和（　）。

A. 联系　资源　B. 关系　内容　C. 关系　资源　D. 联系　内容

50. 评价中心技术被认为是当代人力资源管理中识别有才能的（　）最有效的工具。

A. 统治者　B. 技术人员　C. 管理者　D. 基层员工

51. 从多角度对个体行为进行标准化评估的各种方法的总称是（　）。

A. 评价中心　B. 无领导小组讨论法

C. 品德测试法　D. 能力测试法

52. 评价中心是从多角度对（　）进行（　）评估的各种方法的总称，是组织内

部分工协作的基本形式或框架。

A. 个人行为 系统化　　B. 具体行为 整体化

C. 个体行为 标准化　　D. 客观行为 科学化

53. 不属于评价中心主要作用的是（　　）。

A. 用于选拔员工，重点挑选具有胜任岗位所必需的能力或潜力的员工

B. 用于培训诊断，重点分析员工优劣势，明确员工需要加强的方面，为培训提供参考依据

C. 用于绩效考核，重点分析员工的工作效率与工作成果，为考核工作提供依据

D. 用于员工技能发展，在培训诊断的基础上，改善、提高其能力

54.（　　）具有生动的人际互动效应。

A. 公文筐测试　B. 非结构化面试　C. 思维性问题　D. 无领导小组讨论

55.（　　）是评价中心方法的主要组成部分，是指由一定数量的一组被评人（6~9人），在规定时间内（约1小时）就给定的问题进行讨论，讨论中各个成员处于平等的地位，并不指定小组的领导者或主持人。

A. 结构化面试　B. 员工素质测评　C. 无领导小组讨论　D. 面试理论

56. 无领导小组讨论运用松散的讨论形式，快速诱发人们的特定行为，并通过这些行为的（　　）来判断被评价者的个性特征。①定性描述；②定量分析；③人际互动；④人际比较。

A. ①②③　B. ①②④　C. ①③④　D. ②③④

57. 下面哪项不是无领导小组讨论的缺点？（　　）

A. 题目的质量影响测评的质量

B. 对测评者和测评标准的要求较高

C. 应聘者表现不易受同组其他成员影响

D. 被评价者的行为有伪装的可能性

58. 无领导小组讨论题目为"一名好的领导者应该具备什么素质?"这是一道（　　）。

A. 两难式题目　B. 资源争夺型题目　C. 开放式题目　D. 排序选择型题目

59.（　　）指一个问题有若干个备选答案，让被评价者对其进行排序，或者从中选择符合某种条件的选项。

A. 两难式题目　B. 资源争夺型题目　C. 开放式题目　D. 排序选择型题目

60. 以下不属于设计无领导小组讨论题目的是（　　）。

A. 联系工作的内容　B. 难度适中　C. 与人力资源部门沟通　D. 具有一定的冲突性

二、多项选择题（第1~40题，每题1分，共40分。每题有一个或多个答案正确，请在括号内填写。少选、多选，均不得分。）

1. 人岗匹配原理指的是（　　）。

A. 工作要求与员工素质相匹配　　B. 工作报酬与员工贡献相匹配

C. 员工与员工之间匹配　　D. 岗位与岗位之间相匹配

E. 人适其岗，岗宜其人

2. 员工素质测评的类型有（　　）。

A. 选拔性测评　B. 开发性测评　C. 诊断性测评　D. 考核性测评

E. 开放性测评

3. 对于选拔性测评，理解正确的有（　　）。

A. 强调测评的区分功能　B. 测评标准刚性强

C. 测评注重客观性　D. 测评指标有灵活性

E. 结果体现为分数或等级

4. 诊断性测评的特点有（　　）。

A. 结果不公开　B. 查找原因时，测评内容精细

C. 有较强的系统性　D. 了解现状时，测评内容全面

E. 过程强调客观性

5. 考核性测评的主要特点是（　　）。

A. 结果不公开　B. 系统性强　C. 测评标准刚性强　D. 概括性较强

E. 有较高的信度与效度

6. 员工素质测评的主要原则包括（　　）。

A. 主观测评与客观测评相结合　B. 知识和能力相结合

C. 学历和能力相结合　D. 主要看综合的能力

E. 静态和动态相结合

7. 客观测评与主观测评相结合的原则，应具体体现在（　　）的全过程中。

A. 评测方法结构的确定　B. 测评目标体系制定

C. 手段方法选择　D. 评判与解释结果

8. 员工素质测评量化的主要形式（　　）。

A. 一次量化和二次量化　B. 类别量化与模糊量化

C. 当量量化　D. 顺序量化、等距量化与比例量化

9. 对下面（　　）的量化属于一次量化。

A. 违纪次数　B. 出勤频率　C. 身高　D. 体重　E. 产品数量

10. 下面符合当量量化的描述是（　　）。

A. 当量量化实际上是近似的等值技术

B. 选择一种介变量，对不同质的素质测评对象进行统一性的转化

C. 要求素质测评的排列有顺序等距关系，而且还要存在倍数关系

D. 当量量化是一种客观量化形式

E. 当量量化是一种主观量化形式

11. 测评标准体系的横向结构可以概括为（　　），从静态和动态的角度，比较全面地构成了员工素质测评要素体系的基本模式。

A. 行为环境要素　B. 结构性要素　C. 心理要素　D. 工作绩效要素

12. 工作绩效要素包括（　　）。

A. 工作数量　B. 工作效率　C. 群众威信　D. 工作质量

E. 人才培养

13. 测评标准体系的类型有（　　）。

A. 效标参照性标准体系　B. 常模参照性指标体系

C. 投射技术标准体系　D. 知识测评指标体系

14. 以下属于投射技术的特点的是（　　）。

A. 测评目的的隐蔽性　B. 反应的自由性

C. 测评的随意性　　D. 内容的非结构性和开放性

15. 美国教育学家布鲁姆提出了“教育认知目标分类学”。将认知目标由低到高分为若干个层次，其中包括（　　）。

A. 理解　　B. 应用　　C. 分析　　D. 综合　　E. 评价

16. 员工素质能力测评包括（　　）。

A. 创造力测评　　B. 特殊能力测评　　C. 学习能力测评　　D. 一般能力测评

17. 一般能力测评按照测验方式的不同分为（　　）。

A. 个别能力测验　　B. 操作能力测验　　C. 机械能力测验　　D. 团体能力测评

18. 在员工素质测评的具体实施过程中，以下在准备阶段要做的工作是（　　）。

A. 收集必要的资料　　B. 组织强有力的测评小组　　C. 测评方案的制订

D. 报告测评指导语　　E. 动员测评对象

19. 人事测评通常采用的四个指标是（　　）。

A. 效度　　B. 公平程度　　C. 实用性　　D. 成本　　E. 素质

20. 员工素质测评指导语的内容有（　　）。

A. 测评目的　　B. 举例说明填写要求

C. 强调测评与测验考试的不同　　D. 填表前的准备工作和填表要求

E. 测评结果的保密和处理，测评结果反馈

21. 引起素质测评结果误差的原因有（　　）。

A. 晕轮效应　　B. 感情效应

C. 对比效应　　D. 参评人员训练不足

E. 测评人员的偏见

22. 员工素质测评结果处理的常用数理统计方法有（　　）。

A. 集中趋势分析　　B. 离散趋势分析　　C. 相关分析　　D. 因素分析

23. 企业员工评测工具有（　　）。

A. 文件筐　　B. 无领导小组讨论　　C. 结构化面试　　D. 心理测评

24. 根据测评指标的特点和要求选择适当的测评方法和工具进行测评时，以下对应关系正确的是（　　）。

A. 分析式思考——心理测试　　B. 团队管理能力——文件筐

C. 领导技能——文件筐　　D. 市场意识——心理测试

E. 自我管理能力——无领导小组讨论

25. 以下属于面试的特点的是（　　）。

A. 以谈话和观察为主要工具　　B. 面试是一个双向沟通的过程

C. 面试具有明确的目的性　　D. 面试是按照预先设定的程序进行的

E. 面试者与考官在面试过程中的地位是不平等的

26. 根据面试的标准化程度，面试可分为（　　）。

A. 结构化面试　　B. 阶段性面试　　C.非结构化面试　　D. 序列化面试

E. 半结构化面试

27. 面试的发展趋势有（　　）。

A. 提问弹性化　　B. 理论和方法不断发展　　C. 形式丰富多样

D. 测评的内容不断扩展　　E. 结构化面试成为面试的主流

28. 面试的实施阶段包括（ ）。

A. 关系建立阶段 B. 导入阶段 C. 核心阶段 D. 确认阶段 E. 结束阶段

29. 面试中常见的问题包括（ ）。

A. 面试目的不明确 B. 面试标准不具体

C. 面试缺乏系统性 D. 面试问题设计不合理 E. 面试考官的偏见

30. 面试的实施技巧包括（ ）。

A. 灵活提问 B. 少听多说 C. 善于提取要点

D. 进行阶段性总结 E. 排除各种干扰

31. 关于行为描述面试说法，正确的是（ ）。

A. 其实质是识别关键性的工作

B. 简称 BD 面试

C. 用过去的行为预测未来的行为探测行为样本

D. 其实质是探测行为样本

E. 用个人的行为预测集体行为

32. 行为描述面试的假设前提有（ ）。

A. 一个人过去的行为最能预示其未来的行为

B. 说和做是不同的

C. 识别关键性的工作要求

D. 探测行为样本

E. 基于关键胜任特征

33. 结构化面试的开发包括（ ）。

A. 测评标准的开发 B. 结构化面试问题的设计

C. 评分标准的确定 D. 选拔性素质模型的构建 E. 评分标准的选择

34. 招聘团队应由（ ）组成。

A. 企业高层管理人员 B. 专业人力资源管理人员

C. 用人部门经理 D. 用人部门经验丰富的员工代表 E. 优秀员工代表

35. 评价中心的主要作用有（ ）。

A. 用于选拔员工 B. 用于评价企业竞争力 C. 用于员工培训诊断

D. 用于员工技能发展 E. 用于人力资源预测

36. 无领导小组讨论的优点包括（ ）。

A. 具有生动的人际互动效应 B. 题目的质量影响测评的质量

C. 讨论过程真实、易于评价 D. 被评价者难以掩饰自己的特点

E. 对评价者和评价标准的要求较高

37. 无领导小组讨论的缺点有（ ）。

A. 题目的质量影响测评质量 B. 对评价者和测评标准要求较高

C. 应聘者表现易受成员影响 D. 被评价者行为没有伪装的可能

E. 被评价者行为仍然有伪装的可能

38. 无领导小组讨论的评价时，考官应该着重评估被评价者以下几方面的表现（ ）。

A. 参与程度与影响力 B. 决策程序

C. 任务完成情况 D. 团队氛围和成员共鸣感

39. 以下无领导小组题目易引起评论者争论、辩论的有（　　）。

A. 开放式问题　B. 两难式问题　C. 排序选择型题目

D. 资源争夺型题目　E. 实际操作型题目

40. 在无领导小组讨论中，想要对被评价者做出比较客观的评价，一般取决于（　　）要素。

A. 评价者的知识和经验　B. 评价者有主见和善于独立思考

C. 作风正派、办事公道　D. 被评价者暴露的外在行为的范围

招聘配置专业技能练习题

三、简答题（本题共 3 题，每小题 10 分，共 30 分。）

1. 简述结构化面试的类型、实施程序和开发方法。

2. 简述素质评测的准备、实施、结果调整和综合分析的步骤和方法。

3. 简述面试的常见问题与实施技巧。

四、综合题（第 1 题 20 分，第 2 题 25 分，第 3 题 25 分，共 70 分。）

1. 表 1 是企业人员招聘中 A、B、C 三位求职者的职业人格测试结果分析表，各类型人格按照 1~10 分等级评分，表 2 是《职业人格类型说明表》。

表 1　职业人格测试结果分析表

被试	常规型	现实型	研究型	管理型	社会型	艺术型
A	7	8	4	2	2	3
B	2	3	5	8	4	2
C	3	4	2	8	7	6

表 2　职业人格类型说明表

人格类型	高分者的人格特征	高分者的职业特征
现实型	非社交的，物质的，遵守规则的、实际的、安定的、缺乏洞察力的、敏感性不丰富的、不善与人交往等特征	需要进行明确的，具体的，按一定程序要求的技术性，技能性工作，如司机、电工等
研究型	分析的、内省的、独立的、好奇心强烈的、慎重的、敏感的、喜好智力活动和抽象推理等特征	通过观察，科学分析而进行的系统型的创造性活动研究对象侧重于自然科学，如系统分析员、网络工程师、市场研究人员、管理咨询人员等
艺术型	想象力丰富、理想的、直觉的、冲动的、独创的，但是秩序性较少的，感情丰富，但缺乏事务性办事能力等特征	通过系统化的、自由的活动进行艺术表现，但精细的操作能力较差。相应的职业有网页设计，美工编辑等
社会型	助人的、易于合作的、社交的、有洞察力的、重友谊的、有说服力的、责任感强的、比较关心社会问题等特征	从事更多时间与人交往的说服、教育和治疗工作，如公关、市场策划、推广、人力资源等
管理型	支配的、乐观的、冒险的、冲动的、自我显示的、自信的、精力旺盛的、好发表意见和见解的，但有时是不易被人支配的，喜欢管理和控制别人的等特征	从事需要胆略、冒风险且承担责任的活动，主要指管理，决策方面的工作，如中高层管理人员
常规型	自我抑制的、顺从的、防卫的、缺乏想象力的、持续稳定的、实际的、有秩序的、回避创造性活动等特征	严格按照固定的规则、方法进行重复性、习惯的活动，希望较快地见到劳动成果，有自控能力。相应职业有前台接待、办公室秘书、图书馆员等

（1）请结合表 2 提供的《职业人格类型说明表》，分析表 1 中 A、B、C 三位求职者各有什么职业人格特征，如果录用，建议安排在什么类型岗位？

（2）怎样看待这些测试结果？

2. 请根据下表中的数据结果，对甲、乙、丙三人进行录用（配置）评估。

		专业技术能力	学历	计划组织能力	宏观决策能力	解决问题能力	团队精神
甲		1	1	0.5	0.5	1	0.5
乙		0.5	1	1	0.5	1	0.5
丙		0.5	0.5	1	1	0.5	1
1	W1	20	15	15	10	20	20
2	W2	30	10	15	10	20	15
3	W3	10	15	20	20	15	20

请回答以下问题：

（1）如果录用其中两人去岗位 1，请通过计算确定应录用哪两人？

（2）如果三人全部被录取，且每岗位各分配 1 人，请通过计算，确定如何分配最好？

3. 某电子产品销售公司拟在本年度内为下属的地区销售部招聘 20 名营销经理。公司人力资源部王经理，对新招聘来的大学生小章说："这项重要任务就交给你了，你先提出一个招聘方案吧！"小章是刚刚从一所知名大学人力资源管理专业毕业的本科生，他欣然地接受了任务，一周以后，他设计了一份详细的招聘计划草案，送到了王经理的面前。

在小章所提交的招聘计划草案中，提出营销经理的招聘工作分初选、细选和终选三个阶段完成。在根据应聘人员的简历、求职表和推荐信等资料进行初选的基础上，应当对候选人进行一次选拔性的素质测评，作为第二阶段的主要任务，然后再采用面试、无领导小组讨论等方法选拔出最终候选人。

请根据本案例，回答以下问题：

（1）您认为对应聘者进行选拔性素质测评，应当做好哪些准备工作？

（2）对营销经理的"团队管理能力"进行测评时，需要把握哪些测评要素？

第三章　培训与开发（10~15/20 分）

第一节　企业员工培训规划与课程设计（5~8 分）

1. 员工培训规划是在培训需求分析的基础上，从企业总体发展战略的全局出发，根据企业各种培训资源的配置情况，对计划期内的培训目标、对象和内容、培训的规模和时间、培训评估的标准、负责培训的机构和人员、培训师的指派、培训费用的预算等一系列工作所做出的统一安排。

2. 员工培训规划具有承上启下的作用，员工培训规划精密详细、科学合理的程度，决定了企业人力资源培训与技能开发的成败。

3. 制订培训规划的要求：①系统性：统一性和一致性；②标准化 4W1H：Who，What，When，Where，How；③有效性：要求员工培训规划的制定必须体现出可靠性、针对性、相关性和高效性；④普遍性。

4. 培训规划的主要内容：①培训的目的：主要是说明员工为什么要培训；②培训的目标：主要是解决员工培训应达到什么样的标准；③培训对象和内容：确定培训对象和内容，即明确培训谁、培训什么，进行何种类型的培训；④培训的范围：包括四个层次一个人、基层、部门和企业；⑤培训的规模：如人数、场所、培训的性质、工具以及费用等；⑥培训的时间：受培训的范围、对象、内容、方式和费用及其他与培训有关因素影响；⑦培训的地点：学员接受培训的所在地区和培训场所；⑧培训的费用：即培训成本，指企业在公共培训的过程中所发生的一切费用，包括培训之前的准备工作，培训的实施过程，以及培训结束之后的效果评估等各种与之相关活动的各种费用的总和（直接成本、间接成本）；⑨培训的方法：实现员工培训规划各项目标的重要保障，解决“船”或“桥”的问题；⑩培训的教师：企业应当以员工为中心，培训的管理工作应当以教师为主导；⑪计划的实施：为保证培训规划顺利实施，应提出具体的实施程序、步骤和组织措施。

5. 制定培训规划的基本步骤：①培训需求分析；②工作岗位说明；③工作任务分析；④培训内容排序；⑤描述培训目标；⑥设计培训内容；⑦设计培训方法；⑧设计评估标准；⑨试验验证。

6. 制订培训规划应注意的问题：制订培训规划的每一步骤都有侧重点。起草时应做好以下几方面的工作：①制定培训的总体目标：依据企业的总体战略目标；企业人力资源的总体规划；企业培训需求分析。②确定具体项目的子目标：包括实施过程、时间跨度、阶段、步骤、方法、措施、要求和评估方法。③分配培训资源。④进行综合平衡主要从五个方面来进行：在培训投资与人力资源规划之间进行平衡，在企业正常生产与培训项目之间进行平衡，在员工培训需求与师资来源之间进行平衡，在员工培训与个人职业生涯规划之间进行平衡，在培训项目与培训完成期限之间进行平衡。

7. 教学计划的内容：①教学目标；②课程设置；③教学形式；④教学环节；⑤时间安排。

8. 教学计划的设计原则：①适应性原则；②针对性原则；③最优化原则；④创新性原则。

9. 国外常见的几种教学计划设计程序：①肯普的教学设计程序。其优势是：将学员特点、学习内容和开展教学设计所涉及的辅助服务，如技术人员、经费、设备、仪器和进度表等影响因素，加以综合考虑，统筹安排。②加涅和布里格斯的教学设计程序。把教学设计分为系统级、课程级和课堂级等共计 14 个具体步骤。③迪克和凯里的教学设计程序：提出了一种偏重于行为模式的教学设计程序，更加注重对学习内容的分析和鉴别，强调从学员的角度收集数据以修改教学。

10. 我国常用的教学设计程序：该程序既适用于一门课程和一教学单元的设计，又适用于一节课的教学设计。其主要步骤是：①确定教学目的；②阐明教学目标；③分析教学对象的特征；④选择教学策略；⑤选择教学方法及媒体；⑥实施具体的教学计划；⑦评价学员的学习情况，及时进行反馈修正。

11. 培训课程的要素：①课程目标；②课程内容；③课程教材；④教学模式；⑤教学策略；⑥课程评价；⑦教学组织；⑧课程时间；⑨课程空间；⑩培训教师；⑪学员。

12. 课程设计文件的格式：①封面；②导言；③内容大纲；④开发要求；⑤交付要求；⑥产出要求。

导言：①项目名称；②项目范围；③项目的组成部分；④班级规模；⑤课程时间长度；⑥学员的必备条件；⑦学员；⑧课件意图；⑨课程评估。

内容大纲：①教学资源；②资料的结构；③课程目标和绩效目标；④教学顺序和活动；⑤内容；⑥交付时间。

13. 培训项目计划的三个层次：①企业培训计划；②课程系列计划；③培训课程计划。

14. 培训环境分析具体包括以下几点：①实际环境分析；②限制条件分析；③引进与整合；④器材与媒体可用性；⑤先决条件；⑥报名条件；⑦课程报名与结业程序；⑧评估与证明。

15. 课程内容的制作，主要是指课程教材的制作：①购买现成教材；②改编教材；③自编教材。

16. 除了培训者以外，输入知识还可以是学员，各种媒体或案例研究、角色扮演等能够总结出经验的活动。为增加课程的趣味性，使学员更积极地参与到学习中来，建议使用多种不同的教学方法。可以采用“讲授—活动—总结”的教学方式。

17. 课程演练与试验：收集学员、同事、专家的意见常用的方式如下：①头脑风暴法（强调创新）；②问卷调查法。

18. 信息反馈与课程修订，总体预演结果，准备试点的工作包括以下步骤：①检查课程目标并修改课程内容；②修改活动；③核查资料；④调整培训风格。

19. 课程内容选择的基本要求：①相关性；②有效性；③价值性。

20. 课程内容制作的注意事项：①培训教材的内容不能多而杂，否则会分散学员注意力；②凡是培训师讲授、表达的内容，教材不必重复；③教材以提示重点、要点、强化参训者认知为重要功能；④应将课外阅读资料与课堂教材分开；⑤教材应简洁直观，按照统一的格式或版式制作；⑥制作时用“教材制作清单”进行控制和核对。

21. 不同企业发展阶段采取不同的培训内容：①创业初期：集中力量提高创业者的营销公关能力、客户沟通能力；②发展期：培养他们的管理观念和管理技能，促进企业的长远发展；③成熟期：企业应集中力量建设企业文化，并提升员工对企业目标的认同、对企业的归属感。

22. 培训中的印刷材料：①工作任务表：（作用）强调课程的重点，提高学习的效果，关注信息的反馈；②岗位指南：（作用）迫使专家对理想的操作做出界定，进一步明确培训的目标；有助于记忆在培训中学到的操作规程，也便于在以后工作中随时查阅；有时可以代替培训或减少培训时间，节约成本；③学员手册；④培训者指南；⑤测验试卷。

23. 培训师的来源：培训教师主要有企业外部聘请和企业内部开发两大来源，企业培训管理人员应根据实际情况，确定适当的内部和外部教师的比例，尽量做到内外搭配、相互学习、取长补短。

24. 外部聘请师资的优点：①选择范围大，可获取到高质量的培训教师资源；②可带来许多全新的理念；③对学员具有较大的吸引力；④可提高培训档次，引起企业各方面的重视；⑤容易营造气氛，获得良好的培训效果。

25. 外部聘请师资的缺点：①企业与其之间缺乏了解，加大了培训风险；②外部教师对企业以及学员缺乏了解，可能使培训适用性降低；③学校教师可能会由于缺乏实际工作经验，导致培训只是“纸上谈兵”；④外部聘请教师成本较高。

26. 外部培训师资的开发途径：①从大中专院校聘请教师；②聘请专职的培训师；③从顾问公司聘请培训顾问；④聘请本专业的专家、学者；⑤在网络上寻找并联系培训教师。

27. 内部开发任务途径的优点：①对各方面比较了解，使培训更具有针对性，有利于提高培训的效果；②与学员相互熟识，能保证培训中交流的顺畅；③培训相对易于控制；④内部开发教师资源成本低。

28. 内部开发任务途径的缺点：①内部人员不易于在学员中树立威望，可能影响学员在培训中的参与态度；②内部选择范围较小，不易开发出高质量的教师队伍；③内部教师看待问题受环境决定，不易上升到新的高度。

29. 设计合适的培训手段：①课程内容和培训方法；②学员的差异性；③学员的兴趣和动力；④评估手段的可行性。

30. 开发培训教材的方法：①培训课程教材应切合学员的实际需要；②资料包的使用；③利用一切可开发的学习资源组成活的教材；④尽可能地开发一切所能利用的信息资源；⑤设计视听材料。

31. 培训师的选配标准如下：①具备经济管理类和培训内容方面的专业理论知识；②对培训内容所涉及的问题有实际工作经验；③具有培训授课经验和技巧；④能够熟练运用培训中所需要的培训教材与工具；⑤具有良好的交流与沟通能力；⑥具有引导学员自我学习

的能力；⑦善于在课堂上发现问题并解决问题；⑧积累与培训内容相关的案例与资料；⑨掌握培训内容所涉及的一些相关前沿问题；⑩拥有培训热情和教学愿望。

32. 管理人员的层次等级：①高层管理人员：企业的掌舵人（领导）；②中层管理人员：企业的中坚力量（管理）；③基层管理人员：执行管理职能的直接管理人员（执行）。

33. 管理人员的技能组合：

表 3-7

	专业技能（%）	人文技能（%）	理念技能（%）
高层管理人员	17.9	39.4	42.7
中层管理人员	22.8	42.4	34.8
基层管理人员	50.3	37.7	12.0

34. 企业管理人员的一般培训：①知识补充与更新；②技能开发；③观念转变；④思维技巧。

35. 高层管理人员培训的主要方式有参加高级研习班、研讨会、报告会、自学、企业间交流、热点案例研究等。

36. 中层管理人员培训应侧重进行业务上的培训，同时也要向他们传递相关的管理新知和理念。中层管理人员的培训目标：提高其胜任未来工作所必需的经验、知识和技能；使其能够适应不断变化的环境；使其能够宣传和深化企业的宗旨、使命、信念、价值观和管理文化；培养个别骨干分子成为企业未来高层管理人员的接班人。

37. 中层管理人员培训的主要内容是开发他们的认知能力，使他们能够认清企业内外形势的发展，提高他们的业务决策能力、计划能力。

38. 管理技能开发的基本模式：①在职开发；②替补训练；③短期学习；④轮流任职；⑤决策模拟训练；⑥决策竞赛；⑦角色扮演；⑧敏感性训练，是直接训练管理人员对其他人的敏感性的培训，它强调的不是训练的内容，而是训练的过程，不是思想上的训练，而是感情上的训练；⑨跨文化管理训练。培训的目的是了解各国不同的文化，学会尊重各自的文化，并转化为竞争优势。

培训分三阶段：①使受训管理人员掌握各种文化背景知识。②改变受训者的态度，消除受训者的偏见，使他们形成这样一种观念："各种文化没有好坏之分，只是各不相同，我们必须理解和尊重其各自的文化。"③使受训管理人员掌握与不同文化背景的人打交道的技巧。

第二节　企业员工培训效果的评估（5~7 分）

39. 培训效果与培训评估的含义：一般要对培训的效果进行一次总结性的评估或检查，实际上，员工培训的评估就是对员工培训活动的价值作出判断的过程。即通过系统的培训，员工可以端正工作态度，学习新的行为方式，掌握新的技术技巧；而企业则可以提高产品质量，增加产品产量，促进销售额的上升，提高顾客的满意度，取得更高的经济和社会效益。

40. 培训效果评估的作用和内容。全程评估分三阶段：培训前的评估，培训中的评估，培训后的评估。培训后作用：①可以对培训效果进行正确合理的判断，以便了解某一项目是否达到原定的目标和要求；②受训人知识技术能力的提高或行为表现的改变是否直接来自培训的本身；③可以检查出培训的费用效益，评估培训活动的支出与收入的效益如何，有助于使资金得到更加合理的配置；④可以较客观地评价培训者的工作；⑤可以为管理者决策提供所需的信息。

评估内容：①培训目标达成情况评估；②培训效果效益综合评估；③培训工作者的工作绩效评估。

41. 培训效果评估的形式：非正式评估和正式评估。非正式评估是指评估者依据自己的主观性的判断，而不是用事实和数字来加以证明。非正式评估一般不需要记录太多信息，但有时要记下某些认为对评估有价值的信息。如培训对象的有关表现、态度和一些特殊困难。

42. 培训效果评估的形式：建设性评估和总结性评估。

43. 培训效果评估的基本步骤（方案设计）：①作出培训评估的决定：评估的可行性分析、确定评估的目的；②制订培训评估的计划：a. 选择培训的评估人员；b. 选定培训评估的对象；c. 建立培训评估数据库；d. 选择培训评估的形式；e. 选择培训评估方法；f. 确定方案及测试工具；③收集整理和分析数据；④培训项目成本收益分析，投资回报率 = 培训项目产出 ÷ 培训项目投入 × 100%；⑤撰写培训评估报告；⑥及时反馈评估结果。反馈对象：培训管理人员，高层的领导者，受训员工，受训者的直接主管。

44. 评估培训成果的标准是指企业和培训管理人员用来评估培训成果的统一的尺度和规范。

45. 柯氏评估四个层级：①反应评估：受训者对培训的满意程度；②学习评估：受训者在知识、技能、态度等方面的学习收获；③行为评估：受训者在工作过程中态度、行为方式的变化和改进；④结果评估：受训者在一定时期内取得的生产经营或技术管理业绩；⑤投资回报率。

46. 培训效果四个评估层级的主要特点。

表 3-11

评估层级	评估内容	评估方法	评估时间	评估单位
反应评估	衡量学员对具体培训课程、培训师、培训组织的满意度	问卷调查、电话调查、访谈、观察法、综合座谈	课程结束时	培训单位
学习评估	衡量学员对培训内容、技巧、概念的吸收、掌握程度	提问法、角色扮演、笔试法、口试法、演讲、模拟练习与演示、心得报告与文章发表	课程进行时、课程结束时	培训单位
行为评估	衡量学员在培训后的行为改变是否因培训所导致	问卷调查、行为观察、访谈法、绩效评估、管理能力评鉴、任务项目、360度评估	三个月或半年以后	学员直接主管上级
结果评估	衡量培训给公司的业绩带来的影响	个人与组织绩效指标、生产率、离职率、成本效益分析、客户与市场调查等	半年或一年后绩效评估	学员单位主管

47. 五种培训成果的评估：认知成果、技能成果、情感成果、绩效成果、投资回报率。

投资回报率 = 培训项目收益 ÷ 培训项目成本 × 100%

投资净回报率 =（培训项目收益 − 培训项目成本）/培训项目成本 × 100%

48. 培训评估的标准与方法。

表 3-12

成果分类	标准举例	测量方法
认知成果	安全规则、电工学原理、绩效考评步骤	笔试、工作抽样、访谈
技能成果	操作规范、技能等级、质量标准、定额标准	现场观察、工作抽样、专家评定
情感成果	对培训的满意度、工作态度、行为方式	访谈、关注某小组、态度调查
绩效成果	缺勤率、事故发生率、劳动效率、专利项数	现场观察、原始记录、统计日报
投资回报率	直接成本、间接成本	预算、统计分析

49. 培训效果的定性评估方法：①优点：简单易行，综合性强，需要的数据资料少，可以考虑到很多因素，评估过程中评估者可以充分利用自己的经验；②缺点：评估结果受评估者的主观因素、理论水平和实践经验的影响很大；不同评估者的工作岗位不同、工作经历不同、掌握的信息不同、理论水平和实践经验存在差异，以及对问题的主观看法不同，因此不同的评估者对同一问题很可能作出不同的判断；③种类：问卷调查、访谈、观察和座谈等。

50. 培训效果的定量评估方法通过调查统计分析来发现与阐述行为规律。它主要是硬性指标，如成本收益分析、生产率提高、产量增加、废品减少、质量改进、成本节约、利润增加等。

51. 培训效果的评估方法：①问卷调查法；②访谈法；③观察法；④座谈法；⑤内省法；⑥笔试法；⑦操作性测验；⑧行为观察法。

52. 问卷调查法：它主要用于对培训师、培训场地、培训教材等主要环节的调查。步骤如下：①明确你要通过问卷调查了解什么信息；②设计问卷（问卷的顺序；问卷的表达方式；问卷的实际内容；问题的形式）；③测试问卷；④正式开展调查；⑤进行资料分析，编写调查信息报告。

53. 内省法：能使人清楚地了解自己的观念，让个人可以用一面“镜子”照出自己对世界的看法，因此它能够预测调查对象对事物认识的变法，可以评估改变学员态度的培训效果。①准备工作。②全面实施阶段。③排序计分阶段。

54. 笔试法：①确定培训目标；②起草测试题目；③选择、排列测试题目；④为学员准备考试说明；⑤准备计分卡；⑥进行测验；⑦分析测验结果。

55. 操作性测验：①在确定培训目标和内容之前，涉及操作性测验，并起草评分方案；②对测验中要表演的动作进行规定；③对测验进行标准化管理；④根据需要尽可能使测验环境与工作环境相似；⑤测验过程中，一次只能测一步；⑥让测验、任务过程与最终产品挂钩；⑦为学员编写说明书，清楚指出在测验中他们应完成的事项；⑧应对教师和受训学员样本进行预测试。

56. 评估报告的撰写要求：①调查培训结果时必须注意接受调查的受训者的代表性，必须保证他们能代表整个受训者群体回答评估者提出的问题；②组织对培训投入大量的时间和精力，必然力图通过评估证明培训的价值；③评估者必须综观培训的整体效果，以免以偏概全；④评估者必须以一种圆熟的方式论述培训结果中的消极方面，避免打击有关培训人员的积极性；⑤当评估方案持续一年以上时间时，评估者需要作中期评估报告；⑥要注意报告的文字表述与修饰。

57. 撰写培训评估报告的步骤：①导言；②概述评估实施的过程；③阐明评估结果；④解释、评论评估结果和提供参考意见；⑤附录；⑥报告提要。

培训与开发理论知识练习题

一、单项选择题（第1~60题，每题1分，共60分。每小题只有一个最恰当的答案，请在括号内填写。）

1.（　　）作为企业人力资源开发的重要组成部分，在企业管理活动中具有极为重要的地位和作用。

A. 员工培训的基本原则　　　　B. 员工培训的内容
C. 员工培训的计划制订　　　　D. 员工培训规划

2. 某一物流公司由于业务规模扩张，结合日益增长的销售额，经公司领导班子讨论，拟抢占市场先机，扩大区域占有率，需在各区县市新置物流门市，并财务独立核算。因此，近期招聘了若干名财务人员。相关人员已入职到岗，将于下周一举行第三期“新员工入职培训”。针对财务岗位专业性要求，安排了《基础会计》、《银行会计浅析》、《财务管理》、《高级会计与审计》等由浅入深的课程。以上信息更能反映出培训规划的（　　）要求。

A. 系统性　　B. 标准化　　C. 有效性　　D. 普遍性

3. 要求员工培训规划的制定必须体现可靠性、针对性、相关性和高效性等基本特点是制定培训规划的（　　）要求。

A. 系统性　　B. 标准化　　C. 有效性　　D. 普遍性

4. 以下不属于企业员工培训的范围的是（　　）。

A. 个人　　B. 基层　　C. 企业　　D. 客户

5. 以下关于培训费用的说法错误的是（　　）。

A. 是指企业在员工培训过程中所发生的一切费用之和
B. 间接培训成本是指在培训组织实施过程之外企业所支付的费用
C. 由培训之前的准备工作和培训实施过程中各项活动的费用构成
D. 直接培训成本是在培训组织实施过程中培训者与受训者的一切费用总和

6. 下列属于企业直接培训成本的是（　　）。

A. 培训教师的费用　　　　B. 培训项目的管理费用
C. 培训项目的设计费用　　D. 培训项目的评估费用

7. 受训者往来交通费用、食宿和教室租借费用（　　）。

A. 属于直接培训成本　　B. 不计入培训成本
C. 属于间接培训成本　　D. 不能确定属于哪种培训成本

8. 小型组织部门的培训宜采用（　　）的培训方式。

A. 集中的方式　　B. 边实践边学习的方式
C. 培训的方式　　D. 分散的方式

9. 企业制定员工培训规划的基本前提是（　　）。

A. 工作岗位说明　B. 培训需求分析　C. 工作任务分析　D. 设计培训内容

10. 在制定培训规划时，设计培训方法的途径不包括（　）。

A. 专家咨询　B. 中介机构　C. 小组讨论　D. 经验总结

11. 下列不属于制定培训总体目标的主要依据的是（　）。

A. 企业的总体战略目标　B. 企业人力资源的总体规划

C. 企业培训需求分析　D. 企业员工职业生涯规划

12. 企业在培训工作中，（　）是员工教学计划的核心。

A. 教学目标　B. 课程设置和组合方式

C. 教学形式　D. 教学环节

13. 下列因素中不属于教学计划的时间安排的是（　）。

A. 教学形式、教学环节中设计的各类课程的讲授、复习、实验、参观、讨论、自习、测试、考查等各环节的时间比例

B. 为完成某门课程所需要的时间

C. 周学时设计

D. 通过教学活动使受训者掌握某一层次或级别的专业知识或技能

14.（　）是早期培训教学实际模型中最为简洁明确的一种模式，主要优势是将学员特点、学习内容和开展教学设计所涉及的辅助服务加以综合考虑，统筹安排。

A. 迪克和凯里的教学设计程序　B. 肯普的教学设计程序

C. 加涅和布里格斯的教学设计程序　D. 我国常用的教学实际程序

15. 美国佛罗里达州立大学的迪克和凯里教授提出的偏重于行为模式的教学设计程序是以（　）为中心。

A. 教学目标　B. 学员　C. 教材　D. 任务

16. 在国外有一种偏重于行为模式的教学设计程序，是美国的（　）提出的。

A. 肯普　B. 迪克和凯里

C. 加涅和布里格斯　D. 柯克帕特里克

17.（　）是指课程内容在垂直方向的组织，它要求课程内容的安排符合学员的逻辑思维和学习习惯。

A. 范围　B. 顺序　C. 程序　D. 步骤

18.（　）是指学习的方向和学习过程中各个阶段应达到的标准，应根据环境的需求来确定。

A. 课程目标　B. 课程内容　C. 课程评价　D. 课程空间

19. 课程内容的组织就是确定课程内容的范围和顺序，其中顺序是指课程内容在（　）方向上的组织；范围是指课程内容在（　）方向上的安排。

A. 纵向　横向　B. 横向　纵向　C. 水平　垂直　D. 垂直　水平

20.（　）是培训课程的主体，他们不但是课程的接收者，同时也是一种可利用的学习资源。

A. 学员　B. 培训教师　C. 教学组织　D. 教育

21. 教师分析学员学习进展情况普遍运用的策略是（　）。

A. 评价—指令—判断　B. 判断—指令—评价

C. 指令—判断—评价　D. 判断—评价—指令

22. 培训课程的设置应体现企业（ ）的基本目标，进行人力资源开发。

A. 培训程序设计 B. 发展战略 C. 发展规划 D. 培训功能

23. 在课程设计文件中，以下不属于大纲部分的内容的是（ ）。

A. 教学资源 B. 交付时间 C. 资料结构 D. 课程评估

24. 课程设计的导言包括（ ）。

A. 起草日期 B. 开发要求 C. 课时长度 D. 资料的结构

25. 培训项目计划是有效实施培训课程的基础，它不包括（ ）。

A. 企业培训计划 B. 培训课程计划 C. 课程系列计划 D. 培训评估计划

26. 课程系列计划是以（ ）为导向，将看似独立的相关课程联系在一起。

A. 标准 B. 条件 C. 培训 D. 目标

27. 培训课程目标分析不包括（ ）。

A. 课程目标分析 B. 任务分析 C. 学员分析 D. 导师分析

28. 在培训课程目标要素中最主要的要素是（ ）。

A. 操作目标 B. 条件 C. 标准 D. 内容

29. 缺少什么培训什么，需要什么培训什么——是（ ）选择的原则。

A. 课程计划 B. 课程内容 C. 课程时间 D. 课程评估

30. 企业培训课程设计中，课程设计的核心内容是（ ）。

A. 课程内容制作 B. 课程内容安排 C. 课程内容选择 D. 课程内容试验

31. 课程内容选择的基本要求中，（ ）既是课程内容存在的前提，也是培训课程开发的内在动力。

A. 价值性 B. 有效性 C. 相关性 D. 系统性

32. 培训内容的有效性是判断培训水平高低的一个重要标准。以下忽视了培训内容的有效性要求，说法错误的是（ ）。

A. 习惯导向 B. 标新立异导向 C. 领导导向 D. 员工导向

33. 课程内容的基本要求中，（ ）是判断培训水平高低的一个重要标准。

A. 价值性 B. 针对性 C. 相关性 D. 有效性

34. 在企业发展的（ ）应集中力量建设企业文化。

A. 衰退期 B. 发展期 C. 成熟期 D. 创业初期

35. 企业在（ ）应集中力量提高中层管理人员的管理能力，如培养并影响他们的管理风格和思维习惯，使之适应企业的要求等。

A. 创业初期 B. 发展期 C. 成熟期 D. 衰退期

36.（ ）是对最常用最关键的任务描述，使包含许多复杂步骤的任务简单化。

A. 培训者指南 B. 工作任务表 C. 岗位指南 D. 学员手册

37. 以下不属于工作任务表的作用的是（ ）。

A. 强调课程重点 B. 提高学习的效果 C. 明确培训的目标 D. 关注信息反馈

38. 以下不属于培训中使用的印刷材料是（ ）。

A. 工作任务表 B. 岗位指南 C. 学员指南 D. 培训者指南

39. 在培训的过程中可以印刷一些书面材料，其中包括课程大纲、思考题和学员问卷调查表等，这种印刷材料称为（ ）。

A. 学员手册 B. 岗位指南 C. 培训者指南 D. 工作任务表

40. 从企业内部开发培训资源的优点不包括（　　）。

A. 教师水平较高　　B. 培训成本较低

C. 教师与学员易于交流　　D. 培训易于控制

41. 对于培训已经处于成熟期的企业或者一些需要定期开展的培训项目来说，企业一般（　　）。

A. 从大中专院校聘请教师　　B. 聘请专职的培训师

C. 从内部开发教师资源　　D. 聘请本专业的专家、学者

42. 下列不是外部培训资源的开发途径的是（　　）。

A. 聘请专职的培训师　　B. 从大中专院校聘请教师

C. 从本企业人力资源部培训师中挑选　　D. 从顾问公司聘请培训顾问

43. 在管理人员所应具有的技能中，（　　）是指从整体把握组织目标、洞察组织与环境的相互关系的能力。

A. 专业技能　B. 人文技能　C. 理念技能　D. 协调技能

44. 高层管理人员是企业的（　　）。

A. 影响者　B. 掌舵人　C. 控制者　D. 执行者

45. 高层管理人员在理念技能上所占比重为（　　）。

A. 34.8%　B. 42.7%　C. 35.2%　D. 45%

46. 对生产产品或提供服务的特定知识、程序和工具的理解和掌握属于（　　）。

A. 专业技能　B. 人文技能　C. 理念技能　D. 创造技能

47. 以下说法中有误的是（　　）。

A. 对于中层管理人员而言，人文技能是最重要的

B. 对于高层管理人员而言，理念技能是最重要的

C. 中层管理人员是指在企业生产经营活动执行管理职能的直接管理人员

D. 高层管理人员应该具有广阔的视野、敏锐的洞察力和全局性的战略眼光

48. 中层管理人员所应具备的能力不包括（　　）。

A. 判断能力　B. 决策能力　C. 沟通能力　D. 目标设定能力

49. 判断能力是（　　）应具备的能力。

A. 高层管理人员　B. 中层管理人员　C. 基层管理人员　D. 人力资源经理

50. 以下是中层管理人员的培训目标的是（　　）。

A. 技能开发　　B. 观念转变

C. 思维技巧　　D. 培养个别骨干分子作为高管人员接班人

51.（　　）又称"解决和处理问题方法训练"，是指通过模拟各种决策情况，训练学员如何选择各种策略，以及在诸多方案中如何做出选择，它的目的是提高决策的有效性。

A. 决策模拟训练　B. 敏感性训练　C. 决策竞赛　D. 跨文化管理训练

52. 以下不属于设计轮流任职计划的依据的是（　　）。

A. 通过作业轮换，管理人员将逐渐学会按照管理的原则来思考问题

B. 将允许有一定能力的管理人员确定他们愿意进行管理的职务范围

C. 能够使受训者身临其境，在模拟的实践中加深对管理原理的领会

D. 公司的高级职务可以由对不同部门的问题有广泛了解的人来担任

53. 下列属于感情上的训练的是（　　）。

A. 敏感性训练　B. 决策模拟训练　C. 替补训练　D. 跨文化管理训练

54. 企业培训工作最后的也是极为重要的一个阶段是（　）。

A. 员工培训效果评估　B. 员工绩效评估

C. 员工工作考核　D. 员工培训进度评估

55. 在培训效果评估中起承前启后作用的评估是（　）。

A. 培训前评估　B. 培训中评估　C. 培训后评估　D. 年度绩效评估

56. 培训评估实质上是对有关培训的信息进行（　）和（　）的过程。

A. 认识　理解　B. 分析　记忆　C. 应用　评价　D. 处理　应用

57. 采用减少评估对培训对象带来的紧张不安，在培训效果评估的形式中应是（　）评估。

A. 自然　B. 非正式　C. 正式　D. 主管

58. 培训效果的正式评估的优点不包括（　）。

A. 在数据和事实的基础上做出判断　B. 可将评估结论与最初计划比较

C. 容易将评估结论用书面形式表现　D. 不会给受训者带来太大的压力

59. 常用的软数据可以归纳为（　）。

A. 工作习惯、氛围上，新技术、发展、满意度和主动性

B. 工作习惯、氛围上，新技能、发展、满意度和主动性

C. 工作习惯、环境上，新技术、发展、满意度和主动性

D. 工作氛围、环境上，新技术、发展、满意度和主动性

60. 在培训效果的层级体系中，结果评估的评估内容是（　）。

A. 受训者在工作过程中行为方式的变化和改进等

B. 受训者取得的生产经营或技术管理方面的业绩

C. 受训者在技能、态度、行为方式等方面的收获

D. 受训者对培训项目的主观感觉或满意程度如何

二、多项选择题（第1~40题，每题1分，共40分。每题有两个或多个答案正确，请在括号内填写。少选、多选，均不得分。）

1. 决定企业人力资源培训与技能开发的成败因素有（　）。

A. 培训规划的准确性　B. 培训规划的实用性

C. 培训规划的可行性　D. 培训规划的精密科学合理程度

E. 系统性

2. 制定培训规划的要求包括（　）。

A. 系统性　B. 标准性　C. 有效性　D. 普遍性　E. 多样性

3. 制定培训计划中的普遍性就是要求培训规划制定必须（　）。

A. 适应不同的工作任务　B. 适应不同的员工要求

C. 适应不同的培训对象　D. 适应不同的培训范围

E. 适应不同培训需要

4. 培训规划的主要内容是（　）。

A. 培训目的　B. 培训规模　C. 培训目标　D. 培训时间　E. 培训对象

5. 下列不属于间接培训成本的是（　）。

A. 培训项目设计费　B. 培训项目管理费　C. 培训教师费用

D. 培训项目评估费用　　E. 教室设备租借费用

6. 以下培训费用中，属于直接培训成本的是（　　）。

A. 学员的往来交通费用　　B. 食宿费用

C. 培训项目的设计费用　　D. 教室设备的租借费用

E. 教材印发购置的费用

7. 以下不属于员工培训的直接培训成本的是（　　）。

A. 教室设备的租赁费用　　B. 培训教师的费用

C. 培训项目的设计费用　　D. 学员的往来交通费用

E. 培训对象受训期间的工资福利

8. 下列说法正确的是（　　）。

A. 独立小型组织部门的培训宜采用分散的培训方式

B. 专业技能应采用边实践边学习的方法

C. 高层培训、管理层培训宜采用集中的培训方式

D. 基本技能培训宜采用分散的培训方式

E. 企业培训应当以教师为中心，培训的管理工作应当以学员为主导

9. 教学计划的内容主要包括（　　）。

A. 教学目标　　B. 课程设置　　C. 教学形式　　D. 时间安排　　E. 教学环节

10. 制定培训规划时应注意从（　　）进行综合平衡。

A. 在培训投资与人力资源规划之间

B. 在企业正常生产与培训项目之间

C. 在员工培训需求与师资来源之间

D. 在员工培训与个人职业生涯规划之间

E. 在培训项目与培训完成期限之间

11. 起草培训规划时，应做好（　　）工作。

A. 制定培训的总体目标　　B. 确定具体项目的子目标

C. 分配培训资源　　D. 进行综合平衡

E. 描述培训目标

12. 教学计划的设计原则包括（　　）。

A. 适应性原则　　B. 针对性原则　　C. 最优化原则　　D. 创新性原则

E. 时间性原则

13. 加涅和布里格斯把教学设计程序分为以下（　　）步骤。

A. 系统级　　B. 非系统级　　C. 课程级　　D. 课堂级　　E. 系统 B 级

14. 国外常见的教学计划设计程序模式包括（　　）。

A. 肯普的教学设计程序　　B. 罗斯的教学设计程序

C. 迪克和凯里的教学设计程序　　D. 加涅和布里格斯的教学设计程序

E. 加利福尼亚大学的教学设计程序

15. 加涅和布里格斯的教学设计程序为（　　）。

A. 系统 A 级　　B. 系统 B 级　　C. 系统 C 级　　D. 课程级　　E. 课堂级

16. 肯普教学设计解决的问题是（　　）。

A. 学习什么，达到怎样的熟练程度

B. 教学程序、教材和人员如何组合才能达到最佳的实现目标

C. 是用什么手段来评价学习效果

D. 开发教学课件

E. 开发教学策略

17. 培训课程的要素组成包括（　　）。

A. 课程目标与内容　　B. 课程教材与教学模式

C. 教学策略与课程评价　　D. 教学组织与课程时间

E. 培训教师和学员

18. 我国常用的教学设计程序主要步骤有（　　）。

A. 确定教学目的　　B. 阐明教学目标

C. 分析教学对象的特征　　D. 选择教学策略

E. 选择教学方法及媒体

19. 培训课程既是一种教育活动，又是企业的一种生产行为，具有（　　）的特点。

A. 服务性　B. 经营性　C. 实践性　D. 原则性　E. 功利性

20. 在课程设计文件导言部分包括的内容是（　　）。

A. 项目名称　B. 项目范围　C. 项目的组成部分　D. 学员　E. 课件意图

21. 课程设计文件的格式包括（　　）。

A. 封面和导言　B. 引言　C. 内容大纲　D. 结论　E. 开发、交付、产出要求

22. 下列属于培训课程分析中课程目标分析的是（　　）。

A. 学员分析　B. 教师分析　C. 任务分析　D. 课程目标分析

E. 课程方法分析

23. 培训课程目标包括的三要素有（　　）。

A. 目标可行性分析　B. 操作目标　C. 条件　D. 标准　E. 层次分析

24. 设计课程时，选择课程内容的原则包括（　　）。

A. 适应多样化的学员背景　　B. 满足学员在时间方面的需求

C. 使学员掌握生产技术和技能　　D. 选择相同难度的课程内容进行组合

E. 缺少什么培训什么，需要什么培训什么

25. 培训环境分析具体包括（　　）。

A. 实际环境分析　B. 限制条件分析　C. 引进与整合　D. 先决条件

E. 报名条件

26. 培训课程模块设计包括（　　）。

A. 课程内容设计　B. 课程教材设计　C. 教学模式设计　D. 教学活动设计

E. 课程实施设计

27. 安排课程内容时，除了培训者以外，输入知识还可以是（　　）。

A. 学员　B. 阅读材料　C. 案例研究　D. 角色扮演　E. 电影、录像

28. 培训课程教材制作的方式有（　　）。

A. 购买现成教材　B. 改编教材　C. 自编教材　D. 制作幻灯片

E. 制作录像

29. 培训课程演练结束后，人们经常运用头脑风暴法和问卷调查法收集（　　）的意见。

A. 客户 B. 学员 C. 上司 D. 同事 E. 专家

30. 收集学员、同事、专家的意见常用的方法有（ ）。

A. 自由讨论法 B. 问卷调查法 C. 总结法 D. 询问法

E. 头脑风暴法

31. 课程内容选择的基本要求是（ ）。

A. 相关性 B. 有效性 C. 效果性 D. 价值性 E. 普遍性

32. 在培训所使用的各种媒体中，岗位指南的优点包括（ ）。

A. 查阅快捷 B. 重点突出 C. 使用简易 D. 记忆方便 E. 翔实全面

33. 下列对于岗位指南描述正确的是（ ）。

A. 迫使有关专家对理想的操作做出界定，进一步明确培训的目标

B. 有助于记忆在培训中学到的操作规程，也便于在以后工作中随时查阅

C. 有时可以替代培训或减少培训时间，节约成本

D. 具有重点突出、使用简易、查阅快捷、记忆方便的优点

E. 关注信息的反馈

34. 中层管理人员的培训目标主要有（ ）。

A. 使其能够适应不断变化的环境

B. 使其能够宣传和深化企业的宗旨、信念、价值观和管理文化

C. 使其掌握各种文化背景知识

D. 提高其胜任未来工作所必需的经验、知识和技能

E. 接班人的教育培训

35.“角色扮演”是目前常用的一种管理人员开发方法，具体步骤包括（ ）。

A. 把一组主管人员集合在一起

B. 选取某种情境

C. 从主管人员中选出两个人，即兴模仿上述情境，其他成员在一旁观摩、思考和进行评价

D. 轮换其他成员参与扮演

E. 组织全体讨论

36. 替补训练的优点是（ ）。

A. 训练周密 B. 增强开发者的积极性

C. 增强开发者的主动性 D. 增强开发者的学习能力

E. 可在职开发

37. 管理技能的开发模式有（ ）。

A. 敏感性训练 B. 角色扮演 C. 决策模拟训练 D. 决策竞争 E. 轮流任职计划

38. 培训前评估的内容包括（ ）。

A. 培训需求整体评估 B. 培训对象知识、技能和工作态度评估

C. 培训对象工作成效及行为评估 D. 培训计划评估

E. 保证培训活动按照计划进行

39. 培训效果评估的作用是（ ）。

A. 了解某一项目是否达到原定的目标和要求

B. 受训人知识技术能力的提高

C. 可以检查出培训的费用效益是否直接来自培训本身

D. 可以较客观地评价培训者的工作

E. 可以为管理者决策提供所需的信息

40. 培训效果评估的形式包括（　）。

A. 非正式评估和正式评估　B. 主观评估和客观评估

C. 口头评估和书面评估　D. 建设性评估和总结性评估

E. 反应评估和学习评估

培训与开发专业技能练习题

一、简答题（本题共 4 题，每小题 10 分，共 40 分。）

1. 简述培训教师的来源、特点和选聘标准。

2. 对企业中层管理人员的培训应考虑哪些问题？

3. 简述制定培训规划的步骤及应注意的问题。

4. 简述培训评估报告的撰写要求和撰写步骤。

二、综合题（每题 15 分，共 60 分。）

1. M 企业是一较少给中层干部做培训的企业，因为有人认为培训中层干部，使之成为具有高级管理者的素质，会影响高层管理的权力，你怎样认为？倘若你是一个刚上任的高级管理者，你将给中层干部采取什么样的培训？

2. 国内某公司与英国某大学签订了一项培训协议，每年选派 2~3 名管理人员到该校攻读管理硕士学位。学业完成后，员工必须回公司服务 5 年，服务期满方可调离。2008 年 5 月，销售部助理小张经过公司几轮挑选，终于与其他两位同事一起获得了推荐。但小张早有预谋，在此之前已获取了英国另一所学院管理硕士的通知书。虽然该校的学费较高，但其声誉好，教学质量高，还能帮助学生申请到数额可观的助学贷款。经过公司人事部的同意，小张用公司提供的奖学金交了学费，又申请了 3 万美金的助学贷款，以解决小张和妻子在英国的生活费问题。按照目前小张收入水平，需要 8 年时间才能还清贷款，如果他在一家外资公司工作，不到 4 年便可还清贷款。行期将近，公司人事部多次催促与其签订培训合同书，一直到离开公司的前一天小张才在协议书上签了字。

2009 年 9 月末，小张学成归国，并马上回到公司报到。不过，10 月初，他便向公司人事部递交了辞呈，并按合同还清了公司为其支付的英语培训考试费、赴英签证费、学费等一切费用。不久，他便在一家美国大公司得到一个年收入 30 万元以上的职位。

根据本案例，请回答下列问题：

（1）该公司在选派员工出国培训的工作中主要存在哪些问题？

（2）该公司采取哪些措施才能确立更有效的培训体系，防止此类的事件发生？

（3）请为该公司起草一份员工培训协议书。

3. 在为 SH 物流公司举行的一次培训课的课堂上，培训师时而在长篇大论地讲述，时而在白板上书写着，但是讲台下面却很混乱。中间下课休息时，学员聚集在一起议论，仓储主管小李说："你们觉得这位名师如何？我可是耐着性子听了这两天半的课了，本以为他可能会讲些实用的内容，可是这三天的培训课快完了，我也没听到与我工作相关的内容！"而货运主管小齐大声说道："主管在培训前可是发话啦，受训完回岗可是有任务的！我是做运输的，我想知道如何解决运输中突发事故，比如遇到发错货了、途中遭劫或货物被人做手脚了等问题时应该如何处理，结果听了半天，还没有摸到门道！”

“这可不行啊，我们可是花了大价钱请他来上课的！平常，工作这么忙，能坐到这里听课多不容易啊！要不是看他斯斯文文的样子，我早就提议大家将他赶下台了！”检验员小杨也急切地插话。仓储主管小李又接着说：“我们抱怨也没用啊，还是快想想办法吧。要不我们将这些情况向HR经理反映一下。”货运主管小齐说：“对！对！我们花钱并不是坐在这里听听课就行了，他虽然讲得都没错，但对我们没有用啊！这些想法一定要讲出来，一定要讲出来！”

在企业人力资源管理活动过程中，这种令人失望的事并不少见，只是程度不同而已。

请结合本案例，回答以下问题：

（1）请分析说明是什么原因导致上述教学质量问题的发生？

（2）为了提高培训师的教学质量和效果，应当注重抓好哪些工作？

4. 李娜是北京长盛医疗器械公司的人力资源部经理，公司最近招了一名销售员李勇，在经过面谈后，李娜认为李勇在销售方面具有很大的潜力，具备公司要找的销售人员条件。可是，两星期后销售部经理却告诉她，李勇提出离开公司。李娜把李勇叫到办公室，就他提出辞职一事进行面谈。

李娜：李勇，我想和你谈谈。希望你能改变你的主意。

李勇：我不这样认为。

李娜：那么请你告诉我，为什么你想走，是别的企业给你的薪水更高吗？

李勇：不是。实际上我还没有其他工作。

李娜：你没有新工作就提出辞职？

李勇：是的，我不想在这里待了，我觉得这里不适合我。

李娜：能够告诉我为什么吗？

李勇：在我上班的第一天，别人告诉我，正式的产品培训要一个月后才进行，他们给我一本销售手册，让我在这段时间里阅读学习。第二天，有人告诉我在徐汇区有一个展览，要我去公关部帮忙一周。第三周，又让我整理公司的图书。在产品培训课程开课的前一天，有人通知我说，由于某些原因课程推迟半个月，安慰我不要着急，说安排公司的销售骨干胡斌先给我做一些在职培训，并让我陪胡斌一起访问客户。所以我觉得这里不适合我。

李娜：李勇，在我们这种行业里，每个新员工前几个月都是这样的，其他地方也一样。其实你的境况比我好多了，你看看我前几个月都做了些什么。

请结合本案例，回答以下问题：

（1）你认为这家公司新员工培训存在哪些问题？

（2）针对此案例，结合相关工作经验，就如何避免上述问题提出你的建议。

第四章　绩效管理（15~17/15 分）

第一节　绩效考评的方法与应用（4~5 分）

1. 绩效考评的方法。

（1）行为导向型主观考评方法。①排列法：将员工按工作绩效好坏顺序排列。简单易行，成本低。②选择排列法：定两头、定两头，再定两头，直至最终确定排位。简单易行，花费时间少，便于操作。③成对比较法：也称配对比较法、两两比较法。同组人员两两比较。能够发现员工的优缺点。如员工的数目过多，费时费力，考评质量也将受到制约和影响。④强制分布法：假设员工的工作行为和工作绩效整体呈正态分布，要求考评者必须按一定比例将员工分成不同的等级。比较简单，也相对公平，与薪酬密切联系。适用于规模大、工种繁多的组织，该方法广泛地用于大组织的年终考评，例如先进的评出、工资晋升等。⑤结构式叙述法：采用预先设计的结构性的表格，由考评者按照各个项目的要求，以文字对员工的行为作出描述。简便易行，可靠性和准确性大打折扣。

（2）行为导向型主观考评方法。①关键事件法：记录员工导致成功或失败的有效或无效行为。②行为定等级评价法：行为定位法 BARS：关键事件法+等级评价法。准确，但费时费力。③行为观察法：通过指出员工表现各种行为的频率来评价其工作业绩。④强迫选择法：强制选择业绩法，考评者必须从 3~4 个描述员工某一方面行为表现的项目中选择一（两）项内容作为单项考评结果。由于谨慎地使用中性描述语句，使考评参与者对该工作表现是积极的还是消极的认知是模糊的。⑤加权选择量表法：将员工行为用形容性、描述性的语句列在量表中，让考评者进行选择。

（3）结果导向型考评方法。①目标管理法（MBO）：评价绩效的关注点由员工工作态度转移到工作业绩上来，强调工作结果。②绩效标准法：绩效标杆法，非管理岗。③短文法：书面短文法或描述法。由考评者撰写或由员工自己撰写。由考评者为每个员工写一篇独立短文，花费的时间和精力大。由被考评者自己撰写，又受到个人写作能力的限制。④ 直接指标法：非管理岗。⑤成绩记录法："成绩记录本身就代表一切"，适用于与教师、专家、律师、医生工作具有相同性质的人员。时间、人力、成本等耗费较高。⑥劳动定额法：活的劳动的消耗量。如一个服务员管几张桌子。

（4）综合型考评方法。①图解式评价量表法：选择绩效有关的若干评价要素，以它们为基础，确定具体的考评项目（指标），每个项目分成 5~9 个等级，用数字或文字表示，如最优、良好、一般、较差、极差或1、2、3、4、5，具体说明并制成专用的考评量表。简单易行，使用方便，设计简单，汇总快捷。但极容易产生晕轮效应或集中趋势等偏误。②合成考评法：将几种比较有效的绩效考评方法综合在一起，对组织或员工进行考评的方法。a.对团队而不是员工；b.侧重点具有双重性；c.表格简单便于填写；d.采用三个等级：极好、满意和不满意。合成考评法的开发与应用实例说明，企业完全可以因地制宜、因人制宜、因时制宜，设计更加适用可行的绩效考评方法。③日清日结法：即OEC（Overall Every Control and Clear，OEC），全方位地对每人每天每事进行清理控制，"日清日结，日清日高"。结合了目标管理法与关键绩效指标（MBO + KPI），是海尔的合成考评法。原则：a.闭环原则：凡事都要善始善终，坚持PDCA的循环原则，使各项工作保持螺旋式上升和发展。b.比较分析原则：纵向与自己比，横向与同行业比。c.不断优化原则。海尔公司管理的新风格与新模式，可以概括为"严、细、实、恒"。严，即严格要求，严格管理；细和实，即分工细，责任实；恒，即持之以恒。④评价中心法：六种方法技术：实务作业即套餐练习，自主式小组讨论、个人测验、面谈评价、管理游戏、个人报告。有效性很好，但是成本太高。

2. 效标的类别：特征性、行为性、结果性。特征性效标：考量"员工是怎么样的一个人"，侧重员工的个人特质，如忠诚性、可靠度、沟通能力、领导技巧等。行为性效标：侧重考量"员工如何执行上级指令，如何工作"，这类效标对人际接触和交往频繁的工作岗位尤为重要。结果性效标：其侧重点是考量"员工完成了哪些工作任务或生产了哪些产品，其工作成效如何"。

3. 绩效考评方法在实际应用中的偏差。

（1）分布误差：从理论上分析，员工现职的工作表现和绩效应服从于正态分布。然而实际中经常出现误差。

1）宽厚误差：宽厚误差也称宽松误差，原因为：①由于评价标准过低造成的；②主观为了缓和关系、避免冲突和对抗，给下属过高评价；③采用了主观性很强的考评标准和方法；④在考评中曾与被考评者多次进行沟通；⑤"护短"心理；⑥对那些已付出很大努力的员工进行鼓励，或希望提高那些薪资水平低的员工待遇；⑦"人至察则无徒"，认为考评过于严格和精确不利于激励员工；⑧尽量避免产生长久的、消极的影响；⑨对那些业务骨干，即使有失误也要保护。

2）苛严误差：也称严格、偏紧误差，原因：①可能是因为评定标准过高造成的；②惩罚那些难以对付不服管理的人；③迫使某些有问题的员工辞职，或为有计划地减员提供证据；④压缩提薪或奖励人数的比例；⑤自认为应当严格执行上级对优秀者的评估标准。

3）集中趋势和中间倾向：也称居中趋势，即评定结果相近，都集中在某一分数段或所有员工被评为"一般"。克服方法为"强迫分布法"。

（2）晕轮误差：以点带面。克服方法：①建立严谨的工作记录制度；②评价标准要制定得详细、具体、明确；③对考评者进行培训。

（3）个人偏见：也称个人偏差、个人偏误，即基于被考评者个人的特征，如年龄、性别、宗教、种族、出身、地域等方面的差异不同所带来的评价偏差。

（4）优先效应：以最初的绩效信息，以偏概全。近期效应：以最近的绩效信息，以近代远。这类效应可谓"以时点代时段"、"只见树木，不见森林"。克服方法：所有考评者，必须掌握全面的数据资料，不仅在事前注意了解相关资料，在事中、事后也要掌握翔实的数据资料。

（5）我中心效应：这种误差表现为考评者按照自己对标准的理解进行评价，或按照自己认为恰当的标准进行评价。分为对比偏差和相似偏差。纠正方法与晕轮效应同。

（6）后继效应：也称记录效应，即被考评者在上一个考评期内评价结果的记录，对考评者在本考评期内的评价所产生的作用和影响。

（7）评价标准对考评结果的影响。

第二节　绩效考评指标和标准体系设计（6~7分）

4. 绩效考评指标设计的内容。

（1）适用于不同对象范围的考评体系：组织绩效考评体系，个人绩效考评体系。①组织绩效考评体系又可分为生产性组织的绩效考评、技术性组织的绩效考评、管理性组织的绩效考评和服务性组织的绩效考评。生产性组织一般有客观的物质产出，因此以最终的工作成果如生产数量、生产质量等为主要考评指标，同时也要考评其工作方式、组织气氛等指标。管理性和服务性组织，一般不会有客观的物质性成果的产出，主要考评其整体素质、工作效率、出勤率、工作方式、组织气氛等指标。科技性组织则可能会有一定的物质性的工作成果，也可能没有，因此应兼顾工作过程与工作成果两个方面。②用于奖励的考评应侧重于工作成果，而用于培训的考评则侧重于考评工作过程。

（2）不同性质指标构成的考评体系：品质特征型、行为过程型、工作结果型。品质特征型的考评指标主要有：性格特征、兴趣爱好、举止、记忆能力等各种能力，进取精神等各种精神、人际交往、思想政策水平等。

5. 绩效考评指标体系的设计原则：针对性、科学性、明确性。

6. 绩效考评指标体系的设计方法：①要素图示法：将某类人员的绩效特征，用图表描绘出来，然后加以分析研究，确定需考评的绩效因素。②问卷调查法：在调查表中将所有与本岗位工作有关的要素和指标一一列出，并用简单明确的文字对每个指标做出科学的界定，再将该调查表分发给有关人员填写，收集、征求不同人员意见，最后确定绩效考评指标体系的构成。③个案研究法：通过选取若干具有代表性的典型人物、事件或岗位的绩效特征进行分析研究，来确定绩效考评指标和考核要素体系（多用于高层领导）。④面谈法：分为个别面谈法、座谈讨论法。⑤经验总结法。⑥头脑风暴法：四个基本原则：任何时候都不能批评别人的想法；思想越激进越开放越好；强调产生想法的数量；鼓励别人改进想法。

7. 所谓标准就是衡量事物的依据和准则，绩效考评标准是对员工绩效考评进行考量评定分级分等的尺度。

（1）绩效考评标准的种类：①综合等级标准：是将反映绩效考评指标内涵及外延等诸方面的特征进行综合，根据反映考评指标综合程度的不同，按顺序进行等级划分并指派一定的分值。②分解提问标准：将反映考评指标内涵和外延等诸方面的特征独立并列，对独立并列的特征采用一定的表述方式进行提问，考评者可以根据提问的内容做出具体判断，考评者回答每一个问题时，可以在 3~9 个等级的具体描述中做出选择。

（2）绩效考评标准量表：①名称量表：或称成类别量表，它是量表在测量上一种最低的形式。例如男“1”女“0”（类别量化）。②等级量表：或称位次量表。如根据入学成绩编定的学号（顺序量化）。③等距量表：数量差距相同（等距量化）。④比率量表：水平最高（比例量化）。

第三节　关键绩效指标的设定与应用（3 分）

8. 关键绩效指标内涵：KPI 首先是企业根据宏观的战略目标，经过层层分解之后，提出的具有可操作性的战略目标，并将其转化为若干个考评指标，然后借用这些指标，从事前、事中和事后多个纬度，对组织或员工个人的绩效进行全面跟踪、监测和反馈。其核心是从众多的绩效考评指标体系中提取重要性和关键性指标。

（1）建立战略导向的 KPI 体系的意义：①使 KPI 体系不仅成为激励约束企业员工行为的一种新型的机制，同时还要发挥 KPI 体系战略导向的牵引作用。②通过企业战略目标的层层分解，使 KPI 体系有效地诠释与传播企业的总体发展战略。③KPI 体系更加强调对员工的行为激励，最大限度地激发员工的斗志。

（2）战略导向的 KPI 与一般绩效评价体系的主要区别：①从绩效考评的目的来看，前者以战略为中心，后者以控制为中心。②从考评指标产生的过程来看，前者在组织内部自上而下分解战略产生，后者自下而上根据个人以往的绩效与目标产生。③从考评的构成上看，前者通过财务与非财务指标相结合，后者以财务指标为主，非财务指标为辅。④从指标的来源看，前者来源于组织的战略目标与竞争的需要，后者与组织战略的相关程度不高。

9. 关键绩效指标和标准体系应具备的基本特点：①能够集中体现团队与员工个人的工作产出；②采用关键绩效指标和标准突出员工的贡献率；③明确界定关键性工作产出即增值指标的权重；④能够跟踪检查团队与员工个人的实际表现，以便在实际表现与关键绩效指标标准之间进行对比分析。

10. 平衡计分卡（The Balanced Score Card，BSC）：它是由美国哈佛商学院的罗伯特·S. 卡普兰教授和复兴方案公司总裁大卫·P. 诺顿共同创建的一套业绩评价体系。他从四个不同的角度，即财务、客户、内部流程、学习与成长，衡量企业的业绩。

平衡计分卡：①是一个核心的战略管理与执行的工具。②是一种先进的绩效衡量工具。③是企业各级管理者与管理对象进行有效沟通的一个重要方式。④是一种理念十分先进的“游戏规则”。

11. 提取关键绩效指标的方法：方法包括目标分解法、关键分析法、标杆基准法。标杆基准法是企业将自身的关键绩效行为，与那些在行业中领先的、最具影响的或最具竞争力企业的关键绩效行为作为基准，进行深入全面的比较研究，研究这些基准企业的绩效形成原因，在此基础上建立本企业的绩效标准。可以选择的参考企业：一是本行业领先的最佳企业；二是居于国内领先地位的最优企业；三是居于世界领先地位的顶尖企业。

12. 提取关键绩效指标的程序和步骤：①利用客户关系图分析工作产出；②提取和设

定绩效考评的指标（SMART）；③根据提取的关键指标设定考评标准；④审核关键绩效指标和标准；⑤修改和完善关键绩效指标和标准。

13. SMART。S 代表 Specific 具体的，M 代表 Measurable 可度量的，A 代表 Attainable 可实现的，R 代表 Realistic 现实的，T 代表 Time-bound 有时限的。

表 4-16

常见问题	问题举例	解决和纠正方法
工作的产出项目过多	列出 15~20 项的工作产出	删除与工作目标不符合的产出项目；比较产出结果对组织的贡献率；合并同类项，将增值贡献率的产出归到一个更高的类别
绩效指标不够全	对某项产出可从质量、数量和时限几个方面进行衡量，但在关键绩效指标中仅仅给出了数量标准，如发展客户的数量	设定针对性强的更全面、更深入的绩效考评指标
对绩效指标的跟踪和监控耗时过多	正确回答客户问题的比率	跟踪“正确率”比较困难，但可以跟踪“错误率”
对绩效标准缺乏超越的空间	绩效标准中使用“零错误率”、“100%”、“从不”、“总是”、“所有”等指标	如果 100%正确的绩效标准确实必须达到，那么就将其保留；如果不是必须达到的，就修改绩效标准，以预留出超越标准的空间

14. 设定 KPI 时常见的问题与解决方案

15. KPI 具体设计的三种方法：①依据平衡计分卡的设计思想构建 KPI 体系；②根据不同部门所承担的责任确立 KPI 体系；③根据企业工作岗位分类建立 KPI 体系。

第四节　360 度考评方法（2 分）

16. 360 度考评的优点：①具有全方位、多角度的特点；②考虑的不仅仅是工作产出，还考虑深层次的胜任特征；③有助于强化企业核心价值观，增强企业的竞争优势，建立更为和谐的工作关系；④采用匿名方式；⑤充分尊重组织成员的意见；⑥加强了管理者与组织员工的双向交流；⑦促进员工个人发展。

17. 360 度考评的缺点：①侧重于综合评价，定性比重较大；②信息来源渠道广，但并非一致，对员工的整体评价变得困难；③收集到的信息多，增加了成本；④实施过程中如果处理不当，容易造成组织内的紧张气氛，影响组织成员的工作积极性。

18. 基于互联网的 360 度考评的优势：①克服地域性差异；②简化评价管理工作，降低评价过程的复杂性；③保证了整个评价过程的适时性和动态性；④大大降低了评价成本。

19. 基于互联网的 360 度考评的问题：①受公司网络化程度影响大；②存在信息安全隐患。

20. 对 360 度考评者的培训包括：沟通技巧、考评实施技巧、总结评价结果的方法、反馈评价结果的方法等。

21. 360 度考评的实施：①实施考评；②统计评价信息并报告结果；③对被考评人员进行如何接受他人评价信息的培训；④企业管理部门应针对考评的结果所反映出来的问题，制订改善绩效的行动计划。

22. 实施 360 度考评应注意的问题：①确定并培训公司内部专门从事 360 度考评的管

理人员；②选择最佳的时机；③上级主管应与每位考评者进行沟通；④使用客观的统计程序；⑤防止出现作弊、合谋等违规行为；⑥准确识别和估计偏见、偏好等的影响；⑦对考评者的个别意见实施保密；⑧不同的考评目的注意不同的事项。

绩效管理理论知识练习题

一、单项选择题（第 1~60 题，每题 1 分，共 60 分。每小题只有一个最恰当的答案，请在括号内填写。）

1. 考量员工是怎样的一个人，侧重点是员工的个人特质是（　）。
A. 行为性效标　B. 结果性效标　C. 特征性效标　D. 考评性效标
2. 忠诚度、可靠度指的是（　）。
A. 行为性效标　B. 结果性效标　C. 特征性效标　D. 考评性效标
3. 员工如何执行上级指令，如何工作是（　）。
A. 行为性效标　B. 结果性效标　C. 特征性效标　D. 考评性效标
4. 员工完成哪些工作任务或生产了哪些产品，其工作成效如何属于（　）。
A. 行为性效标　B. 结果性效标　C. 特征性效标　D. 考评性效标
5. 以下不属于日清日结法原则的是（　）。
A. 闭环原则　B. 比较分析原则　C. 不断优化原则　D. 分析评估原则
6. 考评者必须从 3~4 个描述员工某一方面行为表现的项目中选择一项内容作为单项考评结果的方法是（　）。
A. 强制分布法　B. 强迫选择法　C. 成绩记录法　D. 结构式叙述法
7. 由于专家、科研人员和老师每天的工作内容可能是不同的，因此无法用完全固化的衡量指标进行考量，对此，可以采用（　）。
A. 评价中心技术　B. 成绩记录法　C. 图解式量表法　D. OEC 法
8. 成绩记录本身就代表一切指的是（　）。
A. 强迫选择法　B. 排列法　C. 成绩记录法　D. 强制分布法
9. 当公司推行计划管理时，计划的类型有很多种，下列不属于计划的类型的是（　）。
A. 目标型计划　B. 例行型计划　C. 分散型计划　D. 问题型计划
10. “今日事今日毕，明天还有新功课”指的是（　）。
A. 评价中心技术　B. 综合考评法　C. 图解式量表法　D. OEC 法
11. “日清日结法”的实施程序包括：（1）考评与激励；（2）设定目标；（3）控制。正确顺序为（　）。
A.（3）（1）（2）　B.（1）（2）（3）　C.（3）（2）（1）　D.（2）（3）（1）
12. 苛严误差也称严格、偏紧误差，即评定结果是呈（　）。
A. 正态分布　B. 正偏态分布　C. 负偏态分布　D. 负态分布
13. “以近代远”的绩效考评偏差属于（　）。
A. 优先效应　B. 首因效应　C. 后继效应　D. 近期效应
14.（　）不是由考评者的主观性带来的。
A. 晕轮误差　B. 自我中心效应　C. 分布误差　D. 评价标准误差
15. 以下不属于行为导向型的考评方法的是（　）。
A. 强制分配法　B. 强迫选择法　C. 成对比较法　D. 直接指标法

16.（　）不属于结果导向型考评方法。

A. 成绩记录法　B. 排列法　C. 劳动定额法　D. 短文法

17. 语言表达能力属于（　）。

A. 行为过程型的绩效考评指标　B. 品质特征型的绩效考评指标

C. 工作结果型的绩效考评指标　D. 工作方式型的绩效考评指标

18. 工作结果型的绩效考评指标体系无论结果是物质性的还是精神性的成果，都可采用的衡量和评定的指标为（　）。

A. 生产技术经济的指标　B. 工作效率

C. 工作方式　D. 整体素质

19. 对于绩效评价指标体系的设计应遵循的原则表述，不正确的是（　）。

A. 针对性　B. 科学性　C. 明确性　D. 公开性

20. 将某类人员的绩效特征用图表描绘出来，然后加以分析研究，确定绩效评价要素的方法是（　）。

A. 评价中心技术　B. 要素图示法　C. 图解式量表法　D. 工作图示法

21. 通过选取若干具有代表性的典型人物、事件或岗位的绩效特征进行分析研究来确定绩效评价要素的方法是（　）。

A. 评价中心技术　B. 个案研究法　C. 经验总结法　D. 头脑风暴法

22. 下列不属于头脑风暴法应遵守的原则的是（　）。

A. 思想越激进越开放越好　B. 鼓励别人改进想法

C. 强调产生想法的数量　D. 有时可以批评别人的想法

23. 设计绩效考评指标体系的程序包括：（1）理论验证；（2）工作分析；（3）指标调查；（4）修改调整，其正确顺序是（　）。

A.（2）（3）（1）（4）　B.（3）（1）（2）（4）　C.（2）（1）（3）（4）　D.（1）（2）（3）（4）

24. 以下不是绩效考评标准的设计原则是（　）。

A. 定量准确　B. 时间限制　C. 先进合理　D. 简洁扼要

25. 对考评标准进行多种要素计分时，不宜选用（　）。

A. 连乘积法　B. 系数相乘法　C. 简单相加法　D. 算术平均法

26. 下列不属于关键绩效指标的原则是（　）。

A. 整体性　B. 可控性　C. 可测性　D. 可预性

27. 可使不同的考评者对同一绩效指标进行评价时有明确的界定和简便易行的计算方法，从而保障数据资料的（　）。

A. 可靠性、真实性、公平性　B. 可靠性、准确性、公正性

C. 可靠性、操作性、公正性　D. 可靠性、正确性、公平性

28. 确定工作产出原则，错误的说法是（　）。

A. 增值产出原则　B. 结果优先原则　C. 设定权重原则　D. 可控原则

29. 平衡计分卡是一种（　）的管理工具。

A. 薪酬　B. 绩效　C. 人员　D. 质量

30. 平衡计分卡从（　）四个维度衡量企业业绩。

A. 财务、客户、内部流程、学习与成长　B. 财务、美誉度、内部流程、适应能力

C. 战略、客户、内部流程、学习与成长　D. 战略、美誉度、内部流程、适应能力

31.（　　）是根据企业组织的战略要求而精心设计的指标体系。

A. 平衡计分卡　B. 关键分析法　C. 目标分解法　D. 岗位分析法

32. 不是提取关键绩效指标的方法的是（　　）。

A. 目标分析法　B. 关键分析法　C. 标杆基准法　D. 行为定位法

33. 提取关键绩效指标的目标分解法表述不正确的是（　　）。

A. 确定战略的总目标和分目标

B. 业务价值树的决策分析

C. 业务关键驱动因素分析

D. 将企业自身的关键绩效行为与那些在行业中领先的最具竞争力企业的关键绩效作为基准

34. 提取和设定绩效考评指标的“S”是（　　）。

A. 可度量的　B. 可实现的　C. 现实的　D. 具体的

35. 提取和设定绩效考评指标的“M”是（　　）。

A. 可度量的　B. 可实现的　C. 现实的　D. 具体的

36. 提取和设定绩效考评指标的“A”是（　　）。

A. 可度量的　B. 可实现的　C. 现实的　D. 具体的

37. 提取和设定绩效考评指标的“R”是（　　）。

A. 可度量的　B. 可实现的　C. 现实的　D. 具体的

38. 提取和设定绩效考评指标的“T”是（　　）。

A. 可度量的　B. 可实现的　C. 现实的　D. 有时限的

39. 关键绩效指标不正确的是（　　）。

A. 数量指标　B. 质量指标　C. 成本指标　D. 效率指标

40. 关键绩效指标包括数量指标、质量指标成本指标和（　　）。

A. 时间指标　B. 时限指标　C. 利润指标　D. 收益率指标

41. 对于（　　）的绩效指标，设定的考评标准通常是一个范围。

A. 数量化　B. 质量化　C. 描述性　D. 目标化

42. 在设定关键绩效指标时，（　　）不适合用来解决工作产出项目过多的问题。

A. 设置更为全面的指标体系

B. 比较产出结果对组织的贡献率

C. 删除与工作目标不符合的产出项目

D. 合并同类项，将增值贡献率的产出归到一个更高的类别

43. KPI 的标准水平不正确的是（　　）。

A. 先进的标准水平　B. 平均的标准水平

C. 特殊的标准水平　D. 基本的标准水平

44. 符合绩效考核指标设置要求的陈述是（　　）。

A. 让顾客完全满意　B. 熟悉设备的使用和维护

C. 尽量节约时间　D. 每月废品率不超过 1%

45. 符合绩效考核指标设置要求的陈述是（　　）。

A. 接到任务及时完成

B. 认真做好本职工作

C. 对顾客提出的问题，2 小时内予以解决

D. 将收到的信件和报刊，及时发送到相关人员

46. 最初被运用于英国军方设立的评价中心，评价部队战斗能力及选拔士兵的考评办法是（　　）。

A. 关键绩效指标法　B. KPI　C. 360 度　D. 平衡计分卡

47. 在 360 度考评中，由各级主管对直接下属进行绩效评价的是（　　）。

A. 上级评价　B. 同级评价　C. 下级评价　D. 自我评价

48. 360 度考评中占比重最大的是（　　）。

A. 客户　B. 下级　C. 上级　D. 全体员工

49. 360 度考评方法又称为（　　）。

A. 全方位考评方法　B. 多角度考评方法

C. 全视角考评方法　D. 深层次考评方法

50. 具有全方位、多角度特点的绩效考核方法是（　　）。

A. 关键绩效指标法　B. KPI　C. 平衡计分卡　D. 360 度

51. 360 度考评方法中，对从事服务业、销售业的人员特别重要的评价方法为（　　）。

A. 客户评价　B. 自我评价　C. 上级评价　D. 同级评价

52. 以下属于 360 度考评方法内涵的是（　　）。

A. 客观评价　B. 主观评价　C. 自我评价　D. 工作评价

53. 在 360 度考评中，通过同事之间互评绩效的方式，来达到绩效考评目的的是（　　）。

A. 上级评价　B. 同级评价　C. 下级评价　D. 自我评价

54. 在 360 度考评中，让客户对员工的服务态度和服务质量进行评价的是（　　）。

A. 上级评价　B. 同级评价　C. 客户评价　D. 自我评价

55. 在 360 度考评中，主观性最强的评价是（　　）。

A. 上级评价　B. 同级评价　C. 下级评价　D. 自我评价

56. 360 度考评有许多优点，以下哪一个是它的优点？（　　）

A. 信息来源广　B. 侧重综合评价　C. 促进个人发展　D. 优化结构调整

57. 360 度考评方法存在的问题表述正确的是（　　）。

A. 节省评价成本　B. 信息来源渠道广，但并非一致

C. 保持评价过程适时性　D. 不能集中评价

58. 以下不是在 360 度考评中对考评者培训的内容的有（　　）。

A. 考评的应用开发技巧　B. 沟通技巧

C. 考评实施技巧　D. 总结和反馈评价结果的方法

59. 基于互联网的 360 度考评的优势是（　　）。

A. 网络化程度大　B. 信息的安全性

C. 评价管理的简化　D. 易于接受信息

60. 实施 360 度考评的程序是（　　）。

①统计评价信息并报告结果　②对被考评人进行考评培训

③实施考评　④制订改善绩效计划

A. ①②③④　B. ③④②①　C. ③①②④　D. ②③①④

二、多项选择题（第1~40题，每题1分，共40分。每题有两个或多个答案正确，请在括号内填写。少选、多选，均不得分。）

1. 绩效考评的效标主要包括（　）。
A. 行为性效标　B. 优越性效标　C. 特征性效标　D. 一般性效标
E. 结果性效标

2. 为了保证日清日结法的有效实施，必须坚持的原则是（　）。
A. 闭环原则　B. 比较分析原则　C. 不断优化　D. 控制成本原则
E. 设定目标原则

3. 下列对结构式叙述法描述正确的是（　）。
A. 由考评者按照各个项目的要求进行描述
B. 采用一种预先设计的结构性的表格
C. 用文字对员工的行为作出描述
D. 属于行为导向型主观考评的方法
E. 此种方法简便易行

4. 属于结构式叙述法的缺点的是（　）。
A. 可靠性和准确性不高　B. 受考评者的文字水平限制
C. 考评者不能直接分析判断　D. 不能描述出员工的特点、长处
E. 受实际参与考评的时间和精力的限制

5. 以下说法正确的是（　）。
A. 短文法也叫书面短文法或描述法
B. 成绩记录法是一种新开发的绩效考评方法
C. 劳动定额法是一种新开发的绩效考评方法
D. 成绩考评法时间、人力和成本消耗较高
E. 成绩记录法不适合科研工作的教师

6. 日清日结法的实施程序包括（　）。
A. 设定目标　B. 实施目标　C. 控制　D. 管理　E. 考评与激励

7. 评价中心技术中的管理游戏的内容涉及（　）。
A. 作业流程与优化　B. 市场竞争策略　C. 生产计划与组织　D. 商品推广与营销
E. 仓储调运与管理

8. 对于宽厚误差产生原因，理解正确的有（　）。
A. 因为评价标准过低造成的
B. 主管为缓和关系，给下属过高的评价
C. 采用了主观性很强的考评标准和方法
D. 在考评时与考评者多次沟通
E. “护短”心理，担心“砸牌子”

9. 绩效考评方法在应用中的偏差有（　）。
A. 分布误差　B. 自我中心效应　C. 个人偏见　D. 优先和近期效用
E. 晕轮误差

10. 下面属于行为导向型的考评方法的是（　）。
A. 选择排列法　B. 强制分配法　C. 加权选择量表法　D. 合成考评法　E. 关键事件法

11. 下列属于结果导向型的绩效考评方法的是（　　）。
A. 目标管理法　B. 绩效标准法　C. 短文法　D. 劳动定额法
E. 成绩记录法
12. 下列属于综合型绩效考评方法的是（　　）。
A. 图解式评价量表法　B. 合成考评法　C. 日清日结法　D. 评价中心法
E. 短文法
13. 下列属于品质特征型的绩效考评指标体系的有（　　）。
A. 组织管理能力　B. 应变能力　C. 进取精神　D. 人际关系
E. 自学能力
14. 以下属于品质特征性的考评指标是（　　）。
A. 性格特征　B. 兴趣爱好　C. 语言表达能力　D. 责任感，成就感
E. 举止
15. 以下指标是结果性考评指标的是（　　）。
A. 产品产量　B. 商品一次开机合格率
C. 产品返修率　D. 科研成果的水平
E. 获得专利的项目数
16. 以下属于绩效考评指标体系的设计原则是（　　）。
A. 针对性原则　B. 科学性原则　C. 明确性原则　D. 先进性原则
E. 普遍性原则
17. 绩效考评指标体系的设计方法有（　　）。
A. 要素图示法　B. 问卷调查法　C. 个案研究法　D. 面谈法　E. 经验总结法
18. 下列关于头脑风暴法描述正确的有（　　）。
A. 本方法更加强调团队合作的精神和发挥集体的力量
B. 头脑风暴法是由亚历克·奥斯本提出的
C. 在选择确定中层管理岗位人员绩效考评指标的过程中，可以应用头脑风暴法
D. 寻求新的和异想天开的解决自己所面临难题的途径与方法
E. 应遵守思想越激进越开放越好的原则
19. 对于头脑风暴法的表述，理解正确的有（　　）。
A. 任何时候都不批评别人的想法　B. 思想越激进越开放越好
C. 强调产生创意的数量　D. 鼓励别人改进想法
E. 背靠背地进行不见面的沟通
20. 以下（　　）是绩效考评指标体系设计方法中面谈法的具体形式。
A. 座谈讨论法　B. 个别面谈法　C. 结构化技术　D. 绩效辅导法　E. 压力面谈法
21. 绩效考评标准的设计要遵循（　　）。
A. 突出不同岗位及不同岗位员工的特点的原则
B. 灵活掌握分寸，能定性不定量的原则
C. 对于标准，要尽量有详细的说明的原则
D. 不但要能反映企业目前的生产、管理水平，还要有一定的先进性的原则
E. 简洁扼要原则
22. 下列属于绩效考评指标标准评分方法中单一要素的计分方法的有（　　）。

A. 自然数法　B. 系数法　C. 函数法　D. 分数法　E. 常数法

23. 战略导向的 KPI 体系与一般绩效评价体系的区别主要有（　）。

A. 前者以战略为中心，后者以控制为中心

B. 前者结合财务指标和非财务指标，后者以财务指标为主

C. 前者有助于形成团队合作精神，后者有助于控制管理成本

D. 前者来源于组织的战略目标的需要，后者与组织战略的相关度不高

E. 前者是组织内部自上而下对战略目标的层层分解，后者根据以往的绩效产生

24. KPI 体系的意义是（　）。

A. 约束企业员工行为的新型机制　B. 有效诠释与传播企业的总体发展战略

C.是实施企业战略规划的重要工具　D. 彻底转变传统的以控制为中心的管理理念

E. 调动全员的积极性

25. 选择关键绩效指标的原则是（　）。

A. 整体性　B. 增值性　C. 可测性　D. 可控性　E. 关联性

26. 对平衡计分卡表述正确的有（　）。

A. 平衡计分卡针对个人绩效评价

B. 平衡计分卡是一个核心的战略管理与执行的工具

C. 平衡计分卡是一种先进的绩效衡量的工具

D. 是企业各级管理者与管理对象进行有效沟通的一个重要方式

E. 是一种理念十分先进的游戏规则

27. 提取关键绩效指标的方法为（　）。

A. 目标分解法　B. 关键分析法　C. 标杆基准法　D. 平衡计分卡

E. KPI 体系

28. 平衡计分卡适用于以下哪些领域？（　）

A. 医院、政府部门、警察局　B. 服务业、IT 业、生产制造业

C. 上市公司、改制企业　D. 跨国公司的分支机构

E. 私有企业

29. 目标分解法都有以下哪些流程？（　）

A. 确定战略的总目标和分目标　B. 进行业务价值树的决策分析

C. 利用客户关系力分析工作产出　D. 各项业务关键驱动因素分析

E. 提炼出导致成功的关键绩效模块

30. 在 KPI 指标和指标值的设定上，可选择的参考企业至少存在着三种情况，分别是（　）。

A. 本行业领先的最佳企业　B. 居于国内领先地位的最优企业

C. 居于世界领先地位的顶尖企业　D. 在行业内部有特殊表现的企业

E. 取得市场领先地位的关键因素

31. SMART 这五个字母代表的含义是（　）。

A. 具体的　B. 可度量的　C. 可实现的　D. 现实的　E. 有时限的

32. 审核关键绩效指标的要点包括（　）。

A. 是否具有可操作性　B. 是否留有可以超越的空间

C. 工作产出是否为最终产品　D. 多个考评者参与，结果是否可靠、正确

E. KPI能否解释被考评者50%以上的工作目标

33. KPI的标准水平表述正确的是（ ）。

A. 先进的标准水平　　B. 平均的标准水平

C. 基本的标准水平　　D. 本行业的先进和平均水平

E. 期望被考评者达到的水平

34. 以下指标可说明该考评指标体系缺乏超越的空间的有（ ）。

A. 零错误率　　B. 100%合格品

C. 从不出现不合格品　　D. 所有的产品质量均为合格品

E. 产品遵守六西格玛原则

35. 360度考评中包括以下（ ）考评者。

A. 上级　B. 本人　C. 下级　D. 同级　E. 客户

36. 衡量企业的业绩时，平衡计分卡分为哪些不同角度？（ ）

A. 财务　B. 客户　C. 内部流程　D. 学习与成长　E. 团队协作

37. BSC的核心思想是通过哪四个方面指标之间相互驱动的因果关系，实现绩效评价—绩效改进，以及战略实施—战略修正的目标？（ ）

A. 财务　B. 客户　C. 内部运营过程　D. 学习与成长　E. 发展与提高

38. 关于360度考评说法正确的是（ ）。

A. 强调客观考评员工

B. 下级评价比上级评价更重要

C. 强调全方位对员工进行考评

D. 注重考核员工的行为结果，而非行为过程

E. 如果没有反馈，难以达到提高绩效的目的

39. 属于360度考评方法的有（ ）。

A. 上级评价　B. 同级评价　C. 客户评价　D. 自我评价　E. 下级评价

40. 下列属于360度考评方法的优点的是（ ）。

A. 具有全方位、多角度的特点

B. 不仅考虑工作产出还考虑深层次的胜任特征

C. 能够直接地促进了管理者的经营发展

D. 充分尊重了组织成员的意见

E. 促进员工个人发展

绩效管理专业技能练习题

一、简答题（本题共4题，第1题8分，第2题7分，第3题15分，第4题10分，共40分。）

1. 简述战略导向KPI绩效评价体系与一般的绩效评价体系的区别和联系。

2. 简述绩效考评指标体系的设计原则和程序。

3. 简述在考评中如果出现宽厚误差、苛严误差的产生原因和解决办法。

4. 在企业人力资源管理师培训教程中，总共介绍了四大类20多种绩效考评方法，这些方法各具特色，各有各的适用范围。请问：在选择时可以从哪些方面对其进行分析比较？

二、综合题（每题 20 分，共 60 分。）

1. A 公司是一家大型商场，公司管理人员和员工共有 500 多人。由于大家齐心努力，公司销售额不断上升。到了年底，A 公司又开始了一年一度的绩效考评，因为每年年底的绩效考评是与奖金挂钩，所以大家都非常重视。人力资源部又将一些考评表发放给各个部门的经理，部门经理在规定的时间内填完表格，再交回人力资源部。

老张是营业部的经理，他拿到人力资源部送来的考评表格，却不知该怎么办。表格主要包括了对员工工作业绩和工作态度的评价。其中，工作业绩一栏分为五档，每一档只有简短的评语，如超额完成工作任务、基本完成工作任务等。由于年初种种原因，老张并没有将员工的业绩目标清楚地确定下来，因此对业绩考评时，无法判断谁超额完成任务，谁没有完成任务。

工作态度就更难填写了，由于平时没有收集和记录员工的工作表现，到了年底，仅对近一两个月的事情有一点记忆。

由于人力资源部又催得紧，老张只好在这些考评表上钩钩圈圈，再加一些轻描淡写的评语，交给人力资源部。想到这些绩效考评要与奖金挂钩，老张感到如此做有些不妥，他决定向人力资源部建议重新设计本部门营业人员的考评方法。老张在考虑，为营业人员设计考评方法应该注意哪些问题呢？

请回答下列问题：

（1）该公司绩效管理存在的哪些问题有待于改进和加强？

（2）如何改进绩效管理中存在的问题？

2. 事件一：在全体员工的大会上，领导们说："我们是新成立的公司，许多地方还很不完善，希望每一位员工都把这份工作看成自己的事业，有什么新想法就提出来，公司一定会重奖的。"有几个"热血青年"的热情受到了鼓舞，纷纷向公司递上了自己的建议书。石沉大海的不计其数，甚至招来了上司的冷嘲热讽："你如果把写建议书的精力用来多见几个客户的话，你的销售业绩也就不会这么差了。"

事件二：公司表彰了一批员工，可其中有相当一部分在大多数的员工看来是不应该上这个光荣榜的。因为他们的工作表现一般，无论是业绩还是态度都只能算中等。经过比较，大家得出了比较一致的观点：和领导走得近一点，私人关系好一点，比工作干得卖力点更为重要。

事件三：B 从一名普通员工很快升到总经理秘书，从公司组织结构图来看，她的地位和副总是一样的。总经理也总是人前人后地夸她："B 是公司最勤奋的人了，每天总是最后一个离开公司。"此后，公司加班的人逐渐多了起来。可其中干活的有几个呢？大家上网玩游戏的有之，聊天的也有之。总之，公司里的"人气"倒是旺了不少。

请你谈谈对三个事件的看法，对企业人力资源管理有何启示？

3. DS 公司的员工考核主要分为两个方面：一方面是员工的行为（Behaviors）；另一方面是工作结果（Performance/Outcome）。每个员工在年初就要和主管定下当年最主要的工作目标是什么。以前 DS 公司是每年订一次目标，现在公司发展的速度迅速变快，市场的变化也加剧，所以 DS 公司对员工考核是随时的，经常会对已定的目标进行考核和调整，每个员工除了和自己的老板订目标，还有可能与其他部门一起合作项目，许多人都会参加到同一个项目里。所以一个员工的业绩考核不是一个人说了算，不是一个方面所能反映，而是很多方面的反馈。除了自己的主管外，还有很多共事的人、手下的人对你有所评价。

对员工的行为和结果的考核因为是经常性的，员工在工作中出现什么不足，会从周围人和主管那里获得信息，所以一般不会出现到了年终总结时，考核结果会让员工非常惊讶（Surprise）的情况，最多是有些不同看法，主管会与员工进行沟通，力求评估能够使员工获得非常积极的认识。DS 公司的许多不同级别的领导层正是在评估中发现的，通过评估发现员工的这种潜能，员工有被选为下一代领导的可能。DS 公司评估的整个过程完毕通常要花两个月时间，大家都非常认真对待评估，这既是对自己负责，也是对别人负责。评估虽然跟员工的薪水挂钩，但是评估只是一部分工作，工资是另外一个方面。员工的工资一方面是看个人对公司的贡献，另一方面也看整体人力市场情况。用薪金奖励进步员工只是一种比较简单的手段，留住优秀人才，奖励物质只是一个临时方式，随着时间的推进，员工的个人物质水平提高了，薪金的激励作用就慢慢地降低，这就是说薪金和劳动生产率不是绝对成正比的关系。对员工进行发展规划，帮助员工制订他的职业计划，会更加激励员工进步。

DS 公司在激励员工方面更注重员工的职业发展，例如让员工去轮岗（Job Rotation），让他们能够发展。“我们是一个关怀员工（Caring）的公司，我们鼓励相互支持，老板和员工之间非常支持。老板有发展员工的责任，员工也有积极参与的责任。”DS 公司称主管为“People Manager”，他们有很大一部分精力是在有效管理和激发员工的潜能。

绩效评估结果是员工升职的一个参考。DS 公司对待每个员工的升职一定有特定的考虑，这个考虑包括该员工职业发展，也会考虑他的潜能。DS 公司认为，一个管理者的潜能包括四个方面：一是学习的能力，认为一名员工的学习能力比他的知识和经验可能更重要，因为市场在发生快速变化，知识不断更新，学习的速度和能力是非常关键的素质；二是去赢得工作成绩的能力，领导不但要善于计划，而且要赢取结果，这也是重要方面；三是去带动影响别人的能力，这是领导者的基本素质，每个经理人都要有培养、发展别人的能力；四是对公司业绩的贡献。

要提拔一名员工，可能会对员工有两年的高绩效要求，这个高绩效包括他的工作业绩和行为表现（Outcome/Behavior）。为了使员工积极向上、富有朝气，DS 公司对员工升职的考核非常严格和科学，以便让员工走上管理岗位就一定成功，所以对待人选还有一个高层评估，公司里更高级别的经理们要会聚在一起和他们交流，来看这个员工各方面的情况。

请回答下列问题：

（1）DS 公司的绩效评估体系，主要采用了什么方法？

（2）DS 公司的绩效考核是不是只关注工作的业绩？为什么？

（3）轮岗制对培养领导者的好处有哪些？

第五章　薪酬管理（16~18/20 分）

第一节　薪酬调查（3~4 分）

1. 薪酬的概念：

（1）薪酬的定义。它是员工为企业提供劳动而得到的货币报酬和实物报酬的总和，包括：工资、资金、津贴、提成、分红、福利等。

（2）薪酬管理的目的。①保障员工的基本生活，激励发挥员工能力，实现企业战略发展所需核心竞争力。②企业核心竞争力发展促进企业发展，为薪酬管理提供有力支持。

（3）薪酬管理的内容。它包括岗位评价、薪酬等级、薪酬调查、薪酬计划、薪酬结构、薪酬制度的制定和调整，人工成本测算。

（4）薪酬管理的原则。①竞争力：支付等于或略高于市场水平的薪酬（外部公平）。②公正性：支付相当于员工工作价值薪酬（内部公平）。③激励性：适当拉开员工之间的薪酬差距（个人公平）。

2. 薪酬调查的基本概念。它是指企业采用科学的方法，通过各种途径，采集有关企业各类人员的工资福利待遇以及支付状况的信息，并进行必要处理分析的过程。按照市场竞争的基本法则，确定员工的薪酬水平，支付劳动者的报酬，才是比较公正公平的举措。

3. 薪酬调查的种类。

从调查方式上看：分为正式薪酬调查和非正式薪酬调查。

从主持薪酬调查的主体来看：分为政府的调查、行业的调查、专业协会或企业家联合会的调查、咨询公司的调查，以及公司企业自己组织的等多种形式的薪酬调查。

从调查的组织者来看：分为商业性薪酬调查、专业性薪酬调查、政府薪酬调查。

从薪酬调查的具体内容和对象来看：分为薪酬市场调查和企业员工薪酬满意度调查。

4. 薪酬调查的作用。开展薪酬调查，不但有利于企业了解和掌握竞争对手的薪酬制度、薪酬结构、薪酬水平，以及薪酬的支付情况，还对企业实现效率、公平、合法的薪酬管理目标具有重要的促进作用。①为企业调整员工的薪酬水平提供依据；②为企业调整员工的薪酬制度奠定基础；③有助于掌握薪酬管理的新变化与新趋势；④有利于控制劳动力成本，增强企业竞争力。

5. 薪酬调查程序。

（1）确定薪酬调查的目的。整体薪酬水平的调整、薪酬差距的调整、薪酬晋升政策的调整、具体岗位薪酬水平的调整等。

（2）确定调查范围。

1）确定调查的企业，有五类企业可供选择：①同行业中同类型的其他企业；②其他行业中有相似、相近工作岗位的企业；③与本企业雇用同一类的劳动力，可构成人力资源竞争对象的企业；④在本地区同一劳动力市场上招聘员工的企业；⑤经营策略、信誉、报酬水平和工作环境均合乎一般标准的企业。

从覆盖范围来看：劳动力市场可以划分为地方性劳动力市场、地区性劳动力市场、全国性劳动力市场以及国际性劳动力市场。

全国性的：高级专业技术人员，包括：财务总监、总工程师、高级经营管理人员的招聘。

地区性的：高级技工、具有一定专业程度要求的职能管理人员的招聘。

地方性的：一般办公室事务性人员的招聘。

2）确定调查的岗位：应当遵循可比性原则，应注重岗位之间在时间和空间多个维度上的可比性。应在工作性质、难易复杂程度、岗位职责、工作权限、任职资格、能力要求、劳动强度、环境条件等方面，与本企业需调查的岗位具有可比性。

3）确定需要调查的薪酬信息：①与员工基本工资相关的信息；②与支付年度和其他奖金相关的信息；③股票期权或影子股票计划等长期激励计划；④与企业各种福利计划相关的信息；⑤与薪酬政策诸方面有关的信息。

4）确定调查的时间段。要明确收集的薪酬数据的开始和截止时间。

（3）选择调查方式。①企业之间相互调查。②委托中介机构进行调查。一个包括 15 家公司和 20 个岗位的薪酬调查，从最初的规划到最后得到参与者提交的报告，就需要花费 10~15 周的时间，对于范围更大、内容更多的薪酬调查，其完成的时间至少需要 6 个月左右。其优势：它可以在快（时间短）、准（质量高）、全（数据全）三个方面满足客户企业的要求。③采集社会公开的信息。④调查问卷。

（4）薪酬调查数据的统计分析。①数据排列法：先将调查的同一类数据由高至低排列，再计算出数据排列中的中间数据，即 25%点处、中点（50%点处）和 75%点处。工资水平高的企业应注意 75%点处，甚至是 90%点处的工资水平，工资水平低的企业应注意 25%点处的工资水平，一般的企业应注意中点工资水平。②频率分析法：记录在各工资额度内各类企业岗位平均工资水平出现的频率，从而了解某类岗位人员工资的一般水平。③趋中趋势：A. 简单平均法。B. 加权平均法。C. 中位数法。④离散分析：A. 百分位法。B. 四分位法。⑤回归分析法。⑥图表分析法。

（5）提交薪酬调查分析报告。

6. 设计薪酬调查问卷的注意事项。在设计调查问卷时，应将为实现目标所需要的所有信息设置在其中，填写问卷时间不应超过 2 小时。设计表格的具体要求为：①明确薪酬调查问卷要调查的内容，再设计表格。②确保表格中的每个调查项目都是必要的。③请一位同事来填写表格样本，倾听反馈意见。④要求语言标准，问题简单明确。⑤把相关的问题放在一起。⑥尽量采用选择判断式提问，尽可能减少表中的文字书写量。⑦保证留有足够的填写空间。⑧使用简单的打印样式以确保易于阅读。⑨如果觉得有帮助，可注明填表须知。⑩充分考虑信息处理的简便性和正确性。⑪如果在多种场合需要该信息，可考虑表格带有复写纸。⑫如果表格收集的数据使用 OCR（光学字符阅读）和 OMR（光学符号阅读）处理，这两种方法使信息可以自动读入计算机，表格则需要非常仔细地设计，保证准确地完成数据处理。

7. 员工薪酬满意度调查。员工薪酬满意度调查的程序：①确定调查对象：企业内部所有员工。②确定调查方式：发放调查表。③确定调查内容：员工对薪酬福利水平、薪酬福利结构比例、薪酬福利差距、薪酬福利的决定因素、薪酬福利的调整、薪酬福利的发放方式等的满意度。

第二节　工作岗位分类（2~3 分）

8. 工作岗位分类的几个基本概念。①职系：是由工作性质和基本特征相似、相近，而任务轻重、责任大小、繁简难易程度和要求不同的岗位所构成的岗位序列。一个职系就相当于一种专门职业，职系是岗位分类中的细类。②职组：是由工作岗位性质和特征相似相近的若干职系所构成的岗位群。③职门：工作性质和特征相近的若干职组的集合。④岗级：在同一职系中，工作岗位性质、任务轻重、繁简难易程度、责任大小以及所需人员资格条件相同或相近的工作岗位的集合。⑤岗等：是将工作性质不同，但工作繁简难易、责任大小以及所需资格条件等因素相同相近的岗位纳入统一的岗等。

9. 工作岗位分类的内涵。岗位分类是在岗位调查、分析、设计和岗位评价的基础上，采用科学的方法，根据岗位自身的性质和特点，对企事业单位中全部岗位，从横向与纵向两个维度上所进行的划分，从而区别出不同岗位的类别和等级，作为企事业单位人力资源管理的重要基础和依据。

10. 工作岗位横向分类的原则。①岗位分类的层次宜少不宜多。②直接生产人员岗位的分类应根据企业的劳动分工与协作的性质与特点来确定；而管理人员岗位的分类则应以它们具体的职能来划分。③大类、小类的数目多少与划分的粗细程度有关。

11. 生产与管理岗位统一岗等的基本要求。①要充分考虑岗位工作任务难易程度。②要考虑对员工行为激励的程度。③要体现企业员工工资管理的策略。

第三节　企业工资制度的设计（6~8 分）

12. 工资制度的内涵。工资制度根据国家法律规定和政策制定的，是与工资的制定与分配相关的一系列准则、标准、规定和方法的总和。它在依照国家法律、政策制定的同时也要体现企业自身的生产经营状况。

13. 企业工资制度的分类。

（1）岗位工资制：它是以员工在生产经营工作中的岗位为基础确定工资等级和工资标准，进行工资给予的工资制度。

1）岗位工资制的特点：①根据岗位支付工资；②以岗位分析为基础；③客观性较强（“对岗不对人”）

2）岗位工资制的主要类型：①岗位等级工资制：a.一岗一薪制：指一个岗位只有一个工资标准，凡在同一岗位上工作的员工都按照统一的工作标准获得工资。b.一岗多薪制：指在一个岗位内设置几个工资标准以反映岗位内部员工之间的劳动差别的岗位工资制度。②岗位薪点工资制：是在岗位评价的基础上，用点数和点值来确定员工工资的工资制度。薪点工资制的优点：a.岗位薪点工资制使工资分配直接与企业效益和员工的工作业绩相联系。体现了效率优先的原则，符合市场取向的要求。b.工资用薪点表示，比岗位等级工资制更容易做到将工资分配向关键岗位、技术岗位倾斜，通过规定员工个薪点点数的标准，可以促进员工学习技术，提高其素质和业绩水平，充分发挥了工资的激励作用。c.在薪点值的确定过程中，浮动值是按照部门的效益或业绩来确定的。

（2）技能工资制：是一种以员工的技术和能力为基础的工资。

1）技能工资制的前提：①明确对员工的技能要求；②制定实施与技能工资制度配套的技能评估体系；③将工资计划与培训计划相结合。

2）技能工资的种类：①技术工资；②能力工资（包括：A. 基础能力工资，B. 特殊能力工资）。

（3）绩效工资制：是以员工的工作业绩为基础支付的工资，支付的唯一根据或主要根据是工作成绩和劳动效率。

1）绩效工资制的特点：①注重个人绩效差异的评定；②关于个人绩效的大多数信息都是由主管人员搜集上来的；③在这种工资制度下，反馈的频率不是很高。

2）绩效工资制的不足：①绩效工资制的基础缺乏公平性；②绩效工资过于强调个人的绩效；③如果员工认为绩效评价的方式方法不是公平的、精确的，整个绩效工资制度就有崩溃的危险。

3）现在企业主要的绩效工资形式：①计件工资制；②佣金制（提成制）。

佣金制又称提成制，是主要用于营销人员的工资支付制度。它直接按照营销人员营销额的一定比例确定其工资报酬，是一种典型的绩效工资形式。

优点：可以充分地调动营销人员的营销积极性；可以使营销人员觉察到自己的工作投入对企业的重要性，从而对营销人员有一定的激励作用。

缺点：使营销人员和企业之间产生较大的离心力。

（4）特殊群体的工资包括：管理人员工资制度、经营者年薪制、团队工资制度。

1）管理人员工资的构成：①基本工资；②奖金和红利；③福利与津贴。

2）经营者年薪制：年薪制一般由固定工资与可变工资（浮动工资）两部分构成。前者水平取决于“经营者市场”形成的市场工资率和企业的支付能力；后者水平主要取决于本企业的经营状况，随着效益的大小浮动。

①实行经营者年薪制应具备的条件：a.健全的经营者人才市场，完善的竞争机制；b.明确的经营者业绩考核指标体系；c.健全的职工代表大会制度，完善的群众监督机制。

②经营者年薪制的组成形式：a.基本工资加风险收入；b.年薪加年终奖金。

③年薪水平的确定：经营者年薪水平是指与企业的员工平均工资水平的比例关系。确定年薪水平时应注意：a.经营者的工作是高级的复杂劳动，其劳动耗费是普通员工劳动耗费的倍加，所以经营者的年薪应该数倍于企业员工的年平均工资；b.年薪水平的确定既要照顾到员工的心理承受能力，又要能够吸引到企业需要的经营管理人才；c.得到年薪的经营者不再享受企业员工的工资性收入与福利待遇，因为年薪制是一种特殊的工资制度，它

与企业的员工工资制度是平行的。

3）团队的定义：团队是由一些具备特定技能的人员结合在一起的行为组织。团队成员为共同的目标努力工作，彼此相互负责、相互尊重。

14. 企业工资制度设计的主要内容。

（1）工资水平及其影响因素。

1）工资水平：是指企业一定时期内所有员工的平均工资。

2）企业外部影响因素包括：①市场因素：商品市场、劳动力市场。②生活费用和物价不平。③地域的影响。④政府的法律、法规。

3）企业内部影响因素包括：①企业自身特征对工资不平的影响；②企业决策层的工资态度。

（2）工资结构及其类型。工资结构：指员工工资的各构成项目及各自所占的比例。工资结构类型：①以绩效为导向的工资结构（绩效工资制）；②以工作为导向的工资结构（岗位工资制）；③以技能为导向的工资结构（技能工资制）；④组合工资结构（组合工资制）。

（3）工资等级。①工资等级：主要反映不同岗位之间在工资结构中的差别。②工资档次：由于同一工资等级的员工在能力上有差别，在实际工资管理中企业可根据员工的能力、绩效等情况，将工资等级进一步细分，即将同一工资等级划分成若干个档次。③工资级差：是指不同等级之间工资相差的幅度。④浮动幅度：是指在同一个工资等级中，最高档次的工资与最低档次之间的工资差距。⑤等级重叠：指各个相邻的工资等级浮动幅度在数值上的交叉程度。

15. 企业工资制度设计的原则。①公平性原则；②激励性原则；③竞争性原则；④经济性原则；⑤合法性原则。

16. 公平性原则的比较方式。①横向比较：即员工将自己所获得的报酬与自己的投入的比值与组织内其他人做比较。②纵向比较：是员工将自己目前所获得的报酬与目前投入的努力的比值，同自己过去所获得的报酬与过去投入的努力的比值进行比较。

当员工自己受到不平等待遇时会：员工减少自己的工作投入、消极的工作态度、怠工或离开企业。

17. 确定工资策略从性质上可以分为三类：①高弹性类（以绩效为导向）；②高稳定类；③折中类。

18. 工资等级的确定：①工资等级类型的选择。②工资档次的划分。③浮动工资（奖金或绩效工资）的设计。

19. 工资等级类型。①分层式工资等级类型：特点是企业包括的工资等级比较多，呈金字塔形排列，员工工资水平的提高是随着个人岗位级别向上发展而提高的。这种等级类型在成熟的、等级型企业中常见。②宽泛式即宽带式工资等级类型：特点是企业包括的工资等级少，呈扁平状，员工工资水平的提高既可以是因为个人岗位级别向上发展而提高的，也可以是因横向工作调整而提高的。

20. 浮动工资的设计：员工的浮动工资不仅要与企业经济效益、部门业绩考核结果挂钩浮动，还必须与个人业绩考核结果挂钩。设计方法是：①确定浮动工资总额；②确定个人浮动工资份额。

21. 宽带式工资结构设计。

（1）宽带式工资结构的内涵。宽带式工资，又称工资宽带。一般来说，每个工资等级的最高值与最低值之间的区间变动比率，即同一工资等级内部最高值与最低值之差与最低值之间的比率要达到1倍或1倍以上。典型的宽带工资结构设计，一般只有4个工资等级。

（2）宽带式工资结构的作用。①宽带式工资结构支持扁平型组织结构。②宽带式工资结构能引导员工自我提高。③宽带式工资结构有利于岗位变动。④宽带式工资结构有利于管理人员以及人力资源专业人员的角色转变。⑤宽带式工资结构有利于工作绩效的促进。

（3）宽带式工资结构的设计程序：①明确企业的要求。②工资等级的划分。③工资宽带的定价。④员工工资的定位。⑤员工工资的调整。

22. 员工工资的定位的三种方法。①绩效曲线法。②严格按照员工的新技能获取情况，确定他们在工资宽带中的定位，这主要适用于那些强调新技能获取的企业。③那些强调员工能力的企业则有可能确定员工在工资宽带中的位置，首先，确定某一明确的市场工资水平，然后，在同一工资宽带内部，对低于市场工资水平的部分，根据员工的知识、技能、能力和绩效进行工资定位。对于高于该市场工资水平之上的部分，则根据员工的关键能力开发情况进行工资定位。

23. 工资调整的项目。

（1）工资定级性调整包括：①对试用期满或没有试用期但办完入职手续的新员工的工资定级；②对原来没有的岗位或没有在企业中聘任的军队转业人员的工资定级；③对已工作过但新调入企业的员工的工资定级等。

（2）物价性调整。物价性调整是为了补偿因物价上涨而给员工造成的经济损失而实施的一种工资调整方法。要注意“时滞”性问题，即加薪总是跟在通货膨胀后面。

（3）工龄性调整。

（4）奖励性调整。

（5）效益性调整。

（6）考核性调整。

24. 工资标准档次的调整：①“技变”晋档。②“学变”晋档。③“龄变”晋档。④“考核”晋档。

25. 调整员工工资时应注意的问题。

（1）当员工有加薪要求，但绩效考核成绩较低，没有达到加薪的标准时该怎么办？

解：应该向他解释公司的加薪政策，鼓励他努力工作，争取下次获得好的绩效考评成绩。

（2）如果某员工的绩效考核良好，却没有得到加薪时该怎么办？

解：就要认真调查原因，是由于工作失误造成的，还是由于该员工的工资已经较高，不宜再加薪。如果是前者，则应该立即纠正错误，对员工进行弥补；如果属于后者，就应该向员工解释企业中与他能力、岗位相同或类似的其他员工的平均工资水平，或介绍同行业其他公司同岗位的工资水平，以得到他的理解。

（3）如果员工指出与他岗位相同、能力相同的员工得到了加薪，而他自己却没有加薪时该怎么办？

解：这时不要轻易地将该员工与他所讲的员工进行比较，这样往往会使冲突更加激烈。如果这两位员工同属一个部门，则应该交由部门经理进行解释（部门经理有对他们加薪的建议权，所以一定有他自己的理由）；如果这两员工不属于一个部门，则应该告诉他每个部门的加薪标准不同。

第四节　企业员工薪酬计划的制订（3分）

26. 制订薪酬计划的方法：①从下而上法：该法比较实际、灵活，且可行性较高。但不易控制总体的人工成本。②从上而下法：该法虽然可以控制总体的薪酬成本，但缺乏灵活性，而且确定薪酬总额时主观因素过多，降低了计划的准确性，不利于调动员工的积极性。③企业会同时采用这两种方法：首先根据企业制订的企业整体薪酬计划决定各部门的薪酬计划额；然后根据企业规定的增资准则预测个别员工的增薪幅度；最后比较这两步得出的结果，确保员工的增资能符合部门的薪酬计划额。如果两者之间的差异较大，就要适当调整部门的计划额。

27. 制订薪酬计划的程序：①薪酬市场调查。②了解企业财力状况，根据企业人力资源策略，确定企业薪酬水平采用何种市场薪酬水平，是90%点处、75%点处，还是50%点处、25%点处。③了解企业人力资源规划。

28. 薪酬计划报告的撰写内容。它包括：本年度企业薪酬总额和各主要部门薪酬总额；人力资源规划情况，如预计的招聘、晋升、辞退（职）、岗位轮换等情况；预测的下一年度企业薪酬总额和薪酬增长率，以及各主要部门薪酬增长率等。

第五节　企业补充保险（2分）

29. 企业年金的概念：它是指企业及其员工在依法参加基本养老保险的基础上，自愿建立的补充养老保险制度。

30. 企业建立企业年金应具备的条件：①依法参加基本养老保险并按时足额缴费；②生产经营经较稳定，经济效益较好；③企业内部管理制度健全。企业年金实行基金完全积累。

31. 企业年金的适用范围。依法参加基本养老保险并履行缴费义务；具有相应的经济负担能力；已建立集体协商机制。

32. 企业年金方案的内容包括。参加人员范围资金筹集方式、员工企业年金个人账户管理方式、基金管理方式、计发办法和支付方式、支付企业年金待遇的条件、组织管理和监督方式、终止缴费的条件、双方约定的其他事项。

33. 企业年金基金的管理：①资金筹集方式：企业缴费每年不超过本企业上年度员工工资总额的1/12。②企业年金基金的组成：企业缴费、员工个人缴费、企业年金基金投资运营收益。③员工企业年金个人账户管理方式：a. 企业年金基金实行完全积累，采用个人账户方式进行管理。b. 企业年金基金可以按照国家规定投资运营。c. 企业缴费应当按照企业年金方案规定比例计算的数额计入员工企业年金个人账户；员工个人缴费额计入本人企业年金个人账户。d. 企业年金基金投资运营收益，按净收益率计入企业年金个人账户。

34. 企业年金设计程序。

（1）确定补充养老金的来源。①完全由企业负担。②由企业和员工共同负担。

（2）确定每个员工和企业的缴费比例。

（3）确定养老金支付的额度。

（4）确定养老金的支付形式：①一次性支付。②定期支付。③一次性支付与定期支付相结合。

（5）确定实行补充养老保险的时间。

（6）确定养老金基金管理办法。

35. 企业年金的管理与监督。

（1）建立企业年金理事会：企业年金理事会由企业和员工代表组成，也可以聘请企业以外的专业人员参加，其中员工代表应不少于1/3。

（2）确定受托人：①受托人应当选择具有资格的商业银行或专业托管机构作为托管人，负责托管企业年金基金。②企业年金基金必须与受托人、账户管理人、投资管理人和托管人的自有资产或其他资产分开管理，不得挪作其他用途。

36. 补充医疗保险设计程序：①确定补充医疗保险基金的来源与额度。②确定补充医疗保险金支付的范围。③确定支付医疗费用的标准。④确定补充医疗保险基金的管理办法。

薪酬管理理论知识练习题

一、单项选择题（第1~60题，每题1分，共60分。每小题只有一个最恰当的答案，请在括号内填写。）

1. 国内外绝大多数的企业在确定自己员工的薪酬水平时，都非常重视的是（　）。

A. 薪酬调查的分析　B. 薪酬调查的数据采集和分析
C. 薪酬水平的确定方法　D. 薪酬市场调查

2. 在劳动力市场竞争过程中，（　）的高低表现为用人单位与劳动者之间的博弈。

A. 薪酬的确定　B. 薪酬调查　C. 薪酬水平　D. 薪酬分析

3. 通过（　）能够获得劳动力市场各类员工薪酬水平及其结构等方面的真实信息。

A. 薪酬决策　B. 薪酬采集　C. 薪酬的分析　D. 薪酬的市场调查

4. 企业采用科学的方法，通过各种途径，采集有关企业各类人员的工资福利待遇以及支付状况的信息，并进行必要处理分析的过程是指（　）。

A. 市场调查　B. 需求调查　C. 薪酬调查　D. 福利调查

5. 薪酬水平都是在直接或间接进行的薪酬调查的基础上确定的是（　）。

A. 岗位薪酬　B. 职位薪酬　C. 特定岗位薪酬　D. 专业岗位薪酬

6. 从薪酬调查的具体内容和对象来看，薪酬调查又可分为薪酬市场调查和企业员工（　）调查两个方面。

A. 薪酬认可度　B. 薪酬满意度　C. 薪酬公平度　D. 薪酬合法度

7. 由国家劳动、人事、统计等部门进行的薪酬调查是（　）。

A. 政府薪酬调查　B. 专业性调查　C. 商业性调查　D. 市场性调查

8. 有关薪酬调查说法错误的是（　）。

A. 从调查方式上看，可以分为正式薪酬调查和非正式薪酬调查

B. 从主持主体看，分为政府调查、行业的调查、专业协会或企业家联合会的调查、咨询公司的调查、企业自己组织的多种形式的调查

C. 商业性调查属于非正式薪酬调查

D. 由国家劳动、人事、统计等部门进行的薪酬调查属于政府薪酬调查

9. 从调查的组织者来看，以下不是正式薪酬调查的是（　）。

A. 薪酬满意度调查　B. 商业性薪酬调查

C. 专业性薪酬调查　D. 政府薪酬调查

10. 薪酬市场调查是为了确保企业员工薪酬的（　）。

A. 外部公平　B. 内部公平　C. 个人公平　D. 程序公平

11. 高级专业技术人员，包括财务总监、总工程师、高级经营管理人员的招聘通常是（　）的。

A. 全国性　B. 地区性　C. 地方性　D. 区域性

12. 在进行薪酬市场调查中，可以选择与本企业雇用同一类劳动力，构成人力资源竞争对象的企业，在调查中可以发现，根据企业的不同需要，企业的财务总监招聘通常是（　）的，高级技师招聘通常是（　）的。

A. 地区性　全国性　B. 全国性　地区性

C. 地方性　地区性　D. 全国性　地方性

13. 薪酬调查过程中，确定被调查的岗位时应当遵循（　）的原则。

A. 相关性　B. 可比性　C. 区别性　D. 对比性

14. 从岗位描述的详细程度上来看，在理想情况下（　）。

A. 岗位描述要简述　B. 岗位描述要明确

C. 岗位描述要简化　D. 岗位描述不宜冗长

15. 在薪酬调查中，有（　）的企业采用正式问卷调查的方法。

A. 20%~25%　B. 20%~30%　C. 10%~15%　D. 15%~25%

16. 薪酬水平高的企业应注意（　）%点处的薪酬水平。

A. 50　B. 25　C. 90　D. 75

17. 在薪酬调查数据的统计分析中，如果被调查单位没有给出某类岗位完整的工资数据，只能采集到某类岗位的平均工资数据，所应采取的分析方法应为（　）。

A. 数据排列法　B. 频率分析法　C. 回归分析法　D. 简单平均法

18. 先将调查的同一类数据由高到低排列，再计算出数据排列中的中间数据，即25%、50%、75%点处的统计分析方法是（　）。

A. 频率分析法　B. 趋势分析法　C. 离散分析法　D. 数据排列法

19. 记录在各工资额度内各类企业岗位平均工资水平出现的频率，从而了解某类岗位人员工资水平的方法是（　）。

A. 趋势分析法　B. 频率分析法　C. 离散分析法　D. 数据排列法

20. 薪酬水平低的企业应注意（　）%点处的薪酬水平。

A. 50　B. 25　C. 90　D. 75

21. 岗位分类中的细类是（　）。

A. 职门　B. 职组　C. 职系　D. 岗级

22. 职门、职组、职系中最大的是（　）。

A. 职门　B. 职组　C. 职系　D. 岗级

23. 由工作性质和基本特征相似、相近，而任务轻重、责任大小、繁简难易程度和要求不同的岗位所构成的岗位序列称为（　）。

A. 职组　B. 职门　C. 岗级　D. 职系

24. 工作性质和特征相近的若干职系构成的岗位群是（　　）。

A. 职组　B. 职门　C. 岗级　D. 职系

25. 同一职系中，工作岗位性质、任务轻重、繁简难易程度、责任大小以及所需人员资格条件相同或近似的工作岗位的集合是（　　）。

A. 职组　B. 职门　C. 岗级　D. 职系

26. 工作性质不同或主要职务不同，但其困难程度、职责大小、工作所需资格等条件充分相同的不同职系的岗位同一级别的是（　　）。

A. 职组　B. 职门　C. 岗级　D. 岗等

27. 美国著名行政学家（　　）曾说过："工商人员更容易使用工作分级一词，而公务员人事人员却常常说岗位分别，它们两者都是指同一件事情。"

A. 菲勒　B. 肯普和韦伯　C. 迪克和凯里　D. 泰罗和法约尔

28. 具有"对人不对事"这一特点的工作分类是（　　）。

A. 岗位分级　B. 岗位分类　C. 品位分级　D. 品位分类

29. 办事员的劳动相当于普通熟练性生产工人的劳动，因而这两类岗位在量的方面和质的方面具有（　　）。

A. 可比性　B. 区别性　C. 相通性　D. 一致性

30. 岗位工资制的最大特点就是工资的给予（　　）。

A. 对人不对岗　B. 对岗不对人　C. 人岗同对　D. 既不对人也不对岗

31. 薪点值中由部门的生产经营状况决定的部分称为（　　）。

A. 标准值　B. 固定值　C. 浮动值　D. 基本值

32. 员工工资变动的一个很重要的标准是（　　）。

A. 岗位或技能　B. 技能或能力　C. 知识和技能　D. 知识或岗位

33. 能够鼓励员工发展各项技能、提高业绩表现、增强参与意识的工资种类是（　　）。

A. 能力工资　B. 提成工资　C. 技术工资　D. 岗位工资

34. 能力工资主要适应于企业的（　　）。

A. 金领　B. 白领　C. 蓝领　D. 灰领

35.（　　）的工资结构有利于激励员工提高技术、能力。

A. 以绩效为导向　B. 以行为为导向　C. 以工作为导向　D. 以技能为导向

36. 以应用知识和操作技能水平为基础的工资是（　　）。

A. 岗位工资　B. 绩效工资　C. 技术工资　D. 技能工资

37. 关于绩效工资说法错误的是（　　）。

A. 佣金制不属于绩效工资形式　B. 绩效工资过于强调个人的绩效

C. 计件工资属于绩效工资形式　D. 绩效工资的基础缺乏公平性

38. 以员工的工作业绩为基础支付的工资，支付的唯一根据或主要根据是工作成绩和劳动效率指的是（　　）。

A. 绩效工资　B. 岗位工资　C. 特殊能力工资　D. 技能工资

39. 以某类岗位人员核心竞争能力为基础确定的工资属于（　　）。

A. 基础能力工资　B. 特殊能力工资　C. 技术工资　D. 绩效工资

40. 企业一定时期内所有员工的平均工资是指（　　）。

A. 工资结构　B. 工资水平　C. 工资类型　D. 工资等级

41. 员工的（　）应与企业的经济效益、部门业绩考核结果和个人业绩考核结果挂钩。

A. 浮动工资　B. 固定工资　C. 基本工资　D. 岗位工资

42. 不同薪酬等级之间工资相差的幅度是（　）。

A. 薪酬级差　B. 薪酬浮动幅度　C. 薪酬档次　D. 薪酬等级

43. 同一薪酬等级中，最高档次的工资水平和最低档次之间的工资差距是（　）。

A. 薪酬级差　B. 浮动幅度工资　C. 薪酬档次　D. 薪酬等级

44. 各相邻的薪酬等级浮动幅度在数值上的交叉程度是（　）。

A. 薪酬级差　B. 薪酬浮动幅度　C. 薪酬等级重叠　D. 薪酬等级

45. 对研发人员可以实行的工资制是（　）。

A. 绩效工资制　B. 能力工资制　C. 年薪制　D. 计件工资制

46. 宽带式工资是对传统的（　）工资结构的改进，本质上也是一种工资结构。

A. 垂直型　B. 水平型　C. 横向型　D. 纵向型

47. 宽带式工资结构能引导员工（　）。

A. 能力提高　B. 工作效率提高　C. 自我提高　D. 技能提高

48. 保证工资正常运行和调整的重要组成部分是（　）。

A. 薪酬管理　B. 绩效考核　C. 奖励机制　D. 工资调整

49. 工资等级性调整的内容包括（　）。

A. 试用期满或没有试用期但办完入职手续的新员工

B. 原来没有的岗位或没有在企业中聘任的军队转业人员

C. 已工作过但新调入企业的员工

D. 以上三项皆是

50. 效益性调整是一种当企业效益提高时，对（　）给予等比例奖励的工资调整方法。

A. 全体员工　B. 销售部门　C. 管理人员　D. 基层员工

51. 员工取得比现有等级高一等级的有效学历证书，一般从取得高一等级证书之月起晋升工资档次是工资标准档次的调整的是（　）。

A. "技变"晋档　B. "学变"晋档　C. "龄变"晋档　D. "考核"晋档

52. 下列哪项不属于工资标准调整分类？（　）

A. 个体工资标准　B. 整体工资标准

C. 总体工资标准　D. 结合内部分配改革对工资结构的调整

53.《企业年金试用办法》（劳动和社会保障部令第20号）是自（　）起开始施行的。

A. 2005年4月1日　B. 2005年1月1日

C. 2004年5月1日　D. 2006年1月1日

54. 以下关于企业年金表述正确的是（　）。

A. 企业年金是所有企业必须建立的制度

B. 企业年金可以替代企业基本养老保险

C. 企业年金不适用于试用期内的员工

D. 企业年金的缴费全部都可以从成本中列支

55. 根据我国企业年金的相关规定，企业缴费在工资总额（　　）比例以内的部分可以从成本中列支。

A. 5%　　B. 4%　　C. 6%　　D. 8%

56. 企业年金是指企业及员工在依法参加（　　）的基础上，自愿建立的（　　）制度。

A. 基本养老保险　补充养老保险　　B. 医疗保险　补充医疗保险

C. 失业保险　补充失业保险　　D. 大额互助保险　补充保险

57.（　　）是企业及其员工在依法参加基本养老保险的基础上，自愿建立的补充养老保险制度。

A. 企业公积金　　B. 企业年薪　　C. 企业附加福利　　D. 企业年金

58. 企业年金的企业缴费每年不超过本企业上年度员工工资总额的（　　）。

A. 1/6　　B. 1/14　　C. 1/12　　D. 1/10

59. 企业年金理事会由企业和（　　）组成。

A. 董事长　　B. 员工代表　　C. 部门经理　　D. 人事经理

60. 企业年金理事会也可以聘请企业以外的专业人员参加，其中员工代表应不少于（　　）。

A. 1/4　　B. 1/2　　C. 1/3　　D. 1/5

二、不定项选择题（第 1~40 题，每题 1 分，共 40 分。每题有一个或多个答案正确，请在括号内填写。少选、多选，均不得分。）

1. 薪酬调查的作用（　　）。

A. 为企业调整员工薪酬水平提供依据

B. 为企业调整员工薪酬制度奠定基础

C. 有助于掌握薪酬管理的新变化与新趋势

D. 有利于控制劳动力成本、增强企业竞争力

E. 为企业薪酬等级设计提供基本依据和前提

2. 从主持薪酬调查的主体来看，薪酬调查可以分为（　　）。

A. 政府的调查　　B. 专业协会的调查

C. 行业的调查　　D. 咨询公司的调查

E. 企业家联合会的调查

3. 从薪酬调查的具体内容和对象来看，薪酬调查可以分为（　　）。

A. 薪酬市场调查　　B. 商业性薪酬调查

C. 政府薪酬调查　　D. 专业性薪酬调查

E. 员工薪酬满意度调查

4. 薪酬调查的结果可以为（　　）提供依据。

A. 整体薪酬水平的调整　　B. 薪酬差距的调整

C. 绩效管理制度的调整　　D. 薪酬晋升政策的调整

E. 岗位薪酬水平的调整

5. 属于设计薪酬调查问卷的注意事项的是（　　）。

A. 明确薪酬调查问卷要调查的内容，再设计表格

B. 尽量采取选择判断式提问

C. 充分考虑信息处理的简便性和正确性

D. 分散相关问题

E. 使用复杂的打印样式以确保问卷的美观性

6. 属于薪酬满意度调查的程序的有（　　）。

A. 确定调查对象　B. 确定调查方式　C. 确定调查内容　D. 统计分析调查数据

E. 确定调查目的

7. 薪酬调查的目的表述正确的有（　　）。

A. 企业整体薪酬的调整　　　　　B. 薪酬差距的调整

C. 薪酬晋升政策的调整　　　　　D. 岗位薪酬水平的调整

E. 薪酬等级的设计

8. 薪酬市场调查中对薪酬信息的调查，理解正确的有（　　）。

A. 与员工基本工资相关的信息

B. 与支付年度和其他奖金相关的信息

C. 股票期权或影子股票计划等长期激励计划

D. 与企业各种福利计划相关的信息

E. 与薪酬政策等诸方面有关的信息

9. 以下是薪酬调查数据的统计分析方法的有（　　）。

A. 频率分析法　B. 百分位法　C. 离散分析法　D. 数据排列法　E. 百分比系数法

10. 岗级与岗等是按照（　　）形式进行划分的。

A. 责任大小　B. 技能要求　C. 劳动强度　D. 劳动环境　E. 工作性质

11. 对于岗位管理的表述，理解正确的有（　　）。

A. 岗位分类是岗位研究的重要组成部分

B. 岗位调查为岗位分析提供必要的数据、信息和资料

C. 岗位分析是岗位分类的重要前提

D. 岗位评价是岗位分类的组成部分

E. 岗位管理包括岗位分析、岗位评价、岗位调查和岗位设计等

12. 关于工作岗位分类，说法正确的是（　　）。

A. 职系和职组是对岗位进行的横向分类

B. 岗级和岗等是对岗位进行的纵向分类

C. 也称做岗位归级

D. 岗位分类的相关概念有职业分类、岗位分级、品位分类

E. 岗位分类与职业分类是特殊性与一般性的关系

13. 岗位分级与岗位分类在具体实施上存在差别表现在哪几个方面？（　　）

A. 岗位分类适用于国家各级政府及其职能部门和机构

B. 岗位分级适用于实行岗位分类法以外的各种企事业单位

C. 岗位分类作为一种人事制度，是国家公务员人事管理的基础环节

D. 企事业单位的岗位分级是由其主管部门负责组织

E. 两者的实施难度不同

14. 岗位分类和品位分类的主要区别有（　　）。

A. 分类标准不同　B. 分类依据不同　C. 适用范围不同　D. 适用岗位不同

E. 适用资格不同

15. 下列属于岗位分类步骤正确的是（　　）。
A. 纵向分级　B. 横向分类　C. 制定岗位说明书　D. 建立岗位分类图
E. 横向分级
16. 对生产性岗位中的熟练工种与技术工种岗级统一列等，可采用（　　）方法。
A. 经验判断法　B. 基本点数换算法　C. 交叉岗位换算法　D. 经验法
E. 岗位换算法
17. 岗位工资制的特点包括（　　）。
A. 对人不对岗　B. 根据岗位支付工资
C. 同岗不同酬　D. 以岗位分析为基础
E. 客观性较强
18. 下列属于技能工资的种类有（　　）。
A. 技术工资　B. 能力工资　C. 基础能力工资　D. 特殊能力工资
E. 绩效工资
19. 经营者年薪制的组成形式包括（　　）。
A. 基本工资加风险收入　B. 福利与津贴
C. 年薪加年终奖金　D. 奖金加红利
E. 绩效工资
20. 在团队工资制度中，主要有哪几种组成要素？（　　）
A. 基本工资　B. 激励性工资　C. 绩效认可奖励　D. 补贴　E. 技术工资
21. 下列工资制度中属于团队工资制的有（　　）。
A. 核心团队　B. 项目团队　C. 平行团队　D. 流程团队　E. 虚拟团队
22. 影响企业工资水平的内部因素包括（　　）。
A. 市场因素　B. 所属行业　C. 生活费用　D. 企业规模　E. 物价水平
23. 以下哪些属于企业外部工资水平的影响因素？（　　）
A. 市场因素　B. 劳动力市场
C. 生活费用和物价水平　D. 地域的影响
E. 政府的法律、法规
24. 一个合理的工资结构应该包括（　　）。
A. 固定工资　B. 浮动工资　C. 特殊津贴　D. 提成工资　E. 特殊福利
25. 下列属于组合工资结构的有（　　）。
A. 岗位技能工资　B. 能力资格工资　C. 岗位效益工资　D. 技术等级工资
E. 薪点工资
26. 企业工资制度设计的原则是（　　）。
A. 公平性原则　B. 激励性原则　C. 竞争性原则　D. 经济性原则　E. 合法性原则
27. 员工的浮动工资主要与（　　）因素相挂钩。
A. 企业的经济效益　B. 部门业绩考核成果
C. 他人业绩考核结果　D. 个人业绩考核结果
E. 个人绩效考核结果
28. 工资定级性调整包括（　　）。
A. 对试用期或没有试用期但办完入职手续的新员工的工资定级

B. 对已工作过但借调入企业的员工的工资定级
C. 对在职员工的工资等级重新定级
D. 对原来没有的岗位或没有在企业中聘任的军队转业人员的工资定级
E. 对已工作过但新调入企业的员工的工资定级

29. 员工工资定级时应考虑的因素包括（　　）。
A. 员工的生活费用
B. 新员工的实际工作能力
C. 同地区、同行业相同或相似岗位的劳动力的市场工资水平
D. 内部公平
E. 物价调整

30. 工资调整的项目包括（　　）。
A. 工资定级性调整　B. 物价性调整　C. 工龄性调整　D. 奖励性调整
E. 效益性调整

31. 员工工资标准属于“阳光普照”式的调整有（　　）。
A. 工资定级性调整　B. 物价性调整　C. 工龄性调整　D. 奖励性调整
E. 效益性调整

32. 工资标准档次的调整，包括（　　）。
A.“技变”晋档　B.“学变”晋档　C.“龄变”晋档　D.“考核”晋档
E.“物价”晋档

33. 整体调整工资标准综合了（　　）因素。
A. 居民消费价格增长　B. 社会和本企业劳动生产率增长
C. 员工生活水平的提高　D. 员工技能提高
E. 员工工作绩效的提高

34. 制订薪酬计划的准备工作中所需要搜集的资料有（　　）。
A. 物价、市场薪酬水平　B. 员工薪酬的基本资料
C. 企业人力资源规划资料　D. 企业薪酬支付能力资料
E. 国家薪酬、税收政策的变动资料

35. 以下关于“从上而下法”制订薪酬计划的说法正确的有（　　）。
A. 可以控制总体薪酬成本
B. 比较实际、灵活、可行性较高
C. 确定薪酬总额时主观因素过多，降低了计划的准确性
D. 不利于调动员工的积极性
E. 缺乏灵活性

36. 薪酬计划报告通常包括（　　）。
A. 本年度企业薪酬总额和各主要部门薪酬总额
B. 人力资源规划情况
C. 下一年度企业薪酬总额和薪酬增长率
D. 各主要部门薪酬增长率
E. 预计的招聘、晋升、辞退（职）、岗位轮换等情况

37. 企业建立企业年金应具备的条件有（　　）。

A. 依法参加基本养老保险　　B. 按时足额缴费
C. 生产经营比较稳定　　D. 企业内部管理制度健全
E. 经济效益较好

38. 企业年金的方案的主要内容包括（　　）。
A. 参加人员范围资金筹集方式，员工企业年金个人账户管理方式
B. 基金管理方式
C. 计发办法和支付方式，支付企业年金待遇的条件
D. 组织管理和监督方式，终止缴费的条件
E. 双方约定的其他事项

39. 企业年金的领取说法正确的有（　　）。
A. 员工在达到国家规定的退休年龄时，可以从本人企业年金个人账户中一次性领取企业年金
B. 员工在未达到国家规定的退休年龄时，可以定期地领取企业年金
C. 员工或退休人员死亡后，其企业年金个人账户余额由其指定的受益人或法定继承人一次性领取
D. 出境定居人员的企业年金个人账户资金，可根据本人要求一次性支付给本人
E. 员工未达到国家规定的退休年龄的，不得从个人账户中提前提取资金

40. 企业年金基金的构成包括（　　）。
A. 企业缴费　　B. 员工个人缴费　　C. 企业年金基金投资运营收益
D. 企业定期分红　　E. 员工年终奖金

薪酬管理专业技能练习题

一、简答题（本题共 3 题，第 1 题 12 分，第 2 题 16 分，第 3 题 12 分，共 40 分。）

1. 简要说明可以采用哪些方法对薪酬调查的数据进行统计分析？
2. 简述工作岗位分类以及采用点数法对生产性岗位进行纵向分级的主要步骤。
3. 简述宽带式工资结构的内涵及其设计程序。

二、综合题（每题 15 分，共 60 分。）

1. 下图是某公司的薪酬等级图，该公司处于正常发展至成熟阶段，曲线 A 是各等级典型岗位的市场薪酬曲线，曲线 B 是该公司各等级的平均薪酬曲线。

请回答下列问题：

（1）该公司的薪酬曲线（B 曲线）有什么特点？会导致什么后果？
（2）该公司应当保持什么样的薪酬水平？
（3）如果要对该公司的薪酬现状进行调整，应从哪些方面入手？

2. 长新皮鞋厂成立于 1995 年，是一家民营企业。企业创立之初，规模不大，是典型的直线制企业。总经理聘请了自己的几个亲友负责管理生产、销售、技术及后勤业务。这几名管理人员的分工并不明确，但都非常敬业，忠诚度很高，在企业的发展初期起了很大的作用。目前，生产线上的员工实行的是计划工资制；销售人员只有提成工资；其他员工实行的是固定底薪，到年底按企业当年的效益发奖金，奖金的多少由总经理决定。

企业的经济实力和业务规模在近几年有了很大的提高，但也遇到很多发展中的问题，如企业的管理工作日趋繁重，员工反映管理人员方法生硬；产品缺乏创新，导致一部分固

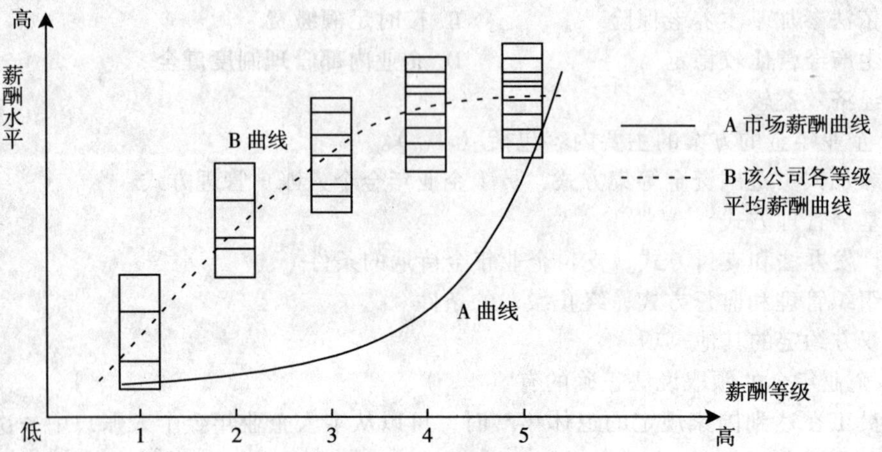

图 5-1　某公司薪酬等级图

定客户的流失；有些生产和销售的骨干被同行高薪挖走；人才的引进工作也不顺利，好不容易招聘到的几个技术人才不到半年就纷纷离开了。为了改变这些困境，企业进行了一系列的改革，如将企业的组织结构调整为直线职能制，明确了各部门的职责；在原有基础上对所有岗位的薪资按比例进行了调整；为了避嫌，免除了原有管理人员的职位，对这些人员在工作安排和薪酬发放上与一般员工一视同仁；为了提高管理水平，面向社会进行了重新招聘，并规定应聘人员的学历一律不能低于大学本科。

请回答以下问题：

（1）企业改革之前存在哪些问题？

（2）请对企业采取的改革措施做出评价。

（3）请对企业的薪酬制度提出改革建议。

3. 某公司是一家中国目前最重要的特殊玻璃生产销售厂商之一。目前有员工 500 余人，在全国有 21 个办事处。随着销售额的不断上升和人员规模的不断扩大，企业整体管理水平也需要提升。公司在人力资源管理方面起步较晚，原有的基础比较薄弱，尚未形成科学的体系，尤其是薪酬福利方面的问题比较突出。公司成立初期，人员较少，单凭领导一双眼、一支笔倒还可以分清楚给谁多少工资；但随着人员的激增，只靠过去的老办法显然不灵，这样做带有很大的个人色彩。随着该行业的发展，企业之间的竞争日趋激烈，尤其是人才竞争激烈，公司领导认识到人才、创新、提高工作效率的重要性。经调查；企业目前存在产品老化、工作流程过于繁杂、市场反应速度慢等不足之处。员工对目前公司薪酬水平、员工之间的薪酬差距也不甚满意，由于其他人力资源管理职能不健全，所以目前公司薪酬分配的依据不足，难以反映员工之间真正的能力差别、岗位价值差别、贡献差别。现在，该公司要重新设计工资方案，您认为怎样才能正确地确定员工薪酬的基本原则，并制定出一个合理的薪酬管理制度？

4. 老沈是一家电厂的人事处处长，以往每年年初就不断有方方面面的人开始打招呼、递条子，要求他帮忙安排高校毕业生进厂，厂里收入不高，但好歹也是旱涝保收。可那年头进人指标由上面政府管着，不该进的人他拦不住，企业真正想要的人他也没办法进，有本事进来的人不是没用就是拿企业做跳板。工作难做，上级领导、协作单位、亲朋好友倒是得罪了不少。2009 年企业人事管理有了重大改革，权力下放，企业自主，老沈心想终于可以进几个满意的人了。正好厂里要求进一两个计算机方面的人，老沈心想名牌大学的学生肯定是不会来的，所以他安排手下在毕业生交流大会上找几个不入流的学校的农村籍学生，经过材料审核、面试，选了两个签了协议，他还特意带他们在厂里转了两天。可没想到，一个学生回去后就说不来了，另一个索性从此杳无音信。老沈觉得不可思议：这两小子水平也不怎么样，出去找一份工作工资也高不到哪里去，还随时会被炒，怎么就不肯来？更糟糕的是，厂里原来所剩无几的本科生又有几个辞职走了。一天，老沈跟同事谈起此事，有一个人听了哈哈大笑：来这儿一点奔头都没有，谁敢来？

电厂的计算机人员职位结构简图：

公司高层—计划处长—计算机组长—计算机员（此次招聘职位）

员工工资结构：技能工资（原基本工资）+ 浮动工资（原一年长两级，现已停止增长）+ 补贴（按市政府文件执行，无差别）+ 误餐补贴（固定）+ 岗位奖金［最高系数 4.0 分，中层干部 3.0 分，一般工人 2.4 分，计算机员（包括组长）2.2 分］

问题：请分析这家电厂人力资源体系存在什么问题？为什么招不到人？

第六章　劳动关系管理（10~12/5~15 分）

第一节　劳务派遣管理（2 分）

1. 劳动力 + 生产资料 = 产品 + 服务。

2. 劳动者与用人单位之间在生产过程中产生的社会经济关系叫劳动关系。

3. 劳务派遣是指劳务派遣单位与接收单位签订劳务派遣协议，由劳务派遣单位招用雇员并派遣劳动者到接收单位工作，劳务派遣机构从中获得收入的经济活动。

4. 劳务派遣是一种典型的非正规就业方式。通过描述劳务派遣现象，可以将劳务派遣定性为一种组合劳动关系。

5. 在劳务派遣中，存在着三种主体和三重关系。

三种主体：劳务派遣机构、接收单位、受派遣劳动者。

三重关系：劳务派遣单位与受派遣劳动者的关系、劳务派遣机构与接收单位的关系、接收单位与派遣受劳动者。

6. 劳务派遣机构与受派遣劳动者的关系属于有“关系”没劳动的形式劳动关系；接收单位与受派遣劳动者的关系属于有劳动没“关系”的实际劳动关系。将两者结合，则构成了一个完整的劳动关系，是一种特殊组合劳动关系。两种不完整的劳动关系能够组合在一起的桥梁或纽带是：劳务派遣机构与接收单位的劳务派遣协议。

7. 劳务派遣特点：①形式劳动关系的运行；②实际劳动关系的运行；③劳动争议处理。

8. 形式劳动关系的运行：劳务派遣机构是形式劳动关系的主体之一。其职责是：①派遣劳动者的招聘、甄选、考核和录用，将劳务派遣到接收单位，支付工资、提供福利待遇、为受派遣劳动者缴纳社会保险、督促派遣劳动者的接收单位执行国家劳动标准和劳动条件；②收取派遣劳动者接收单位支付的派遣服务费；③行使和履行与劳动者订立的以劳务派遣形式用工的劳动合同，以及与接收单位订立的劳务派遣协议约定的应由本方享有和承担的其他权利义务。

9. 实际劳动关系的运行：派遣劳动者的接收单位是实际劳动关系的主体之一。其职责是：为派遣劳动者提供工作岗位和其他劳动安全卫生条件，实施劳动安全卫生管理，制定和实施与派遣劳动者相关的内部劳动规则，实施其他的劳动管理事务。派遣劳动者行使和履行劳动合同以及劳务派遣协议约定的应由本人享有和承担的权利义务。

10. 劳动争议处理：劳务派遣中的劳动争议，既可能发生于派遣劳动者与派遣机构之间，也可能发生于派遣劳动者与接收单位之间；派遣机构与接收单位之间发生的争议虽然也会涉及派遣劳动者的利益，但不属于劳动争议，而是属于民事纠纷。在形式用人主体和实际用人主体合谋共同侵害劳动者的合法权益时，形式用人单位和实际用人单位都应当作为被诉人。

11. 劳务派遣的成因：①降低劳动管理成本；②促进就业与再就业；③为强化劳动法制提供条件；④满足外国组织驻华代表机构等特殊单位的需求。

12. 降低劳动管理成本：①将实际用人单位内部的“非生产性”劳动管理事务剥离出来，极大地降低一般劳动管理成本；②由于劳务派遣机构的派遣服务，可以减少内部人员储备，降低固定人工成本；③由于劳务派遣机构是通过专业化和集约化的方式进行经营，可将一般性劳动管理成本大幅度地降低；劳务派遣机构有着自己独立的利益和责任。

13. 促进就业与再就业：我国劳动力市场在总量与结构上的供求失衡将会长时间地持续存在。劳务派遣可以满足以下人员的就业：①人力资本存量比较低，自身就业能力比较弱，短期内难以找到稳定就业岗位的人员；②人力资本存量比较高，就业能力比较强，劳动力市场相对比较稀缺，但不满足于固定在某一个用人单位的人员；③有一定人力资本存量，但其内部结构不均衡，通过劳务派遣形式积累工作经验的人员等。

14. 劳务派遣机构管理的内容：①资格条件：必须具备企业法人设立的条件，依法设立法人治理机关；②设立程序：应当实行许可制度；③合同体系：存在两种合同，其一为形式用人主体与受派遣劳动者的劳动合同；其二为派遣机构与接收单位的劳务派遣协议。

15. 派遣劳动者的管理：①派遣雇员与正式雇员享有平等的法定劳动权利，如参加工会的权利、民主参与的权利、提请劳动争议处理的权利等；②在同一岗位使用的派遣雇员与正式雇员应当同等待遇，同岗同酬；③用人单位的内部劳动规则的实施，包括劳动定额标准、劳动纪律、绩效评价等对派遣雇员与正式雇员一律平等；④实际用工单位应当根据工作岗位的实际需要与劳务派遣单位确定派遣期限，不得将连续用工期限分割订立数个短期劳务派遣协议；⑤被派遣劳动者可以根据《劳动合同法》有关规定，与劳务派遣单位解除劳动合同；⑥被派遣劳动者如果有严重违纪、严重失职、营私舞弊以及不能胜任工作等《劳动合同法》规定的相应情形的，用工单位可以将劳动者退回派遣单位，派遣单位依法可以与劳动者解除劳动合同，被派遣劳动者的派遣期限到期，应提前告知，并应协同派遣单位办理劳动合同的终止手续和工作交接；⑦实际用工单位不得将被派遣劳动者再派遣到其他用人单位。

第二节　工资集体协商（2~3 分）

16. 工资集体协商是指企业工会（雇员）代表与企业（雇主）代表依法就企业内部工资分配制度、工资分配形式、工资收入水平等事项进行平等协商，在协商一致的基础上签订工资协议的行为。

17. 工资协议是：专门就工资事项签订的专项集体合同。资集体协商制度是：调整劳动关系运行的重要机制。

18. 工资集体协商的内容：①工资协议的期限（一年）；②工资分配制度、工资标准和工资分配形式；③职工年度平均水平及其调整幅度；④奖金、津贴、补贴等分配办法；⑤工资支付办法；⑥变更、解除工资协议的程序；⑦工资协议的终止条件；⑧工资协议的违约责任；⑨双方认为应当协商约定的其他事项。

19. 工资指导线制度是在市场经济体制下，政府宏观调控工资总量和水平，调节工资分配关系，指导工资增长，指导企业工资分配的办法、规定的总称。

20. 工资指导线的作用：①为企业集体协商确定年度工资增长水平提供依据，有利于企业形成正常的增长机制；②引导企业自觉控制人工成本水平；③完善国家的工资宏观调控体系。

21. 制定工资指导线应遵循的原则：①工资指导线的制定应符合国家宏观经济政策和对工资增长的总体要求；②工资指导线水平的制定应密切结合当地的宏观经济状况，综合考虑地区年度经济增长率、社会劳动生产率、城镇居民消费价格指数、城镇就业状况、劳动力市场价格、人工成本水平和对外贸易状况等相关因素制定；③制定工资指导线实行协商原则。

22. 工资指导线有三条线：上线（预警线）、基准线、下线。

工资指导线上线：也称预警线，是对工资增长较快、工资水平较高企业提出的预警和提示。

工资指导线基准线：是年度货币工资平均增长目标，是对生产经营正常、有经济效益的企业合理的工资增长水平。

工资指导线下线：主要适用于经济效益较差或亏损企业，这类企业的货币平均工资增长在工资指导线适用的年度内允许零增长或负增长。

23. 工资集体协商的程序：①工资集体协商代表的确定。②工资集体协商的实施步骤。③工资协议的审查。④明确工资协议期限。

24. 工资集体协商代表的确定：①工资集体协商代表应依照法定程序产生。雇员一方由工会代表，未建立工会的企业，由雇员民主推举代表，并得到半数以上雇员同意。雇主一方代表由企业法定代表人和法定代表人指定的其他人员担任。②雇员一方的首席代表应当由工会主席担任。雇主一方的首席代表应当由法定代表人担任。③协商双方均可书面委托本企业以外的专业人士作为本方协商代表，但委托人数不得超过本方代表的1/3。④协商双方享有平等的建议权、否决权和陈述权。

25. 工资集体协商的实施步骤：①提出方应事先向另一方提出书面的协商意向书，明确协商的时间、地点、内容等；另一方接到协商意向书，应于20日内予以书面答复；②在不违反有关法律、法规的前提下，协商双方有义务按照对方的要求，在协商开始前5日内，提供与工资集体协商有关的真实情况和资料。

26. 工资协议的审查：①工资协议签订后7日内，由企业将工资协议一式三份及说明，报送当地（县级以上）劳动保障行政部门审查。②劳动保障行政部门应在收到工资协议15日内，对协商双方代表资格、工资协议条款内容和签订程序进行审查。若对工资协议无异议，应及时向协商双方送达《工资协议审查意见书》，工资协议即行生效；如对工资协议有修改意见，则应将意见在《工资协议审查意见书》中通知协商双方，双方应就修改意见及时协商，修改工资协议，并重新报送劳动保障行政部门。③工资协议报送15日后，协商双方未收到劳动保障行政部门的《工资协议审查意见书》，视为劳动保障行政部门同意，该工资协议即行生效。④在接到已经生效的工资协议后，协商双方应于5日内，以适当形式向双方人员公布。

27. 劳动力市场工资指导价位的制定程序：①信息采集；②价位制定：坚持市场取向原则，坚持实事求是原则；③公开发布。

第三节　劳动安全卫生管理（3分）

28. 企业法定代表人对本单位安全卫生负全面责任；分管安全卫生的负责人和专职人员对安全卫生负直接责任。总工程师负安全卫生技术领导责任。各职能部门、各级生产组织负责人：在各自分管的工作范围内对安全卫生负责；工人：在各自的岗位上承担严格遵守劳动安全卫生技术规程的义务。

29. 重大事故隐患管理制度要点：①重大事故隐患分类；②重大事故隐患报告；③重大事故隐患预防与整改措施；④劳动行政部门、企业主管部门对重大事故隐患整改的完成情况检查验收。

30. 伤亡事故报告和处理制度：①企业职工伤亡事故分类；②伤亡事故报告；③伤亡事故调查；④伤亡事故处理。

31. 劳动者健康检查制度：①员工招聘健康检查；②企业员工的定期体检。

32. 职业安全卫生保护费用分类：①劳动安全卫生保护设施建设费用；②劳动安全卫生保护设施更新改造费用；③个人劳动安全卫生防护用品费用；④劳动安全卫生教育培训经费；⑤健康检查和职业病防治费用；⑥有毒有害作业场所定期检测费用；⑦工伤保险费；⑧工伤认定、评残费用等。

33. 营造劳动安全卫生观念环境：①安全第一是处理生产与安全两者之间关系的基本准则；②预防为主，防重于治，是处理职业危害的预防与治理关系应遵循的原则；③安全第一、预防为主、以人为本成为企业所有员工在劳动安全卫生保护工作中的职业道德行为准则。

34. 营造劳动安全卫生制度环境：①建立健全的劳动安全卫生管理制度；②严格执行各项劳动安全卫生规程；③奖惩分明。

35. 劳动工作场所优化应做到：①科学装备、布置工作地；②保持工作场所的正常秩序和良好的工作环境；③正确组织工作场所的供应和服务；④劳动环境优化等。

36. 劳动组织优化，包括：①不同工种、工艺阶段合理组织；②准备性工作和执行性工作合理组织；③作业班组合理组织；④工作时间合理组织。

第四节　企业劳动争议处理（4分）

37. 劳动争议的概念也称劳动纠纷，是指劳动关系双方当事人之间因劳动权利和劳动义务的认定与实现所发生的纠纷。劳动争议实质上是劳动关系当事人之间利益矛盾、利益冲突的表现。

38. 劳动争议的特征：①劳动争议的当事人是特定的；②劳动争议的内容是特定的；③劳动争议有特定的表现形式。

39. 劳动争议的分类：

按照主体划分：①个别争议：人数在 2 人以下；②集体争议：人数在 3 人以上；③团体争议：工会与用人单位之间或履行集体合同发生的。

按照性质划分：①权利争议；②利益争议。

按照标的划分：①劳动合同争议；②关于劳动安全卫生、工作时间、休息休假、保险福利而发生的争议；③关于劳动报酬、培训、奖惩等因适用条件的不同理解与实施而发生的。

40. 劳动争议处理的原则：①着重调解及时处理的原则；②在查清事实的基础上依法处理的原则；③当事人在适用法律上一律平等的原则。

41. 企业调解委员会对劳动争议调解的特点：群众性、自治性、非强制性。

42. 调解委员会调解与劳动争议仲裁委员会、人民法院处理劳动争议时的调解的区别：①在劳动争议处理中的地位不同；②主持调解的主体不同；③调解案件的范围不同；④调解的效力不同。

43. 调解委员会的组成：①职工代表；②用人单位代表；③工会代表。用人单位代表的人数不得超过委员总数的 1/3。

44. 调解委员会调解劳动争议的原则。

（1）自愿原则：①申请调解自愿。②调解过程自愿。③履行协议自愿。

（2）尊重当事人申请仲裁和诉讼权利的原则。

45. 劳动争议仲裁是劳动争议仲裁机构根据劳动争议当事人一方或双方的申请，依法就劳动争议的事实和当事人应承担的责任做出判断和裁决的活动。

46. 劳动争议仲裁的特征：①仲裁主体具有特定性。②仲裁对象具有特定性。

47. 劳动争议仲裁委员会是国家授权、依法独立处理劳动争议案件的专门机构，是劳动行政范畴内的一种特殊执法机构。

劳动争议仲裁委员会的构成：①劳动行政部门代表。②同级工会代表。③用人单位方面的代表。仲裁委员会的办事机构。劳动行政主管部门的劳动争议处理机构是劳动争议仲裁委员会的办事机构。

48. 劳动争议仲裁的原则：①一次裁决原则；②合议原则；③强制原则；④回避原则；⑤区分举证责任原则。

49. 劳动争议当事人的权利义务。

劳动争议当事人的权利：①当事人有提起仲裁申请、答辩、变更申诉请求、撤诉、要求劳动争议仲裁委员会公正调解和裁决的权利；②当事人有委托代理人参加仲裁活动的权利；③当事人有申请回避的权利；④当事人有提出主张、提供证据的权利；⑤当事人有自行和解的权利；⑥当事人有不服仲裁裁决向人民法院起诉的权利；⑦当事人有申请执行的权利。

劳动争议当事人的义务：①当事人有正当行使权利的义务；②当事人有遵守仲裁庭纪律和程序的义务；③当事人有如实陈述案情、提供证据、回答仲裁员提问的义务；④当事人有尊重对方当事人和其他仲裁参加人的义务；⑤当事人有自觉履行发生效力的仲裁调解书和仲裁书的义务；⑥当事人有按规定交纳仲裁费的义务。

50. 劳动争议处理的程序：①根据我国劳动立法的有关规定，当发生劳动争议时，争议双方应协商解决；（调解）②不愿协商或协商不成，当事人可以申请企业劳动争议调解委员会调解；（仲裁）③调解不成或不愿调解，当事人申请劳动争议仲裁机构仲裁；（裁决）④当事人一方或双方不服总裁裁定，则申诉到人民法院，由人民法院依法审理并做出最终判决（上诉）。

51. 调解委员会调解的程序：①申请和受理；②调查和调解；③制作调解协议书或调解意见书。调解达成协议，制作调解协议书，写明争议双方当事人姓名（单位、法定代表人）、职务、争议事项、调解结果及其他应说明的事项，调解不成的，制作调解意见书。

52. 劳动争议仲裁的申请和受理程序。

申诉书应当载明：员工当事人的姓名、职业、住址和工作单位；用人单位的名称、地址、法定代表人的姓名、职务；仲裁请求及事实和理由；证据，证人的姓名、住址。

填写《立案审批表》报仲裁委员会负责人审批，审批应在填表 7 日（新法规定）内做出决定。要求在 15 日内提交答辩书和证据。决定不予立案的，应在 7 日内制作不予受理通知书。

53. 仲裁文书的传达方式： 直接送达、留置送达、委托送达、邮寄送达、公告送达。

54. 集体劳动争议处理的程序。特别程序与普通程序相比，其特点表现为：①劳动争议仲裁庭为特别合议仲裁庭，由 3 人以上的单数仲裁员组成；②劳动者一方当事人应当推举代表参加仲裁活动，代表人数由仲裁委员会确定；③影响范围重大的集体劳动争议案件由省级劳动争议仲裁委员会管辖；④集体劳动争议应自组成仲裁庭之日起的 15 日内结束，需要延期的，延长的期限不得超过 15 日；⑤仲裁庭应按照就地、就近的原则进行处理，开庭场所可设在发生争议的企业或其他便于及时办案的地方；⑥劳动争议仲裁委员会对受理的劳动争议及其处理结果应及时向当地政府汇报等。

55. 因签订集体合同发生争议的处理方法：①当事人协商。②由劳动争议协调处理机构协调处理。③当事人的权利和义务。

56. 劳动争议案例分析的方法：

按照劳动争议自身的规定性进行分析。

(1) 确定劳动争议的标的。

(2) 分析确定意思表示的意志内容。包括要素：①行为人的意思表示必须包含一定的意图，即追求一定法律效果的意图。②意思表示必须完整地表达追求该项意图的必需内容。③行为人以一定的方式将内心的意图表示于外部，可以由他人客观地加以识别。

(3) 分析确定意思表示所反映的意志内容是否符合劳动法律法规、集体合同、劳动合同、企业内部劳动管理规则的规定。按照承担法律责任要件进行分析。①分析确定劳动争议当事人所实施的行为。②分析确定当事人的行为是否造成或足以造成一定的危害。③分析确定当事人行为与危害结果之间是否存在直接的因果关系。④分析确定行为人的行为是否有主观上的过错。

劳动关系理论知识练习题

一、单项选择题（第 1~60 题，每题 1 分，共 60 分。每小题只有一个最恰当的答案，请在括号内填写。）

1. 劳动派遣的本质特征是（　　）。

A. 雇佣和使用分离　　B. 组合劳动关系

C. 民事法律关系　　D. 行政关系

2. 在劳务派遣中，劳务派遣单位与被派遣劳动者之间依法订立（　　）。

A. 劳动合同　　B. 集体合同　　C. 派遣合同　　D. 人才租赁合同

3. 以下说法不正确的是（　　）。

A. 劳务派遣是一种典型的非正规就业方式，在我国也是一种新型用工方式

B. 劳务派遣中派遣单位与被派遣劳动者之间的关系是完整的劳动关系

C. 劳务派遣单位与被派遣劳动者的关系是形式劳动关系

D. 接收单位与被派遣劳动者的关系属于实际劳动关系

4. 在劳务派遣中，劳务派遣机构与受派遣劳动者之间依法订立（　　）。

A. 劳动协议　　B. 集体协议　　C. 派遣协议　　D. 人才租赁协议

5. 劳务派遣单位与被派遣劳动者的关系属于有“关系”没劳动的（　　）。接收单位与被派遣劳动者的关系属于有劳动没“关系”的（　　）。派遣单位与接收单位建立的是（　　）。

A. 实际劳动关系　民事法律关系　形式劳动关系

B. 形式劳动关系　实际劳动关系　民事法律关系

C. 形式劳动关系　实际劳动关系　组合劳动关系

D. 实际劳动关系　形式劳动关系　民事法律关系

6. 派遣单位与接收单位之间发生的争议如果涉及被派遣劳动者的利益，则属于（　　）。

A. 民事纠纷　　B. 劳动争议　　C. 法人争议　　D. 行政争议

7. 被派遣劳动者的工资和社会保险是由（　　）支付。

A. 形式上的雇主　B. 接收单位　　C. 劳务派遣机构　D. 劳动行政部门

8. 劳务派遣单位的出现是（　　）的必然结果。

A. 社会化大生产　　B. 科学技术发展

C. 劳动管理专业化分工　　D. 劳动环境改善

9. 派遣劳动者的管理具有特殊性，主要体现在（　　）。

A. 劳动者技能水平偏低　　B. 可能出现劳动歧视问题

C. 劳动者薪酬水平不稳定　　D. 可能出现劳动者频繁跳槽问题

10. 劳动者被派遣到接收单位工作满法定期限，接收单位继续使用该劳动者的，派遣单位与劳动者的劳动合同终止，由（　　）。

A. 接收单位与劳动者订立劳动合同

B. 派遣单位与劳动者重新订立劳动合同

C. 派遣单位与接收单位都必须与劳动者订立劳动合同

D. 派遣单位与接收单位都不得与劳动者订立劳动合同

11. 我国法律规定，劳务派遣单位应当依照公司法的有关规定设立，注册资本不得少于（　　）。

A. 30 万元　　B. 50 万元　　C. 100 万元　　D. 150 万元

12.（　　）是指专门就工资事项签订的专项集体合同。

A. 工资指导线　　B. 工资协议　　C. 工资集体协商　D. 工资集体协商制度

13. 企业工会（雇员）代表与企业（雇主）代表依法就企业内部工资分配制度、工资

分配形式、工资收入水平等事项进行平等协商、在协商一致的基础上签订工资协议的行为是（　　）。

A. 工资集体协商　　B. 工资协议

C. 工资集体协商制度　　D. 集体合同

14. 工资集体协商的内容叙述错误的有（　　）。

A. 工资协议的期限

B. 工资分配制度、工资分配的标准和分配的形式

C. 调整劳动关系运行的重要机制

D. 工资协议的终止条件

15. 工资集体协议的当事人一方是企业，另一方是（　　）。

A. 劳动者个人　B. 企业工会　C. 企业法人　D. 企业人事部门

16. 随着市场经济体制的深入发展与完善，国家对企业工资分配的宏观调控已经由计划经济体制时期的直接控制转向间接调控，由调控工资总量转变为（　　）。

A. 调控工资水平　B. 调控薪酬水平　C. 调控市场经济　D. 调控劳动力市场指导价位

17. 工资指导线预警线是对工资增长较快、工资水平较高企业提出的预警和提示，它又被称为（　　）。

A. 基准线　B. 下线　C. 上线　D. 均线

18. 劳动力市场工资指导价位分为（　　）。

A. 月工资收入和日工资收入两种

B. 年工资收入和月工资收入两种

C. 年工资收入、月工资收入和日工资收入三种

D. 年工资收入、月工资收入、日工资收入和小时工资收入四种

19. 工资集体协商时，一方在接到另一方提出的书面协商意向书后，应于（　　）内予以答复。

A. 15 日　B. 20 日　C. 30 日　D. 60 日

20. 工资集体协商代表中，雇员一方首席代表的担任人是（　　）。

A. 法定代表人　B. 工会主席　C. 工会代表　D. 员工

21. 不属于工资集体协商中协商双方享有平等的权利是（　　）。

A. 建议权　B. 表决权　C. 否决权　D. 陈述权

22. 工资集体协商代表的确定程序与集体协商代表的确定程序是（　　）。

A. 不一致的　B. 一致的　C. 单独制定的　D. 集体协商裁定的

23. 工资集体协商，一般情况下（　　）进行一次。

A. 半年　B. 一年　C. 两年　D. 三年

24. 在工资协议审查时，在接到已经生效的工资协议后，协商双方应以适当形式向双方人员公布的时间期限是（　　）。

A. 15 日内　B. 10 日内　C. 7 日内　D. 5 日内

25.《劳动法》规定，工资集体协议文本须提交（　　）审核，经审核通过后才具有法律效力。

A. 企业工会主席　B. 企业法人代表　C. 最高决策部门　D. 劳动行政部门

26. 在企业中，（　　）对本单位安全卫生负全面责任。

A. 工人　　B. 各级生产负责人
C. 总工程师　　D. 企业法定代表人
27. 在企业安全生产责任制度中，工人对本单位安全卫生负（　　）。
A. 全面责任　　B. 直接责任　　C. 安全卫生技术领导责任
D. 在各自的岗位上严格遵守劳动安全技术规程的义务
28. 在企业安全生产责任制度中，各职能部门、各级生产组织负责人对本单位安全卫生负（　　）。
A. 全面责任　　B. 直接责任
C. 安全卫生技术领导　　D. 在各自分管的工作范围内负责
29. 总工程师对本单位的安全生产负（　　）。
A. 全面责任　　B. 直接责任　　C. 安全卫生技术领导责任
D. 在各自的岗位上承担严格遵守劳动安全技术规程的义务
30. 属于伤亡事故报告和处理制度的是（　　）。
A. 重大事故隐患报告　　B. 安全生产教育制度
C. 安全卫生认证制度　　D. 企业职工伤亡事故分类
31. 企业应安排员工定期进行体检，发现疾病时应及时（　　）。
A. 转岗　　B. 解聘　　C. 治疗　　D. 上报
32. 下列对职业危害描述错误的是（　　）。
A. 职业危害因素对劳动者人身造成的危害性
B. 既具有客观现实性，又具有可避免性
C. 表现为对劳动者的急性伤害、慢性伤害
D. 潜在职业危害不算职业危害
33. 企业所有员工在劳动安全卫生保护工作中的职业道德准则是（　　）。
A. 安全第一、预防为主、以人为本　　B. 安全卫生价值理念
C. 营造劳动安全卫生技术环境　　D. 劳动安全卫生管理制度
34. 处理生产与安全两者之间关系的基本准则是（　　）。
A. 安全第一　　B. 预防为主　　C. 以人为本　　D. 防重于治
35. 劳动组织优化不包括（　　）的合理组织。
A. 工作时间　　B. 准备性和执行性工作
C. 作业班组　　D. 技术型和工艺性工作
36. 不是劳动争议特征的是（　　）。
A. 当事人特定　　B. 内容特定
C. 有特定的表现形式　　D. 有特定的标的
37. 关于劳动争议的分类，按照劳动争议的主体划分，职工一方当事人人数在 3 人以上，有共同争议理由的，称为（　　）。
A. 个别争议　　B. 团体争议　　C. 集体争议　　D. 小组争议
38. 按照（　　）划分，可以将劳动争议分为权利争议和利益争议。
A. 劳动争议的主体　　B. 劳动争议的性质
C. 劳动争议的客体　　D. 劳动争议的标的
39. 按照（　　）划分，可以把劳动争议划分为个别争议、集体争议和团队争议。

A. 劳动争议的主体　B. 劳动争议的性质
C. 劳动争议的客体　D. 劳动争议的标的

40. 劳动关系当事人基于集体合同约定的权利和义务所发生的争议称为（　）。
A. 集体争议　B. 权利争议　C. 利益争议　D. 团体争议

41. 劳动关系当事人因主张有待确定的权利义务所发生的争议称为（　）。
A. 个别争议　B. 团体争议　C. 权利争议　D. 利益争议

42.（　）不属于企业劳动争议调解委员会对劳动争议的调解特点。
A. 群众性　B. 自治性　C. 强制性　D. 非强制性

43. 群众性是（　）的特点。
A. 和解　B. 调解　C. 仲裁　D. 诉讼

44. 下列不属于劳动争议处理原则的是（　）。
A. 着重调解及时处理的原则
B. 在查清事实的基础上依法处理原则
C. 当事人在使用法律上一律平等的原则
D. 强制性原则

45. 发生劳动争议后，劳动争议调解委员会职工代表是由（　）。
A. 工会指定　B. 当事人指定　C. 用人单位推荐　D. 职工大会推荐

46. 在企业调解委员会中，用人单位代表人数不得超过委员总数的（　）。
A. 1/2　B. 1/3　C. 1/4　D. 2/5

47. 企业劳动争议调解委员会不包括（　）。
A. 工会代表　B. 用人单位代表　C. 职工代表　D. 劳动行政部门代表

48. 仲裁庭裁决劳动争议实行一个裁级一次裁决制度，即（　）。
A. 强制原则　B. 一次裁决原则　C. 合议原则　D. 区分举证责任原则

49. 劳动争议仲裁委员会的组成不包括（　）。
A. 工会代表　B. 用人单位代表　C. 职工代表　D. 劳动行政部门代表

50.（　）的劳动争议处理机构是劳动争议仲裁委员会的办事机构。
A. 企业工会　B. 用人单位　C. 行业协会　D. 劳动行政主管部门

51. 关于劳动争议仲裁的原则，仲裁庭裁决劳动争议，实行少数服从多数原则，以保证仲裁裁决的公正性，这属于以下哪种？（　）
A. 区分举证责任原则　B. 强制原则
C. 回避原则　D. 合议原则

52. 关于劳动争议仲裁说法错误的是（　）。
A. 仲裁主体具有特定性　B. 仲裁程序具有特定性
C. 仲裁对象具有特定性　D. 仲裁实施强制的原则

53.（　）属于劳动争议仲裁的原则之一。
A. 平等自愿　B. 一次裁决　C. 公平公正　D. 二次裁决

54. 对劳动争议处理的程序描述不正确的是（　）。
A. 争议双方应协商解决
B. 当事人可以申请企业劳动争议调解委员会调解
C. 当事人一方或双方不服仲裁裁定，则申诉到人民法院

D. 制作调解协议书或调解意见书

55. 关于劳动争议调解，说法错误的是（ ）。

A. 调解活动强调群众的直接参与

B. 调解协议履行依赖于当事人自愿及舆论约束

C. 调解意见书是双方当事人的意思表示，一经当事人签字就具有一定约束力

D. 在调解争议的任何阶段，争议双方当事人都有依法提请仲裁和申诉的权利

56. 调解委员会调解劳动争议的期限为（ ），到期未结束的，视为调解不成。

A. 15 日 B. 30 日 C. 45 日 D. 60 日

57.（ ）是企业内的劳动者对本单位运行的劳动关系进行自我管理、自我调节、自我化解矛盾的有效形式。

A. 谈判 B. 协商 C. 调解 D. 仲裁

58. 在（ ）的情况下，调解委员会制作调解协议书。

A. 调解达成协议 B. 调解达不成协议

C. 调解期限届满不能结案 D. 调解协议送达后当事人反悔

59. 根据我国法律规定，劳动争议的仲裁时效为（ ），案情复杂的，经批准可以延期，但延期不得超过（ ）。

A. 30 日 15 日 B. 30 日 30 日 C. 60 日 15 日 D. 60 日 30 日

60. 以下不属于仲裁文书送达方式的是（ ）。

A. 直接送达 B. 留置送达 C. 委托送达 D. 间接送达

二、不定项选择题（第 1~40 题，每题 1 分，共 40 分。每题有一个或多个答案正确，请在括号内填写。少选、多选，均不得分。）

1. 以下表述正确的是（ ）。

A. 被派遣劳动者是形式劳动关系的主体之一

B. 劳务派遣机构是实际劳动关系的主体之一

C. 派遣劳动者的接收单位是形式劳动关系的主体之一

D. 派遣劳动者的接收单位是实际劳动关系的主体之一

E. 派遣劳动者的派遣单位是形式劳动关系的主体之一

2. 劳务派遣现象出现的原因是（ ）。

A. 降低劳动管理成本

B. 促进就业与再就业

C. 为强化劳动法制提供条件

D. 减轻企业参加社会保险的负担

E. 满足外国组织驻华代表机构等特殊单位的需求

3. 处理异地劳动争议的原则是（ ）。

A. 被派遣劳动者与派遣单位的劳动争议由派遣单位所在地管辖

B. 被派遣劳动者与接收单位的劳动争议由接收单位所在地管辖

C. 被派遣劳动者与派遣单位和接收单位的劳动争议，可由劳动合同或劳务派遣协议约定，由当事人选择派遣单位所在地或接收单位所在地管辖

D. 被派遣劳动者与派遣单位的劳动争议由接收单位所在地管辖

E. 被派遣劳动者与接收单位的劳动争议由派遣单位所在地管辖

4. 关于派遣劳动者与派遣机构和接收单位的劳动争议的管辖权问题，叙述正确的是（　）。

A. 可由派遣机构所在地管辖　B. 可由人民法院立案庭指定
C. 可由接收单位所在地管辖　D. 可由劳动保障行政部门指定
E. 可由劳动合同或派遣协议约定

5. 关于劳务派遣机构，说法正确的是（　）。

A. 劳务派遣机构应当在工商管理局注册登记
B. 劳务派遣机构是受派遣劳动者的形式用人单位
C. 劳务派遣机构是具备企业法人条件的企业法人
D. 劳务派遣机构的设立应当受到劳动保障部门的特许
E. 劳务派遣机构是派遣劳动者与接收单位之间的中介组织者

6. 劳务派遣单位应具有的资格条件包括（　）。

A. 具备企业法人设立的条件　B. 有一定数量的专业从业人员
C. 建立健全管理制度　D. 注册资本不少于 50 万元
E. 有足以抵御可预见的系统风险的风险保证金

7. 属于工资集体协商的内容有（　）。

A. 工资协议的期限　B. 工资分配制度、工资标准和工资分配形式
C. 工资支付办法　D. 工资协议的起始条件
E. 工资协议的违约责任

8. 工资指导线都包括（　）。

A. 预警线　B. 下线　C. 基准线　D. 上线　E. 最低线

9. 工资指导线的制定应密切结合当地的宏观经济情况，综合考虑地区年度（　）。

A. 经济增长率、社会劳动生产率　B. 城镇居民消费价格指数、城镇就业状况
C. 劳动力市场价格　D. 人工成本水平
E. 对外贸易状况

10. 有关工资指导线应遵循的原则，说法正确的是（　）。

A. 坚持企业工资总额的增长低于企业经济效益的增长
B. 坚持平均工资的增长低于劳动生产率的增长
C. 因差异化，我国不实行全国统一的工资指导线标准
D. 制定工资指导线实行协商原则
E. 工资指导线的制定可不符合国家宏观经济政策要求

11. 以下哪几项属于经济形势分析？（　）

A. 国家宏观经济形势和宏观政策分析
B. 本地区上一年度经济增长、企业工资增长分析
C. 本年度经济增长预测以及与周边地区的比较分析
D. 对本年度经济效益分析
E. 对本地区经济增长、企业工资增长分析

12. 劳动力市场工资指导价位分年工资收入和月工资收入两种形式，按（　）标准来反映平均水平。

A. 高位数　B. 中位数　C. 低位数　D. 奇位数　E. 偶位数

13. 工资集体协商双方享有平等的（ ）。

A. 选举权 B. 否决权 C. 建议权 D. 起诉权 E. 陈述权

14. 劳动力市场工资指导价位的制定应注意（ ）。

A. 坚持市场取向原则 B. 坚持实事求是原则

C. 工资幅度标准 D. 坚持劳动市场的公平原则

E. 定期公开发布

15. 同一职业（工种）劳动力市场工资价位水平的高、中、低之分，是由（ ）等因素决定的。

A. 企业经济效益 B. 企业规模 C. 企业经济类型 D. 不同层次劳动者

E. 就业状况

16. 关于安全生产责任制度的表述，正确的是（ ）。

A. 总工程师负安全卫生技术领导责任

B. 企业法定代表人对本单位的安全卫生负全面责任

C. 分管安全卫生的负责人和专职人员对安全卫生负直接责任

D. 工人在各自岗位上承担严格遵守劳动安全技术规程的义务

E. 工程技术人员和生产工人在生产过程中，对各自的职务或职责范围内劳动安全卫生都负有相应的责任

17. 伤亡事故报告和处理制度应该包括（ ）。

A. 企业职工伤亡事故分类 B. 伤亡事故报告

C. 伤亡事故调查 D. 伤亡事故处理

E. 重大事故隐患报告

18. 健康检查制度包括（ ）。

A. 招工体检 B. 定期体检 C. 不定期体检 D. 发放体检卡当做福利

E. 职业病检查

19. 劳动安全卫生保护费用的类别主要有（ ）。

A. 劳动安全卫生教育培训经费 B. 有毒有害作业场所定期检测费用

C. 个人劳动安全卫生防护用品费用 D. 劳动安全卫生保护设施建设费用

E. 劳动安全卫生保护设施更新改造费用

20. 潜在的职业危害因素转变为职业伤害必须具备一定的诱发条件，这些条件包括（ ）。

A. 劳动组织的不完善 B. 劳动条件的不良状态 C. 人的错误操作行为

D. 对自然规律认识不足 E. 人的错误管理行为

21. 劳动工作场所优化应做到（ ）。

A. 科学装备、布置工作地

B. 保持工作场所的正常秩序和良好的工作环境

C. 正确组织工作场所的供应和服务

D. 劳动环境优化

E. 工作时间合理组织

22. 成为企业所有员工在劳动安全卫生保护工作中的职业道德行为准则的是（ ）。

A. 安全第一 B. 预防为主 C. 以人为本 D. 防重于治 E. 防治结合

23. 营造劳动安全卫生技术环境应做到（　　）。
A. 直接使用安全技术和无害装置、无害工艺，从基础上避免劳动安全卫生事故
B. 完善劳动场所设计，实现工作场所优化
C. 劳动组织优化
D. 保持工作场所的正常秩序和良好的工作环境
E. 准备性工作和执行性工作合理组织
24. 劳动争议的特征是（　　）。
A. 劳动争议的内容是特定的　B. 劳动争议的当事人是特定的
C. 劳动争议有特定的表现形式　D. 劳动争议影响范围仅仅局限在争议主体之间
E. 有的劳动纠纷虽然涉及面很广，但劳动纠纷绝对不会造成国际性影响
25. 按照劳动争议的标的划分，可以把劳动争议划分为（　　）。
A. 权利争议　B. 劳动合同争议　C. 经济利益争议
D. 关于劳动安全卫生、工作时间、休息休假和保险福利发生的争议
E. 关于劳动报酬、培训、奖惩等因适用条件不同的理解与实施而发生的争议
26. 劳动争议按主体划分有（　　）。
A. 个别争议　B. 集体争议　C. 团体争议　D. 权利争议　E. 利益争议
27. 调解的特点包括（　　）。
A. 群众性　B. 自治性　C. 非强制性　D. 利益性　E. 一次性
28. 调解委员会调解与人民法院处理劳动争议时的调解区别在于（　　）。
A. 调解的原则不同　B. 主持调解的主体不同
C. 调解的效力不同　D. 调解案件的范围不同
E. 在劳动争议处理中的地位不同
29. 劳动争议处理的原则有（　　）。
A. 着重调解　B. 及时处理　C. 依法、合法　D. 平等、公正　E. 强制
30. 调解委员会调解劳动争议的原则有（　　）。
A. 自愿原则　B. 尊重当事人申请仲裁和诉讼权利的原则
C. 调节过程自愿原则　D. 申请调节自愿原则
E. 履行协议自愿原则
31. 劳动争议仲裁委员会由（　　）构成。
A. 同级工会代表　B. 人民法院的法官　C. 用人单位的代表　D. 劳动行政部门代表
E. 上一级劳动争议仲裁委员会的代表
32. 属于劳动争议仲裁原则的有（　　）。
A. 区分举证责任原则　B. 强制原则　C. 回避原则　D. 合议原则
E. 一次裁决原则
33. 劳动争议当事人的权利包括（　　）。
A. 当事人有直接仲裁的权利　B. 当事人有强制执行的权利
C. 当事人有自行和解的权利　D. 当事人有提出主张、提供证据的权利
E. 当事人有提出仲裁申请、答辩的权利
34. 申请劳动争议仲裁应当符合的条件包括（　　）。
A. 属于企业劳动争议调解委员会管辖

B. 符合申请调解的时效规定

C. 有明确的被诉人、具体的要求和理由

D. 属于国家有关劳动争议处理法规规定的劳动争议

E. 申诉人必须是与本案有直接利害关系的职工与单位

35. 劳动争议发生后，当事人申请仲裁应提交申诉书，申诉书应当载明（　　）。

A. 当事人姓名　　B. 法定代表人姓名

C. 立案审批表　　D. 证人姓名

E. 仲裁请求及事实和理由

36. 以下属于调解委员会调解程序的是（　　）。

A. 申请和受理　　B. 形式劳动关系、实际劳动关系、民事法律关系

C. 调查和调解　　D. 制作调解协议书或调解意见书

E. 申请仲裁

37. 仲裁文书的送达方式包括（　　）。

A. 直接送达　B. 留置送达　C. 委托送达　D. 邮寄送达　E. 公告送达

38. 履行集体合同发生争议时可采用（　　）的办法处理。

A. 当事人协商　　B. 法院审理

C. 工会组织罢工　　D. 劳动争议调解委员会调解

E. 劳动争议仲裁委员会仲裁

39. 因签订集体合同发生争议时，当事人承担的和平义务包括（　　）。

A. 不得采取罢工等行为

B. 当事人应当平等协商

C. 不得向境外媒体泄露争议产生的原因

D. 在申请协调处理期间，企业不得解除职工代表的劳动关系

E. 对协商不能解决的问题，应通过正常程序向公安机关申请协调处理

40. 按照劳动争议自身的规定性对劳动争议进行分析，其要点包括（　　）。

A. 确定劳动争议的标的

B. 分析确定意思表示的意志内容

C. 分析确定意思表示所反映的意志内容是否符合劳动法律法规的规定

D. 分析确定意思表示所反映的意志内容是否符合集体合同、劳动合同的规定

E. 分析确定意思表示所反映的意志内容是否符合企业内部劳动管理规则的规定

劳动关系专业技能练习题

一、简答题（本题共 3 题，第 1 题 13 分，第 2 题 7 分，第 3 题 10 分，共 30 分。）

1. 什么是集体劳动争议？简述集体劳动争议的处理方法。

2. 简要说明劳务派遣的特点和成因。

3. 在分析劳动争议案例时，应注意哪些要点？

二、综合题（第 1 题 20 分，第 2 题 20 分，第 3 题 30 分，共 70 分。）

1. 张某与某五金工具厂签订了 5 年期限的劳动合同，该厂收取了张某 1000 元入厂风险抵押金。合同期满后，张某明确表示不愿续签劳动合同，要求企业办理终止劳动关系手续，并退还 1000 元风险抵押金。该厂由于缺少人员，迟迟不予办理终止劳动合同手续，

并声称只有到一个月后才能退 1000 元。张某只好等到一个月后，又要求该厂办理终止劳动合同手续，并退还 1000 元风险抵押金。可是，该厂声称终止合同日期已过，现已形成事实劳动关系，提出张某应该按原合同履行义务，并不退还收取的 1000 元风险抵押金。为此，张某向当地劳动争议仲裁机构提出申诉，请求该厂办理终止劳动合同手续，并退还 1000 元风险抵押金。仲裁机构裁决该厂自裁决书生效之日起 5 日内为张某办理终止劳动合同手续，并退还张某 1000 元风险抵押金。

请回答以下问题：

（1）张某与某五金工具厂是否存在事实劳动关系？

（2）分析仲裁委员会的裁决意见。

2. 胡某于 2000 年 6 月 12 日进入某建材公司工作，双方约定合同期 2 年。2001 年 7 月，公司安排胡某外出培训 2 个月，双方同时签订培训协议，约定培训后胡某须为公司服务 5 年，不满 5 年的应按已履行协议年限逐年递减赔偿金。2002 年 5 月 8 日胡某按合同约定提前 1 个月告知公司到期不再续签劳动合同，公司则要求胡某赔偿培训费，双方发生争执，公司没有发放胡某 5 月份工资。胡某为此以第二次公休假（即带薪年休假）和扣发工资的双重理由不再上班。公司在劳动合同即将到期的情况下提起申诉，要求胡某按培训协议返还培训费损失，胡某则提起反诉，要求公司支付克扣的工资。

公司认为，按企业的规章制度，公休假须填报请假单，并经主管批准，方可休假。胡某在未办理任何手续的情况下，擅自安排休假是违规行为，公司理应不予支持，胡某应承担违规责任。胡某不愿意续签劳动合同，就不能在 2 年期的劳动合同期内享受两次公休假。另外，培训协议是双方自愿签订的，按此协议规定，员工经过培训后须为公司服务 5 年，不满 5 年的应按已履行协议年限逐年递减赔偿金。所以不发胡某 5 月份工资是事出有因的。

胡某认为，在公休假前曾向主管口头提出被允准后才休假的。且以前公休假也是这样办理的，应该无过错。再说，劳动合同即将到期，按本人公休假时间安排正好到合同期终止，公休假是国家规定的，理应享受，个人的合法权利应该得到保护，5 月份工资是本人劳动所得，享受公休假工资也是合法的，公司均无理由拖欠不发。且享受公休假后，劳动合同到了终止期，培训协议也是无效的。

通过审理，仲裁委根据胡某的实际履行期和培训协议约定服务期限，作出了胡某返还公司培训费和公司支付胡某 5 月份工资的裁决。

请回答以下问题：

（1）在劳动合同为期 2 年的情况下，能否享受第二次带薪年休假待遇？

（2）在劳动合同即将到期的情况下，双方曾经签订过的培训协议中约定的赔偿条款是否有效？

3. 2001 年 8 月 1 日，张先生与某工程设计院签订 4 年期劳动合同，合同期限到 2005 年 7 月 30 日止，工作岗位为行政助理。2003 年 2 月变更劳动合同，张某任该院人力资源部人事主管。2003 年 2 月，某工程设计院开始实施由员工大会通过的新的技术经济责任制，该制度规定设置设计提成奖、管理奖、出勤奖、开发奖、工程奖等奖项，其中设计部门奖金总额为全年完成合同额减去工程成本和基本定额再乘以 15%，基本定额为每名设计人员 10 万元；管理部门奖金以设计人员年平均奖金的 70%为基数，再乘以各自岗位系数，人事主管岗位的系数为 0.8。

2004 年 10 月 15 日张某认为某工程设计院未按照技术经济责任制的规定，足额支付其2003年及2004年1月至9月应得奖金，在与部门领导多次协商无果的情况下，向当地劳动争议仲裁机构提出申诉，请求某工程设计院按照办法的规定补发其应得奖金67180元及经济补偿金16800元。

本案的具体的事实与理由如下：

首先，张先生提供的工资表表明：2003年5月和10月两次累计预支张某奖金2.6万元，2004年5月和9月两次支付2003年及2004年1月至9月奖金共计2.9万元，这与制度规定应予支付的数额相去甚远。

其次，张先生提供的依据是：某工程设计院2003年全年完成合同额2150万元，2004年经营目标为2400万元；2003年工程成本为58万元，2004年工程成本为48万元。而某工程设计院认为张某的主张缺乏依据，以会计师事务所依法关于某工程设计院全面会计审计报告为依据对张某的主张提出异议。2003年实际完成合同额2000万元，工程成本为62万元；2004年数据仅为计划数据，实际发生情况与计划存在差距。

再次，张先生主张2003年全院设计人员为22人，2004年全院设计人员为36人。而某工程设计院提供了该院人员情况表，证明该院2003年与2004年设计及设计辅助人员分别为25人和40人。

最后，张某在申诉书中主张的数据均为其个人通过其职务工作所获得。

请根据本案情况指出劳动争议的焦点，并提出裁决意见及其理由。

第七章　基础知识（10分）

第一节　劳动经济学（1~2分）

1. 劳动资源的稀缺性具有的属性：①相对的稀缺性；②劳动资源的稀缺性又具有绝对的属性；③本质表现是消费劳动资源的支付能力、支付手段的稀缺性。

2. 劳动力供给是指在一定的市场工资率的条件下，劳动力供给的决策主体（家庭或个人）愿意并且能够提供的劳动时间。

3. 劳动力供给的工资弹性——简称劳动力弹性，是指劳动力供给量变动对工资率变动的反应程度。

4. 劳动力供给弹性分为五类：①供给无弹性 Es = 0；②供给有无限弹性 Es 趋于无限大；③单位供给弹性 Es = 1；④供给富有弹性 Es > 1；⑤供给缺乏弹性 Es < 1。

5. 经济周期是指经济运行过程中繁荣与衰退的周期性交替。

6. 劳动力需求是指企业在某一特定时期内，在某种工资率下愿意并能够雇用的劳动量。

7. 劳动力需求的自身工资弹性—劳动力需求量变动对工资率变动的反应程度。

8. 工资弹性五类：①需求无弹性 Ed = 0；②需求有无限弹性 Ed 趋于无限大；③单位需求弹性 Ed = 1；④需求富有弹性 Ed > 1；⑤需求缺乏弹性 Ed < 1。

9. 劳动力市场均衡的意义：①劳动力资源的最优分配。在完全竞争的市场结构中，劳动力市场实现均衡，劳动力资源就能达到最有效率的分配。②同质的劳动力获得同样的工资。不存在任何职业的、行业的和地区的工资差别。③充分就业。

10. 工资形式分为四类：土地、劳动、资本、企业家才能，分别对应为地租、工资、利息、利润。

11. 货币工资是指工人单位时间的货币所得。它受到三个主要因素的影响：货币工资率、工作时间长度、相关的工资制度安排。实际工资=货币工资/价格指数。

12. 福利是工资的转化形式和劳动力价格的重要构成部分。福利的支付方式：①实物支付，包括各种免费或打折的工作餐、折价或优惠的商品和服务。②延期支付，包括各类保险支付，如退休金、失业保险等。

13. 福利无论以何种具体方式表现，实质上都是由工人自己的劳动支付的。特征：①福利支付以劳动为基础；②法定性；③企业自定性和灵活性。

14. 失业类型：①摩擦性失业。它是一种正常性失业，即使劳动力市场处于劳动力供求均衡状态时也会存在这种类型的失业。自然特征，最常见。②技术性失业。解决技术性失业最有效的办法是推行积极的劳动力市场政策，强化职业培训，普遍地实施职业技能开发。③结构性失业。缓解结构性失业最有效的对策是推行积极的劳动力市场政策，包括超前的职业指导和职业预测、广泛的职业技术培训以及低费用的人力资本投资计划等。④季节性失业。

15. 失业的负面影响（代价）：①失业造成家庭生活困难。②失业是劳动力资源浪费的典型形式。③失业直接影响劳动者精神需要的满足程度。

16. 对就业总量影响最大的宏观调控政策是：财政政策、货币政策、收入政策。

17. 财政政策因其目标的不同，分为两种类型：扩张性的财政政策（积极的）是通过采取扩大政府购买、增加政府转移支付；紧缩性的财政政策（稳健的）是通过采取减少政府购买和转移支付。

18. 货币政策是指政府以控制货币供应量为手段，通过调节利率来调节总需求水平，以促进充分就业、稳定物价和经济增长的一种宏观经济管理对策。

19. 货币政策包括：扩张性的货币政策和紧缩性的货币政策。

20. 收入政策在社会经济中的作用：①有利于宏观经济的稳定；②有利于资源的合理配置；③有利于缩小不合理的收入差距。

21. 基尼系数是意大利经济学家基尼依据洛伦茨曲线创制的用来判断某种收入分配平等程度的一种尺度。

22. 从世界各国情况看，基尼系数小于 0.2 时，表示收入差距非常小，基尼系数在 0.4 以上，则表示收入差距比较大，通常的基尼系数在 0.2~0.4。

23. 收入政策措施：①调控收入与物价关系的措施。a. 制定工资—物价指导线，作为微观经济单位——企业增长工资的参照标准；b. 在物价和工资增长过快、影响宏观经济稳定的情况下，对物价和工资进行管制以至于冻结；c. 实施以税收为基础的收入控制政策，约束企业工资发放过度的行为。②收入平等化措施。a. 实行个人收入所得税制度，并且在实施中采取累进税率制；b. 对遗产、赠与、财产（即土地、房产等不动产）、高消费征税；c. 发展社会保障事业，解决失业保险、医疗保险、养老保险、未成年子女的家庭补贴、低于贫困线的家庭与个人的救济等方面的支出，这是财政的“转移支付”部分；d. 对失业者，特别是其中贫困者，提供就业机会与就业培训；e. 发展教育事业，有利于从根本上消除贫困，扩大社会平等；f. 改善居民住房条件，向低收入阶层提供廉价住房或住房补贴。

第二节　劳动法（1~2 分）

1. 保障劳动者的劳动权是劳动法的首要原则。

2. 平等的就业权和自由择业权是劳动权的核心。

3. 劳动权受到国家的保障，这种劳动权保障具体体现在基本保护、全面保护和优先保护等方面。

4. 习惯法——是以法律的长期实践（习惯）为前提，以法律共同体的普遍的法律确信为基础。

5. 法官法是指大陆法系，中国应用。

6. 劳动法体系：①促进就业法律制度（《促进就业法》）；②劳动合同和集体合同制度（《劳动合同法》）；③劳动标准制度；④职业培训制度（旧《劳动法》）；⑤社会保险和福利制度（寻求意见中）；⑥劳动争议处理制度（《劳动争议调解仲裁法》）；⑦工会和职工民主管理制度（《工会法》）；⑧劳动法的监督检查制度（草拟中）。

7. 劳动法律关系的种类：①劳动合同关系，即雇员与雇主在劳动过程中的权利义务关系。劳动合同关系为劳动法律关系的重要形态，其他劳动法律关系的存在与运行是以劳动合同法律关系为目的，通常所说的法律关系一般为劳动合同关系。②劳动行政法律关系，是劳动行政主体与劳动行政相对人之间，为实现和保障劳动关系的运行而依据劳动法律规范和有关行政法律规范所形成的义务关系。主体为劳动行政机关及授权的职能机构，行政相对人主要为劳动者和用人单位。例如，由于劳动法的监督检查而存在的劳动行政机关与用人单位的法律关系等。③劳动服务法律关系。例如职业培训机构与劳动关系当事人的培训服务关系，工会组织劳动保障劳动者合法权益提供法律服务而产生的关系等。

第三节　现代企业管理（2分）

1. 经营环境的宏观分析：政治法律环境、经济环境、技术环境、社会文化环境。

2. 企业内部条件和外部环境的综合分析，主要采用SWOT分析法。S——企业内部优势；W——企业内部劣势；O——企业外部环境的机会；T——外部环境的威胁。

3. 企业的总体战略有：进入战略（购并战略、内部创业战略、合资战略、不同的进入战略特点不同）、发展战略、稳定战略和撤退战略。

4. 撤退战略方式：特许经营、分包、卖断、管理层与杠杆收购、拆产为股/分拆、资产互换与战略贸易。

5. 风险型决策方法：收益矩阵、决策树、敏感性分析。

6. 各方案收益期望值 =（最乐观值 + 最可能值 × 4 + 最保守值）/6。

7. 影响消费者购买行为的主要因素：文化因素、社会因素、个人因素、心理因素。

8. 市场营销管理过程步骤：分析市场机会—选择目标市场—设计市场营销组合—执行和控制市场营销计划。

9. 分析市场机会：①发现市场机会，就是为满足的需要；②评价市场机会。所谓企业营销机会就是对企业的营销具有吸引力的、能享受竞争优势的市场机会。

10. 市场细分是指企业通过市场调研，根据顾客对产品不同的需要和欲望，不同的购买行为与购买习惯，把某一产品的整体市场分割成需要不同的若干子市场的分类过程。

11. 市场定位就是根据所选定目标市场上的竞争者现有产品所处的位置和企业自身的条件，从各方面为企业产品创造一定的特色，塑造并树立一定的市场形象，以求在目标顾客心目中形成一种特殊的偏好。

12. 销售渠道是指产品由企业（生产者）向最终顾客（消费者）移动过程中所经过的各个环节，或企业通过中间商（转卖者）到最终顾客的全部市场营销结构。

13. 影响销售渠道选择的因素：产品因素、市场因素、企业因素。

14. 促销包括广告、人员推销、营业推广、宣传等方式。

第四节　管理心理与组织行为（2~3 分）

1. 态度——是人对某种事物或特定对象所持有的一种肯定或否定的心理倾向。

2. 态度直接显示出个体的中心价值和自我意向。态度很重要，它会影响到行为。

3. 工作满意度——指员工对自己的工作所抱有的一般性的满足与否的态度。

4. 影响工作满意度的因素：富有挑战性的工作、公平的报酬、支持性的工作环境、融洽的人际关系、个人特征与工作的匹配。

5. 工作满意度与绩效和行为的关系：当员工行为不受外在因素的限制时，工作满意才可能导致生产效率的提高。

6. 组织承诺三种形式：感情承诺、继续承诺、规范承诺。

7. 社会知觉——是指个体对其他个体的知觉，即我们如何认识他人。

8. 社会知觉的效应：①首因效应（偏见）；第一印象作用；②光环效应；③投射效应；④对比效应；⑤刻板效应。

9. 归因——就是利用有关的信息资料对人的行为进行分析，从而推论其原因的过程。分为内因和外因，也可分为稳因和非稳因。

10. 社会性动机及其驱动的行为。

11. 团队过程的主要范畴是沟通、影响、任务和维护的职能、决策、冲突、氛围和情绪问题。

12. 人际关系与沟通五个阶段：选择或定向阶段、试验和探索阶段、加强阶段、融合阶段、盟约阶段。

13. 周哈利窗模型：隐藏区的信息是自己知道而别人不知道的信息。盲区是对方知道但自己却不知道的信息。

14. 根据周哈利窗模型，把个体的沟通风格划分为四种类型：自我克制型（不暴露不反馈、双盲式）、自我保护型（反馈高、暴露低）、自我暴露型（多暴露、少反馈）、自我实现型（平衡的暴露和反馈，达到最有效人际沟通）。

15. 费德勒的权变模型。分离了三个情境因素：领导者与被领导者的关系（双方的信任程度，被领导者对领导者的忠诚、尊重和追随程度）、任务结构（工作是常规还是非常规的，工作范围明确）、领导者的职权（领导者是否拥有权力，对下属是否能直接控制，被上级和组织的支持程度）。

16. 领导情境理论同其他领导行为理论一样，也把领导的行为方式按“关心人”和“关心工作”两个维度划分成四种类型的领导方式：高关系—低工作的参与式，低关系—高工作的命令式，高关系—高工作的推销式，低关系—低工作的授权式。

17. 被领导者的成熟度：工作成熟度（知识越丰富，技能越高强）、心理成熟度（工作兴趣和自觉性越高，越不需要外力推动）。

18. 领导技能和职业发展计划方法：加速站、辅导、按需培训、确定领导技能的范畴。

19. 信度，又称稳定性或可信性。效度，是指有效性和准确性。

第五节　人力资源开发与管理（1~2分）

1. 人性假设的四种不同的管理方式：经济人、社会人、自我实现人、复杂人。

2. 人本管理原则：①人的管理第一；②满足人的需要，实施激励；③优化教育培训，完善人、开发人、发展人；④以人为本，以人为中心构建企业的组织形态和机构；⑤和谐的人际关系；⑥员工个人与组织的共同发展。

3. 和谐的人际关系作用：①人际关系影响企业的凝聚力；②人际关系影响人的身心健康；③人际关系影响个体行为；④人际关系影响企业工作效率和企业发展。

4. 人力资本——是指通过费用支出（投资）于人力资源，而形成和凝结于人力资源体中，并能带来价值增值的能力、知识、技能及体能的总和。

5. 人力资本投资——是指投资者通过对人进行一定的资本投入（货币资本或实物），增加或提高人的智能和体能，这种劳动能力的提高最终反映在劳动产出增加上的一种投资行为（培训开发）。

6. 教育投资的私人成本包括：直接成本和间接成本。直接成本包括学费、书籍费等直接教育费用以及因受教育而产生的额外支出。

7. 影响人力资源创新能力的因素：天赋、知识和技能、个人努力、文化、经济条件。

8. 管理开发的基本手段包括：法律手段、行政手段、经济手段、宣传教育手段、目标管理手段。

9. 现代人力资源管理与传统的劳动人事管理主要区别：①在管理内容上，传统的劳动人事管理以事为中心，现代人力资源管理以人为中心；②在管理形式上，传统的属于静态管理，现代的属于动态管理；③在管理方式上，传统的主要采取制度控制和物质刺激手段，现代的采取人性化管理；④在管理策略上，传统的侧重于近期或当前人事工作，现代的不仅注重近期或当期具体事宜的解决，更注重人力资源的整体开发、预测与规划；⑤ 管理技术上，传统的按章办事，机械呆板，现代的追求科学性和艺术性；⑥管理体制上，传统的多为被动反应型，按部就班，现代的多为主动开发型，有计划有目的地开展工作；⑦管理手段上，传统的手段单一，以人工为主，很难保证及时准确；现代的软件系统，及时准确提供决策依据；⑧管理层次上，传统的只是上级执行部门，很少参与决策；现代的处于决策层，直接参与单位的计划与决策，为单位最重要的高层决策部门之一。

10. 现代人力资源管理三大基石：定编定岗定员定额、员工的绩效管理、员工的技能开发。

11. 员工的绩效管理。充分调动员工的积极性、主动性和创造性，不断改善组织与员工行为，提高员工素质和挖掘其潜力的活动过程。绩效管理目标是不断改善组织氛围，提高组织与员工的效率。从目标、程序导向愿景、行为、效果导向，从事前策划到过程监测，从事后考评到绩效改进的动态过程。

12. 绩效管理被称为人力资源管理一大基石的根本原因在于对组织具有六点作用：①是企业人事决策的重要依据和基础；②是组织诊断、组织变革和组织发展的有力措施；

③是显示和监测公司领导方式、工作方法、工时制度、劳动环境、生产条件、设备配置状况的重要手段；④是实现“效率优先、兼顾公平、按劳付酬”分配制度的基本依据；⑤是制订和修改公司员工技能培训开发计划的主要前提；⑥是监测和提高企业整体生产效率和经济效益的主要途径。

13. 现代人力资源管理的两种测量技术：工作岗位研究、人员素质测评。

14. 岗位研究——是岗位调查、岗位分析、岗位评价、岗位分类分级等项活动的总称。

基础知识练习题

一、单项选择题（第1~60题，每题1分，共60分。每小题只有一个最恰当的答案，请在括号内填写。）

1. 资源的有限性称为（　　）的稀缺性。

A. 消费　　B. 物质　　C. 需求　　D. 资源

2. 在市场经济中，支付能力是生产出来的，是生产的结果，生产力等于（　　）。

A. 劳动结果　　B. 支付能力　　C. 支付手段　　D. 劳动能力

3. 一定社会发展阶段所能够拥有的（　　）就是消费的支付能力。

A. 劳动能力　　B. 劳动手段　　C. 劳动量　　D. 劳动资料

4. 利润定义为企业生产经营的总收入减去（　　）的差额部分。

A. 生产费用　　B. 总费用　　C. 原材料费用　　D. 人工费用

5.（　　），是指在一定的市场工资率的条件下，劳动力供给的决策主体（家庭或个人）愿意并且能够提供的劳动时间。

A. 劳动力供给　　B. 劳动力总量　　C. 劳动力需求　　D. 劳动力市场

6. 劳动力供给量变动对工资率变动的反应程度被定义为劳动力供给的工资弹性，简称为（　　）。

A. 供给无弹性　　B. 劳动力供给弹性

C. 供给缺乏弹性　　D. 供给富有弹性

7. 劳动力参与率是衡量、测度（　　）程度的指标。

A. 人口密度　　B. 社会劳动强度

C. 人口参与社会劳动　　D. 参加工作人口比例

8. 劳动力供给富有弹性表示为（　　）。

A. $Es < 0$　　B. $Es > 0$　　C. $Es < 1$　　D. $Es > 1$

9. 劳动力供给的工资弹性 Es 表示为（　　）。

A. $(\Delta S/S)/(\Delta w/w)$　　B. $(\Delta w/w)/(\Delta S/S)$　　C. $(\Delta w/S)/(\Delta S/w)$　　D. $(\Delta S/w)/(\Delta w/S)$

10. 劳动力需求的自身工资弹性是（　　）变动对工资率变动的反应程度。

A. 劳动力需求　　B. 劳动力供给　　C. 劳动力需求量　　D. 劳动力供给量

11. 在完全竞争条件下，短期企业劳动力需求决定的原则是（　　）。

A. MRP = VMP　　B. MRP = MP　　C. VMP = MP　　D. MP = MC

12.（　　）的劳动力市场是广义的劳动力市场交换关系的外在表现，是实现劳动资源配置的有效途径。

A. 劳动要素　　B. 狭义　　C. 劳动关系　　D. 劳动机制

13. 劳动法的基本原则是指调整劳动关系以及与劳动关系密切联系的其他一些社会关

系时必须遵循的（　　）。

A. 基本规范　B. 指导思想　C. 基本准则　D. 基本原则

14. 社会保险作为物质帮助权实现的主要方式所具有的特征有社会性、互济性和（　　）。

A. 规范性　B. 保障性　C. 补偿性　D. 抗风险性

15. 劳动关系法、劳动标准法、劳动保障法和劳动监督检查法构成（　　）。

A. 劳动合同法　B. 劳动权利法　C. 劳动法体系　D. 劳动保障体系

16. 劳动法律事实包括劳动法律行为和（　　）。

A. 劳动法律事件　B. 劳动法律关系　C. 劳动法律效力　D. 劳动法律后果

17. 劳动法的首要原则是（　　）。

A. 保障劳动者的劳动权　B. 保障劳动者的物质帮助权

C. 保障劳动者的报酬权　D. 保障劳动者的休息休假权

18.（　　）是劳动权的核心。

A. 择业权和劳动报酬权　B. 平等就业权和自由择业权

C. 休息休假权和劳动保护权　D. 劳动保护权和职业培训权

19. 政府制定或调整重大劳动关系标准时应当贯彻“三方原则”，即政府、工会、（　　）共同参与决定。

A. 企业　B. 员工　C. 员工代表　D. 企业家协会

20.（　　）在国家的法律体系中具有最高法律效力。

A. 劳动法律　B. 宪法　C. 国务院劳动行政法规　D. 劳动规章

21. 劳动和社会保障部发布的规范性文件称为（　　）。

A. 国务院劳动行政法规　B. 宪法　C. 劳动法律　D. 劳动规章

22.（　　）是雇员与雇主确定劳动关系、明确双方权利义务的协议。

A. 劳动合同　B. 雇佣规则　C. 司法解释　D. 集体合同

23.（　　）是通过工会与雇主或雇主协会按照合法的程序，经过集体谈判达成的关于一般劳动条件的协议。

A. 劳动合同　B. 雇佣规则　C. 司法解释　D. 集体合同

24.（　　）是以法律共同体的长期实践为前提，以法律共同体的普遍的法律确信为基础。

A. 法官法　B. 判例法　C. 习惯法　D. 成文法

25. 决策树的分析程序包括：①剪枝决策；②计算期望值；③绘制树形图，按照分析程序的顺序排列正确的是（　　）。

A. ①②③　B. ③②①　C. ③①②　D. ①③②

26. PDCA 循环法是将①计划；②执行；③检查；④处理四个阶段周而复始地循环进行计划管理的一种方式。将四个阶段按顺序排列正确的是（　　）。

A. ①②③④　B. ③②①④　C. ③①④②　D. ④①③②

27.（　　）是指某一品牌或产品大类内由尺码、价格、外观及其他属性来区别的具体产品。

A. 产品组合　B. 产品大类　C. 产品项目　D. 产品线

28. 产品组合的（　　）是指产品大类中每种产品有多少花色、品种和规格。

A. 宽度　B. 长度　C. 关联性　D. 深度

29.（　）是指已获得专用权并受法律保护的一个品牌或一个品牌的一部分。

A. 品牌名称　B. 商标　C. 品牌标志　D. 记号

30. 不属于投入期产品生命周期策略的是（　）。

A. 改善产品策略　B. 快速掠取策略　C. 快速渗透策略　D. 缓慢掠取策略

31. 下列不属于售前服务的是（　）。

A. 提供咨询　B. 协助选购　C. 提供零件　D. 提供资料

32. 所谓销售渠道是指产品由（　）向最终顾客移动过程中所经过的各个环节，或企业通过（　）到最终顾客的全部市场营销结构。

A. 中间商　企业　B. 专卖者　消费者

C. 消费者　中间商　D. 企业　中间商

33. 渠道的（　）就是产品在从生产者流向最终顾客的整个过程中所经过的中间层次或环节。

A. 长度　B. 宽度　C. 层次数目　D. 多重性

34. 在复杂的购买行为中，购买者的购买决策过程包括：①引起需要；②收集信息；③评价方案；④决定购买；⑤买后行为。将以上过程排序正确的为（　）。

A. ①②③④⑤　B. ③②①④⑤　C. ③①④②⑤　D. ④①③②⑤

35.（　）是指企业的采购部门根据过去和许多供应商打交道的经验，从供应商名单中选样供货企业，并直接重新订购过去采购过的同类产业用品。

A. 修正重购　B. 直接重购　C. 新购　D. 间接重购

36. 所谓（　）就是对本企业的营销具有吸引力的、能享受竞争优势的市场机会。

A. 企业营销机会　B. 企业竞争机会　C. 企业优势机会　D. 企业实践机会

37.（　）是人对某种事物或特定对象所持有的一种肯定或否定的心理倾向。

A. 认知　B. 态度　C. 智慧　D. 谦虚

38.（　）是指员工对自己的工作所抱有的一般性的满足与否的态度。

A. 工作成就　B. 工作绩效　C. 工作满意度　D. 工作态度

39. 最早提出组织承诺的是（　）。

A. 科特　B. 梅耶　C. 阿伦　D. 贝克尔

40.（　）与缺勤率和流动率呈负相关。

A. 组织效率　B. 组织承诺　C. 工作绩效　D. 工作分析

41.（　）是指个体对其他个体的知觉。

A. 个体知觉　B. 社会知觉　C. 归因　D. 群体知觉

42.（　）是指最先的印象对人的知觉所产生的强烈影响。

A. 光环效应　B. 投射效应　C. 首因效应　D. 刻板印象

43.（　）是指当对一个人的某些特性形成好或坏的印象之后，人们就倾向于据此推论其他方面的特性。

A. 光环效应　B. 投射效应　C. 首因效应　D. 刻板印象

44.（　）是指对某个群体形成一种概括而固定的看法后，会据此去推断这个群体的每个成员的特征。

A. 首因效应　B. 光环效应　C. 投射效应　D. 刻板印象

45.（　）就是利用有关的信息资料对人的行为进行分析，从而推论其原因的过程。

A. 内因　B. 外因　C. 归因　D. 知觉

46. 第一个对学习中的强化做出理论分析的是（　）。

A. 弗洛姆　B. 莱文泽尔　C. 爱德华·桑代克　D. 赫兹伯格

47.（　）是指团队生存、改进和适应变化着的环境的能力。

A. 绩效　B. 成员满意度　C. 团队学习　D. 外人的满意度

48. 帮助团队成员设定团队议事日程，让团队始终瞄准目标，做出高效决策和提出解决问题的替代方案的是（　）。

A. 团队任务职能　B. 团队维护职能　C. 团队沟通职能　D. 团队决策

49. 关注于人际关系，它让团队成员们结合在一起，使大家能够继续相处甚至有某种乐趣的是（　）。

A. 团队沟通职能　B. 团队任务职能　C. 团队维护职能　D. 团队决策

50. 认知能力测验成绩与工作绩效之间的相关系数在（　）之间。

A. 0.10~0.20　B. 0.20~0.30　C. 0.20~0.40　D. 0.10~0.15

51. 对人力资本的理解不正确的是（　）。

A. 人力资本是活的资本　B. 人力资本凝结于劳动者体内

C. 人力资本是有形资本　D. 人力资本内含一定的经济关系

52.（　）不属于人力资本投资支出的形式。

A. 教育投资　B. 管理费用　C. 培训支出　D. 流动支出

53.（　）不属于人力资源创新能力运营体系。

A. 创新能力开发体系　B. 创新能力激励体系

C. 创新能力结构体系　D. 创新能力配置体系

54. 在管理内容上，现代人力资源管理（　）。

A. 以事为中心　B. 以企业为中心　C. 以人为中心　D. 以社会为中心

55. 在管理形式上，现代人力资源管理是（　）。

A. 静态管理　B. 权变管理　C. 动态管理　D. 权威管理

56.（　）不属于现代人力资源管理的三大基石。

A. 定编定岗定员定额　B. 员工的绩效管理

C. 员工的引进与培养　D. 员工的技能开发

57. 人的积极性、创造性的发挥，人的全面发展，受到（　）的重要影响与制约。

A. 保障制度　B. 环境优化　C. 环境　D. 人际关系

58. 个人要有效地管理自己的职业，关键在于及早采取行动，成为一名有效的（　）。

A. 选择者　B. 开发者　C. 劳动者　D. 诊断者

59. 人力资源的三大基石与（　）之间既相互依存，又相互影响、相互促进，在现代企业管理中发挥着极其重要作用。

A. 技术技能　B. 能力　C. 理想　D. 两种技术

60. 所谓人力资本，是指通过费用支出（投资）于（　），而形成和凝结于人力资源体中，并能带来（　）的知识、技能及体能的总和。

A. 劳动力　劳动资本　B. 人力资源　价值增值

C. 价值　人力资本　D. 人力资源　职能

二、多定项选择题（第 1~40 题，每题 1 分，共 40 分。每题有两个或多个答案正确，请在括号内填写。少选、多选，均不得分。）

1. 在现代市场经济中，市场运作的主体是（ ）。
A. 企业 B. 供给者 C. 个人 D. 需求者 E. 政府
2. 利润最大的含义就是（ ）。
A. “差额”是正值，则越大越好
B. “差额”如果是负值，则越小越好
C. 利润最大化不过是效益最大化的变形
D. 利润最大化不过是效用的变化
E. 利润最大化是货币收入的变化
3. 劳动力市场上，( ) 分别是劳动力的供给方和需求方。
A. 居民户 B. 企业 C. 劳动者 D. 公司 E. 政府
4. 劳动力供给弹性分为（ ）。
A. 供给无弹性 B. 供给有无限弹性
C. 单位供给弹性 D. 供给富有弹性
E. 供给缺乏弹性
5. 女性劳参率呈上升趋势的主要原因是（ ）。
A. 女性教育水平普遍提高 B. 制度劳动时间缩短
C. 人口出生率下降 D. 科学技术进步
E. 经济结构升高
6. 劳动力市场的性质是（ ）。
A. 劳动力市场是社会生产得以进行的前提条件
B. 劳动力与工资的交换行为是一种等价交换
C. 劳动力市场的劳动交换决定了劳动力的市场价值
D. 通过劳动力市场的交换，实现劳动要素与非劳动生产要素的最佳结合
E. 消耗最低费用中劳动的交换体现
7. 均衡分析分为局部均衡分析和一般均衡分析，它们两者之间的区别是（ ）。
A. 揭示经济变量之间的关系 B. 分析单个市场均衡的实现与变动
C. 说明实现均衡的条件 D. 研究任何一种特定商品的欲求关系
E. 研究任何一种特定商品的供求和价格关系
8. 我国人口、资本存量与均衡工资率，包括（ ）。
A. 人口对劳动力供给的影响 B. 人口年龄结构组合的供给影响
C. 人口城乡结构 D. 资本存量对劳动力需求的影响
E. 人口、资本存量与劳动力市场均衡
9. 所谓工资就是（ ）。
A. 劳动力作为生产要素的均衡价格
B. 劳动力的需求价格与供给价格相一致的价格
C. 由需求价格决定的
D. 具有与劳动的净产品不相等的趋势
E. 最终取决于劳动的边际生产率

10. 工资率，是指单位时间的劳动价格。根据单位时间标准的不同可分为（　　）。

A. 小时工资率　B. 日工资率　C. 基本工资率　D. 加班工资率　E. 计时工资率

11. 福利的基本构成包括（　　）。

A. 各类保险　B. 工作餐　C. 优惠的商品　D. 失业保险　E. 折价的商品

12. 具备（　　）可以称为就业。

A. 劳动就业的主体是有劳动能力和就业要求的人

B. 所参加的劳动属于社会劳动

C. 所参加的劳动对社会有益

D. 所从事的劳动为有酬劳动

E. 从有酬劳动中获得的可以是经营收入

13. 从劳动经济学的视角考察我国最重要的失业类型有（　　）失业。

A. 摩擦　B. 技术性　C. 结构性　D. 季节性　E. 需求不足性

14. 请说出现代就业与失业状态的过程（　　）。

A. 就业状态→失业状态　B. 就业状态→非劳动力

C. 失业状态→就业状态　D. 失业状态→非劳动力

E. 非劳动力→就业状态、非劳动力→失业状态

15. 劳动法的基本原则特点是（　　）。

A. 劳动法的基本原则是劳动法律部门指导性、纲领性的法律规范

B. 不同的法律部门有着不同的基本原则

C. 劳动法的基本原则有着高度的稳定性

D. 基本原则具有高度的权威性

E. 劳动法基本原则是调整劳动关系的基本准则

16. 劳动法基本原则的作用是（　　）。

A. 指导劳动法的制定、修改和废止

B. 指导劳动法的实施

C. 劳动法的基本原则有助于劳动法的理解、解释

D. 劳动法的基本原则可以直接适用

E. 劳动法具有高度的可操作性

17. 劳动法的基本原则是（　　）。

A. 保障劳动者劳动权的原则　B. 即使生产受到影响也要坚持安全第一的原则

C. 劳动关系民主化原则　D. 物质帮助权原则

E. 依法行使的基本原则

18. 劳动关系民主化原则体现在（　　）。

A. 劳动者有依据法律的规定享有参加和组织工会的权利

B. 劳动关系当事人双方享有集体协商权和共同决定权

C. 政府制定或调整重大劳动关系标准应当贯彻“三方原则”

D. 用人单位对劳动者进行重大处罚等事项应当通过一定形式听取工会意见

E. 在劳动关系领域的其他方面，工会享有广泛的参与权、知情权和咨询权

19. 劳动法律渊源的类别包括（　　）。

A. 宪法中关于劳动问题的规定　B. 劳动法律　C. 国务院劳动行政法规

D. 劳动规章　　E. 地方性劳动法规

20. 劳动法的体系包括（　　）。

A. 促进就业法律制度　　B. 劳动合同和集体合同制度

C. 劳动标准和职业培训制度　　D. 社会保险和福利制度

E. 工会和职工民主管理制度

21. 劳动法律关系的种类包括（　　）。

A. 劳动合同关系　　B. 劳动行政法律关系

C. 劳动服务法律关系　　D. 岗前培训法律关系

E. 保障安全生产法律关系

22. 劳动法律关系的特征是（　　）。

A. 劳动法律关系是劳动关系的实现形态

B. 提供了劳动法律的当事人行为模式标准及其行为准则

C. 劳动法律关系的内容是权利和义务

D. 劳动法律关系的双务关系

E. 劳动法律关系具有国家强制性

23. 企业战略的实质是实现（　　）之间的动态平衡。

A. 外部环境　B. 内部环境　C. 企业实力　D. 战略目标　E. 长远发展

24. 企业外部调研的方法主要包括（　　）。

A. 获取口头信息　B. 获取书面信息　C. 外部环境预测　D. 获取电话信息

E. 专题性调研

25. 影响企业经营活动效率的因素很多，主要包括（　　）。

A. 客户对服务的满意程度　　B. 生产率　　C. 各种投入要素的成本

D. 工艺设计水平　　E. 产能的利用程度

26. 企业的总体战略有（　　）。

A. 进入战略　B. 发展战略　C. 稳定战略　D. 撤退战略　E. 购并战略

27. 企业采取撤退战略的主要方式有（　　）。

A. 特许经营　　B. 分包和卖断　　C. 管理层与杠杆收购

D. 拆产为股/分拆　　E. 资产互换与战略贸易

28. 决策科学化的要求包括（　　）。

A. 合理的决策标准　　B. 有效的信息系统

C. 系统的决策观念　　D. 科学的决策程序

E. 决策方法科学化

29. 决策树的构成要素包括（　　）。

A. 概率收益值　B. 决策点　C. 方案枝　D. 状态节点　E. 概率枝

30. 现代企业计划职能的作用包括（　　）。

A. 使决策目标具体化　　B. 有利于提高企业的工作效率

C. 为控制提供标准　　D. 科学的决策程序

E. 决策方法科学化

31. 目标管理的特点主要包括（　　）。

A. 系统化的管理模式　　B. 明确完整的目标体系

C. 更富于参与性　　D. 强调自我控制

E. 重视员工的培训和能力开发

32. 根据参与者的介入程度与品牌间的差异程度，可将消费者的购买行为分为（　　）。

A. 习惯性购买行为　　B. 化解不协调的购买行为

C. 寻求多样化的购买行为　　D. 和谐的购买行为

E. 复杂的购买行为

33. 影响工作满意度的因素有（　　）。

A. 富有挑战性的工作　　B. 公平的报酬

C. 支持性的工作环境　　D. 融洽的人际关系

E. 个人特征与工作的匹配

34. 社会知觉包括的类型有（　　）。

A. 首因效应　B. 光环效应　C. 投射效应　D. 对比效应　E. 刻板印象

35. 组织公正与报酬分配的原则有（　　）。

A. 分配公平　B. 程序公平　C. 互动公平　D. 法律公平　E. 组织公平

36. 组织行为矫正模型被认为是有效的行为绩效管理的系统性方法之一，其具体步骤有（　　）。

A. 要识别和确认对绩效有重大影响的关键行为　　B. 惩罚原则

C. 要对这些关键行为进行基线测量　　D. 功能性分析　　E.干预行为

37. 对人力资本的理解正确的是（　　）。

A. 人力资本具有创造性　　B. 人力资本具有时效性

C. 人力资本具有积累性　　D. 人力资本具有收益性

E. 人力资本具有个体差异性

38.（　　）属于人力资源开发的主要内容。

A. 人才发现　B. 人才培养　C. 人才教育　D. 人才调剂　E. 人才培训

39.（　　）说明了人力资源开发目标的多元性。

A. 社会发展需要的多元性　　B. 不同员工的发展需求不同

C. 个体发展需要的多元性　　D. 员工的发展需求可能改变

E. 现有培训机构的多元化

40.（　　）属于现代人力资源管理的基本测量技术。

A. 工作岗位研究　B. KPI 技术　C. 关键事件访谈

D. BSC 技术　E. 人员素质测评

第三篇　高级进阶

学习流程与方法

在高级进阶篇中，以对真题的练习为主，同时进入第三遍复习，按照真题考试的时间长短，对自己的真实水平进行检验，可以连续考试，也可以将理论和实践部分分开进行测试，但必须整块的时间进行测试，测试请严格遵循闭卷考试规则，通过自测，寻找对知识点的差距，并对照教材查漏补缺。

学习计划书（第三阶段）

时 间	项 目	任 务	执行情况	目 标
___月___日—___月___日 (周末 2 天的整块时间)	第三轮 2007 年 5 月至 2007 年 11 月	做题，并对照教材纠正		通过做题，找到复习、学习中不懂、遗漏的地方
___月___日—___月___日 (周末 2 天的整块时间)	第三轮 2008 年 5 月至 2008 年 11 月	做题，并对照教材纠正		
___月___日—___月___日 (周末 2 天的整块时间)	第三轮 2009 年 5 月	做题，并对照教材纠正		

2007 年 5 月真题

职　业：企业人力资源管理师
等　级：国家职业资格二级
卷册一：职业道德　理论知识

第一部分　职业道德
（第 1~25 题，共 25 道题）

一、职业道德基础理论与知识部分

答题指导：

◆该部分均为选择题，每题均有四个备选项，其中单项选择题只有一个选项是正确的，多项选择题有两个或两个以上选项是正确的。

◆请根据题意的内容和要求答题，并在答题卡上将所选答案的相应字母涂黑。

◆错选、少选、多选，则该题均不得分。

（一）单项选择题（第 1~8 题。）

1. 关于道德的说法，正确的是（　）。

（A）道德是一种处理人与人、人与社会、人与自然关系的特殊行为规范

（B）道德是一种缺乏制约措施的理想化的行为规范

（C）道德是一种关于做人的，但同时又缺乏共同标准的行为规范

（D）道德是一种关于做事情的同时又带有模糊性的行为规范

2. 社会主义荣辱观的主要内容是（　）。

（A）民主法治、公平正义、诚信友爱（B）立党为公，执政为民

（C）牢记“两个务必”　　　　　　（D）“八荣八耻”

3. 某企业家说：“企业要靠无形资产来盘活有形资产。只有先盘活人，才能盘活资产。”“无形资产”的意思是（　）。

（A）人是真正干工作的资源，人是无形资产

（B）某种无形的、说不清楚的存在物

（C）企业精神和员工的职业道德

（D）企业的规章制度

4. 关于“忠于企业”，理解正确的是（　　）。
（A）只在某个企业工作一辈子
（B）一切听从企业上司的安排，绝不和企业上司三心二意
（C）完成本职工作，不给企业出难题
（D）全心全意为企业着想做事
5. 做生意“一诺千金”，其意思是说（　　）。
（A）言多必失　　（B）讲求诚信　　（C）少做许诺　　（D）语言要谦逊、中肯
6. 从业人员爱岗敬业的基本要求是（　　）。
（A）无私奉献
（B）即使不喜欢某个工作，也得表现出喜欢的样子
（C）干一行、爱一行、专一行
（D）对得起良心，拿工资问心无愧
7. 办事公道是指从业人员在处理关系时，要坚持（　　）。
（A）按照自己对事物的理解行事　　（B）按照道德规范、法律、政策和制度规定办事
（C）按照折中的方式对待当事双方　　（D）按照同事们的共同愿望、要求办事
8. 关于节俭，正确的说法是（　　）。
（A）不是在任何时代都需要节俭
（B）如果个人或者企业的财力雄厚，那么就无须倡导节俭
（C）节俭既是个人道德问题，也关系到企业的成败
（D）节俭不是道德标准

（二）多项选择题（第 9~16 题。）

9. 企业文化的功能包括（　　）。
（A）自律功能　　（B）导向功能　　（C）整合功能　　（D）激励功能
10. 职业道德品质包括（　　）。
（A）职业理想　　（B）对财富的孜孜追求
（C）社会责任感　　（D）意志力
11. 从职业规范的意思上看，衣着不整的员工容易给人留下（　　）的印象。
（A）工作很忙　　（B）对工作很投入　　（C）懒散　　（D）不认真
12.（　　）等说法，属于职业禁语。
（A）“后边等着去”　　（B）“大家站在线外”
（C）“靠边儿”　　（C）“请往外走”
13. 职业道德的层次越高，从业人员（　　）。
（A）工作干劲越大　　（B）潜能发挥得越充分
（C）越容易产生这山望着那山高的心态　　（D）越是难以管理
14. 在职业活动中，讲诚信的意义在于（　　）。
（A）它是彼此之间获得信任的基础
（B）它是经济交往持续、稳定、有效运行的重要规范
（C）它有助于降低市场交易的成本
（D）它是市场经济的客观要求
15. 对待利益，从业人员要树立的观念有（　　）。

（A）人为财死，鸟为食亡　（B）君子爱财，取之有道
（C）天下攘攘，皆为利往　（D）淡泊名利，不为物役

16. 提高售后服务质量的正确做法有（　）。
（A）与客户建立经常性的通信联系
（B）为避免顾客投诉给企业造成不良社会影响，拒绝顾客登门解决问题
（C）征求顾客在产品使用过程中所发现的问题，并设法加以改进
（D）多设立一些服务网点

二、职业道德个人表现部分（第 17~25 题。）

答题指导：

◆该部分均为选择题，每题均有四个备选项。您只能根据自己的实际状况选择其中一个选项作为您的答案。

◆请在答题卡上将所选择答案的相应字母涂黑。

17. 工作忙时，你一般会（　）。
（A）感到压力巨大　（B）心情很抑郁
（C）找到其中的乐趣　（D）调整心态

18. 在日常工作和生活中，你觉得（　）。
（A）别人对自己不公平　（B）别人不愿意和自己交往
（C）大家很关照自己　（D）高兴的事儿总会感染自己

19. 上司安排你带一名新徒弟，一段时间后，发现他进步不大，工作老出差错，你会（　）。
（A）向上司提出换人　（B）给他制定更加严格的要求
（C）失去信心，不再帮助他　（D）顺其自然，让他自己领悟

20. 如果你的上司要去旅行结婚，这位上司平时口碑不是太好，你会（　）。
（A）送个小礼物给他　（B）别人送什么，自己也送什么
（C）发送手机短信给他　（D）送他一份厚礼

21. 你觉得自己在单位是个（　）的人。
（A）朋友很少　（B）不惹是生非
（C）大家愿意共事儿　（D）别人不真正了解自己

22. 遇到困难时，你一般会（　）。
（A）自己解决　（B）找同事帮忙　（C）放弃　（D）怪自己学的知识少

23. 由于工作忙碌，本来你打算周末好好休息一下，但几位同事不期而至，占用了你大半天的时间，你会（　）。
（A）感到有点沮丧　（B）觉得无所谓
（C）觉得这个周末过得不如意　（D）认为周末过得还可以

24. 公司召开员工大会时，领导讲话，你一般会（　）。
（A）耐着性子听领导说话　（B）带一份小报看看
（C）爱走神　（D）能明白领导的心情

25. 春节前虽然天气还冷，但不知何故，家里的几头大蒜长出了嫩芽。母亲感到很失望。你想对母亲说的话是（　）。
（A）“别那么节俭！几头大蒜，不值得伤心”

（B）“要是长得再长一点，就可以炒菜了”
（C）“好像春天到了”
（D）“眼不见心不烦，扔了它，我再去买几头”

第二部分　理论知识

（第 26~125 题，共 100 道题，满分为 100 分）

一、单项选择题（第 26~85 题，每题 1 分，共 60 分。每小题只有一个最恰当的答案，请在答题卡上将所选答案的相应字母涂黑。）

26. 劳动力供给弹性是（　）变动对工资率变动的反应程度。
（A）劳动力需求量　　（B）劳动力需求增长量
（C）劳动力供给量　　（D）劳动力供给增长量

27. 实际工资计算公式是（　）。
（A）货币工资/价格　　（B）货币工资/价格指数
（C）货币工资 × 价格　　（D）货币工资 × 价格指数

28. 劳动法的首要原则是（　）。
（A）保障报酬权　　（B）保障物质帮助权
（C）保障劳动者的劳动权　　（D）保障休息休假权

29. 决策树的分析程序包括：（1）剪枝决策；（2）计算期望值；（3）绘制树形图。排序正确的是（　）。
（A）（1）（2）（3）　（B）（3）（2）（1）　（C）（3）（1）（2）　（D）（1）（3）（2）

30.（　）是指员工对自己的工作所抱有的一般性的满足与否的态度。
（A）工作成就　（B）工作绩效　（C）工作态度　（D）工作满意度

31. 从管理形式上看——现代人力资源管理是（　）。
（A）静态管理　（B）动态管理　（C）权变管理　（D）权威管理

32.（　）以行为科学理论为依据——强调人的因素，从组织行为学的角度来研究组织结构。
（A）古典组织理论　　（B）近代组织理论
（C）现代组织理论　　（D）当代组织理论

33.（　）表明，一个领导者能够有效领导的直属下级人数是有一定限度的。
（A）任务与目标原则　　（B）集权与分权相结合原则
（C）有效管理幅度原则　　（D）稳定性与适应性相结合原则

34. 以（　）为中心设计的部门结构包括事业部制和模拟分权制等模式。
（A）成果　（B）工作　（C）关系　（D）人员

35. 不属于企业组织结构变革前兆的是（　）。
（A）新任领导上任　　（B）企业经营业绩下降
（C）员工士气低落　　（D）组织结构本身弊病显露

36. 从内容上讲，狭义人力资源规划主要包括人员晋升计划、人员补充计划和（　）。

（A）职业生涯规划　　（B）人员培训计划
（C）薪酬福利计划　　（D）人员配备计划

37.（　）是人员规划活动的落脚点和归宿。
（A）人力资源供求协调平衡　　（B）人力资源的需求预测问题
（C）人力资源的供给预测问题　　（D）人力资源的系统设计问题

38. 以下人员需求预测方法中，不属于量化分析方法的是（　）。
（A）德尔菲法　　（B）趋势外推法
（C）马尔可夫分析法　　（D）人员比率法

39. 某企业计划期任务总工时为6060小时，定额工时为60小时。计划期劳动生产率变动系数为0.01。运用工作定额分析法测定的企业人力资源需求为（　）人。
（A）60　（B）100　（C）160　（D）200

40.（　）具体表现为机构臃肿、人浮于事、生产效率下降。
（A）人力资源供求平衡　　（B）人力资源供大于求
（C）人力资源供不应求　　（D）人力资源供求失衡

41. 小王喜欢登山，小车喜欢听音乐，这体现了（　）原理。
（A）个体差异　（B）工作差异　（C）环境差异　（D）人岗匹配

42. 为了填补财务总监的空缺，对财务人员进行素质测评，这属于（　）素质测评。
（A）考核性　（B）诊断性　（C）开发性　（D）选拔性

43.（　）就是指测评体系的内在规定性，常常表现为各种素质规范化行为特征或表征的描述与规定。
（A）标度　（B）误差　（C）标准　（D）标准差

44. 测评者由于只关注到被测评者某方面的品质特征而作出片面判断，这是（　）。
（A）晕轮效应　（B）感情效应　（C）近因效应　（D）首因效应

45. 一般情况下，差异量数越小，集中量数的代表性就越（　）。
（A）大　（B）无关　（C）小　（D）不确定

46. 无领导小组讨论题目“在大学阶段学习更重要，还是实践更重要”是一个（　）。
（A）排序型题目　　（B）开放式题目
（C）资源争夺型题目　　（D）两难式题目

47. 合格的面试考官不应该有的行为是（　）。
（A）尽量创造和谐的氛围　　（B）面试过程察言观色
（C）面试前做好充分的准备　　（D）认真倾听，适当发表结论性意见

48. “你怎么看待北京房产价格直线上涨的现象？”是结构化面试中的（　）。
（A）背景性问题　（B）知识性问题　（C）思维性问题　（D）压力性问题

49.（　）具有生动的人际互动效应。
（A）公文筐测试　　（B）非结构化面试
（C）结构化面试　　（D）无领导小组讨论

50. 受训者往来交通费用、食宿费用和教室租借费用（　）。
（A）属于直接培训成本　　（B）不计入培训成本
（C）属于间接培训成本　　（D）不能确定属于哪种培训成本

51.（　）是以特定的行为术语作出表述如“掌握”、“了解”和“应用”。
（A）课程目标　（B）课程内容　（C）课程评价　（D）课程范围
52. 在企业发展的（　）应集中力量建设企业文化。
（A）衰退期　（B）发展期　（C）成熟期　（D）创业初期
53. 对于需要定期开发的培训项目，企业一般（　）。
（A）聘请本专业的专家　（B）聘请专职培训师
（C）从内部开发教师资源　（D）从大中专院校聘请讲师
54.（　）承担着企业日常经营活动中的各种职能工作的具体计划、组织领导和控制。
（A）高层管理人员　（B）中层管理人员
（C）基层管理人员　（D）一线管理人员
55.（　）不属于培训中评估的作用。
（A）保证培训活动按照计划进行　（B）培训执行情况的反馈
（C）找出培训的不足，总结教训　（D）保证培训效果测定的精确性
56.（　）是第一级评估，它易于进行，是最基本、最普遍的评估方式。
（A）反应评估　（B）学习评估　（C）行为评估　（D）结果评估
57.（　）不属于评估企业在培训中所获得成果的硬性指标。
（A）成本节约　（B）产量增加　（C）废品减少　（D）态度转变
58. 某企业开展员工培训，从而降低事故发生率，降低成本。这种培训成果属于（　）。
（A）认知成果　（B）技能成果　（C）情感成果　（D）绩效成果
59.（　）不属于行为导向型考评方法。
（A）强制分配法　（B）强迫选择法　（C）成对比较法　（D）直接指标法
60.（　）比较适用于考评从事教学、科研工作的教师、专家。
（A）成绩记录法　（B）短文法　（C）劳动定额法　（D）排列法
61.“日清日结法”的实施程序包括：（1）考评与激励；（2）设定目标；（3）控制。正确顺序为（　）。
（A）（3）（1）（2）　（B）（1）（2）（3）　（C）（3）（2）（1）　（D）（2）（3）（1）
62.（　）不是由考评者的主观性带来的。
（A）晕轮误差　（B）自我中心效应　（C）分布误差　（D）评价标准误差
63. 设计绩效考评指标体系的程序包括：（1）理论验证；（2）工作分析；（3）指标调查；（4）修改调整，其正确顺序是（　）。
（A）（2）（3）（1）（4）　（B）（3）（1）（2）（4）
（C）（2）（1）（3）（4）　（D）（1）（2）（3）（4）
64. 对考评指标标准进行多种要素综合计分，不宜选用（　）。
（A）简单相加法　（B）系数相乘法
（C）百分比系数法　（D）几何平均法
65. 关键绩效指标包括数量指标、质量指标、成本指标和（　）。
（A）时间指标　（B）时限指标　（C）利润指标　（D）收益率指标
66. 在设定关键绩效指标时，（　）不适合用来解决工作产出项目过多的问题。

（A）设置更为全面的指标体系
（B）比较产出结果对组织的贡献率
（C）删除与工作目标不符合的产出项目
（D）合并同类项，将增值贡献率的产出归到一个更高的类别
67. 在360度考评中，主观性最强的维度是（　）。
（A）上级评价　（B）同级评价　（C）下级评价　（D）自我评价
68.（　）是企业薪酬制度设计的基本依据和前提。
（A）薪酬的市场调查　（B）岗位分析与评价
（C）绩效考评的实施　（D）岗位调查与分类
69. 进行薪酬调查时，若岗位复杂且数量大，应采用（　）。
（A）企业之间相互调查　（B）问卷调查法
（C）采集社会公开信息　（D）委托中介机构进行调查
70.（　）表示的是不同职系之间的相同相似岗位等级的比较和平衡。
（A）职组　（B）职门　（C）岗级　（D）岗等
71. 工作岗位横向分类的程序包括：（1）职组的划分；（2）职门的划分；（3）职系的划分。排序正确的是（　）。
（A）(2)(3)(1)　（B）(3)(2)(1)　（C）(2)(1)(3)　（D）(3)(1)(2)
72. 以下不属于岗位工资制的是（　）。
（A）一岗一薪制　（B）技术工资制　（C）一岗多薪制　（D）薪点工资制
73. 关于绩效工资说法错误的是（　）。
（A）佣金制不属于绩效工资形式　（B）绩效工资过于强调个人的绩效
（C）计件工资制属于绩效工资形式　（D）绩效工资制的基础缺乏公平性
74. 企业实行经营者年薪制的必备条件不包括（　）。
（A）完善的职业生涯管理制度
（B）明确的经营者业绩考核指标体系
（C）健全的经营者人才市场，完善的竞争机制
（D）健全的职工代表大会制度，完善的群众监督机制
75. 薪酬水平一般的企业应注意（　）点处的薪酬水平。
（A）25%　（B）50%　（C）75%　（D）90%
76. 经营者年薪制的构成一般不包括（　）。
（A）可变工资　（B）浮动工资　（C）提成工资　（D）固定工资
77. 劳动者一方当事人在（　）以上的集体劳动争议，适用劳动争议处理的特别程序。
（A）10人　（B）20人　（C）30人　（D）50人
78. 劳务派遣协议规定派遣单位与接收单位双方的权利义务，从而使双方建立起（　）。
（A）事实劳动关系　（B）劳动派遣关系
（C）形式劳动关系　（D）民事法律关系
79. 若派遣劳动者的接收单位不能履行派遣服务费支付义务，派遣机构（　）。
（A）应负有担保责任　（B）应该代为支付

（C）应负有刑事责任　　（D）没有任何责任

80. 工资指导线上线也称预警线，是对（　　）的企业提出的警示和提示。

（A）生产经营不正常、亏损较大　　（B）工资增长较慢、经济效益较差

（C）生产经营正常、有经济效益　　（D）工资增长较快、工资水平较高

81. 企业法定代表人对本单位的安全生产负（　　）。

（A）全面责任　　（B）安全生产技术领导责任

（C）直接责任　　（D）安全生产技术监督责任

82. 企业员工在劳动安全卫生保护工作中的职业道德行为准则不包括（　　）。

（A）安全第一　（B）效率第一　（C）预防为主　（D）以人为本

83. 企业调解委员会对劳动争议的调解的特点不包括（　　）。

（A）群众性　（B）系统性　（C）自治性　（D）非强制性

84. 调解委员会调解劳动争议应遵循自愿原则，该原则的主要内容不包括（　　）。

（A）申请调解自愿　　（B）调解过程自愿

（C）退出调解自愿　　（D）履行协议自愿

85. 劳动争议仲裁的申诉时效为 60 日，经仲裁委员会批准可以延期，延期不得超过（　　）。

（A）15 日　（B）30 日　（C）60 日　（D）90 日

二、多项选择题（第 86~125 题，每题 1 分，共 40 分。每题有多个答案正确，请在答题卡上将所选答案的相应字母涂黑。错选、少选、多选，均不得分。）

86. 劳动力市场均衡的意义有（　　）。

（A）充分就业　（B）同质劳动力获同样工资　（C）体现工资差异

（D）劳动力资源的最优分配　（E）增大工资总额

87. 劳动权保障具体体现为（　　）。

（A）基本保护　（B）平等就业权　（C）全面保护　（D）自由择业权　（E）优先保护

88. 组织公正与报酬分配要求（　　）。

（A）分配公平　（B）程序公平　（C）互动公平　（D）法律公平　（E）组织公平

89. 下列对人力资本理解正确的是（　　）。

（A）人力资本具有创造性　（B）人力资本具有时效性　（C）人力资本具有经济性

（D）人力资本具有收益性　（E）人力资本具有个体差异性

90. 关于组织理论与组织设计理论，说法正确的是（　　）。

（A）组织理论包括组织设计理论

（B）组织理论被称为广义组织理论

（C）组织设计理论被称为大组织理论

（D）组织理论与组织设计理论外延不同

（E）组织理论与组织设计理论外延相同

91. 部门结构不同模式的组合原则包括（　　）。

（A）以产权为中心　（B）以关系为中心　（C）以成果为中心

（D）以岗位为中心　（E）以工作和任务为中心

92. 企业组织结构变革的方式包括（　　）。

（A）改良式变革　（B）爆破式变革　（C）计划式变革

（D）组织结构整合　（E）反馈式变革

93.（　）属于人力资源规划的内部环境。

（A）企业的行业特征　（B）企业结构　（C）企业的发展战略

（D）企业文化　（E）企业的人力资源管理系统

94. 人力资源预测的局限性包括（　）。

（A）预测方法不精密　（B）企业内部的抵制　（C）预测的代价高昂

（D）知识水平的局限　（E）环境的不确定性

95. 人力资源需求预测的定量方法包括（　）。

（A）转换比率法　（B）马尔可夫分析法　（C）回归分析法

（D）灰色预测模型法　（E）趋势外推法

96.（　）属于动态的员工素质测评。

（A）心理测评　（B）面试　（C）评价中心　（D）观察评定　（E）个性测试

97. 诊断性测评的特点有（　）。

（A）结果不公开　（B）查找原因时，测评内容精细

（C）有较强的系统性　（D）了解现状时，测评内容全面

（E）过程强调客观性

98. 面试的发展趋势有（　）。

（A）提问弹性化　（B）理论和方法不断发展

（C）形式丰富多样　（D）测评的内容不断扩展

（E）结构化面试成为面试的主流

99. 员工素质测评的类型主要有（　）。

（A）开发性测评　（B）选拔性测评　（C）综合性测评　（D）诊断性测评

（E）考核性测评

100. 下列属于投射技术特点的是（　）。

（A）人际互动性强　（B）被测评者反应的自由性

（C）测评目的的隐蔽性　（D）内容的非结构性和开放性

（E）用过去行为预测未来

101. 引起测评结果误差的原因有（　）。

（A）感情效应　（B）测评指标体系不明确

（C）近因效应　（D）测评参照标准不明确

（E）晕轮效应

102. 在制定培训规划时，必须保证培训规划的（　）。

（A）普遍性　（B）有效性　（C）标准化　（D）多样性　（E）系统性

103. 培训项目计划包含的层次有（　）。

（A）企业培训计划　（B）培训人员计划　（C）课程系列计划

（D）培训课程计划　（E）培训阶段计划

104. 外部培训资源的开发途径有（　）。

（A）从大中专院校聘请教师　（B）聘请专职培训师　（C）在网络上寻找并联系教师

（D）聘请本专业专家学者　（E）从顾问公司聘请培训顾问

105. 管理技能的开发模式有（　）。

（A）敏感性训练　（B）角色扮演　（C）决策模拟训练（D）决策竞赛
（E）轮流任职计划
106. 培训效果评估的内容包括（　　）。
（A）培训目标达成情况评估　（B）培训计划评估
（C）培训效果效益综合评估　（D）培训需求整体评估
（E）培训工作者的绩效评估
107. 结果评估的缺点包括（　　）。
（A）需要较长的时间　（B）相关经验少，评估技术不完善
（C）多因多果，只能做定性方面的分析　（D）多因多果，简单的数字对比意义不大
（E）必须取得管理层的合作，否则无法拿到相关数据
108. 综合型绩效考评方法包括（　　）。
（A）合成考评法　（B）直接指标法　（C）日清日结法　（D）关键事件法
（E）图解式评价量表法
109. 绩效考评效标是指评价员工绩效的指标及标准，具体包括（　　）。
（A）优越性效标　（B）特征性效标　（C）结果性效标
（D）行为性效标　（E）一般性效标
110. 绩效考评方法在应用中可能出现的偏误有（　　）。
（A）分布误差　（B）自我中心效应　（C）个人偏见
（D）优先和近期效应　（E）晕轮误差
111. 头脑风暴法应该遵循的基本原则包括（　　）。
（A）鼓励别人改进想法　（B）依靠个人的冷静思考
（C）思想越激进越开放越好　（D）强调产生想法的数量
（E）任何时候都不批评别人的想法
112. 战略导向的 KPI 体系的意义体现在（　　）。
（A）具有战略导向的牵引作用
（B）是企业实施战略规划的重要工具
（C）能够最大限度地激发员工的斗志
（D）能够调动全员的积极性、主动性和创造性
（E）是激励和约束企业员工行为的一种新型机制
113. 设计绩效考评指标体系应遵循的基本原则包括（　　）。
（A）简洁性原则　（B）明确性原则　（C）针对性原则
（D）科学性原则　（E）经济性原则
114. 从调查的组织者来看，正式薪酬调查可以分为（　　）。
（A）企业薪酬调查　（B）商业性薪酬调查　（C）行业薪酬调查
（D）专业性薪酬调查　（E）政府薪酬调查
115. 薪酬调查的意义在于能够为（　）提供参考依据。
（A）绩效管理制度的调整　（B）薪酬晋升政策的调整
（C）整体薪酬水平的调整　（D）岗位薪酬水平的调整　（E）薪酬制度结构的调整
116. 对薪酬调查的数据进行整理、分析时，可以采取的方法有（　　）。
（A）数据排列法　（B）频率分析法　（C）回归分析法

(D) 离散分析法 (E) 图表分析法

117. 岗位工资制的特点主要有（ ）。

(A) 根据业绩支付工资 (B) 客观性较强

(C) 以岗位分析为基础 (D) 对岗不对人 (E) 根据岗位支付工资

118. 关于宽带式工资结构说法正确的是（ ）。

(A) 有利于工作绩效促进 (B) 支持扁平型组织结构

(C) 有利于工作岗位变动 (D) 能引导员工自我提高

(E) 有利于管理人员的角色转变

119. 企业工资制度的类型主要包括（ ）。

(A) 固定工资制 (B) 组合工资制 (C) 绩效工资制

(D) 岗位工资制 (E) 技能工资制

120. 关于劳务派遣管理表述正确的是（ ）。

(A) 劳务派遣机构是实际劳动关系的主体之一

(B) 劳务派遣机构是形式劳动关系的主体之一

(C) 派遣劳动者的接收单位是形式劳动关系的主体之一

(D) 派遣劳动者的接收单位是实际劳动关系的主体之一

(E) 派遣单位与被派遣的劳动者之间建立的不是劳动关系

121. 劳务派遣机构（ ）。

(A) 应当在工商行政部门登记注册

(B) 必须具备企业法人设立的条件

(C) 是接收派遣劳动者的形式用人单位

(D) 其设立应当得到劳动保障部门的特许

(E) 是派遣劳动者与接收单位之间的中介组织者

122. 按照劳动争议性质的不同，可以把劳动争议划分为（ ）。

(A) 权利争议 (B) 利益争议 (C) 个别争议 (D) 集体争议 (E) 团体争议

123. 关于制定工资指导线说法正确的是（ ）。

(A) 应当遵循协商原则 (B) 只需符合企业的需求

(C) 应密切关注国际经济发展状况 (D) 应密切结合所在地的宏观经济状况

(E) 应符合国家宏观经济政策和对工资增长的总体要求

124. 劳动组织优化的主要内容包括（ ）。

(A) 以劳务关系取代劳动关系 (B) 工作时间合理组织

(C) 不同工种、工艺阶段合理组织 (D) 工作场地供应服务

(E) 准备性和执行性工作合理组织

125. 劳动争议仲裁的基本原则包括（ ）。

(A) 合议原则 (B) 强制原则 (C) 一次裁决原则

(D) 回避原则 (E) 区分举证责任原则

职 业：企业人力资源管理师
等 级：国家职业资格二级
卷册二：技能操作

一、改错题（本题共2题，每小题5分，共10分。）

1. 按照所选择效标的不同，绩效考评方法可以分为以下五种类型：品质导向型的考评方法，主要有心情测验法、情景模拟法、特殊能力测试法和PAQ问卷法；行为导向型的主观考评方法，主要有排列法、选择排列法、成对比较法、强制分配法、强迫选择法和结构式叙述法；行为导向型的客观考评方法，主要有关键事件法、行为定位法、行为观察法、加权选择量表法和直接指标法；结果导向型的绩效考评方法，主要有劳动定额法、绩效标准法、短文法、成绩记录法和评价中心法；综合性的绩效考评方法，主要有图解式评价量表法、合成考评法、日清日结法和目标管理法。

请指出上述描述中存在的5处错误，并予以改正。(5分)

2. 劳动力市场工资指导价位制度是由雇主与工会协商发布的，它具有指令性，可以规范劳动力市场供需双方的行为。劳动力市场工资指导价位分为月工资收入和周工资收入两种形式，按高位数、中位数和常规数三种标准反映平均水平。劳动力市场工资指导价位制度是企业工资宏观调控体系的重要组成部分，随着市场经济体制的深入发展与完善，国家对企业工资分配的宏观调控已经由直接控制转向间接调控，由调控工资比例转变为调控工资水平。

请指出上述描述中存在的5处错误，并予以改正。(5分)

二、简答题（本题共3题，每小题10分，共30分。）

1. 在实施360度考评方法时，应密切关注哪些问题？(10分)

2. 请简要说明企业制定员工培训规划的基本步骤。(10分)

3. 请简要说明劳务派遣的成因和特点。(10分)

三、论述题（本题共3题，每小题20分，共60分。）

1. YT公司是一家大型的电子企业。2006年，该公司实行了企业工资与档案工资脱钩，与岗位、技能、贡献和效益挂钩的“一脱四挂钩”工资、奖金分配制度：一是以实现劳动价值为依据，确定岗位等级和分配标准，岗位等级和分配标准经职代会通过形成。公司将全部岗位划分为科研、管理和生产三大类，每类又划分出十多个等级，每个等级都有相应的工资和奖金分配标准。科研人员实行职称工资，管理人员实行职务工资，工人实行岗位技术工资，科研岗位的平均工资是管理岗位的2倍，是生产岗位的4倍。二是以岗位性质和任务完成情况为依据，确定奖金分配数额。每年对科研、管理和生产工作中有突出贡献的人员给予重奖。最高的达到8万元。总体上看，该公司加大了奖金分配的力度，进一步拉开薪酬差距。

YT公司注重公平竞争，以此作为拉开薪酬差距的前提，如对科研人员实行职称聘任制，每年一聘。这样既稳定了科研人员队伍，又鼓励了优秀人员脱颖而出。为企业长远发展提供源源不断的智力支持。

请根据案例回答以下问题：

（1）YT 公司薪酬体系的优势主要体现在哪些方面？（12 分）

（2）您对完善 YT 公司的薪酬体系有何建议？（8 分）

2. 某汽车集团是一个有 20 年历史的国有大型企业，主要生产轿车和轻型汽车。该集团由总经理直接领导，下设多个职能部门，如总经理办公室、人力资源部、财务部、生产管理部、企划信息部。另外还有自己的投资室、审计室和战略研究所。

集团下属工厂除了总装厂外，还有配套生产厂，如发动机厂、车身厂和变速器厂。各生产厂实行厂长负责制，彼此互相独立，它们除了有自己的研发中心、生产中心和销售中心外，还有相应的职能机构，如计划科、厂长办公室、质量管理科等。集团赋予各生产厂尽可能大的生产经营自主权，但是，配套生产厂生产的产品主要供给总装厂使用。

请根据案例回答以下问题：

（1）该集团适合采用哪种组织结构模式？请设计其组织结构图，并说明理由。（10 分）

（2）发动机厂适合采用哪种组织机构模式？请设计其组织结构图，并说明理由。（10 分）

3. PS 计算机网络技术有限公司是一家专门从事软件开发、电子商务、系统集成、计算机产品代理销售的 IT 高新企业。最近，PS 公司准备招聘客户经理，主要从事网络产品的推广，工作中需要与客户进行沟通。该公司准备采用面试方法对应聘者进行甄选。面试分两轮进行：第一轮初试，由一位 HR 招聘专员对求职者进行面试，每人面试时间 10~15 分钟，测评指标如下：仪表良好，谈吐举止得体、具有亲和力、普通话标准、性格开朗、对岗位了解、逻辑条理清晰。第二轮复试，采用结构化面试方法，考官根据求职者的应答表现，对其相关胜任素质作出相应的评价。该职业有一重要的能力指标为沟通能力，该指标的定义如表 1 所示。

表 1　沟通能力指标说明

能力指标	指标说明
沟通能力	语言简洁，能准确地表达自己的思想；能根据表述内容和沟通对象的特点采取适当表达方式；在人际交往中，能通过各种途径和线索准确地把握和理解对方的意图，并使别人接纳自己的意见和想法

请根据案例回答以下问题：

（1）在面试实施过程中应注意掌握哪些技巧？（10 分）

（2）根据上述资料，为“沟通能力”指标设计一个面试提问和评分标准。（10 分）

2007 年 11 月真题

职　业：企业人力资源管理师
等　级：国家职业资格二级
卷册一：职业道德　理论知识

第一部分　职业道德
（第 1~25 题，共 25 道题）

一、职业道德基础理论与知识部分

答题指导：

◆该部分均为选择题，每题均有四个备选项，其中单项选择题只有一个选项是正确的，多项选择题有两个或两个以上选项是正确的。

◆请根据题意的内容和要求答题，并在答题卡上将所选答案的相应字母涂黑。

◆错选、少选、多选，则该题均不得分。

（一）单项选择题（第 1~8 题。）

1. 关于道德的说法中，正确的是（　　）。

（A）道德是处理人与人、人与社会、人与自然关系的特殊行为规范

（B）道德是一种理想化的、难以落到实处的行为规范

（C）道德是一种人人能够认同，但人人又不身体力行的行为规范

（D）道德是一个缺乏共同评价标准的行为规范

2. 社会主义荣辱观的主要内容是（　　）。

（A）谦虚谨慎，戒骄戒躁，脱离低级趣味

（B）树立正确的权力观、地位观、利益观

（C）牢记“两个务必”

（D）八荣八耻

3. 建设节约型社会，很重要的一个方面是要求从业人员树立强烈的（　　）。

（A）改革创新观念　　（B）节能减排意识

（C）团结协作意识　　（D）求真务实精神

4. 古人所谓“慎独”的意思是（　　）。

（A）人是合群的社会性动物，要加强合作和谐，不能搞单打一
（B）人的心灵需要慰藉，要防止出现曲高和寡的状况
（C）人在独处时，要谨防发生违背道德要求的意念和行为
（D）要树立独立人格意识，防止发生侵犯独立人格的现象

5. 我国社会主义道德建设的基本原则是（　　）。
（A）集体主义　　（B）合理利己主义　　（C）社会主义　　（D）温和功利主义

6. 企业文化的自律功能是指（　　）。
（A）不断强化从业人员追求利益最大化的动机
（B）严格按照法律矫正员工的动机和行为
（C）加强制度建设，通过制度建设推动企业行为规范化
（D）开展职业纪律教育，增强从业人员的纪律意识

7. 某公司奉行“不惜一切为顾客服务”的理念，正确的理解是（　　）。
（A）要不计成本地满足顾客的要求　　（B）无条件地满足顾客提出的任何要求
（C）一切都是顾客说了算　　（D）顾客的满意程度决定企业的命运

8. 关于打造品牌，正确的说法是（　　）。
（A）只要掌握了高新技术，就能打造品牌
（B）打造品牌，核心任务是加强广告等媒体宣传工作的力度
（C）员工具有敬业精神和强烈的社会责任感是打造企业品牌的内在力量
（D）质优价高才能打造品牌

（二）多项选择题（第 9~16 题。）

9. 企业文化的功能包括（　　）。
（A）休闲功能　　（B）导向功能　　（C）整合功能　　（D）健身功能

10. 关于职业活动，正确的看法是（　　）。
（A）职业活动与社会分工密切相关
（B）职业活动当中的物质生产活动是人类生存的第一个前提
（C）职业活动包含着高尚的内涵，它绝不能作为人谋生的手段
（D）职业活动限制了人的自由与发展

11.《公民道德建设实施纲要》指出的职业道德规范包括（　　）。
（A）爱岗敬业　　（B）服务群众　　（C）开拓创新　　（D）艰苦奋斗

12. 下列说法中，属于职业禁语的是（　　）。
（A）“问别人去”
（B）“不知道”
（C）“我有什么办法，又不是我让它坏的”
（D）“后边等着去”

13. 文明礼貌的具体要求是（　　）。
（A）仪表堂堂　　（B）语言规范　　（C）举止优雅　　（D）待人热情

14. 符合爱岗敬业要求的是（　　）。
（A）慎重选择职业，一旦选择了某种职业就要踏踏实实干一辈子
（B）强化职业责任，严格履行职业责任的规定，不管成功与否
（C）提高职业技能，不断学习理论知识，提高业务能力

（D）加强职业责任修养，不断锤炼自己的职业意志

15. 下列做法中，违背诚实守信要求的是（　　）。

（A）甲与乙签订供货合同，后来原料涨价，甲要求提价没有得到同意便中断供货

（B）张某答应石某“摆平”赵某，后来张某意识到问题的错误，便借故不干了

（C）X 厂发货到 Y 厂，不知何故 Y 厂迟迟没有收到货物，X 厂依合同进行赔偿

（D）某女结识某男，后该女发现该男不诚实，于是她采取多种方式愚弄对方

16. 下列做法中，符合团结互助要求的是（　　）。

（A）工作中相互取长补短

（B）互助即互相帮助，是否要帮助同事要以对方能否帮助自己为前提

（C）以自己的兴趣爱好为标准，要求他人向自己看齐

（D）做事情多从善良、积极的角度思考问题，树立团队意识

二、职业道德个人表现部分（第 17~25 题。）

答题指导：

◆该部分均为选择题，每题均有四个备选项。您只能根据自己的实际状况选择其中一个选项作为您的答案。

◆请在答题卡上将所选择答案的相应字母涂黑。

17. 你和某同事同住一室，这天，你回寝室时发现同事的家人来了，你会（　　）。

（A）说明自己只是偶尔回来，借口自己忙，便匆匆离开寝室

（B）问候同事的家人，早早离开寝室

（C）和同事的家人聊聊天，简短介绍自己和同事相处的情况

（D）把同事拉到一边，询问有什么需要自己做的事情

18. 你在上班赶路，遇到一位外地游客向你问路，你解释了半天，对方还是不清楚怎么走，这时你会（　　）。

（A）画个图纸给游客

（B）建议他坐出租车

（C）让他去找警察帮助

（D）说声对不起，告诉对方，自己再耽误时间就会上班迟到了

19. 同事们在议论领导的缺点，你会（　　）。

（A）不参与议论　　　　　　　　（B）劝阻同事不要背后议论

（C）向领导委婉转达建议　　　　（D）参与议论

20. 如果你的某位同事“十一”要结婚，给你发来了请柬。但这位同事与你平日里很少有交往，你会（　　）。

（A）不送任何礼物

（B）主动表示祝贺，并且送上自己的礼物

（C）说自己假日早就预定回家，发送手机短信向他祝贺

（D）仿照别人，送他一份礼物

21. 自己五音不全，一次单位搞联欢，几个同事起哄拉你唱歌，你会（　　）。

（A）为了不使自己出丑，赶紧离开现场

（B）反复说明自己不会唱歌，劝大家不要使自己难堪

（C）横下心，反正唱不好，就尽情地唱吧

（D）事先说明情况，请大家将就着听

22. 天气预报说“明天白天，晴，风力一二级”，几位朋友邀你第二天合家外出游览，当大家正兴致勃勃地玩耍时，突然天降大雨。你会（ ）。

（A）谴责天气预报不准确 （B）诅咒天公捉弄人

（C）责备自己决策错误 （D）觉得雨中游历别有情趣

23. 你刚来到某个新单位上班，听某同事讲，这个单位的一把手本事不大，但脾气不小，大家都不服他，你会（ ）。

（A）感到有点儿沮丧

（B）觉得这个同事挺关心自己，告诉了自己很重要的信息

（C）问问同事，为什么这位领导还不下台呢

（D）只听，但并不发表看法

24. 某同事爱搞恶作剧，虽然没有作出出格的事情，也时常令人感到不自在，假如这样的事情发生在你的身上，你一般会（ ）。

（A）不理睬对方 （B）向对方发出警告

（C）一笑了之 （D）也拿对方搞点恶作剧

25. 秋天，虽然阳光依然充足，但爸爸种在院子里的花却有些枯黄了，只有花茎上长着的几粒果实在微风中瑟瑟抖动。爸爸凝视了许久，说：“天凉了，冬天不远了。”你要对爸爸说的是（ ）。

（A）“是呀，爸爸，天凉了，冬天不远了”

（B）“天凉了，爸爸，你要注意换衣服保暖，保重身体”

（C）“季节变换很正常，把那些枯萎的花拔掉吧，爸爸”

（D）“爸爸，你看，花茎上结了许多果实，明年可以多种一些”

第二部分 理论知识

（第26~125题，共100道题，满分为100分）

一、单项选择题（第26~85题，每题1分，共60分。每小题只有一个最恰当的答案，请在答题卡上将所选答案的相应字母涂黑。）

26. （ ）是政府通过调节利率来调节总需求水平，以促进充分就业、稳定物价和经济增长的一种宏观经济管理对策。

（A）财政政策 （B）收入政策 （C）金融政策 （D）货币政策

27. （ ）是劳动权的核心。

（A）择业权和劳动报酬权 （B）就业权和择业权

（C）休息休假权和劳动保护权 （D）劳动保护权和职业培训权

28. （ ）不具有法律效力。

（A）立法解释 （B）任意解释 （C）司法解释 （D）行政解释

29. 企业资源优势具有（ ）的特点，企业要不断投入以保持和创新其优势。

（A）绝对性和时间性 （B）相对性和时间性

（C）绝对性和暂时性　　（D）相对性和持续性

30.（　）与缺勤率和流动率呈负相关。

（A）组织效率　（B）组织承诺　（C）工作绩效　（D）工作分析

31. 现代人力资源管理的三大基石不包括（　）。

（A）定编定岗定员定额　　（B）员工的绩效管理

（C）员工的引进与培养　　（D）员工的技能开发

32. 在动态组织设计理论中，（　）所研究的内容占有主导地位。

（A）静态组织设计理论　　（B）动态组织设计理论

（C）古典组织设计理论　　（D）近代组织设计理论

33.（　）将矩阵组织结构形式与事业部组织结构形式有机结合起来。

（A）模拟分权组织　　（B）分公司与总公司

（C）多维立体组织　　（D）子公司与母公司

34. 在行业增长阶段后期，为减小竞争压力，企业会采取（　）。

（A）增大数量战略　　（B）扩大地区战略

（C）纵向整合战略　　（D）多种经营战略

35.（　）是企业最常用的组织结构变革方式。

（A）改良式变革　（B）爆破式变革　（D）组织结构整合（D）突发式变革

36. 企业组织结构整合的程序包括：（1）控制阶段；（2）互动阶段；（3）拟定目标阶段；（4）规划阶段。排序正确的是（　）。

（A）(3)(2)(1)(4)　　（B）(4)(3)(2)(1)

（C）(3)(2)(4)(1)　　（D）(3)(4)(2)(1)

37. 人员晋升计划的内容不包括（　）。

（A）晋升意向　（B）晋升比率　（C）晋升条件　（D）晋升时间

38. 编制人力资源规划的核心与前提是（　）。

（A）人力资源的需求预测　　（B）人力资源管理系统的设计

（C）人力资源的供给预测　　（D）人力资源供求平衡和协调

39. 定员定额分析法不包括（　）。

（A）工作定额分析法　　（B）比例定员法

（C）劳动效率定员法　　（D）人员比率法

40. 人力资源内部供给预测的方法不包括（　）。

（A）人力资源信息库　　（B）马尔可夫模型

（C）管理人员接替模型　　（D）回归分析模型

41. 销售工作要求执行者能说会道，秘书工作要求执行者细致周到，这体现了（　）原理。

（A）个体差异　（B）工作差异　（C）人岗匹配　（D）环境差异

42. 某一测试问卷中有一道“你对 Java 语言的掌握程度如何”的题，选项为“A. 精通；B. 善于；C. 尚可”。在这里，“精通”、“善于”、“尚可”是指（　）。

（A）标度　（B）指标　（C）标记　（D）标准

43. 美国教育学家布鲁姆将教育认知目标由低到高分为六个层次，最高层次是（　）。

（A）理解　（B）应用　（C）评价　（D）分析

44. 某主管总是给自己的得力助手打高分，给其他下属打低分，这体现了（　）。
（A）晕轮效应　（B）感情效应　（C）近因效应　（D）首因效应
45. 关于面试说法错误的是（　）。
（A）面试具有明确的目的性　（B）面试以谈话和观察为主要方式
（C）面试按预先设计的程序来进行　（D）面试过程中，考官与应聘者的地位平等
46. 若招聘营销人员和技术人员，面试的问题及考核的要素完全一致，这说明（　）。
（A）面试目的不明确　（B）面试缺乏系统性
（C）面试标准不具体　（D）问题设计不合理
47. “你有什么业余爱好”是结构化面试中的（　）。
（A）经验性问题　（B）情景性问题　（C）压力性问题　（D）背景性问题
48. 在一次面试中，考官提问：“如果公司让你出差，而这时你妻子病重，你会怎么处理?”这是一个（　）问题。
（A）经验性面试　（B）投射性面试　（C）描述性面试　（D）情景性面试
49. 无领导小组讨论题目为“一个好的领导者应该具备什么素质”，这是一个（　）。
（A）两难式题目　（B）资源争夺型题目
（C）开放式题目　（D）排序选择型题目
50. 企业制定员工培训规划的基本前提是（　）。
（A）工作岗位说明　（B）培训需求分析
（C）工作任务分析　（D）设计培训内容
51. 课程设计的核心内容是（　）。
（A）课程内容制作　（B）课程内容安排
（C）课程内容选择　（D）课程内容试验
52. 企业在发展期应提高（　）管理人员的管理能力，使之适应企业的要求。
（A）高层　（B）中层　（C）直线　（D）基层
53. 从企业内部开发培训资源的优点不包括（　）。
（A）教师水平较高　（B）培训成本较低
（C）教师与学员易于交流　（D）培训易于控制
54. “解决和处理问题方法训练”又称为（　）。
（A）决策竞赛　（B）轮流任职计划（C）角色扮演　（D）决策模拟训练
55.（　）是指评估者依据自己的主观判断，而不是用事实和数字加以证明。
（A）正式评估　（B）非正式评估　（C）建设性评估　（D）总结性评估
56.（　）是第二级评估，用于评估学员在知识、技能、态度等方面的收获。
（A）反应评估　（B）学习评估　（C）行为评估　（D）结果评估
57.（　）是指受训者取得的成果能真正反映其绩效差别的程度。
（A）信度　（B）区分度　（C）相关度　（D）可行性
58.（　）可以用来测量受训者对培训项目的态度、动机以及行为等方面的特征。
（A）情感成果　（B）认知成果　（C）技能成果　（D）绩效成果
59.（　）更适于评价人际接触和交往频繁的工作岗位。
（A）行为性效标　（B）结果性效标　（C）特征性效标　（D）综合性效标
60.（　）不属于结果导向型考评方法。

（A）成绩记录法 （B）排列法 （C）劳动定额法 （D）短文法

61. 克服绩效考评宽厚、苛严和居中趋势误差的最佳方法是（ ）。

（A）简单排列法 （B）强迫分布法 （C）成绩记录法 （D）成对比较法

62.（ ）是绩效考评要素选择的前提和基础。

（A）工作岗位分析（B）工作岗位评价（C）企业绩效考核（D）员工薪酬设计

63. 一般情况下，应以（ ）能达到的水平作为绩效考评指标的评定标准。

（A）全体员工 （B）多数员工 （C）少数员工 （D）个别员工

64. 提取关键绩效指标的方法不包括（ ）。

（A）问卷调查法 （B）目标分解法 （C）关键分析法 （D）标杆基准法

65. 采用（ ）所获得的考评结果，可用于决定一些非激励性的工资待遇。

（A）先进标准 （B）平均标准 （C）基本标准 （D）落后标准

66. 当绩效指标的跟踪和监控耗时过多时，可采取的改进措施是（ ）。

（A）缩短跟踪和监控的时间 （B）增加人力、物力的投入

（C）设置更为精细的跟踪指标 （D）跟踪"正确率"指标转为跟踪"错误率"指标

67. 360 度考评法是基于（ ）的一种考评方法。

（A）性格特征 （B）胜任特征 （C）外貌特征 （D）品质特征

68. 具有"快、准、全"特点的薪酬调查方式是（ ）。

（A）企业之间相互调查 （B）问卷调查

（C）采集社会公开信息 （D）委托中介机构进行调查

69. 百分位法将岗位的所有薪酬调查数据从低到高排列，分为（ ）组。

（A）2 （B）5 （C）10 （D）20

70.（ ）是按照岗位的工作性质和特点所进行的横向分类。

（A）职组 （B）职等 （C）岗级 （D）岗等

71. 薪酬满意度调查的步骤包括：①设计并发放调查表；②回收并处理调查表；③确定调查方式；④确定调查对象；⑤反馈调查结果；⑥确定调查内容。排序正确的是（ ）。

（A）④③⑥①②⑤ （B）⑥④③①②⑤

（C）④⑥③①②⑤ （D）⑥③④①②⑤

72.（ ）是将企事业单位的所有岗位纳入由职组、职系、岗级和岗等构成的体系之中。

（A）岗位评价 （B）岗位调查 （C）岗位分类 （D）岗位分析

73. 岗位评价要素的特征不包括（ ）。

（A）共通性 （B）显著性 （C）可观察性 （D）可衡量性

74.（ ）将工资计划和培训计划结合在一起。

（A）年薪制 （B）技能工资制 （C）绩效工资制 （D）岗位工资制

75. 员工的（ ）应与企业的经济效益、部门业绩考核结果和个人业绩考核结果挂钩。

（A）浮动工资 （B）固定工资 （C）基本工资 （D）岗位工资

76.（ ）是企业及其员工在依法参加基本养老保险的基础上，自愿建立的补充养老保险制度。

（A）企业公积金 （B）企业年薪 （C）企业附加福利（D）企业年金

77.（　　）是指专门就工资事项签订的专项集体合同。

（A）工资指导线　（B）工资协议　（C）工资集体协商（D）工资集体协商制度

78. 工资集体协商时，一方在接到另一方提出的书面协商意向书后，应于（　　）内予以答复。

（A）15 日　（B）20 日　（C）30 日　（D）60 日

79.（　　）是处理生产与安全两者之间关系的基本准则。

（A）以人为本　（B）奖惩分明　（C）安全第一　（D）预防为主

80. 劳动力市场工资指导价位的形式包括（　　）。

（A）年工资收入和月工资收入　（B）月工资收入和周工资收入

（C）日工资收入和小时工资收入　（D）年工资收入和日工资收入

81. 企业应安排员工定期进行体检，发现疾病时应及时（　　）。

（A）转岗　（B）解聘　（C）治疗　（D）上报

82. 按照（　　）划分，可以将劳动争议分为权利争议和利益争议。

（A）劳动争议的主体　（B）劳动争议的性质

（C）劳动争议的客体　（D）劳动争议的标的

83. 关于劳动争议仲裁说法错误的是（　　）。

（A）仲裁主体具有特定性　（B）仲裁程序具有特定性

（C）仲裁对象具有特定性　（D）仲裁实行强制的原则

84. 仲裁庭裁决劳动争议实行少数服从多数原则，即（　　）。

（A）强制原则　（B）一次裁决原则（C）合议原则　（D）区分举证责任原则

85. 劳动争议仲裁委员会的组成不包括（　　）。

（A）工会代表　（B）用人单位代表（C）职工代表　（D）劳动行政部门代表

二、多项选择题（第86~125 题，每题 1 分，共 40 分。每题有多个答案正确，请在答题卡上将所选答案的相应字母涂黑。错选、少选、多选，均不得分。）

86. 企业战略的实质是实现（　　）之间的动态平衡。

（A）外部环境（B）内部环境　（C）企业实力（D）战略目标（E）长远发展

87. 影响工作满意度的因素包括（　　）。

（A）富有挑战性的工作　（B）公平的报酬

（C）支持性的工作环境　（D）融洽的人际关系

（E）个人特征与工作的匹配

88. 群体决策的优点有（　　）。

（A）能比个体需要的时间少　（B）能增加决策的可接受性

（C）能增加决策过程的民主性　（D）能提供比个体更为丰富和全面的信息

（E）能提供比个体更多的不同的决策方案

89. 现代人力资源管理的基本测量技术包括（　　）。

（A）工作岗位研究　（B）KPI 技术

（C）关键事件访谈　（D）BSC 技术

（E）人员素质测评

90.（　　）是新型组织结构模式。

（A）多维立体组织结构　（B）子公司与母公司

（C）模拟分权组织结构　　（D）分公司与总公司
（E）企业集团

91. 以工作和任务为中心的部门内部结构包括（　）。
（A）矩阵结构　（B）直线制　（C）事业部制　（D）分权制　（E）直线职能制

92.（　）环境属于人力资源规划的外部环境。
（A）组织　（B）科技　（C）人口　（D）经济　（E）法律

93. 制定企业人员规划的基本原则包括（　）。
（A）确保人力资源需求的原则　　（B）保持稳定性的原则
（C）与战略目标相适应的原则　　（D）保持适度流动性的原则
（E）与内外环境相适应的原则

94.（　）是影响人力资源需求预测的一般因素。
（A）顾客需求的变化　（B）生产需求变化　（C）劳动力成本趋势
（D）追加培训需求　（E）生产率变化趋势

95. 人力资源需求预测的定性方法包括（　）。
（A）转换比率法　（B）描述法　（C）回归分析法
（D）德尔菲法　（E）经验预测法

96. 人岗匹配包括（　）相匹配。
（A）工作报酬与员工贡献　（B）不同岗位之间　（C）工作要求与员工素质
（D）不同员工之间　（E）工作权限与员工愿望

97. 在员工素质测评量化中，（　）可以被看做二次量化。
（A）类别量化　（B）顺序量化　（C）实质量化　（D）等距量化　（E）模糊量化

98. 关于行为描述面试说法正确的是（　）。
（A）其实质是识别关键性工作要求　（B）简称 BD 面试
（C）用过去的行为预测未来的行为　（D）其实质是探测行为样本
（E）用个人的行为预测集体的行为

99. 员工素质测评指导语的内容应包括（　）。
（A）测评目的　　（B）举例说明填写要求
（C）强调测评与测验考试的不同　（D）填表前的准备工作和填表要求
（E）测评结果的保密和处理，测评结果反馈

100. 美国教育学家布鲁姆提出了"教育认知目标分类学"，将认知目标由低到高分为若干个层次，其中包括（　）。
（A）理解　（B）应用　（C）分析　（D）综合　（E）评价

101. 无领导小组讨论的缺点包括（　）。
（A）题目的质量影响测评的质量　（B）对评价者和测评标准要求较高
（C）应聘者表现易受同组成员影响　（D）被评价者行为没有伪装的可能
（E）被评价者行为仍然有伪装的可能

102.（　）属于培训规划的主要内容。
（A）培训目的　（B）培训规模　（C）培训目标　（D）培训时间　（E）培训对象

103. 设计教学计划应遵循的原则包括（　）。
（A）普遍性原则　（B）最优化原则　（C）创新性原则　（D）针对性原则

（E）适应性原则

104. 国外常见的教学计划设计程序模式包括（　　）。

（A）肯普的教学设计程序　　　　（B）罗斯的教学设计程序

（C）迪克和凯里的教学设计程序　　（D）加涅和布里格斯的教学设计程序

（E）加利福尼亚大学的教学设计程序

105. 培训课程演练结束后，人们经常运用头脑风暴法和问卷调查法收集（　　）的意见。

（A）客户　（B）学员　（C）上司　（D）同事　（E）专家

106. 开发培训教材的方法有（　　）。

（A）向政府购买　　　　（B）资料包的使用

（C）开发可利用的信息资源　　（D）设计视听资料

（E）利用可开发的学习资源组成活的教材

107. 在设计培训评价标准时，应当注重培训指标和标准的（　　）。

（A）相关性　（B）可靠性　（C）区分度　（D）可行性　（E）动态性

108. 结果导向型的绩效考评方法包括（　　）。

（A）目标管理法　（B）绩效标准法　（C）劳动定额法　（D）成绩记录法

（E）合成考评法

109. 绩教考评方法的对比分析可以从（　　）等方面进行。

（A）经济性　（B）可行性　（C）规范性　（D）功能性　（E）有效性

110. 平衡计分卡（　　）。

（A）是先进的绩效衡量工具　　（B）适用于政府部门

（C）是核心的战略管理与执行工具　（D）不适用于 IT 行业

（E）是理念十分先进的“游戏规则”

111. 设计绩效考评标准时，应遵循的基本原则包括（　　）。

（A）突出特点的原则　　（B）公平民主的原则

（C）先进合理的原则　　（D）简洁扼要的原则

（E）定量准确的原则

112. 选择关键绩效指标的原则包括（　　）。

（A）整体性　（B）增值性　（C）可测性　（D）可控性　（E）关联性

113. 关于 360 度考评，以下说法正确的是（　　）。

（A）客户评价最重要　　（B）强调客观考评员工

（C）上级评价比下级评价更重要　（D）强调全方位对员工进行考评

（E）如果没有反馈，难以达到提高绩效的目的

114. 从薪酬调查的（　　）来看，薪酬调查可以分为薪酬市场调查和员工薪酬满意度调查。

（A）对象　（B）作用　（C）组织者　（D）方式　（E）具体内容

115. 确定薪酬调查的范围，即确定（　　）。

（A）被调查的岗位　（B）调查的目的　（C）调查的时间段

（D）调查的步骤　（E）被调查的企业

116. 关于设计薪酬调查问卷说法正确的是（　　）。

（A）把相关的问题分散开来

（B）语言标准，问题简单明确

（C）充分考虑信息处理的简便性和正确性

（D）确保表格中的每个调查项目都是必要的

（E）先明确薪酬调查问卷要调查的内容，再设计调查表

117.（　）属于绩效工资制。

（A）销售提成工资制　（B）计件工资制

（C）岗位技能工资制　（D）计时工资制

（E）佣金制

118.（　）工资制度属于团队工资制。

（A）核心团队　（B）项目团队　（C）平行团队　（D）流程团队　（E）虚拟团队

119. 工资制度总体设计的前期工作包括（　）。

（A）个人业绩考评　（B）工资的市场调查（C）确定工资原则与策略

（D）工资制度的调整　（E）工作岗位分析与评价

120. 营造劳动安全卫生环境，即营造劳动安全卫生的（　）。

（A）制度环境　（B）思想环境　（C）物质环境　（D）观念环境　（E）技术环境

121. 劳动组织的优化包括（　）。

（A）不同工种，工艺阶段合理组织　（B）作业班组合理组织

（C）工作场所供应和服务合理组织　（D）工作时间合理组织

（E）准备性工作和执行性工作合理组织

122.（　）是工资集体协商的内容。

（A）工资标准　（B）工资分配制度　（C）工资分配形式　（D）工资支付办法

（E）奖金、津贴、补贴等的分配办法

123. 制定劳动力市场工资指导价位应（　）。

（A）坚持市场取向　（B）优先保护劳动者　（C）定期公开发布

（D）优先考虑企业利益　（E）坚持实事求是

124. 关于劳动争议说法正确的是（　）。

（A）劳动争议的内容是特定的　（B）劳动争议的当事人是特定的

（C）劳动争议有特定的表现形式　（D）劳动争议影响范围局限在争议主体之间

（E）劳动争议的内容只能以劳动权利义务为标的

125. 企业劳动争议调解委员会的组成包括（　）。

（A）职工代表　（B）基层法院代表　（C）工会代表

（D）劳动行政部门代表　（E）用人单位代表

职 业：企业人力资源管理人员
等 级：国家职业资格二级
卷册二：操作技能

一、改错题（本题共 2 题，每小题 5 分，共 10 分。）

1. 绩效考评方法在实际应用中，可能出现以下各种偏误：分布偏误包括宽厚误差、苛严误差和自我中心效应；晕轮误差是指考评中出现的所谓的“以时点代替时段”的现象；个人偏见，这种误差总是对受评者产生不利的影响；优先效应是指考评者根据受评者最近的绩效信息，对其考评期内的全部行为作出的总评价；后继效应是指被考评者对上一个考评期内评价结果的记录，对考评者在本考评期内的评价所产生的作用和影响。

请指出上述描述中存在的 5 处错误，并加以改正。(5 分)

2. 劳动争议也称劳动纠纷，是指劳动关系双方当事人之间因劳动责任的认定与实现所产生的纠纷。劳动争议实质上是劳动关系当事人之间利益矛盾、利益冲突的表现。与其他社会关系纠纷相比，劳动争议具有以下特征：劳动争议的当事人是法定的，是劳动合同的当事人；劳动争议的形式是特定的，凡是以劳动权利义务以外的权利义务为标的的争议都不属于劳动争议；劳动争议具有特定的影响范围，一般的社会关系纠纷的影响范围通常局限在争议主体之内，而重大的集体劳动争议、团体劳动争议涉及面广，影响范围大，有的甚至造成国际影响。

请指出上述描述中存在的 5 处错误，并加以改正。(5 分)

二、简答题（本题共 3 题，每小题 10 分，共 30 分。）

1. 简述培训评估报告的撰写步骤。(10 分)

2. 在企业人力资源管理师培训教程中，总共介绍了四大类 20 多种绩效考评方法，这些方法各有各的适用范围。请问：在选择时可以从哪些方面对其进行分析比较？（10 分）

3. 请简要说明劳动争议仲裁的基本原则。(10 分)

三、综合题（本题共 3 题，第 1 小题 22 分，第 2 小题 18 分，第 3 小题 20 分，共 60 分。）

1. 某通信公司是一家正在高速发展的公司，由于市场份额不断扩大，人手不足，导致大量有价值的客户严重流失，人才短缺已经成为公司发展的主要障碍。因此，公司非常重视员工的选聘与培训工作。

该公司对应届毕业生特别是重点院校毕业生的招募给予足够的关注。公司人力资源部经理陈先生解释说，在重点高校招人，优秀人才的比率会更高，更有利于公司选聘到一流的人才。针对大学生的选拔方法包括笔试、面试等。笔试包括 3 部分：能力测试、英文测试和专业技能测试。此外，公司研发部门的选拔还要求应聘者就某个技术问题作专业报告，并请公司资深科研人员进行评审，以考察其专业功底；对于申请公司其他部门的同学，则无须进行该项选拔程序。

面试分两轮。第一轮为初试，采取一对一面试，面试官通常是有一定经验并受过专门培训的部门经理。通过第一轮面试的学生，该公司将出资供他们到外地的公司总部参加最后一轮面试。为了表示公司对应聘学生的诚意，除了提供免费往返机票，面试全过程在一家四星级酒店内进行。第二轮为复试，大约需要 60 分钟，面试考官至少有 3 人，由经过培训的各部门高层经理组成。面试具体过程中：第一，相互介绍并营造轻松交流的氛围，为面试的实质阶段进行铺垫；第二，面试考官按照预定的方案，向应聘者提问，应聘者按要求作答；第三，随着讨论问题的减少，在适当的时机，将面试引向尾声，这时面试考官会给应聘者一定时间，由应聘者向考官提几个自己关心的问题；第四，面试评价，面试结束后，面试考官立即整理记录，根据应聘者回答问题的情况及总体印象作出评定。

在第二轮复试中，考官提出若干问题，例如：

（1）请问你在哪些单位实习过？

（2）你认为职业成功的评价标准是什么？

（3）如果你的上司分配给你一项任务，你必须去寻找相关的信息才能完成，你会怎么做？

（4）请你举一个例子，说明你的一项有创意的建议曾对一项计划的成功起到了重要的作用。

请根据案例回答以下问题：

（1）该公司的人员选拔方法有哪些优点？（12 分）

（2）该公司采取的是什么复试方法？复试中提出的 4 个问题分别属于哪种类型的问题？采用这样的提问方式有哪些优点？（10 分）

2. 某公司原是一家大型国有企业，2006 年该公司转制为股份制上市公司。随着公司性质的改变，原有的人力资源管理制度严重制约着公司的发展：公司业绩严重下降；员工对工资很不满意，屡屡出现迟到、早退、怠工的现象；核心技术、管理岗位人员流失严重等。因此该公司打算对人力资源制度，尤其是工资制度进行改革。

该公司原有的工资制度概况如下：

（1）工资水平处于行业工资水平的 50%处，但核心技术、管理岗位员工的工资只达到行业工资水平的 25%处。

（2）工资等级按行政级别划分，共 48 级，工资等级间的级差为 50 元。

（3）工资的调整采取“一支笔”政策，总裁同意就可以。

请根据案例回答以下问题：

（1）该公司现行工资体系存在哪些问题？（8 分）

（2）如果该公司计划引入宽带式工资体系，应当按照什么样的程序进行设计？（10 分）

3. 某公司的组织结构如图所示。总经理直接负责财务部和办公室的工作，并直接管理家电、电信及机械控制产品 3 个部门的生产部门。下设副总经理两名，一名负责企业的行政部、人力资源部的工作；另一名负责研发部、销售部的工作。随着企业的发展壮大，高层管理者感到现行的组织结构严重制约企业的发展，许多新的问题开始显露。如产品品种的质量无法满足客户的需要，产品销售量明显下滑；管理人员人浮于事、工作效率低下；各部门之间，尤其生产部门与职能部门之间的矛盾与冲突时有发生。

在管理咨询专家的建议下，企业领导决定采取事业部制，对组织结构进行必要调整和改革，以提高管理效率，增加企业竞争力。

请根据案例回答以下问题：

（1）该公司现有组织结构存在哪些问题？（6 分）

（2）该公司的组织结构应如何进行调整，并设计新的组织结构图。（8 分）

（3）为了顺利推进组织变革，公司应采取哪些具体措施？（6 分）

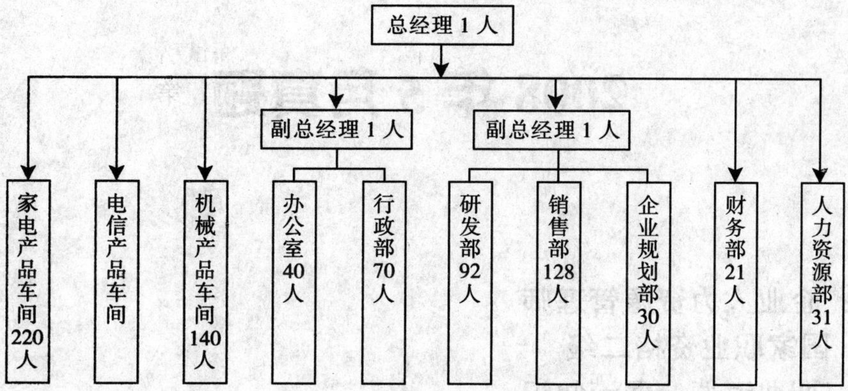

2008年5月真题

职　业：企业人力资源管理师

等　级：国家职业资格二级

卷册一：职业道德　理论知识

第一部分　职业道德

（第1~25题，共25道题）

一、职业道德基础理论与知识部分

答题指导：

◆该部分均为选择题，每题均有四个备选项，其中单项选择题只有一个选项是正确的，多项选择题有两个或两个以上选项是正确的。

◆请根据题意的内容和要求答题，并在答题卡上将所选答案的相应字母涂黑。

◆错选、少选、多选，则该题均不得分。

（一）单项选择题（第1~8题。）

1. 下列关于职业道德的说法中，正确的是（　　）。

（A）社会分工和专业化程度的增强，对职业道德提出了更高要求

（B）职业道德的稳定性特征，说明职业道德是稳定而不变化的

（C）职业选择属于个人权利的范畴，不属于职业道德的范畴

（D）职业道德与法律分属不同领域，二者没有关联性

2. 职业道德的规范功能是指（　　）。

（A）岗位责任的总体规定效用　　　（B）爱干什么，就干什么

（C）规劝作用　　　（D）自律作用

3. 美国于1978年确立了一部规范政府官员的（　　）。

（A）《荣誉法典》

（B）《不当赠品及不当表示防止法》

（C）《从政职业法》

（D）《谢尔曼法》

4.《公民道德建设实施纲要》所提出的职业道德的“五项要求”是（　　）。

（A）爱国守法，明礼诚信，团结友善，勤俭自强，敬业奉献
（B）爱岗敬业，诚实守信，办事公道，服务群众，奉献社会
（C）遵纪守法，文明礼貌，崇尚科学，艰苦朴素，服务人民
（D）热爱集体，以人为本，守法有责，勤劳勇敢，开拓创新

5. 关于“勤勉”的说法中，正确的是（ ）。
（A）无论内心是否愿意，只要在行为上努力工作就是勤勉
（B）在被迫的状态下工作，也可以称为勤勉
（C）按照劳动契约工作，属于勤勉的范畴
（D）勤勉是从业人员自主和自愿的选择

6. 关于“职业化”的说法中，正确的是（ ）。
（A）职业化具有一定合理性，但它会束缚人的发展
（B）职业化是反对把劳动作为谋生手段的一种劳动观
（C）职业化是提高从业人员个人和企业竞争力的必由之路
（D）职业化与全球职场语言和文化相抵触

7. 从业人员应该树立的正确理念是（ ）。
（A）劳动是一种交易，劳资双方应该遵循等价交换的原则
（B）时间就是金钱，员工花了时间，就应该得到金钱回报
（C）追踪世界前沿，不断更新观念、知识和技能
（D）奉行拿来主义，对外国的东西要全面大胆地汲取

8. 著名豫剧表演艺术家常香玉常说“戏比天大”，其意思是（ ）。
（A）演戏本身就是目的，为了演戏而演戏
（B）观众爱看或者不爱看是次要的，完成演出任务是最重要的
（C）戏剧的表现内容丰富，能够纵贯历史和空间
（D）必须认真对待承诺的演出，这是演员的天职

（二）多项选择题（第 9~16 题。）

9. 敬业的含义包括（ ）。
（A）恪尽职守 （B）勤奋努力 （C）享受工作 （D）精益求精

10. 践行诚信规范，尊重事实的要求是（ ）。
（A）坚持原则，不为个人利害关系所左右
（B）澄清事实，主持公道
（C）主动担当，不自保推责
（D）敢于说出一切事实真相

11. 下列做法中，违背《中华人民共和国反不正当竞争法》规定的是（ ）。
（A）使用与知名商品近似的名称、包装、装潢
（B）抽奖式的有奖销售，最高奖的金额超过 5000 元
（C）季节性降价
（D）因转产、歇业降价销售商品

12. 下面做法中，违背办事公道要求的是（ ）。
（A）某公司与员工约定不得兼职，员工张某偷偷兼职被公司处罚
（B）某公司遵循男女平等原则，规定男女员工干同样的工作

（C）某售票员发现自己的朋友在排队购票，于是允许其直接到前面购票

（D）某饭店阻止了一个衣衫褴褛的人的用餐要求

13. 职业活动中，纪律的主要特征是（　　）。

（A）社会性　　（B）强制性　　（C）普遍适用性　　（D）变动性

14. 符合国家《节约能源管理暂行条例》要求的是（　　）。

（A）企业配备能源计量器具，加强能源计量管理

（B）为保障冬季供热，自主扩大锅炉

（C）土法炼焦

（D）企业有关节能操作人员要有计划地接受节能培训

15. 践行规范“合作”的要求是（　　）。

（A）求同存异　　（B）互助协作　　（C）公平竞争　　（D）好人主义

16. 关于奉献，正确的看法是（　　）。

（A）多劳多得，不能有所得就不会有奉献

（B）奉献是相互，别人不奉献我就不奉献

（C）奉献并非难事，是人人可为的

（D）多付出一点点儿，有助于员工成长

二、职业道德个人表现部分（第 17~25 题。）

答题指导：

◆该部分均为选择题，每题均有四个备选项。您只能根据自己的实际状况选择其中一个选项作为您的答案。

◆请在答题卡上将所选择答案的相应字母涂黑。

17. 公园里，李女士和张女士分别带着自家的狗散步，突然，两只狗厮打起来，李女士的狗体力不支，最终被张女士的狗咬伤。李女士要求张女士赔偿，两人争吵起来，对于张女士的说法，你能够认可的是（　　）。

（A）“你的狗咬不过我的狗，只能怨它没有本事”

（B）“我的狗咬了你的狗，你可以让你的狗去咬我的狗呀，这样就扯平了”

（C）“我没让我家的狗咬你家的狗”

（D）“两只狗打架，你跟我吵架，有什么劲呀”

18. 在公交车站，大家都在自觉排队，已经形成了长蛇般的队伍，你排在后面，估计这班车是上不去了，你着急去上班，如果照这样排下去，上班肯定会迟到。你会（　　）。

（A）冲到前面加塞儿　　（B）打出租车

（C）耐着性儿排队　　（D）跟前面排队的人协商调换

19. 如果你赞同“企业家应该成为大家学习的榜样”这个观点，你的理由是（　　）。

（A）企业家有钱　　（B）企业家可以做慈善事情

（C）企业家有能力　　（D）企业家社会地位高

20. 某员工下班后总是要晚一会儿才离开，你的看法是他（　　）。

（A）工作上很投入　（B）办事拖拉　（C）工作量大　（D）家庭观念不强

21. 你刚到一家公司工作，听人说员工 T 爱打小报告，你与 T 相处时会（　　）。

（A）鄙视　　（B）防备　　（C）疏远　　（D）观察

22. 公司会议上，总经理表扬你工作很努力，但你觉得自己做得还很不够，你认为总

经理表扬你是因为（　　）。

（A）他不了解自己　（B）他可能弄错了对象

（C）他想鼓励自己　（D）他只不过是顺口说说而已

23. 你正在忙于工作，有同事向你请教一个技术问题，你会（　　）。

（A）马上停下自己的手头工作，帮助他

（B）告诉对方，等自己忙完了自己的事情再去帮助他

（C）告诉对方，等自己下班后再去帮助他

（D）边做自己的工作，边指导对方

24. 某小偷，偷窃他人东西被捉，遭到暴打，你的看法是（　　）。

（A）活该　（B）打了他，也许能帮助他改过自新

（C）送派出所　（D）别打坏了就行

25. 如果你去参加会议，会议的内容使你感到很无聊，下列做法，你最可能做的事情是（　　）。

（A）玩手机游戏　（B）和旁边的人聊天

（C）休息　（D）浏览事先带的报纸

第二部分　理论知识

（第 26~125 题，共 100 道题，满分 100 分）

一、单项选择题（第 26~85 题，每题 1 分，共 60 分。每小题只有一个最恰当的答案，请在答题卡上将所选答案的相应字母涂黑。）

26. 劳动力市场的基本功能是（　　）。

（A）调节资源的配置　（B）决定就业量与工资

（C）解决生产什么的问题　（D）解决如何生产的问题

27. 以下不属于劳动法基本原则特点的是（　　）。

（A）指导性　（B）权威性　（C）稳定性　（D）唯一性

28. 劳动法的立法宗旨在于（　　）。

（A）规范企业的行为　（B）规范劳动者行为

（C）保护劳动者的合法权益　（D）规范劳动力市场

29.（　　）是指预定的战略目标或标准，是战略控制的依据。

（A）战略测评标准　（B）战略实施标准

（C）战略评价标准　（D）战略计划标准

30. 森德斯罗姆和麦克英蒂尔认为，团队的有效性要素构成不包括（　　）。

（A）团队学习　（B）绩效　（C）成员满意度　（D）薪酬

31. 对员工而言，绩效管理不具有的功能是（　　）。

（A）互相沟通　（B）互相激励　（C）互相促进　（D）互相竞争

32. 以下不属于静态的组织设计理论的是（　　）。

（A）组织的规章　（B）组织的体制　（C）组织的机构　（D）组织的协调

33. 合理分权的作用不包括（　　）。
（A）有利于企业统一指挥和领导　（B）有利于调动下级的积极主动性
（C）有利于基层迅速正确地做出决策（D）有利于领导集中力量抓重大问题
34. 以下关于智囊机构的说法不正确的是（　　）。
（A）又称战略研究部或信息公司　（B）对集团高层提供的方案进行决策
（C）参与制定集团年度生产经营计划（D）搜集、整理、储存相关信息资料
35. 管理业务流程图中不包括的信息是（　　）。
（A）业务程序　（B）业务岗位　（C）业务数量　（D）信息传递
36. 企业实施组织结构变革时，为保证改革的顺利进行，事先采取的措施不包括（　　）。
（A）给员工增加福利津贴
（B）让员工参与组织变革的调查、诊断和计划
（C）大力推行与组织变革相适应的人员培训计划
（D）大胆起用年富力强和具有开拓创新精神的人才
37. 狭义的人力资源规划不包括（　　）。
（A）人员配备计划　（B）人员晋升计划　（C）人员补充计划　（D）人员培训计划
38.（　　）不属于人力资源需求预测的定量方法。
（A）经验预测法　（B）转换比率法　（C）趋势外推法　（D）回归分析法
39. 人力资源预测的作用不包括（　　）。
（A）提高组织的竞争力　（B）有助于调动员工的积极性
（C）有助于开拓市场空间　（D）是实施人力资源管理的重要依据
40. 人力资源需求预测的方法中，（　　）的主要思路是通过观察历年企业内部人数的变化，找出组织过去人事变动的规律，来推断未来的人事变动趋势和状态。
（A）计量经济模型　（B）马尔可夫模型
（C）计算机模型法　（D）定员定额分析法
41. 以下不属于员工素质测评的基本原理是（　　）。
（A）个体差异原理　（B）同素异构原理　（C）工作差异原理　（D）人岗匹配原理
42. 根据测评对象的隶属程度分别赋值的素质测评量化形式是（　　）。
（A）等距量化　（B）当量量化　（C）类别量化　（D）模糊量化
43. 测评目的具有隐蔽的品德测评法是（　　）。
（A）访谈技术　（B）FRC 法　（C）投射技术　（D）问卷法
44. 报告测评指导语的时间应控制在（　　）以内。
（A）1 分钟　（B）5 分钟　（C）10 分钟　（D）15 分钟
45. “若顾客向你投诉，说你的下属服务质量差，你将会怎么做?”这属于（　　）。
（A）经验性面试　（B）非结构化面试
（C）情境性面试　（D）半结构化面试
46. 面试考官衡量应聘者素质时，应考虑的前提因素是（　　）。
（A）公司岗位需求　（B）应聘者能力水平
（C）公司发展战略　（D）应聘者发展潜力
47. 招聘时，询问财务人员有关财务制度的问题属于（　　）。

（A）背景性问题　（B）知识性问题　（C）思维性问题　（D）经验性问题

48. 一般针对某一个开放性的问题来进行的无领导小组讨论类型是（　）。

（A）无情境性的讨论　（B）不定角色的讨论

（C）情境性的讨论　（D）指定角色的讨论

49. 答案范围广且不固定的面试题目类型是（　）。

（A）排序选择型问题　（B）开放式问题

（C）资源争夺型题目　（D）两难式问题

50. 要求员工培训规划的制定必须体现可靠性、针对性、相关性和高效性等基本特点是制定培训规划的（　）要求。

（A）系统性　（B）标准化　（C）有效性　（D）普遍性

51. 以下不属于教学计划的设计原则的是（　）。

（A）普遍性原则　（B）适应性原则　（C）针对性原则　（D）最优化原则

52. 在课程设计文件中，以下不属于大纲部分的内容的是（　）。

（A）教学资源　（B）交付时间　（C）资料结构　（D）课程评估

53. 不同的培训内容需要利用不同的培训方法，以下最适合态度培训的方法是（　）。

（A）课堂讲授　（B）测量工具　（C）示范模拟　（D）角色扮演

54. 以下不属于设计轮流任职计划的依据的是（　）。

（A）通过作业轮换，管理人员将逐渐学会按照管理的原则来思考问题

（B）将允许有一定能力的管理人员确定他们愿意进行管理的职务范围

（C）能够使受训者身临其境，在模拟的实践中加深对管理原理的领会

（D）公司的高级职务可以由对不同部门的问题有广泛了解的人来担任

55. 在培训过程中以改进而不是以是否保留培训项目为目的的培训效果评估是（　）。

（A）建设性评估　（B）正式评估　（C）总结性评估　（D）非正式评估

56. 在培训效果评估的层级体系中，反应评估的评估内容是（　）。

（A）受训者在工作过程中行为方式的变化和改进

（B）受训者在技能、态度、行为方式等方面的收获

（C）受训者取得的生产经营或技术管理方面的业绩

（D）受训者对培训项目的主观感觉或满意程度如何

57. 进行结果评估，评估单位应为（　）。

（A）培训单位　（B）学员的单位主管

（C）培训教师　（D）学员的直接主管

58. 对培训的情感成果进行评估时，其测量方法不包括（　）。

（A）访谈　（B）态度调查　（C）关注某小组　（D）现场观察

59. 考量员工如何执行上级指令的效标属于（　）。

（A）行为性效标　（B）特征性效标　（C）结果性效标　（D）品质性效标

60. 以下关于劳动定额法的表述不正确的是（　）。

（A）需要进行时间研究　（B）需要进行工作研究

（C）具有多种不同形式　（D）需要进行空间研究

61. 克服分布误差的最佳方法是（　）。

（A）目标管理法　（B）配对比较法　（C）强迫分布法　（D）合成考评法

62.“以近代远”的绩效考评偏差属于（　　）。

（A）优先效应　（B）首因效应　（C）后继效应　（D）近期效应

63. 语言表达能力属于（　　）。

（A）行为过程型的绩效考评指标　（B）品质特征型的绩效考评指标

（C）工作结果型的绩效考评指标　（D）工作方式型的绩效考评指标

64. 绩效考评指标体系设计的程序包括：① 工作分析；②理论验证；③修改调整；④指标调查。排序正确的是（　　）。

（A）①③②④　（B）①②③④

（C）①②④③　（D）①④②③

65.（　　）就是根据企业组织的战略要求而精心设计的指标体系。

（A）平衡计分卡　（B）关键分析法　（C）目标分解法　（D）岗位分析法

66. 对于（　　）的绩效指标，设定的考评标准通常是一个范围。

（A）数量化　（B）质量化　（C）描述性　（D）目标化

67. 360 度考评方法中，对从事服务业、销售业的人员特别重要的评价方法为（　　）。

（A）客户评价　（B）自我评价　（C）上级评价　（D）同级评价

68. 美国劳工统计局每年都要举行三类薪酬方面的调查，这属于（　　）。

（A）公司薪酬调查　（B）商业性薪酬调查

（C）政府薪酬调查　（D）专业性薪酬调查

69. 一般来说，填写一份薪酬调查问卷的时间不应超过（　　）。

（A）1 小时　（B）2 小时　（C）3 小时　（D）4 小时

70. 具有“对事不对人”这一特点的工作分类是（　　）。

（A）岗位分级　（B）岗位分类　（C）品位分级　（D）品位分类

71. 适用于那些岗位划分较粗，岗位之间存在工作差别、岗位内部的员工之间存在技术熟练程度差异的企业或部门的岗位工资类型是（　　）。

（A）一岗一薪工资制　（B）技能工资制

（C）一岗多薪工资制　（D）提成工资制

72. 能够鼓励员工发展各项技能，提高业绩表现，增强参与意识的工资种类是（　　）。

（A）能力工资　（B）提成工资　（C）技术工资　（D）岗位工资

73. 使营销人员和企业之间产生较大的离心力的工资形式是（　　）。

（A）计件工资制　（B）提成工资制　（C）技能工资制　（D）岗位工资制

74.（　　）反映不同岗位之间在工资结构中的差别。

（A）工资等级　（B）工资档次　（C）工资级差　（D）浮动幅度

75. 工资结构具有高稳定性的工资制度是（　　）。

（A）岗位工资制　（B）考核工资制　（C）技能工资制　（D）年功序列制

76. 企业效益提高，对全体员工给予等比例奖励的工资调整方法是（　　）。

（A）物价性调整　（B）工龄性调整　（C）奖励性调整　（D）效益性调整

77. 按照《劳动合同法》的规定，在劳务派遣中，劳务派遣单位应当与被派遣劳动者之间依法订立（　　）。

（A）派遣合同　（B）劳动合同　（C）集体合同　（D）劳务派遣协议

78. 劳务派遣单位的出现是（　　）的必然结果。

（A）社会化大生产　（B）科学技术发展
（C）劳动管理专业化分工　（D）劳动环境改善

79. 工资指导线（　）是对工资增长较快、工资水平较高企业提出的预警和提示。
（A）上线　（B）基准线　（C）下线　（D）标准线

80. 工资集体协商时，协商双方在协商开始前（　）内，提供与工资集体协商有关的真实情况和资料。
（A）5 日　（B）7 日　（C）10 日　（D）15 日

81. 以下关于工资指导价位的说法不正确的是（　）。
（A）每年发布一次　（B）坚持实事求是原则
（C）仅供企业查询　（D）坚持市场取向原则

82. 企业所有员工在劳动安全卫生保护工作中应遵循的职业道德行为准则不包括（　）。
（A）安全第一　（B）预防为主　（C）以人为本　（D）奖惩分明

83. 职工一方当事人人数为 2 人以下，有共同争议理由的劳动争议称为（　）。
（A）个别争议　（B）集体争议　（C）团体争议　（D）权利争议

84.（　）属于劳动争议仲裁的原则之一。
（A）平等自愿　（B）一次裁决　（C）公平公正　（D）二次裁决

85. 在劳动争议仲裁的申请和受理中，决定立案的，应在（　）内向申诉人发出书面通知。
A. 3 日　（B）5 日　（C）7 日　（D）15 日

二、多项选择题（第 86~125 题，每题 1 分，共 40 分。每题有多个答案正确，请在答题卡上将所选答案的相应字母涂黑。错选、少选、多选，均不得分。）

86. 对摩擦性失业表述正确的是（　）。
（A）是高效率利用劳动资源的需要
（B）是一种正常性失业
（C）是动态性市场经济的一个自然特征
（D）是一种岗位交换之间的失业
（E）表明劳动力经常处于流动过程之中

87. 企业目标管理的特点主要包括（　）。
（A）一种系统化的管理模式　（B）更富于参与性
（C）有明确的完整的目标体系　（D）强调自我控制
（E）有完善的员工福利计划

88. 满足亲和需要的行为可以是（　）。
（A）控制他人和活动　（B）受到许多人的喜欢
（C）战胜对手或敌人　（D）成为团队的一分子
（E）比竞争者更出色

89. 人力资源理论体系包括（　）。
（A）心理开发　（B）生理开发　（C）伦理开发　（D）技能开发
（E）环境开发

90. 以下组织结构变革的方式中，属于改良式变革的是（　）。
（A）新设一个职位　（B）两家企业合并

（C）企业组织结构的整合　　（D）局部改变某个科室的职能
（E）从职能制结构改为事业部制结构

91. 以下属于影响企业战略决策的信息的是（　）。
（A）产品结构　　（B）产品的市场占有率
（C）消费者结构　　（D）技术装备的先进性
（E）生产销售状况

92. 人力资源需求预测的内容包括（　）。
（A）企业人力资源需求预测　　（B）企业人力资源供给预测
（C）企业人力资源结构预测　　（D）企业特种人力资源预测
（E）企业人力资源存量与增量预测

93. 岗位定员法是根据（　）计算和确定定员人数的方法。
（A）岗位工作的经验要求　　（B）岗位工作的效率
（C）岗位工作人员的生产率　　（D）工作岗位的多少
（E）岗位工作负荷量的大小

94. 影响企业经营管理人员需求的参数有（　）。
（A）出勤率　　（B）总成本
（C）生产技术水平　　（D）总资产
（E）企业管理制度

95. 若企业人力资源供不应求，可以采取的解决方法一般有（　）。
（A）减少员工的工作时间　　（B）合并或关闭某些臃肿机构
（C）提高企业的资本有机构成　　（D）将符合条件的富余人员调往空缺岗位
（E）制定聘用非全日制临时用工计划

96. 考核性测评的主要特点是（　）。
（A）结果不公开　　（B）系统性强
（C）测评标准刚性强　　（D）概括性较强
（E）结果要求有较高的信度与效度

97. 员工测评标准体系的构成包括（　）。
（A）平面结构　（B）立体结构　（C）横向结构　（D）综合结构
（E）纵向结构

98.（　）能够引起测评结果的误差。
（A）晕轮效应　　（B）感情效应
（C）参评人员训练不足　　（D）近因误差
（E）测评的指标体系和参照标准不够明确

99. 由于面试考官的偏见而产生的误差包括（　）。
（A）第一印象　（B）对比效应　（C）晕轮效应　（D）录用压力
（E）鲢鱼效应

100. 结构化面试的开发包括（　）。
（A）测评标准的开发　　（B）面试问题的设计
（C）评分标准的确定　　（D）面试考官的选拔
（E）面试结果和公布

101. 以下岗位适用无领导小组讨论法进行人员选拔的是（　　）。
（A）人力资源主管　（B）研发管理人员
（C）销售部门经理　（D）公关部门经理
（E）财务管理人员
102. 以下不属于员工培训的直接培训成本的是（　　）。
（A）教室设备的租赁费用　（B）培训教师的费用
（C）培训项目的设计费用　（D）学员的往来交通费用
（E）培训对象受训期间的工资福利
103. 设计课程时，选择课程内容的原则包括（　　）。
（A）适应多样化的学员背景　（B）满足学员在时间方面的需求
（C）使学员掌握生产技术和技能　（D）选择相同难度的课程内容进行组合
（E）缺少什么培训什么，需要什么培训什么
104. 在培训所使用的各种媒体中，岗位指南的优点包括（　　）。
（A）查阅快捷　（B）重点突出　（C）使用简易　（D）记忆方便
（E）翔实全面
105. 企业管理人员的一般培训要求的内容包括（　　）。
（A）技能开发　（B）知识更新　（C）观念转变　（D）知识补充
（E）思维技巧
106. 培训效果评估的各种形式中，以下关于总结性评估的终局测试说法正确的是（　　）。
（A）终局测试具有较强的说服力　（B）能用于决定培训项目的取舍
（C）能作为培训项目改进的依据　（D）有助于培训对象学习的改进
（E）能用于决定是否给受训者某种资格
107. 对员工培训的绩效成果进行评估时，评估方法包括（　　）。
（A）态度调查　（B）原始记录　（C）现场观察　（D）定额标准
（E）统计日报
108. 综合型的绩效考评方法包括（　　）。
（A）合成考评法　（B）加权选择量表法
（C）目标管理法　（D）图解式评价量表法
（E）评价中心法
109. 以下关于强迫选择法的说法正确的有（　　）。
（A）是一种定量化考评方法　（B）属于目标导向型的客观考评方法
（C）属于行为导向型的主观考证方法　（D）可以用来考评特殊工作行为表现
（E）考评通常采用一个或两个最能描述员工行为表现的项目
110. 自我中心效应的具体表现为（　　）。
（A）相似偏差　（B）优先效应误差
（C）对比偏差　（D）晕轮效应误差
（E）共同偏差
111. 编制绩效考评标准应遵循的原则有（　　）。
（A）定量准确原则　（B）定性科学原则

（C）目标导向原则　　（D）先进合理原则
（E）突出特点原则
112. 以下关于战略导向的KPI体系的说法正确的有（　　）。
（A）KPI体系以控制为中心　　（B）财务与非财务指标相结合
（C）战略目标自上而下分解　　（D）最大限度激发员工的斗志
（E）强调对员工行为的激励
113. 关键绩效指标可分为（　　）。
（A）数量指标　（B）质量指标　（C）成本指标　（D）时限指标　（E）收益指标
114. 企业进行薪酬调查要了解的信息包括（　　）。
（A）家庭人口　（B）奖金福利　（C）长期激励　（D）加班时间
（E）健康状况
115. 对薪酬调查数据进行离散分析经常采用的方法有（　　）。
（A）四分位法　（B）简单平均法　（C）百分位法　（D）加权平均法
（E）中位数法
116. 技能工资的种类包括（　　）。
（A）技术工资　（B）能力工资　（C）提成工资　（D）薪点工资
（E）效益工资
117. 影响企业工资水平的外部因素包括（　　）。
（A）市场因素　（B）所属行业　（C）生活费用　（D）企业规模
（E）物价水平
118.（　　）属于以绩效为导向的工资结构。
（A）计件工资　（B）销售提成工资　（C）效益工资　（D）岗位工资
（E）技能工资
119. 企业年金方案的主要内容包括（　　）。
（A）双方约定的其他事项　　（B）计发办法
（C）支付企业年金　　（D）支付方式
（E）员工企业年金个人账户管理方式
120.《劳动合同法》规定，劳务派遣协议应当约定（　　）。
（A）违反协议的责任　　（B）派遣期限
（C）派遣岗位和人员数量　　（D）劳动报酬
（E）社会保险费的数额以及支付方式
121. 以下属于工资集体协商内容的有（　　）。
（A）工资分配形式　　（B）解除工资协议的程序
（C）奖金分配方法　　（D）变更工资协议的程序
（E）工资协议的终止条件
122. 同一职业劳动力市场工资价位水平有高、中、低之分，具体可由（　　）等因素决定。
（A）企业规模　　（B）企业经济效益
（C）就业状况　　（D）企业经济类型
（E）不同层次的劳动者

123. 劳动安全卫生管理制度的种类包括（　）。

（A）安全生产责任制度　（B）安全生产教育制度

（C）安全生产检查制度　（D）劳动环境优化制度

（E）安全用品采购制度

124. 调解委员会调解与人民法院处理劳动争议时的调解区别在于（　）。

（A）调解的原则不同　（B）主持调解的主体不同

（C）调解的效力不同　（D）调解案件的范围不同

（E）在劳动争议处理中的地位不同

125. 按照劳动争议自身的规定性对劳动争议进行分析，其要点包括（　）。

（A）确定劳动争议的标的

（B）分析确定意思表示的意志内容

（C）分析确定意思表示所反映的意志内容是否符合劳动法律法规的规定

（D）分析确定意思表示所反映的意志内容是否符合集体合同、劳动合同的规定

（E）分析确定意思表示所反映的意志内容是否符合企业内部劳动管理规则的规定

职　业：企业人力资源管理人员
等　级：国家职业资格二级
卷册二：操作技能

一、简答题（本题共 2 题，第 1 小题 12 分，第 2 小题 14 分，共 26 分。）

1. 简要说明可以采用哪些方法对薪酬调查的数据进行统计分析？（12 分）

2. 简要说明工资集体协商包括哪些主要的内容？（14 分）

二、综合题（本题共 3 题，第 1 小题 34 分，第 2 小题 20 分，第 3 小题 20 分，共 74 分。）

1. YJ 集团是一家以房地产为主产业链，跨地区、跨行业、跨国经营的产业集团，公司创建于 1993 年 5 月，历经十几年的拼搏，现已形成集房地产开发、建筑施工、教育后勤、物业管理等于一体的锁链化、整体化、系统化全新规模产业，位居全国大型企业集团千强之列。集团现有资产 50 亿元，员工 2 万余人，在北京、上海、武汉及浙江等全国 8 个省、市已打造出一批堪称房产典范、建筑精品的标志性建筑。

该集团公司非常重视人才的选拔与培养，集团领导决定在公司内部建立一支培训队伍。人力资源部在公司内部发布公告，马上就有 40 多名符合报名条件的人员报了名，如何从这 40 名应聘者中选出符合条件的培训师？面试是不可或缺的，除了面试，是否还可以考虑其他的选拔方法呢？如笔试、无领导小组讨论等。这些问题一直在困扰着大家，特别是人力资源部主管招聘工作的张副经理。

请根据本案例，回答以下问题：

（1）企业选配培训师的基本标准是什么？（14 分）

（2）在组织面试中应该注意避免哪些常见问题？（10 分）

（3）如何采用无领导小组讨论，它具有哪些优势？（10 分）

2. MBS 是一家美国知名的电脑公司，去年在人员的绩效管理上，MBS 公司取消了以

往绩效七级考核的评等方式，而改采用新的四级（1、2、3、4）评等方式，并实行钟形的绩效考评原则，即除非有例外状况，绝大多数的员工都能得到2等。

MBS公司将这种新的绩效管理方案定名为：个人业务承诺（Personal Business Commitments，PBC）制度，除了由各级主管做年终绩效考评外，员工也可自己另外寻找6位同事，以匿名方式通过电子信箱进行考评，也称之为“360度反馈”。员工个人表现被评为第3等时，代表本人未达成业务承诺（PBC），你必须更努力工作，以达到更佳的业绩。如果得到特别差的4等时，你可能被给予“6个月留公司查看”的处罚（当然，被评为4等的人在公司占极小的比例）。评2等代表你达到目标，是个符合要求的好员工，评为1等的人称为［水上飞］（Water Walkers），代表你是高成就者，超越自己的目标，也没做错过什么事情。按照PBC绩效考评体系的要求，年初该公司的每个员工都要在充分理解公司的业绩目标和具体的KPI指标的基础上，在部门经理的指导下制定自己的PBC，并列举出下一年中为了实现这些业绩目标、执行方案和团队合作这三个方面所需要采取的具体行动，这相当于员工与公司签订了一个一年期的业绩合同。员工在制定绩效计划时，自己应按下列三个领域设定年度目标。第一个承诺：承诺必胜（Win）。这里表达的是成员要抓住任何可成功的机会，以坚强的意志来励志，并且竭力完成。市场占有率是最重要的绩效评等考量。第二个承诺：承诺执行（Execute）。这里强调六个字，即行动、行动、行动，不光看你“怎么说”，更重要的是看你“怎么做”，以及取得的成果。第三个承诺：承诺团队精神（Team），即各个不同单位和岗位之间，默契配合，不能出现无谓的矛盾的冲突，绝不能在顾客面前让顾客产生疑惑。这种绩效考核对一般MBS公司成员具有重要意义，而对负有管人责任的各级主管，则需要根据员工意见调查（Employee Opinion Survey），高阶主管面谈（Executive Interview），门户开放政策（Open Door Policy）的反馈，另加一个评等系数，并且占有整体评等50%的权重。

请您结合本案例，回答以下问题：

（1）根据该公司个人业务承诺（PBC）即三个承诺的考评体系要求，采用定性表述，给出PBC的四级评等标准，并填入表1的第二栏中。（8分）

表1 MBS公司个人业务承诺（PBC）考评等效标准表

考评等级	评等标准
PBC-1	
PBC-2	
PBC-3	
PBC-4	

（2）对该公司所推行PBC考评法进行剖析，说明其优点和不足。（12分）

3. W公司是一家民营房地产企业，1996年总经理贾先生创建W公司的时候仅有数百万元的资金和十几名员工，并设立了财务、项目开发、工程管理和行政人事4个部门，其中财务部负责人刘女士是贾总的亲戚，仅持有初级会计上岗证书。负责项目开发的江先生是贾总多年的好友，初中毕业，曾经当过一餐馆的老板。

由于近几年房地产行业发展迅速，W公司的规模迅速扩大，职能部门由过去原有的4个部门变成项目开发、市场策划、工程式管理、质量控制、技术设计、财务、人力资源、物业和行政9个部门。人员也由过去的十几个人发展到现在的500多人。人员有增加，诸多的管理问题也频频出现。例如，虽然公司提出了明确的战略规划，但总是不能落实，贾总也发现：追究责任时候，好像大家都有责任，每次大家都一起自我批评一番，下次的规划依旧不能落实，问题到底出现在哪里呢？让他颇为郁闷的还有，各部门的管理人员都经常各自为政，意见不一，相互扯皮。此外，W 公司在创业初期没有任何考评指标和标准，完全依靠家庭成员的自觉性进行工作，后来虽然组建了人力资源部，但也仅仅实行了直接主管考评法，对各级员工进行主观性考评，导致员工的抱怨越来越多。

目前，W 公司手中仍然有约 120 万平方米的待开发土地，贾总犯难的是，别的当家愁的是“无米下锅”，而他现在愁的是“怎么下锅”，企业目前的状况已经让他忙得焦头烂额，深感力不从心。

请您根据本案例，回答以下问题：

（1）该公司在企业人力资源管理方面目前存在哪些问题？（10 分）

（2）请根据该公司存在的主要问题，提出具体的解决方案。（10 分）

2008年11月真题

职　业：企业人力资源管理师
等　级：国家职业资格二级
卷册一：职业道德　理论知识

第一部分　职业道德
（第1~25题，共25道题）

一、职业道德基础理论与知识部分

答题指导：

◆该部分均为选择题，每题均有四个备选项，其中单项选择题只有一个选项是正确的，多项选择题有两个或两个以上选项是正确的。

◆请根据题意的内容和要求答题，并在答题卡上将所选答案的相应字母涂黑。

◆错选、少选、多选，则该题均不得分。

（一）单项选择题（第1~8题。）

1. 关于职业道德的说法中，正确的是（　　）。

（A）职业道德规范是管理者为了减少矛盾而设置的主观性要求

（B）良好的职业道德品质是从业人员成长、成才的重要保障

（C）职业道德与经济效益之间没有内在关联性

（D）职业道德是对职工的普遍要求，没有先进与落后之分

2. 关于社会公德与职业道德之间的关系，正确的是（　　）。

（A）社会公德的建设方式决定了职业道德的建设方式

（B）职业道德只在职业范围内起作用，在社会公德领域不适用

（C）职业道德与社会公德之间相互推动、相互促进

（D）社会公德的任何变化，必然引起职业道德的相应变化

3. 对于集体主义，理解正确的是（　　）。

（A）坚持集体利益至上，一切以集体利益为转移

（B）在集体认为必要的情况下，牺牲个人利益应是无条件的

（C）集体有责任帮助个人实现个人利益

（D）把员工的思想、行动集中起来是集体主义的核心要求

4.“审慎”作为职业活动内在的道德准则之一，其本质要求是（　）。

（A）选择最佳手段以达到职责最优结果，努力规避风险

（B）小心谨慎地处理每一件事情，说话办事要三思而后行

（C）对所做工作要仔细审查和研究，以免做出错误判断

（D）“审慎”就是要求一方面要耐心细致，另一方面要敢闯敢干

5. 关于职业化管理，正确的说法是（　）。

（A）职业化管理是倡导并要求从一而终的职业生涯状态的管理模式

（B）职业化管理日益趋向宏观管理，不再像以往那样强调过程管理

（C）职业化管理是根据从业人员各自的聪明才智建立起来的人力资源管理体系

（D）职业化管理不是靠直觉和灵活应变，而是靠职业道德、制度和标准

6. 诚信的特征是（　）。

（A）社会性、强制性、自觉性、智慧性

（B）通识性、智慧性、止损性、资质性

（C）人本性、资质性、历史性、公约性

（D）通识性、规范性、普遍性、止损性

7. 关于“节约”，正确的看法是（　）。

（A）节约的根本要求是节用有度

（B）节约是一种主观判定，所以个人节约完全取决于个人如何认识

（C）节约只是对物质资源的节省

（D）贫富差距的现实存在，导致节约与否因人而异

8. 奉献的特征是（　）。

（A）非强制性及社会性、倡导性　（B）非利己性及随意性、条件性

（C）非明确性及自主性、人本性　（D）非功利性及普遍性、可为性

（二）多项选择题（第 9~16 题。）

9. 职业道德对职业技能所具有的作用是（　）。

（A）统领作用　（B）决定作用　（C）阻滞作用　（D）促进作用

10. 从业人员需要树立的正确义利观是（　）。

（A）先利后义　（B）见利思义　（C）非利不为　（D）义然后取

11. 社会主义核心价值体系的基本内容是（　）。

（A）马克思主义指导思想

（B）中国特色社会主义共同理想

（C）以爱国主义为核心的民族精神和以改革创新为核心的时代精神

（D）社会主义荣辱观

12. 诚信对于个人职业生涯的意义在于（　）。

（A）诚信是人的社会化的必需　（B）诚信是人们谋得职业的必需

（C）诚信是人们职业发展的必需　（D）诚信是人的潜能发挥的必需

13. 有员工这样说：“板着面孔训人，我们不怕；不联系实际讲大道理，我们不听；说一套做一套，我们不服；自己做好了的事再要求我们做，我们不得不服。”这段话表明（　）。

（A）民主是一把双刃剑，既能集中力量，又会丧失权威
（B）国企体制必然导致员工“牛气”，进而造成组织纪律涣散
（C）领导身先士卒、做出表率是一种带动力量
（D）坚持原则、以德服人是公道的具体体现

14. 根据《关于禁止商业贿赂行为的暂行规定》，下列说法中正确的是（　　）。
（A）任何单位在销售商品时不得收受或者索取贿赂
（B）在账外暗中给予对方单位回扣的，暂不核定为行贿行为
（C）经营者销售商品，可以以明示方式给予对方折扣，须如实入账
（D）经营者购买商品，可以以明示方式给中间人佣金，无须入账

15. 践行职业纪律的要求包括（　　）。
（A）学习岗位规则　　（B）执行操作规程
（C）遵守行业规范　　（D）严守法律法规

16. 关于原则性与灵活性，正确的认识是（　　）。
（A）为处理好员工间的关系，原则性要让位于灵活性
（B）在企业经营过程中固守原则性，会导致办事僵化
（C）在原则性与灵活性之间，原则性是前提
（D）坚持原则和适度灵活性是和谐企业建设的根本

二、职业道德个人表现部分（第 17~25 题。）

答题指导：

◆该部分均为选择题，每题均有四个备选项。您只能根据自己的实际状况选择其中一个选项作为您的答案。

◆请在答题卡上将所选答案的相应字母涂黑。

17. 假如你是某公司一个部门的负责人，上级领导征求你的意见，说是要给你部门分派一名残疾人，但你清楚，残疾人是很难适应你部门正常工作要求的，这时你会（　　）。
（A）迫于压力，只能接受　　（B）向领导说明自己不能接受的理由
（C）既然领导分配，就应接受　　（D）先接受了再说

18. 如果你每天驾驶私家车上班，现在政府做出了规定，要求开车的人们每周少开一天车，但是由于你家离单位路途太远，为此你会在路上多花费 3 个多小时，你会（　　）。
（A）理解，支持　　（B）理解，但不支持
（C）理解，但会提出疑问　　（D）理解，但希望获得补偿

19. 在单位，下班时你无意间发现同事装有重要资料的抽屉没有关好，你会（　　）。
（A）赶紧离开　　（B）马上打电话告诉同事
（C）装作没看见　　（D）第二天再告诉对方

20. 两个同事为了一点鸡毛蒜皮的小事而吵架，双方互不相让，你会（　　）。
（A）同事吵架很正常，不会理会
（B）介入同事的争吵只会添乱，所以只是旁观
（C）感觉为了点鸡毛蒜皮的事情吵架，很无聊
（D）事不关己，干脆走开

21. 如果你钟爱某支球队，但这支球队始终不好，原因是少数球员的职业作风存在问题，这令你十分失望。如果这支球队马上又要在你所居住的地方进行一场十分重要的比

赛，你会（　　）。

（A）虽然失望，但仍然会关注，只是不再去现场看比赛了

（B）已经失望透顶，不会再关注他们的比赛了

（C）要是自己有权力决定足球队的去留，一定会解散它

（D）虽然感到失望，但还是会到现场观看

22. 假如你只是某公司的一名普通员工，遇到下列状况时，你认为自己最有可能做出的选择是（　　）。

（A）如果有人给“我”50万元，“我”就可以辞职不干了

（B）如果有出国深造的机会，“我”绝不会放弃

（C）如果有公司聘“我”去当总经理，“我”会认真考虑

（D）就目前状态而言，“我”会继续待在这家公司

23. 在日常工作中，你感觉自己处理最好的关系是（　　）。

（A）上下级关系　　（B）同事关系

（C）与客户的关系　　（D）朋友关系

24. 邻居家的几个孩子在楼下踢足球，不小心把你家的玻璃打碎了，孩子们作鸟兽而散，你会（　　）。

（A）逐个找孩子的家长，要求对方集体赔偿

（B）找到其中的一个孩子，要他说出打破玻璃的真相

（C）自认倒霉，自己处理了事

（D）吓唬孩子，告诉他们自己一定会惩罚他们

25. 假如张某是你的邻居，他的车不知被谁划了一道长长的刮痕，为这事张某一家人连续几天在你家附近骂街，你会（　）。

（A）认为一定是张某怀疑自己划了他的车

（B）认为张某的做法可以理解

（C）建议张某报案，别指桑骂槐

（D）离张某一家远一点

第二部分　理论知识

（第26~125题，共100道题，满分为100分）

一、单项选择题（第26~85题，每题1分，共60分。每小题只有一个最恰当的答案，请在答题卡上将所选答案的相应字母涂黑。）

26.（　　）是指国家在一定时期内生产的最终产品和服务按价格计算的货币价值总量。

（A）总需求　　（B）总需求价格　　（C）总供给　　（D）总供给价格

27. 以下不属于劳动标准制度的是（　　）。

（A）劳动争议处理法　　（B）工资制度

（C）劳动安全卫生标准法　　（D）工作时间制度

28. 劳动法律关系的主要形态是（　　）。
（A）劳动行政法律关系　　（B）劳动合同关系
（C）劳动服务法律关系　　（D）劳动监督关系
29. 顾客力量分析是企业特定经营环境分析的重要内容，不包括（　　）。
（A）顾客购买动机分析　　（B）市场商品消费结构分析
（C）顾客消费承受能力分析　　（D）企业产品消费群体分析
30. 阿伦和梅耶所进行的综合研究提出的承诺不包括（　　）。
（A）感情承诺　（B）继续承诺　（C）规范承诺　（D）口头承诺
31. 以下不属于员工动态特征的是（　　）。
（A）员工学习　　（B）员工自我保护机制
（C）员工激励　　（D）员工成熟和发展
32. 下面不属于静态的组织设计理论的是（　　）。
（A）组织体制　（B）机构　（C）信息控制　（D）规章
33. 以下关于新型组织结构模式的说法错误的是（　　）。
（A）卡特尔、辛迪加属于企业集团的结构模式
（B）子公司和母公司模式较多地出现在横向合并而形成的企业中
（C）多维立体组织结构主要应用于跨国公司和规模巨大的跨地区公司
（D）模拟分权组织结构主要应用于生产经营活动连续性很强大型联合企业
34. 在企业组织结构变革时需分析组织关系，不属于其内容的是（　　）。
（A）某个单位应同哪些单位和个人发生联系
（B）某个单位要求别人给予何种配合和服务
（C）某个单位的工作效率和员工的士气如何
（D）某个单位应该为别的单位提供哪些服务
35. 组织结构变革常招致各方面的抵制和反对，以下不属于其表现的是（　　）。
（A）生产经营情况恶化　　（B）工作效率降低
（C）要求离职的人数增多　　（D）市场占有率缩小
36. 以下不属于影响企业人力资源活动法律因素的是（　　）。
（A）质量管理　　（B）劳动保护的规定
（C）户籍制度　　（D）安全生产的规定
37. 局部改变某个科室的职能属于企业组织结构变革的（　　）变革方式。
（A）改良式　（B）渐进式　（C）计划式　D. 爆破式
38. 以下不属于人力资源需求预测内容的是（　　）。
（A）企业人力资源需求预测　　（B）企业人力资源结构预测
（C）企业人力资源质量预测　　（D）特种人力资源预测
39. 以下不属于人力资源需求预测的定量方法的是（　　）。
（A）灰色预测模型法　　（B）转换比率法
（C）马尔可夫分析法　　（D）经验预测法
40. 以下关于人力资源预测方法的说法不正确的是（　　）。
（A）德尔菲法适合于对人力需求的长期趋势预测
（B）转换比率法假定企业的劳动生产率是可变的

（C）转换比率法没能说明不同类别员工需求的差异
（D）德尔菲法可用于企业整体人力资源需求量的预测
41. 对素质测评的对象进行直接的定量刻画的量化形式，称为（　）。
（A）一次量化　（B）二次量化　（C）类别量化　（D）模糊量化
42. 形式为“优、良、中、差”的员工素质测评标度为（　）。
（A）量词式标度（B）数量式标度（C）定义式标度（D）等级式标度
43. 以下属于员工测评标准体系的结构性要素的是（　）。
（A）身体素质　（B）婚姻状况　（C）工作经验　（D）性别年龄
44. 测评学习能力的最简单有效的方法是（　）。
（A）心理测验　（B）品德测验　（C）投射技术　（D）情境测验
45. 在员工素质测评结果的相关分析中，$r=0$表示两级测评数据（　）。
（A）完全负相关（B）不相关　（C）完全正相关（D）不确定
46. 过分强调应聘者的不利因素，以致不能全面了解这个人，这属于（　）。
（A）第一印象　（B）对比效应　（C）晕轮效应　（D）录用压力
47.“如果你的两个得力下属一直吵架，你会怎么处理?”这类问题属于（　）。
A. 背景性问题　（B）情境性问题（C）思维性问题（D）经验性问题
48.（　）被认为是当代人力资源管理中识别有才能的管理者最有效的工具。
（A）评价中心　（B）管理中心　（C）控制中心　（D）学习中心
49. 以下最不适合用无领导小组讨论法进行人员选拔的岗位是（　）。
（A）人力资源主管　（B）财务管理人员
（C）销售部门经理　（D）公关部门经理
50. 以下关于培训费用的说法错误的是（　）。
（A）指企业在员工培训过程中所发生的一切费用之和
（B）间接培训成本是指在培训组织实施过程之外企业所支付的费用
（C）由培训之前的准备工作和培训实施过程中各项活动的费用构成
（D）直接培训成本是在培训组织实施过程中培训者与受训者的一切费用总和
51. 在制定培训规划时，设计培训方法的途径不包括（　）。
（A）专家咨询　（B）中介机构　（C）小组讨论　（D）经验总结
52. 培训项目计划是有效实施培训课程的基础，它不包括（　）。
（A）企业培训计划　（B）培训课程计划
（C）课程系列计划　（D）培训评估计划
53. 在培训的印刷材料中，（　）可以使包含许多复杂步骤的任务简单化。
（A）工作任务表（B）岗位指南　（C）培训指南　（D）学员手册
54. 在管理人员所应具有的技能中，（　）是指从整体把握组织目标、洞察组织与环境的相互关系的能力。
（A）专业技能　（B）人文技能　（C）理念技能　（D）协调技能
55. 培训效果的正式评估的优点不包括（　）。
（A）在数据和事实的基础上做出判断（B）可将评估结论与最初计划比较
（C）容易将评估结论用书面形式表现（D）不会给受训者带来太大的压力
56. 在培训效果的层级体系中，结果评估的评估内容是（　）。

（A）受训者在工作过程中行为方式的变化和改进等
（B）受训者取得的生产经营或技术管理方面的业绩
（C）受训者在技能、态度、行为方式等方面的收获
（D）受训者对培训项目的主观感觉或满意程度如何

57. 下列不属于培训技能成果的评估标准的是（　　）。
（A）劳动效率　（B）定额标准　（C）质量标准　（D）操作规范

58. 在评估培训效果时，（　　）适用于调查面广、封闭式问题和开放式问题并重的调查。
（A）访谈法　（B）问卷调查法　（C）观察法　（D）电话调查法

59. 加权选择量表法属于（　　）绩效考评方法。
（A）品质导向型　（B）结果导向型　（C）行为导向型　（D）综合型

60. 在采用合成考评法时，将描述性表格与绩效改进计划合成在一起，其不足之处是（　　）。
（A）缺乏针对性　（B）不能满足各类岗位的要求
（C）缺乏导向性　（D）不能进行人员的横向比较

61.（　　）表现为被考评者上一个考评期内的评价结果，对其本考评期内的评价产生影响。
（A）后继效应　（B）晕轮误差　（C）个人偏见　（D）优先效应

62.（　　）一般作为生产性组织的主要绩效考评指标。
（A）工作效率　（B）成本控制　（C）工作过程　（D）工作成果

63. 客户投诉率属于（　　）的绩效考评指标。
（A）行为过程型　（B）品质特征型　（C）工作结果型　（D）工作方式型

64. 将反映绩效考评指标内涵及外延等各方面的特征进行综合的绩效考评标准为（　　）。
（A）分解提问标准　（B）综合等级标准
（C）综合提问标准　（D）分解等级标准

65. 建立战略导向的 KPI 体系的意义不包括（　　）。
（A）有助于员工的自我实现　（B）对战略导向起牵引作用
（C）最大限度地激发员工斗志　（D）强调对员工行为的激励

66. 一般来说，根据工作产出设定关键绩效指标时，所依据的基本原则不包括（　　）。
（A）增值产出的原则　（B）目标导向的原则
（C）结果优先的原则　（D）设定权重的原则

67.（　　）是基于胜任特征的考评方法，使用这种方法得出的结果更全面、深刻。
（A）平衡记分卡　（B）评价中心　（C）行为定位法　（D）360 度考评

68.（　　）的薪酬调查方式更适合于有着良好的对外关系的企业。
（A）企业之间相互调查　（B）问卷调查
（C）委托中介机构调查　（D）访谈调查

69.（　　）是指工作性质和特征相近的若干职组的集合。
（A）职系　（B）职组　（C）职门　（D）职等

70. 在完成了岗级划分之后，对生产性岗位统一列等时，不宜采用的方法是（　　）。

(A) 倒推比较法　(B) 基本点数换算法
(C) 经验判断法　(D) 交叉岗位换算法

71. 薪点值中由部门的生产经营状况决定的部分称为（　）。
(A) 标准值　(B) 固定值　(C) 浮动值　(D) 基本值

72. 以员工的工作业绩为基础支付工资的工资制度称为（　）。
(A) 奖励工资制　(B) 提成工资制　(C) 技术工资制　(D) 绩效工资制

73. 最不适合采用激励性工资的工作团队类型是（　）。
(A) 平行团队　(B) 交叉团队　(C) 流程团队　(D) 项目团队

74.（　）的工资结构有利于激励员工提高技术、能力。
(A) 以绩效为导向　(B) 以行为为导向
(C) 以工作为导向　(D) 以技能为导向

75. 员工的工资与实际绩效关系不太大的工资类型是（　）。
(A) 高弹性类　(B) 低弹性类　(C) 高风险类　(D) 高稳定类

76. 可以控制住总体的薪酬成本，但缺乏灵活性地制定薪酬计划的方法是（　）。
(A) 从下而上法　(B) 从上而下法　(C) 由内到外法　(D) 由外到内法

77. 在劳务派遣中，（　）的关系属于有劳动没“关系”的实际劳动关系。
(A) 接收单位与被派遣劳动者　(B) 雇主与雇员
(C) 劳务派遣单位与接收单位　(D) 劳务派遣单位与被派遣劳动者

78. 下列关于劳务派遣的说法错误的是（　）。
(A) 劳务派遣单位可以向被派遣劳动者收取费用
(B) 劳务派遣单位有义务将派遣内容告知劳动者
(C) 劳务派遣单位对保护劳动者的合法权益承担义务
(D) 被派遣劳动者管理的特殊性在于避免可能出现的劳动歧视问题

79. 实行工资指导线制度的主要目的不包括（　）。
(A) 实现社会公平　(B) 逐步提高工资水平
(C) 调整、规范工资分配关系　(D) 使雇员工资收入随企业效益增长而增长

80. 劳动力市场工资指导价位的制定步骤包括：(1) 公开发布；(2) 信息采集；(3) 价位制定。排序正确的是（　）。
(A) (2)(3)(1)　(B) (3)(1)(2)　(C) (3)(2)(1)　(D) (1)(2)(3)

81. 在安全生产责任制中，（　）在各自分管的工作范围内对安全卫生负责。
(A) 工人　(B) 各职能部门负责人
(C) 总工程师　(D) 分管安全卫生的负责人

82. 职工一方当事人人数为（　）以上，有共同争议理由的劳动争议称为集体争议。
(A) 1人　(B) 2人　(C) 3人　(D) 4人

83. 劳动争议处理的原则不包括（　）。
(A) 合议原则　(B) 合法原则　(C) 公正原则　(D) 及时处理原则

84. 以下关于调解意见书说法错误的是（　）。
(A) 它是调解委员会单方的意思表示
(B) 它对争议双方没有约束力
(C) 它是劳动争议当事人双方的意思表示

（D）它是双方达不成协议的结果

85. 仲裁裁决书自双方当事人收到之日起的（　　）内不向人民法院起诉的，即发生法律效力。

（A）3 日　（B）5 日　（C）7 日　（D）15 日

二、多项选择题（第 86~125 题，每题 1 分，共 40 分。每题有多个答案正确，请在答题卡上将所选答案的相应字母涂黑。错选、少选、多选，均不得分。）

86. 阻碍互惠交换实现的主要障碍包括（　　）。

（A）体制障碍　（B）市场缺陷　（C）诚信问题　（D）经济滞后　（E）信息障碍

87. 战略控制的方法包括（　　）。

（A）全程控制　（B）事前控制　（C）局部控制　（D）事后控制　（E）事中控制

88. 有领袖魅力的管理者的关键特征包括（　　）。

（A）是变革的代言人　（B）自信和远见

（C）行为不循规蹈矩　（D）对环境敏感

（E）有清楚表达目标的能力

89. 人力资源开发的根本目标包括（　　）。

（A）有效促进人的发展　（B）有效运用人的潜能

（C）有效促进组织的发展　（D）有效开发人的潜能

（E）有效开发组织的潜能

90. 企业集团是一种新型的组织结构模式，其构成包括（　　）。

（A）持股成员企业层　（B）控股成员企业层

（C）参股成员企业层　（D）协作成员企业层

（E）核心企业

91. 组织结构设计时，部门结构可以选择的模式有（　　）。

（A）直线制　（B）职能制　（C）矩阵制　（D）子公司　（E）非常设机构

92. 企业组织发展战略主要有（　　）。

（A）多种经营战略　（B）扩大地区战略　（C）增大数量战略

（D）人才培养战略　（E）纵向整合战略

93. 人力资源规划受企业内外部环境的影响，其中外部环境因素包括（　　）。

（A）经济环境　（B）企业的行业特征　（C）科技环境

（D）企业的发展战略　（E）社会文化

94. 影响人力资源需求预测的一般因素包括（　　）。

（A）市场需求　（B）工资状况　（C）企业总产值　（D）工作时间

（E）政府的方针政策的影响

95. 影响企业外部劳动力供给的因素有（　　）。

（A）择业心理偏好　（B）企业人员的自然流失

（C）社会就业意识　（D）劳动力市场发育程度

（E）地域性因素

96. 人岗匹配包括（　　）。

（A）岗位与岗位之间相匹配　（B）员工与员工之间相匹配

（C）工作报酬与员工贡献相匹配　（D）工作要求与员工素质相匹配

（E）工作报酬与员工学历相匹配

97. 测评方案的内容主要涉及（　　）。
（A）被测评的对象　（B）测评方法的选择
（C）参照标准设计的确立　（D）测评员工的选择
（E）素质能力测评的指标体系

98. 在素质测评中，常用的对员工进行分类的标准有（　　）。
（A）道德分类标准　（B）调查分类标准
（C）数学分类标准　（D）性别分类标准
（E）能力分类标准

99. 以下有关行为描述面试的说法正确的有（　　）。
（A）是一种特殊的结构化面试　（B）面试的问题都是行为性问题
（C）是一种特殊的非结构化面试　（D）面试的问题都是知识性问题
（E）实质是识别关键性的工作要求

100. 无领导小组讨论的优点包括（　　）。
（A）具有生动的人际互动效应　（B）题目的质量影响测评的质量
（C）讨论过程真实、易于评价　（D）被评价者难以掩饰自己特点
（E）对评价者和评价标准的要求较高

101. 目前流行的人员素质理论包括（　　）。
（A）冰山模型　（B）洋葱模型　（C）大海模型
（D）大树模型　（E）橘子模型

102. 教学计划的基本内容包括（　　）。
（A）教学形式　（B）教学目标　（C）课程设置
（D）教学环节　（E）教学时间安排

103. 在企业外部聘请培训师的优点包括（　　）。
（A）选择范围较大　（B）带来全新理念　（C）提高培训档次
（D）易于控制培训　（E）易于营造气氛

104. 管理人员的培训方法中，短期学习的优点包括（　　）。
（A）训练周密　（B）增强了主动性　（C）针对性好
（D）学员能全力以赴地学习　（E）较有深度

105. 以下不属于培训前效果评估的作用的是（　　）。
（A）保证培训效果测定的科学性　（B）保证培训需求确认的科学性
（C）保证培训活动按照计划进行　（D）确保计划与实际需求合理衔接
（E）找出不足，发现新培训需要

106. 对培训效果进行学习评估的时间应为（　　）。
（A）半年或一年以后　（B）课程结束时　（C）三个月或半年以后
（D）课程进行时　（E）公司进行绩效评估时

107. 员工培训情感成果评估的测量方法包括（　　）。
（A）态度调查　（B）笔试　（C）现场观察　（D）访谈　（E）关注某小组

108. 为了保证日清日结法得到有效的贯彻和实施，需要坚持（　　）。
（A）闭环原则　（B）逐步改进的原则　（C）不断优化的原则

（D）目标导向的原则　　（E）比较分析的原则

109. 从考评的性质和特点上看，行为导向型的主观评价方法（　　）。

（A）考评有客观依据　（B）缺乏量化的考评标准　（C）可用于考评团队绩效

（D）受考评者主观因素的制约和影响

（E）通过整体绩效来衡量员工的个体工作绩效

110. 制约和影响绩效考评的正确性、可靠性和有效性的因素主要有（　　）。

（A）后继效应　　（B）评价指标对考评的影响　　（C）自我中心效应

（D）评价标准对考评的影响　　（E）员工绩效的分布误差

111. 以下关于等距量表的说法正确的有（　　）。

（A）有绝对零点　　（B）数量差距相同　（C）数量差距以相同的比例变化

（D）没有绝对零点　（E）在一个变量上对事物进行分类

112. 提取关键绩效指标的方法包括（　　）。

（A）综合指标法　　（B）关键分析法　　（C）目标分解法

（D）岗位分析法　　（E）标杆基准法

113. 审核关键绩效指标的要点包括（　　）。

（A）是否具有可操作性　　　（B）是否留有可以超越的空间

（C）工作产出是否为最终产品　　（D）多个考评者参与，结果是否可靠、准确

（E）KPI 能否解释被考评者 50%以上的工作目标

114. 企业进行薪酬调查可选择的企业类型包括（　　）。

（A）合乎一般标准的企业

（B）同行业中同类型的其他企业

（C）与本企业构成人力资源竞争对象的企业

（D）其他行业中有相似相近工作岗位的企业

（E）在本地区同一劳动力市场上招聘员工的企业

115. 常用的薪酬调查方式有（　　）。

（A）企业之间相互调查　　（B）问卷调查　　（C）委托中介机构调查

（D）访谈调查　　（E）采集社会公开信息

116. 岗位工资制的特点包括（　　）。

（A）对人不对岗　　（B）根据岗位支付工资　　（C）同岗不同酬

（D）以岗位分析为基础　　（E）客观性较强

117. 一个合理的工资结构应该包括（　　）。

（A）固定工资　（B）浮动工资　（C）特殊津贴　（D）提成工资　（E）特殊福利

118.（　　）属于组合工资结构。

（A）岗位技能工资　　（B）能力资格工资　　（C）岗位效益工资

（D）技术等级工资　　（E）薪点工资

119.（　　）的情况下，企业年金个人账户可由原管理机构继续管理。

（A）员工升学　　（B）员工死亡　　（C）员工参军　　（D）员工失业

（E）新就业单位没有实行企业年金制度

120. 劳务派遣单位的职责包括（　　）。

（A）支付工资　　（B）被派遣劳动者的招聘甄选　　（C）提供福利待遇

（D）被派遣劳动者的考核录用　　　（E）提供工作岗位

121. 劳动力市场工资指导价位分为（　　）形式。

（A）年工资收入　　　（B）月工资收入　　　（C）周工资收入

（D）日工资收入　　　（E）小时工资收入

122. 我国劳动力市场工资指导价位制度的具体目标包括（　　）。

（A）建立规范化的信息采集制度

（B）建立现代化的信息发布手段

（C）保证统计调查资料的及时性、准确性

（D）建立科学化的工资指导价位制定方法

（E）保证工资指导价位能真实反映劳动力价格

123. 以下属于劳动安全卫生保护费用的有（　　）。

（A）工伤保险费　　　（B）工伤医疗费用　　　（C）工伤评残费用

（D）健康检查费用　　　（E）职业病防治费用

124. 根据争议标的不同，劳动争议可划分为（　　）。

（A）关于劳动权利的争议　　　（B）关于工作时间的争议

（C）关于休息休假的争议　　　（D）关于保险福利的争议

（E）关于劳动利益的争议

125. 劳动争议仲裁案件的仲裁准备工作包括（　　）。

（A）组成仲裁庭　　　（B）审阅案件材料　　　（C）庭审前进行调解

（D）送达开庭通知　　　（E）进行必要的调查取证

职业：企业人力资源管理人员
等级：国家职业资格二级
卷册二：操作技能

一、简答题（本题共 3 题，第 1 小题 10 分，第 2 小题 12 分，第 3 小题 16 分，共 38 分。）

1. 简述制定企业各类人员规划的基本程序。(10 分)

2. 简述绩效考评指标体系设计的程序以及绩效考评标准的设计原则。(12 分)

3. 简述工作岗位分类以及采用点数法对生产性岗位进行纵向分级的主要步骤。(16 分)

二、综合题（本题共 3 题，第 1 小题 20 分，第 2 小题 20 分，第 3 小题 22 分，共 62 分。）

1. 某电子产品销售公司拟在本年度内为下属的地区销售部招聘 20 名营销经理。公司人力资源部王经理，对新招聘来的大学生小章说："这项重要任务就交给你了，你先提出一个招聘方案吧！"小章是刚刚从一所知名大学人力资源管理专业毕业的本科生，他欣然地接受了任务，一周以后，他设计了一份详细的招聘计划草案，送到了王经理的面前。

在小章所提交的招聘计划草案中，提出营销经理的招聘工作分初选、细选和终选三个阶段完成。在根据应聘人员的简历、求职表和推荐信等资料进行初选的基础上，应当对候选人进行一次选拔性的素质测评，作为第二阶段的主要任务，然后再采用面试、无领导小组讨论等方法选拔出最终候选人。

请根据本案例，回答以下问题：

（1）您认为对应聘者进行选拔性素质测评，应当做好哪些准备工作？（10 分）

（2）对营销经理的“团队管理能力”进行测评时，需要把握哪些测评要素？（10 分）

2. 这是一次为 SH 物流公司举行的培训课。课堂上，培训师时而在长篇大论地讲述，时而在白板上书写着，但是讲台下面却很混乱。中间下课休息时，学员聚集在一起议论，仓储主管小李说：“你们觉得这位名师如何？我可是耐着性子听了这两天半的课了，本以为他可能会讲些实用的内容，可是这三天的培训课快完了，我也没听到与我工作相关的内容！”而货运主管小齐大声说道：“主管在培训前可是发话啦，受训完回岗可是有任务的！我是做运输的，我想知道如何解决运输中突发事故，比如遇到发错货了、途中遭劫或货物被人做手脚了等问题时应该如何处理，结果听了半天，还没有摸到门道！”“这可不行啊，我们可是花了大价钱请他来上课的！平常，工作这么忙，能坐到这里听课多不容易啊！要不是看他斯斯文文的样子，我早就提议大家将他赶下台了！”检验员小杨也急切地插话。仓储主管小李又接着说：“我们抱怨也没用啊，还是快想想办法吧。要不我们将这些情况向 HR 经理反映一下。”货运主管小齐说：“对！对！我们花钱并不是坐在这里听听课就行了，他虽然讲得都没错，但对我们没有用啊！这些想法一定要讲出来，一定要讲出来！”

在企业人力资源管理活动过程中，这种令人失望的事并不少见，只是程度不同而已。

请结合本案例，回答以下问题：

（1）请分析说明是什么原因导致上述教学质量问题的发生？（8 分）

（2）为了提高培训师的教学质量和效果，应当注重抓好哪些工作？（12 分）

3. 2001 年 8 月 1 日，张先生与某工程设计院签订 4 年期劳动合同，合同期限到 2005 年 7 月 30 日止，工作岗位为行政助理。2003 年 2 月变更劳动合同，张某任该院人力资源部人事主管。2003 年 2 月某工程设计院开始实施由员工大会通过的新的技术经济责任制，该制度规定设置设计提成奖、管理奖、出勤奖、开发奖、工程奖等奖项，其中设计部门奖金总额为全年完成合同额减去工程成本和基本定额再乘以 15%，基本定额为每名设计人员 10 万元；管理部门奖金以设计人员年平均奖金的 70% 为基数，再乘以各自岗位系数，人事主管岗位的系数为 0.8。

2004 年 10 月 15 日张某认为某工程设计院未按照技术经济责任制的规定，足额支付其 2003 年及 2004 年 1 月至 9 月应得奖金，在与部门领导多次协商无果的情况下，向当地劳动争议仲裁机构提出申诉，请求某工程设计院按照办法的规定补发其应得奖金 67180 元及经济补偿金 16800 元。

本案的具体的事实与理由如下：

首先，张先生提供的工资表表明：2003 年 5 月和 10 月两次累计预支张某奖金 2.6 万元，2004 年 5 月和 9 月分两次支付 2003 年及 2004 年 1 月至 9 月奖金共计 2.9 万元，这与制度规定应予支付的数额相去甚远。

其次，张先生提供的依据是：某工程设计院 2003 年全年完成合同额 2150 万元，2004 年经营目标为 2400 万元；2003 年工程成本为 58 万元，2004 年工程成本为 48 万元。而某工程设计院认为张某的主张缺乏依据，以 DD 会计师事务所依法关于某工程设计院全面会计审计报告为依据对张某的主张提出异议。2003 年实际完成合同额 2000 万元，工程成本为 62 万元；2004 年数据仅为计划数据，实际发生情况与计划存在差距。

再次，张先生主张 2003 年全院设计人员为 22 人，2004 年全院设计人员为 36 人。而某工程设计院提供了该院人员情况表，证明该院 2003 年与 2004 年设计及设计辅助人员分别为 25 人和 40 人。

最后，张某在申诉书中主张的数据均为其个人通过其职务工作所获得。

请根据本案情况指出劳动争议的焦点，并提出裁决意见及其理由。(22 分)

2009年5月真题

职　业：企业人力资源管理师
等　级：国家职业资格二级
卷册一：职业道德　理论知识

第一部分　职业道德
（第1~25题，共25道题）

一、职业道德基础理论与知识部分

答题指导：

◆该部分均为选择题，每题均有四个备选项，其中单项选择题只有一个选项是正确的，多项选择题有两个或两个以上选项是正确的。

◆请根据题意的内容和要求答题，并在答题卡上将所选答案的相应字母涂黑。

◆错选、少选、多选，则该题均不得分。

（一）单项选择题（第1~8题。）

1. 下列关于道德调节与法律调节的说法中，正确的是（　　）。

（A）道德调节的主体比法律调节的主体广泛

（B）法律调节比道德调节具有强制性和事前性的优势

（C）道德调节比法律调节更能够体现人性关怀

（D）法律调节比道德调节更具有实效性

2. 下列关于职业良心的说法中，正确的是（　　）。

（A）职业良心是人们在从事某种职业时特殊情感的“突然”发现

（B）职业良心是在职业化发展过程中通过强化职业规范而形成的

（C）职业良心是基于职业责任而产生的内在自觉意识和自我评价

（D）职业良心是人类所特有的与生俱来的天然本性

3. 我国社会主义道德的核心是（　　）。

（A）集体利益至上（B）爱国主义　　（C）改革创新　　（D）为人民服务

4.“审慎”是职业活动内在的道德准则之一，下列说法中，符合“审慎”的内在本质要求的是（　　）。

（A）谦虚谨慎，作风严谨，不盲目自大
（B）选择最佳手段以达到职责最优化，并努力规避风险
（C）小心翼翼，仔细认真，避免说错话、办错事
（D）多向他人征求意见，按照多数人的意见办事

5. 下列关于职业化管理的说法中，正确的是（　　）。
（A）在职业化管理过程中，企业家的经营风格居于决定地位
（B）职业化是一种更加强调结果的管理
（C）开展职业化管理，员工的聪明才智乃至直觉都显得更加重要
（D）重视职业道德与科学管理的统一是职业化管理的核心

6. 古人在道德修养方面所倡导的从“慎独”的本质要求是（　　）。
（A）培养独立人格　（B）无人监督时，依然按道德要求做事
（C）耐心细致地做好每一件事情　（D）无论取得多大成就都应谦虚谨慎

7. 海尔总裁张瑞敏曾经说：“设备不好是人不好，零件不合格是人不合格。”对于这句话，正确的理解是（　　）。
（A）设备好坏在企业经营和发展过程中无关紧要
（B）生产不合格零件的人没有经过严格系统的训练
（C）人在生产中占据关键地位，质量问题归根结底是人的问题
（D）人是企业大“机器”中的一个零件

8. 管理学专家汤姆·彼得斯说：“如果你说不出你怎样使公司受益，那你就该走人了”，这句话的意思是说（　　）。
（A）企业总是以无偿榨取员工的血汗为根本目的
（B）企业只雇用那些特别聪明、特别有头脑的员工
（C）积极热情地投入到企业生产经营之中是员工的立足之本
（D）要想在企业站稳脚跟，就得想尽一切办法与企业领导搞好关系

（二）多项选择题（第 9~16 题。）

9. 下列符合世界 500 强企业关于优秀员工核心标准的是（　　）。
（A）在职业活动中要严肃认真，努力淡化人际关系
（B）充分了解工作的目的和意义，自动自发地工作
（C）每个人应该用搞艺术的态度来工作，把自己的工作看成艺术品
（D）员工形象代表着企业形象，随时随地维护企业形象

10. 作为职业道德规范，“诚信”的基本特征包括（　　）。
（A）通识性　（B）智慧性　（C）止损性　（D）资质性

11. 我国社会主义核心价值体系的基本内容包括（　　）。
（A）以爱国主义为核心的民族精神
（B）以改革创新为核心的时代精神
（C）以艰苦朴素为核心的中国文化传统
（D）以“八荣八耻”为主要内容的社会主义荣辱观

12. 根据国家食品生产加工企业质量安全监督管理实施细则的规定，下列做法中符合要求的是（　　）。
（A）从事食品生产加工的人员身体健康、无重大传染性疾病

（B）检验人员必须具备相关产品的检验能力，取得从事食品质量检验的资质

（C）可以添加符合国家标准规定或企业长期使用未发现致病因素的食品添加剂

（D）实施食品质量安全市场准入制度的食品，出厂前必须贴印 QS 标志

13. 根据国家节约能源管理暂行条例的规定，下列说法中，正确的是（　　）。

（A）重点耗能企业应当实行综合能耗考核和单项消耗考核制度

（B）因扩大生产规模需要，企业可以根据情况适当自主扩大锅炉容量

（C）严格限制土法炼焦，但企业因需要应予保留的，需备份资料以待政府查验

（D）经有关部门鉴定批准的节能新产品，按规定在一定时期内免征产品税和增值税

14. 员工出差或开展业务公关活动时，合乎职业规范要求的认识和做法是（　　）。

（A）只要住宿费用不超出规定标准就应该算作是节约

（B）牢固树立不能靠奢侈消费树立企业形象的观念

（C）可以接受对方赠送的小额广告礼品

（D）可以给对方附赠现金，但必须如实入账

15. 践行职业纪律的要求有（　　）。

（A）学习岗位规则　（B）执行操作规程　（C）遵守行业规范　（D）严守法律法规

16. 下列关于奉献的认识中，正确的是（　　）。

（A）考察员工是否具有奉献精神，主要看其是否自愿无偿加班

（B）只要员工额外劳动得到了足够经济补偿，员工的行为就不算奉献

（C）在工作过程中精益求精、追求卓越是奉献的内在要求

（D）奉献具有人人可为性，并非圣人之事而高不可攀

二、职业道德个人表现部分（第 17~25 题。）

答题指导：

◆该部分均为选择题，每题均有四个备选项，您只能根据自己的实际状况选择其中一个选项作为您的答案。

◆请在答题卡上将所选择答案的相应字母涂黑。

17. 如果你买了一部手机，使用几天后便发现手机通话声音不清，但也能够勉强使用。这时，你会（　　）。

（A）找销售商退货或换　　（B）向消费者协会投诉

（C）凑合着用　　（D）再买一部新手机

18. 你正驾车行驶在路上，突然发现前方有一个人大呼小叫地拦截过往车辆，看样子是有人急需帮助，但呼啸而过的车没有一辆停下来。这时，你会（　　）。

（A）考虑到社会治安状况不佳，不会停下车来

（B）如果自己没有其他特别重要的事情，一定会停下来帮忙

（C）拨打警察或是急救中心的电话，反映情况

（D）不管怎么样，会停下车来帮忙

19. 上班时间，你的感受一般是（　　）。

（A）感觉好像总有很多的眼睛始终在盯着自己

（B）每个人都像蚂蚁一样在各忙各的

（C）紧张忙碌，就像上了发条的机器一样

（D）好像外面有人在召唤自己，总想向外面瞭望

20. 如果你得罪了上司，恰在此时，你在工作中又出了差错，他借此机会扣发了你的当月奖金。其实，你出的差错要是发生在别人身上，肯定不值一提，因为这种事情时有发生。这时，你会（　）。

（A）向同事诉苦，觉得自己遭遇不公（B）默默承受，毕竟自己出了差错

（C）主动找上司说明情况，化解矛盾（D）把这个事情作为人生的屈辱

21. 一年来，公司效益剧增，却没有给员工涨工资，也没有提高奖金。这时，如果同事推选你为代表与公司谈判，你会（　）。

（A）拒绝　（B）推荐其他同事

（C）勉强答应，但不付诸行动　（D）答应且付诸行动

22. 如果你的同事，也是你的好友 W 告知你，他决意离开公司，并将带走公司的一些商业机密。这时，你会（　）。

（A）直接向公司告发他　（B）不声张，假装不知道

（C）用匿名信告知公司　（D）极力劝阻朋友别这样做

23. 在单位里，你属于下列类型中的哪一种？（　）

（A）默默无闻的人　（B）风趣幽默的人

（C）积极参加集体活动的人　（D）随时随地都能够使自己高兴的人

24. 见到公司领导时，你的心情一般是（　）。

（A）有点紧张　（B）淡然　（C）想躲避　（D）兴奋

25. 在日常工作中，你的自我感觉一般是（　）。

（A）不太能得到别人的理解　（B）能够赢得别人的认可

（C）有时会感到有人对自己不怀好意（D）时刻能感受到大家的友好

第二部分　理论知识

（第 26~125 题，共 100 道题，满分为 100 分）

一、单项选择题（第 26~85 题，每题 1 分，共 60 分。每小题只有一个最恰当的答案，请在答题卡上将所选答案的相应字母涂黑。）

26.（　）是指经济运作过程中繁荣与衰退的周期性交替。

（A）经济规律　（B）经济交替　（C）经济周期　（D）经济变动

27. 关于社会保险的说法不正确的是（　）。

（A）社会保险当事人可以自行选择缴费标准

（B）社会保险当事人不能自行选择保险项目

（C）社会保险当事人不能自行选择是否参加保险

（D）对劳动者而言，物质帮助权主要通过社会保险来实现

28.（　）是以法律共同体的长期实践为前提，以法律共同体的普通法律确信为基础。

（A）法官法　（B）判例法　（C）习惯法　（D）成文法

29.（　）是指对本企业的营销具有吸引力的、能享受竞争的市场机会。

（A）企业营销机会　（B）企业竞争机会

（C）企业优势机会　（D）企业实践机会

30. 满足地位需要的行为不包括（　）。

（A）拥有舒适的轿车，合体的穿着　（B）具有执行官的特权

（C）居住在合适的社区，参加俱乐部　（D）影响他人并改变他人的态度和行为

31. 对组织而言，绩效管理的功能不包括（　）。

（A）组织发展的有力措施　（B）规范员工的手段

（C）提高生产效率的途径　（D）认识决策的基础

32. 两家企业合并属于企业组织结构变革的（　）变革方式。

（A）改良式　（B）渐进式　（C）计划式　（D）爆破式

33. 以下关于新型组织结构模式的说法错误的是（　）。

（A）康采恩属于模拟分权组织结构模式

（B）多维立体组织是矩阵组织的进一步发展

（C）子公司与母公司模式中子公司是独立的法人企业

（D）企业集团是众多企业法人组织共同组成的经济联合体

34. 以下不属于部门结构设计原则的是（　）。

（A）以关系为中心　（B）以成果为中心

（C）以工作和任务为中心　（D）以层次为中心

35. 以下不属于组织结构分析的内容的是（　）。

（A）各种职能的性质及类别

（B）员工与岗位之间是否匹配

（C）哪些是决定企业经营的关键性职能

（D）内外环境变化引起的企业经营战略和目标的改变

36. 以下不属于企业人员配置计划的内容的是（　）。

（A）企业每个岗位的人员素质　（B）人员的职务变动情况

（C）企业每个岗位的人员数量　（D）职务空缺的数量及填补方法

37. 以下说法不正确的是（　）。

（A）人力资源预测能引导员工进行职业生涯设计

（B）动态的组织条件下，人力资源预测非常必要

（C）静态的组织条件下，人力资源预测并非必要

（D）现实生活中的组织既有静态的，也有动态的

38. 以下属于人力资源需求预测的定性方法的是（　）。

（A）马尔可夫分析法　（B）综合分析法

（C）灰色预测模型法　（D）经验预测法

39. 人力资源需求预测的方法中，依据事情发展变化的因果关系来预测事情未来发展趋势的方法是（　）。

（A）趋势外推法　（B）人员比率法　（C）回归分析法　（D）转换比率法

40. 以下关于人力资源预测方法的说法不正确的是（　）。

（A）趋势外推法最为简单，其自变量只有一个

（B）经济计量模型法不需考虑不同自变量之间的影响

（C）马尔可夫法可以预测企业人力资源供给的情况

（D）马尔可夫法可以预测企业人力资源需求的情况

41.（　）具有测评标准刚性强，测评指标灵活等主要特点。

（A）选拔性测评　（B）考核性测评　（C）开发性测评　（D）诊断性测评

42. 量化对象具有明显数量关系的量化形式是（　）。

（A）一次量化　（B）两次量化　（C）类别量化　（D）模糊量化

43. 对被测评者的回答或反应不作任何限制的品德测评法是（　）。

（A）心理技术　（B）FRC 技术　（C）投射技术　（D）问卷技术

44. 在素质测评的结果处理中，最常用的集中趋势量数为（　）。

（A）几何平均数和中位数　（B）算数平均数和中位数

（C）几何平均数和标准差　（D）算数平均数和标准差

45. 面试考官应消除应聘者的紧张情绪，创造轻松、友好的氛围的面试实施阶段是（　）。

（A）关系建立阶段　（B）导入阶段　（C）核心阶段　（D）确认阶段

46. 从某一优点或者缺陷出发去评价应聘者其他方面，这属于（　）。

（A）第一印象　（B）对比效应　（C）晕轮效应　（D）录用压力

47. "你好像不太适合我们这里的工作，你看呢?"这类问题属于（　）。

（A）压力性问题　（B）知识性问题　（C）思维性问题　（D）经验性问题

48.（　）是多角度对个体行为进行标准化评估的各种方法的总称。

（A）评价中心　（B）管理中心　（C）控制中心　（D）学习中心

49. 以下不适合用无领导小组讨论进行人员选拔的岗位是（　）。

（A）人力资源主管　（B）技术研发人员

（C）销售部门经理　（D）公关部门经理

50. 培训规划时要选择适用的方式方法，高层培训、管理培训、员工培训。员工文化素质培训等宜采用（　）的培训方式。

（A）分散　（B）边实践边学习　（C）集中　（D）安全脱产学习

51. 制定培训规划时，培训需求分析的目标是（　）。

（A）明确员工现有技能与理想状态的差距

（B）收集有关新岗位和现在岗位要求的数据

（C）明确培训的要求，预测培训的潜在困难

（D）选择测评工具、明确评估的指标和标准

52. 以下不属于培训课程内容的选择原则的是（　）。

（A）适应多样化的学员背景

（B）满足学员在时间方面的需求

（C）针对相同背景的学员设计培训课程

（D）使学员掌握生产技术和技能

53. 培训的印刷材料中，工作任务表的作用不包括（　）。

（A）强调课程重点　（B）提高学习效果

（C）关注信息反馈　（D）节约培训时间

54. 不同层次的管理人员所应具有的技能是不同的，对于高层管理人员而言，（　）是最重要的。

（A）专业技能　（B）理念技能　（C）人文技能　（D）协调技能

55. 培训效果的建设性评估的优点不包括（　）。

（A）有助于培训对象改进自己的学习　（B）帮助培训对象明白自己的进步

（C）在数据和事实的基础上作出判断　（D）使受训者产生满足感和成绩感

56. 在培训效果的层级体系中，行为评估的评估内容是（　）。

（A）受训者在工作中态度、行为方式的变化和改进

（B）受训者在技能、态度、行为方式等方面的收获

（C）受训者取得的生产经营或技术管理方面的业绩

（D）受训者对培训项目的主观感或满意程度如何

57. 培训的五大类成果中，（　）的评估标准是缺勤率、劳动效率、专利项数和事故发生率。

（A）技能成果　（B）情感成果　（C）认知成果　（D）绩效成果

58. 在评估培训效果时，（　）更适用调查面窄、以开放式问题为主的调查。

（A）访谈法　（B）问卷调查法　（C）观察法　（D）电话调查法

59. 劳动定额法属于（　）的绩效考评方法。

（A）品质导向　（B）结果导向型　（C）行为导向型　（D）综合型

60. 以下关于成绩记录法的表述不正确的是（　）。

（A）需要聘请外部专家参与评估

（B）该方法有很强的适应性和有效性

（C）与行为量表等考评方法结合效果会更好

（D）由外部专家验证工作业绩是否真实准确

61. 以下关于图解式评价量表法的表述不正确的是（　）。

（A）考评效标涉及的范围较大　（B）有广泛适应性

（C）可以考评员工的品质特征　（D）涉及难度较大

62. 对于管理性组织和服务性组织的考评，一般不采用的指标是（　）。

（A）工作方式　（B）工作产出　（C）组织气氛　（D）工作效率

63. 获得专利权的项目数属于（　）的绩效考评指标。

（A）行为过程型　（B）品质特征型　（C）工作结果型　（D）工作方式型

64. 将反映考评指标内涵和外延等诸方面的特征独立并列的绩效考评标准为（　）。

（A）分析提问标准　（B）分解等级标准

（C）综合提问标准　（D）综合等级标准

65. 关键绩效指标作为绩效考评的指标与标准的结合体，它必须具备的条件是（　）。

（A）定型化、结果化　（B）定型化、行为化

（C）定量化、结果化　（D）定量化、行为化

66. 设定 KPI 指标和指标值时，一般不会选取（　）作为参考标杆。

（A）国内收益最高的企业　（B）居于国内领先地位的优秀企业

（C）本行业领先的企业　（D）居于世界领先地位的顶尖企业

67.（　）是指能将绩效优秀者与绩效一般者区分开来的个体潜在的深层次特征。

（A）行为特征　（B）胜任特征　（C）心理特征　（D）外貌特征

68. 处于新兴行业的企业更适合采取薪酬调查方式的是（　）。

（A）企业之间相互调查　（B）问卷调查
（C）委托中介机构调查　（D）访谈调查

69.（　）是指由工作性质和特征相似相近的若干职系所构成的岗位群。
（A）职系　（B）职组　（C）职门　（D）职等

70.（　）是以人为标准、人在事先、以人择事的岗位分类标准。
（A）职务分类　（B）工作分类　（C）职位分类　（D）品位分类

71. 工资分配直接与企业效益和员工的工作业绩相联系的工作制度为（　）。
（A）一岗一薪制　（B）薪点工资制　（C）一岗多薪制　（D）提成工资制

72. 销售提成工资制度属于（　）。
（A）能力工资　（B）绩效工资　（C）技术工资　（D）奖励工资

73. 使员工间的工资差距最小化的工作团队类型为（　）。
（A）平行团队　（B）交叉团队　（C）流程团队　（D）项目团队

74.（　）的工资结构主要根据员工所具备的工作能力与潜力来确定员工工资。
（A）以绩效为导向　（B）以行为为导向
（C）以工作为导向　（D）以技能为导向

75. 工资水平对外具有竞争性的企业，其工资水平应比行业平均工资水平高（　）。
（A）10%　（B）15%　（C）20%　（D）25%

76. 企业年金适用于（　）。
（A）全体员工　（B）新进员工　（C）临时员工　（D）试用期满的员工

77. 劳动力市场价位信息的采集主要是通过（　）取得的。
（A）专家访谈　（B）问卷调查　（C）统计分析　（D）抽样调查

78. 根据劳动合同法的规定，劳务派遣单位的注册资本不得少于（　）万元。
（A）20　（B）30　（C）50　（D）100

79. 政府在工资的宏观调控方面的总原则不包括（　）。
（A）平均工资的增长低于劳动生产率的增长
（B）要求企业按照指导线的水平给雇员增加工资
（C）在工资的调控上由总量控制向水平控制转变
（D）实施企业工资总额的增长低于经济效率的增长

80. 工资指导价位（　）是工资收入数列中一定百分比的数据的算术平均数。
（A）高位数　（B）中位数　（C）低位数　（D）标准数

81. 在安全生产责任制中，（　）承担在各自的岗位上严格遵守劳动安全技术规程的义务。
（A）工人　（B）企业法定代表人
（C）总工程师　（D）分管安全卫生的负责人

82. 劳动关系当事人基于集体合同、劳动合同约定的权利与义务所发生的争议属于（　）。
（A）个别争议　（B）集体争议　（C）利益争议　（D）权利争议

83. 企业调解委员会可以对劳动争议进行调解，这种调解的特点不包括（　）。
（A）群众性　（B）合议性　（C）自治性　（D）非强制性

84. 在（　）的情况下，调解委员会制作调解协议书。

（A）调解达成协议　（B）调解达不成协议
（C）调解期限届满不能结案　（D）调解协议送达后当事人反悔

85. 劳动组织优化不包括（　）的合理组织。
（A）工作时间　（B）准备性和执行性工作
（C）作业班组　（D）技术性和工艺性工作

二、多项选择题（第 86~125 题，每题 1 分，共 40 分。每题有多个答案正确，请在答题卡上将所选答案的相应字母涂黑。错选、少选、多选，均不得分。）

86. 社会就业总量取决于（　）。
（A）总需求水平　（B）总供给水平
（C）国民生产总值　（D）劳动力数量
（E）均衡国民收入

87. 决策科学化的要求包括（　）。
（A）合理的决策标准　（B）有效的信息系统
（C）系统的决策观念　（D）科学的决策程序
（E）决策方法科学化

88. 在使用心理测验对应聘者进行评价和筛选时，可选择的策略包括（　）。
（A）首因策略　（B）择优策略　（C）淘汰策略　（D）晋升策略
（E）轮廓匹配策略

89. 环境优化机制的主要因素包括（　）。
（A）工作报酬　（B）学习发展环境
（C）工作条件　（D）人际关系环境
（E）工作环境

90. 企业集团的职能机构包括（　）。
（A）依托型组织职能机构　（B）非常设机构
（C）综合型组织职能机构　（D）智囊机构、业务公司和专业中心
（E）独立型组织职能机构

91. 企业组织结构整合的目的主要在于（　）。
（A）实现相互间协调的要求　（B）保证企业经营活动的正常运行
（C）实现组织管理的系统化　（D）保证人力资源管理的各项计划
（E）提升企业经营管理的总体水平

92. 企业人力资源规划的作用包括（　）。
（A）满足企业总体战略发展的要求　（B）提高企业人力资源的利用效率
（C）促进企业人力资源管理的开展　（D）协调人力资源管理的各项计划
（E）政府有关的劳动就业制度

93. 影响企业人力资源活动的法律因素有（　）。
（A）户籍制度　（B）劳动力市场价位
（C）最低工资标准　（D）劳动力市场
（E）政府有关的劳动就业制度

94. 德尔菲法所请的专家的来源有（　）。
（A）组织内部　（B）组织外部　（C）管理人员　（D）普通员工

（E）高层管理

95. 企业内部人力资源供给量必须考虑的因素包括（　）。

（A）薪酬　（B）退休　（C）平调　（D）晋升

（E）福利

96. 员工素质测评的主要原则包括（　）。

（A）客观测评与主观测评相结合　（B）定性测评与定量测评相结合

（C）静态测评与动态测评相结合　（D）素质测评与绩效测评相结合

（E）定期测评与随机测评相结合

97. 员工素质测评标准体系的横向结构包括（　）。

（A）结构性要素　（B）行为环境要素

（C）时间性要素　（D）工作绩效要素

（E）空间性要素

98. 以下各项不属于素质测评中对员工进行分类的标准的是（　）。

（A）道德分类标准　（B）调查分类标准

（C）数学分类标准　（D）性别分类标准

（E）能力分类标准

99. 以下属于面试中背景性问题的是（　）。

（A）个人兴趣　（B）家庭情况　（C）法律常识　（D）工作经历

（E）遗传病史

100. 行为描述面试的实质（　）。

（A）属于特殊的结构化面试　（B）面试提问都是行为性问题

（C）识别关键性的工作要求　（D）用过去行为预测未来行为

（E）探测行为样本

101. 无领导小组讨论包括（　）等多种类型。

（A）无情境性讨论　（B）不定角色的讨论

（C）情境性的讨论　（D）指定角色的讨论

（E）无主题讨论

102. 在制定培训规划时，设计培训方法的途径有（　）。

（A）经验总结　（B）中介机构　（C）小组讨论　（D）查阅文献

（E）专家咨询

103. 外部培训资源的开发途径包括（　）。

（A）聘请专职的培训师　（B）聘请本专业的专家、学者

（C）从大中专院校聘请教师　（D）在网络上寻找并联系教师

（E）从顾问公司聘请培训顾问

104. 管理技能开发的基本模式包括（　）。

（A）在职开发　（B）替补训练　（C）出国学习　（D）拓展训练

（E）决策模拟训练

105. 培训前效果评估的内容包括（　）。

（A）培训环境评估　（B）培训对象工作成效及行为评估

（C）培训计划评估　（D）培训对象知识和工作态度评估

（E）培训需求整体评估

106. 对培训效果进行学习评估的具体方法有（　　）。

（A）访谈法　（B）角色扮演　（C）演讲法　（D）行为观察

（E）笔试法

107. 员工培训评估时，投资回报率的评估标准包括（　　）。

（A）劳动效率　（B）直接成本　（C）专利项数　（D）间接成本

（E）质量要求

108. 下列关于结构式叙述法的说法正确的是（　　）。

（A）受到考评者文字水平的限制　（B）不受考评者参与考评时间的限制

（C）这种方法要有被考评者参与　（D）属于行为导向型的客观考评法

（E）采用一种预选设计的结构性表格

109. 评价中心采用的具体方法技术主要有（　　）。

（A）实务作业　（B）个人报告　（C）管理游戏　（D）个人测验

（E）面试评价

110. 绩效考评结果的分布误差主要包括（　　）。

（A）相似偏差　（B）宽厚误差　（C）苛严误差　（D）集中趋势

（E）对比偏差

111. 以下关于比率量表的说法正确的是（　　）。

（A）表中没设立绝对零点　（B）可以进行四则运算

（C）测量水平最高的量表　（D）可以用几何平均数

（E）采用的统一方法单一

112. 平衡计分卡能够帮企业有效地解决一些关键问题，如企业（　　）。

（A）绩效考评　（B）员工招聘配置

（C）员工薪酬　（D）员工培训开发

（E）战略实施

113. 影响企业一般主管人员 KPI 的因素主要有（　　）。

（A）下属员工的薪酬水平　（B）下属员工的绩效水平

（C）员工组织氛围与满意度　（D）员工薪酬与工作环境

（E）企业整体工作绩效水平

114. 薪酬市场调查时，被调查岗位应在（　　）方面与本企业所需调查的岗位具有可比性。

（A）工作性质　（B）岗位职责　（C）薪酬水平　（D）任职资格

（E）工作年限

115. 在不同企业中，工作内容基本相同的岗位，薪酬却存在较大差距，其原因可能是（　　）。

（A）不同行业有不同的惯例　（B）管理理念和薪酬策略不同

（C）企业所处的地理位置不同　（D）对企业的价值或贡献大小不同

（E）在职者在该岗位上工作时间长短不同

116. 实行经营者年薪制应具备一定条件，这些条件包括（　　）。

（A）完善的群众监督机制　（B）完善的竞争机制

（C）健全的经营者人才市场　　（D）完善的薪酬体系
（E）明确的经营者业绩考核指标体系
117. 企业工资制度设计的基本原则包括（　　）。
（A）互动性原则　　（B）等级化原则　　（C）竞争性原则
（D）经济性原则　　（E）合法性原则
118. 宽带式薪酬结构要求企业必须具有相应的（　　）。
（A）生产文化　　（B）绩效文化　　（C）团队文化
（D）沟通文化　　（E）制度文化
119. 企业在制定薪酬计划时，应掌握计划期内人力资源规划的资料有（　　）。
（A）预计晋升职务的员工人数　　（B）企业现有的员工人数
（C）预计岗位轮换的员工人数　　（C）预计休假的员工人数
（E）企业过去的各类员工人数
120. 下列属于劳务派遣现象的术语表达是（　　）。
（A）雇员租赁　　（B）雇员派遣　　（C）人才租赁
（D）劳动派遣　　（E）人才派遣
121. 工资指导线包括（　　）。
（A）高线　　（B）预警线　　（C）低线　　（D）基准线　　（E）下线
122. 潜在的职业危害因素转变为职业伤害必须具备一定的诱发条件，这些条件包括（　　）。
（A）劳动组织的不完善　　（B）劳动条件的不良状态
（C）人的错误操作行为　　（D）对自然规律认识不足
（E）人的错误管理行为
123. 企业所有员工在劳动安全卫生保护工作中应遵循的职业道德行为准则包括（　　）。
（A）安全第一　　（B）预防为主　　（C）以人为本
（D）奖惩分明　　（E）奖惩结合
124. 劳动争议当事人的权利包括（　　）。
（A）当事人有直接仲裁的权利　　（B）当事人有强制执行的权利
（C）当事人有自行和解的权利　　（D）当事人有提出主张、提供证据的权利
（E）当事人有提出仲裁申请、答辩的权利
125. 申请劳动争议仲裁应当符合的条件包括（　　）。
（A）属于企业劳动争议调解委员会管辖
（B）符合申请调解的实效规定
（C）有明确的被诉人、具体的要求和理由
（D）属于国家有关劳动争议处理法规规定的劳动争议
（E）申诉人必须是与本案有直接利害关系的职工与单位

职业：企业人力资源管理人员
等级：国家职业资格二级
卷册二：操作技能

一、简答题（本题共 3 题，每小题 15 分，共 45 分。）

1. 简述企业组织结构设计的基本程序（15 分）

2. 企业组织培训评估时，应依据哪些培训成果提出培训评估的标准和衡量方法？（15 分）

3. 企业劳动安全卫生技术环境的营造主要包含哪些内容？（15 分）

二、综合题（本题共 3 题，第 1 小题 15 分，第 2 小题 20 分，第 3 小题 20 分，共 55 分。）

1. 某大型汽车销售公司计划 2009 年年底前在全国增设 10 个营销分布点，拟从现有的销售分公司中选拔一批后备人才，经过业绩考评和主管领导推荐，公司人力资源部已经提出 20 名候选人。为了切实保证这次人才选拔质量，公司领导要求，对初选出来的候选人进行一次全面的素质测评，测评内容包括战略管理、团队建设、自我意识、市场意识、领导技能等多项指标。

请您为领导技能指标设计一份含 A、B、C、D 四个等级的评分标准表。（15 分）

2. 在 A 公司总部会议室里，王总经理正在听取本年度公司绩效考评执行情况的汇报，其中有两项决策让他左右为难。一是年度考评结果排在最后的几名员工却是平时干活最多的人，这些人是否按照原有的考评方案降职或降薪？另一个是下个阶段考评方案如何调整才能更加有效？

A 公司成立仅 4 年，为了更好地激励和评价各级员工，在引入市场化用人机制的同时，建立了一套新的绩效管理制度。它不但明确了考评的程序和方法，还细化了“德、能、勤、绩”等项指标，并分别做了定性的描述，考评时只需对照被考评人的实际行动，即可得出考评的最终结果。但考评中却出现了以下问题：工作比较出色和积极的员工，考评成绩却被排在后面，而一些工作业绩平平或者很少出错的员工却都排在前面。特别是一些管理人员对考评结果大排队的方式不理解，存在抵触心理。

为了弄清这套新制度存在的问题，王总经理深入调查，亲自了解到以下情况：

车辆设备部李经理快人快语：“我认为本考评方案需要尽快调整，考评指标虽然十几个，却不能真实反映我们工作的实际。我部总共只有 20 人，却负责公司 60 台大型设备的维护工作，为了确保它们安全无故障地运行，检修工需要按计划分散到基础各个站点上进行设备检查和维护。在工作中，不能有一点违规和失误，任何一次失误，都会带来不可估量的生命和财产损失。”

财务部韩经理更是急不可耐：“财务部门的工作基本上都是按照会计准则和业务规范来完成的，凭证、单据、统计、核算、记账、报表等项工作要求万无一失，但这些工作无法与‘创新能力’这一指标及其评定标准对应。如果我们的工作没有某项指标规定的内容，在考评时，是按照最高还是按照最低成绩打分？此外，在考评中沿用了传统的民主评议方式，我对部门内部人员参加考评没有意见，但让部门外的其他人打分是否恰当？财务工作经常得罪人，让被得罪过的人考评我们，能保证公平公正吗？”

听了大家的各种意见反馈，王总经理陷入了深深的思考之中。

请根据本案例，回答以下问题：

（1）该公司在绩效管理中主要存在着哪些亟待改进的问题？（10 分）

（2）请针对该公司绩效管理存在的诸多问题，提出具体对策。（10 分）

3. F 公司是一家生产电信产品的公司。在创业初期，依靠一批志同道合的朋友，大家不怕苦不怕累，从早到晚拼命干。公司发展迅速，几年之后，员工由原来的十几人发展到几百人，业务收入由原来的每月 10 多万元发展到每月 1000 多万元。企业大了，人也多了，但公司领导明显感觉到，大家的工作积极性越来越低，也越来越计较报酬。

F 公司的总经理黄先生一贯注重思考和学习，为此特地到书店买了一些有关成功企业经营管理方面的书籍来研究，他在《松下幸之助的用人之道》一书中看到这样一段话："经营的原则自然是希望做到'高效率、高薪资'。效率提高了，公司才可能支付高薪资。但松下幸之助提倡'高效率、高薪资'时，却不把高效率摆在第一个努力的目标，而是借助提高薪资，来激发员工的工作意愿，以此达到高效率的目的。"黄先生想，公司发展了，确实应该考虑提高员工的待遇，这一方面是对老员工为公司辛勤工作的回报，另一方面也是吸引高素质人才加盟公司的需要。为此，F 公司聘请一家知名的咨询公司为企业重新设计了一套符合公司老总要求的薪酬制度，大幅度地提高了公司各类员工的薪酬水平，并对工作场所进行了全面整修，改善了各级员工劳动环境和工作条件。

新的薪酬制度推行以后，其效果立竿见影，F 公司很快就吸引了一大批有才华、有能力的人。所有的员工都很满意，工作十分努力，工作热情高涨，公司的精神面貌焕然一新。但这种好势头没有持续多久，员工的旧病复发，又逐渐地恢复到以前懒洋洋、慢吞吞的工作状态。

公司的高薪没有换来员工持续的高效率，公司领导陷入两难的困境，既苦恼又彷徨，问题的症结到底在哪儿呢？

请根据本案例，回答以下问题：

（1）该公司应采取哪些措施对员工的薪酬制度进行再设计、再改进？（12 分）

（2）为了持续保持公司员工旺盛的斗志，应当采取哪些配套的激励措施？（8 分）

第四篇　学有所成

学习流程与方法

第四部分学有所成，主要是针对前三遍复习之后，对知识点的进一步理解掌握之用。首先是本书首次独家奉献的“人力资源管理之独孤九剑”，是将主要内容知识点以及技能、理论考试的应试技巧编成七言口诀，读来朗朗上口，每句口诀直接对应若干知识点，一来可以作为复习教材提纲挈领之用，二来也可直接用来解题。其次两套模拟测试题，是针对2010年及之后的考试的预测，在所有前三遍的复习结束后，有针对性地进行模拟训练，则考试就更有把握。

学习计划书（第四阶段）

时间	项目	任务	执行情况	目标
___月___日—___月___日 （考前倒数第二个周末）	第四轮 模拟试题一	做题，并对照教材纠正		最后两周的模拟考试，所得的成绩基本上就可以判断最终考试的情况
___月___日—___月___日 （考前倒数第二个周末）	第四轮 模拟试题二	做题，并对照教材纠正		

人力资源管理之独孤九剑

独孤九剑的要旨：共分九式。

总诀式（心法总纲）：人力资源管理和开发本身是一门强调运用的科学，不从实践中来，就不可能成为一名真正的人力资源大师。

一是领悟，二是练习+记忆，三是应用。

第一式：破剑式——人力资源规划

组织理论分大小，古典韦伯法约尔，近代强调人因素，权变理论是现代，
幅度层次成反比，集权分权是主线，管理原则要牢记。直线职能事业部，
模拟分权矩阵制，母子公司是法人，子分公司要区别，多维立体三中心，
企业集团看智囊，结构变革从战略，改良爆破和渐进，时机选择最重要。
供求平衡要预测，预测需求分类别，定性定量十三法，描述经验德尔菲，
比率回归马尔可，定员定额计算机。供给预测分内外，人力资源信息库，
人员接替马尔可，供求平衡三状态，处理方式记心间！

第二式：破刀式——招聘配置

差异匹配三原理，选开诊考四测评，测评量化分四类，类别模糊一两次，
顺序等距和比例，当量量化是核心，标准标度和标记，测评标准分横纵，
品德知识和能力，效公成本实用性。谈话观察不平等，面试强调结构化，
实施分为五阶段，关系确立加导入，核心确认真本事，友好氛围中结束。
目的标准系统性，问题设计不合理，首对晕录是偏见，存在问题要注意。
结构面试五类型，背景知识思维性，经验情境压力性，最后一种行为性，
BD 面试注过去，　群体决策在责任。LGD 无领导，　　题目类型有五种，
开放两难和排序，资源争夺实操性，联系工作难适中，具有一定冲突性，
编制程序要牢记！

第三式：破枪式——培训开发

培训规划七内容，目的目标和对象，内容范围和规模，时间地点和成本，
方法教师和实施。教学计划五内容，目标课程和形式，教学形式时间排。
适应针对优新性，课程设计要素多，对照教材来记忆，目标内容教模策，
评价组织时空人。符合需求和规律，体现目标是开发。印刷资料有五种，
培训教师内外选，能者为师是原则，选配标准有十条。培训手段很重要，

内容方法差异性，兴趣评估可行性；开发教材应合适，最新信息资料包，活的教材可利用，印刷视听来完善。高管理念中人文，基层就把专业学。在职替补短轮流，模拟决策和竞赛，角色敏感跨文化，技能开发九模式。培训评估前中后，层级体系有四种，反应评估评老师，方法就用调面座，学习评估考学员，考试演讲加心得；行为评估看改变，行为观察调访评，结果评估重业绩，三六零度投收析，评估标准有要求，相关信区可行性，培训成果有五种，认知技能情绩率。定性定量十二法，来把培训效果评，评估报告有要求，价值效果加包装，结构内容同报告，领导认可地位高！

第四式：破鞭式——绩效管理

绩效管理技术活，绩效考评是核心，考评方法二十种，一类行为主观法，强制分布比较法，二类行为客观法，关键行为定位法，三类结果导向法，成绩记录 MBO， 三类综合考评法，评价中心 OEC。 评价方法六原则，经济可行准确性，功能开发有效性。考评误差主客观，分布误差强制解，自我中心同晕轮，近优个人和后继，评价标准是客观。特征效标能和技，行为效标看表现，定量指标多结果。设计方法有六种，图示调查案研究，面谈经验风暴法。目标关键基准法，关键指标 SMART，三六零度全方位，考核全面成本高，选择时机和层次，适合才是硬道理！

第五式：破索式——薪酬管理

外部公平要调查，岗位评价定内部，个人公平用绩效；职门职组和职系，分级岗级岗位分，统一岗等要牢记；薪酬结构双因素，岗位对岗不对人，技能技术加能力，绩效计件提成制；高弹高稳和折中，薪酬策略从战略；宽带工资扁平化，工资调整看物价，定级奖励和考核，政策只对特殊人，工龄效益是普照；薪酬计划上到下，企业员工共负担，年金补医有保障。

第六式：破掌式——劳动关系

雇主雇员生关系，劳动关系要和谐，三重角色三关系，形式实际加协议，劳动派遣是特殊；集体协商需代表，专项协议是工资，上线下线基准线，工资指导讲原则，安全预防人为本，个别集体和团体，权利利益是争议，群众自制非强制，一合强回区举证，调解仲裁解争议。

第七式：破戟式——理论技巧

考前练习是关键，每人准备两支笔，钢笔签名准考证，铅笔对应答题卡。职业道德按大纲，个人表现从党员，执业准则二十字，八荣八耻科学观。时间分配重单选，多选有底填选项，时间安排要合理，道德时间十分钟，单选三十九分钟，多选二十六分钟，最后一刻涂题卡，从容考试心不慌。

第八式：破箭式——操作技巧

实际工作经验有，操作考试坐鱼台。网络课堂书三遍，独孤九剑领悟深。

要点对应简答题，根据分值定短长。案例分析仔细读，找出问题分主次，解决问题用流程，回答问题应详细，考试切忌留白板，口诀记忆齐上阵，敢叫不能变可能！

第九式：破气式——临考心态

一切皆有可能！Impossible is Nothing！
现在就去做吧！Just do it！
不抛弃，不放弃！Never give up，never give up，never ever give up！
机遇总给那些有准备的人！The total opportunities for those people who are ready！
谁都靠不住，只能靠自己！Unreliable，no one can only rely on their own!

模拟测试题一

职业：企业人力资源管理师
等级：国家职业资格二级
卷册一：职业道德　理论知识

第一部分　职业道德
（第 1~25 题，共 25 道题）

一、职业道德基础理论与知识部分

答题指导：

◆该部分均为选择题，每题均有四个备选项，其中单项选择题只有一个选项是正确的，多项选择题有两个或两个以上选项是正确的。

◆请根据题意的内容和要求答题，并在答题卡上将所选答案的相应字母涂黑。

◆错选、少选、多选，则该题均不得分。

（一）单项选择题（第 1~8 题。）

1. 下列关于职业道德的说法中，正确的是（　　）。

（A）社会分工和专业化程度的增强，对职业道德提出了更高要求

（B）职业道德的稳定性特征，说明职业道德是稳定而不变化的

（C）职业选择属于个人权利的范畴，不属于职业道德的范畴

（D）职业道德与法律分属不同领域，二者没有关联性

2. 职业道德的规范功能是指（　　）。

（A）岗位责任的总体规定效用　　（B）爱干什么，就干什么

（C）规劝作用　　（D）自律作用

3. 美国于 1978 年确立了一部规范政府官员的（　　）。

（A）《荣誉法典》　　（B）《不当赠品及不当表示防止法》

（C）《从政职业法》　　（D）《谢尔曼法》

4.《公民道德建设实施纲要》所提出的职业道德的“五项要求”是（　　）。

（A）爱国守法，明礼诚信，团结友善，勤俭自强，敬业奉献

（B）爱岗敬业，诚实守信，办事公道，服务群众，奉献社会

(C) 遵纪守法，文明礼貌，崇尚科学，艰苦朴素，服务人民
(D) 热爱集体，以人为本，守土有责，勤劳勇敢，开拓创新

5. 关于“勤勉”的说法中，正确的是（　）。
(A) 无论内心是否愿意，只要在行为上努力工作就是勤勉
(B) 在被迫的状态下工作，也可以称为勤勉
(C) 按照劳动契约工作，属于勤勉的范畴
(D) 勤勉是从业人员自主和自愿的选择

6. 关于“职业化”的说法中，正确的是（　）。
(A) 职业化具有一定合理性，但它会束缚人的发展
(B) 职业化是反对把劳动作为谋生手段的一种劳动观
(C) 职业化是提高从业人员个人和企业竞争力的必由之路
(D) 职业化与职场语言和文化相抵触

7. 从业人员应该树立的正确理念是（　）。
(A) 劳动是一种交易，劳资双方应该遵循等价交换的原则
(B) 时间就是金钱，员工花了时间，就应该得到金钱回报
(C) 追踪世界前沿，不断更新观念、知识和技能
(D) 奉行拿来主义，对外国的东西要全面大胆地汲取

8. 著名豫剧表演艺术家常香玉常说“戏比天大”，其意思是（　）。
(A) 演戏本身就是目的，为了演戏而演戏
(B) 观众爱看或者不爱看是次要的，完成演出任务是最重要的
(C) 戏剧的表现内容丰富，能够纵贯历史和空间
(D) 必须认真对待承诺的演出，这是演员的天职

(二) 多项选择题（第 9~16 题。）

9. 企业文化的功能包括（　）。
(A) 自律功能　(B) 导向功能　(C) 整合功能　(D) 激励功能

10. 职业道德品质包括（　）。
(A) 职业理想　(B) 对财富的孜孜追求
(C) 社会责任感　(D) 意志力

11. 从职业规范的意思上看，衣着不整的员工容易给人留下（　）的印象。
(A) 工作很忙　(B) 对工作很投入　(C) 懒散　(D) 不认真

12. （　）等说法，属于职业禁语。
(A)“后边等着去”　(B)“大家站在线外”
(C)“靠边儿”　(D)“请往外走”

13. 职业道德的层次越高，从业人员（　）。
(A) 工作干劲越大
(B) 潜能发挥得越充分
(C) 越容易产生这山望着那山高的心态
(D) 越是难以管理

14. 在职业活动中，讲诚信的意义在于（　）。
(A) 它是彼此之间获得信任的基础

（B）它是经济交往持续、稳定、有效运行的重要规范

（C）它有助于降低市场交易的成本

（D）它是市场经济的客观要求

15. 对待利益，从业人员要树立的观念有（　　）。

（A）人为财死，鸟为食亡　　（B）君子爱财，取之有道

（C）天下攘攘，皆为利往　　（D）淡泊名利，不为物役

16. 提高售后服务质量的正确做法有（　　）。

（A）与客户建立经常性的通信联系

（B）为避免顾客投诉给企业造成不良社会影响，拒绝顾客登门解决问题

（C）征求顾客在产品使用过程中所发现的问题，并设法加以改进

（D）多设立一些服务网点

二、职业道德个人表现部分（第 17~25 题。）

答题指导：

◆该部分均为选择题，每题均有四个备选项，您只能根据自己的实际情况选择其中一个选项作为您的答案。

◆请在答题卡上将所选择答案的相应字母涂黑。

17. 工作忙时，你一般会（　　）。

（A）感到压力巨大　　（B）心情很抑郁

（C）找到其中的乐趣　　（D）调整心态

18. 在公交车站，大家都在自觉排队，已经形成了长蛇般的队伍，你排在后面，估计这班车是上不去了，你着急去上班，如果照这样排下去，上班肯定会迟到。你会（　　）。

（A）冲到前面加塞儿　　（B）打出租车

（C）耐着性儿排队　　（D）跟前面排队的人协商掉换

19. 如果你赞同“企业家应该成为大家学习的榜样”这个观点，你的理由是（　　）。

（A）企业家有钱　　（B）企业家可以做慈善事情

（C）企业家有能力　　（D）企业家社会地位高

20. 某员工下班后总是要晚一会儿才离开，你的看法是他（　　）。

（A）工作上很投入　　（B）办事拖拉　　（C）工作量大　　（D）家庭观念不强

21. 你刚到一家公司工作，听人说员工 T 爱打小报告，你与 T 相处时会（　　）。

（A）鄙视　　（B）防备　　（C）疏远　　（D）观察

22. 公司会议上，总经理表扬你工作很努力，但你觉得自己做得还很不够，你认为总经理表扬你是因为（　　）。

（A）他不了解自己　　（B）他可能弄错了对象

（C）他想鼓舞自己　　（D）他只不过是顺口说说而已

23. 你正在忙于工作，有同事向你请教一个技术问题。你会（　　）。

（A）马上停下自己的手头工作，帮助他

（B）告诉对方，等自己忙完了自己的事情再去帮助他

（C）告诉对方，等自己下班后再去帮助他

（D）边做自己的工作，边指导对方

24. 某小偷，偷窃他人东西被捉，遭到暴打，你的看法是（　　）。

（A）活该　（B）打了他，也许能帮助他改过自新

（C）送派出所　（D）别打坏了就行

25. 如果你去参加会议，会议的内容使你感到很无聊，下列做法，你最可能做的事情是（　）。

（A）玩手机游戏　（B）和旁边的人聊天

（C）休息　（D）浏览事先带的报纸

第二部分　理论知识

（26~125 题，共 100 道题，满分 100 分）

一、单项选择题（第 26~85 题，每题 1 分，共 60 分。每小题只有一个最恰当的答案，请在答题卡上将所选答案的相应字母涂黑。）

26. 劳动力市场的基本功能是（　）。

（A）调节资源的配置　（B）决定就业量与工资

（C）解决生产什么的问题　（D）解决如何生产的问题

27. 以下不属于劳动法基本原则特点的是（　）。

（A）指导性　（B）权威性　（C）稳定性　（D）唯一性

28. 劳动法的立法宗旨在于（　）。

（A）规范企业的行为　（B）规范劳动者行为

（C）保护劳动者的合法权益　（D）规范劳动力市场

29.（　）是指预定的战略目标或标准，是战略控制的依据。

（A）战略测评标准　（B）战略实施标准　（C）战略评价标准　（D）战略计划标准

30. 森德斯罗姆和麦克英蒂尔认为，团队的有效性要素构成不包括（　）。

（A）团队学习　（B）绩效　（C）成员满意度　（D）薪酬

31.（　）是指员工对自己的工作所抱有的一般性的满足与否的态度。

（A）工作成就　（B）工作绩效　（C）工作态度　（D）工作满意度

32. 以下不属于静态的组织设计理论的是（　）。

（A）组织的规章　（B）组织的体制　（C）组织的机制　（D）组织的协调

33. 合理分权的作用不包括（　）。

（A）有利于企业统一指挥和领导　（B）有利于调动下级的积极主动性

（C）有利于基层迅速正确地做出决策　（D）有利于领导集中力量抓重大问题

34. 以下关于智囊机构的说法不正确的是（　）。

（A）又称战略研究部或信息公司　（B）对集团高层提供的方案进行决策

（C）参与制订集团年度生产经营计划　（D）收集、整理、储存相关信息资料

35. 管理业务流程图中不包括的信息是（　）。

（A）业务程序　（B）业务岗位　（C）业务数量　（D）信息传递

36. 企业实施组织结构变革时，为保证改革的顺利进行，事先采取的措施不包括（　）。

（A）给员工增加福利津贴

（B）让员工参与组织变革的调查、诊断和计划

（C）大力推行与组织变革相适应的人员培训计划

（D）大胆起用年富力强和具有开拓创新精神的人才

37. 狭义的人力资源规划不包括（　）。

（A）人员配备计划　（B）人员晋升计划　（C）人员补充计划　（D）人员培训计划

38.（　）不属于人力资源需求预测的定量方法。

（A）经验预测法　（B）转换比率法　（C）趋势外推法　（D）回归分析法

39. 人力资源预测的作用不包括（　）。

（A）提高组织的竞争力　（B）有助于调动员工的积极性

（C）有助于开拓市场空间　（D）是实施人力资源管理的重要依据

40. 人力资源需求预测的方法中，（　）的主要思路是通过观察历年企业内部人数的变化，找出组织过去人事变动的规律，来推断未来的人事变动趋势和状态。

（A）计量经济模型　（B）马尔可夫模型

（C）计算机模型法　（D）定员定额分析法

41. 以成果为中心来设计部门结构（　）。

（A）适合小型企业采用　（B）容易造成管理人员膨胀现象

（C）管理费用较少　（D）是典型集权式结构

42. 如果一家公司需要招聘 8 位初级机械操作工，并且这家公司愿意对他们进行培训，那么最好的招聘来源是（　）。

（A）职业学校　（B）失业人员　（C）退休人员　（D）学院和大学

43. 如果招聘的岗位对于人员的人际关系能力要求比较高，较适当的测试方法是（　）。

（A）心理测试中的投射测验　（B）情境模拟中的案例分析法

（C）心理测试中的职业性向测试　（D）情境模拟中的无领导小组讨论

44. “若顾客向你投诉，说你的下属服务质量差，你将会怎么做?”这属于（　）。

（A）经验性面试　（B）非结构化面试　（C）情境性面试　（D）半结构化面试

45. 基于行为的连贯性假设，行为描述面试应注意了解应聘者（　）。

（A）过去的工作经历　（B）过去的工作背景

（C）过去的实际表现　（D）对未来表现的承诺

46. 以下不属于员工素质测评的基本原理是（　）。

（A）个体差异原理　（B）同素异构原理　（C）工作差异原理　（D）人岗匹配原理

47. 考查应变能力最合适的测量方法是（　）。

（A）专业知识考试　（B）结构化面试　（C）职业能力测试　（D）图片投射

48. 要求员工培训规划的制定必须体现可靠性、针对性、相关性和高效性等基本特点是制定培训规划的（　）要求。

（A）系统性　（B）标准化　（C）有效性　（D）普遍性

49. 关于外聘教师与内部培养教师的优劣比较，表述正确的是（　）。

（A）外聘教师更能保证交流的顺畅

（B）拓展训练中内部培训师更有优势

（C）使用外部培训师有可能加大培训费用
（D）外部培训师一定能激发培训对象参与的积极性
50. 最易于进行，也是最简单、最普遍的培训效果评估方式是（　）。
（A）学习评估　（B）反应评估　（C）行为评估　（D）结果评估
51. 以下不属于教学计划的设计原则的是（　）。
（A）普遍性原则　（B）适应性原则　（C）针对性原则　（D）最优化原则
52.（　）可以衡量学员对于培训内容、技巧、概念的吸收与掌握程度。
（A）反应评估　（B）学习评估　（C）行为评估　（D）结果评估
53. 考量员工如何执行上级指令的效标属于（　）。
（A）行为性效标　（B）特征性效标　（C）结果性效标　（D）品质性效标
54.（　）比较适用于从事科研教学工作人员的考评。
（A）行为观察法　（B）成绩记录法　（C）关键事件法　（D）直接指标法
55. 克服分布误差的最佳方法是（　）。
（A）目标管理法　（B）配对比较法　（C）强迫分布法　（D）合成考评法
56. "以近代远"的绩效考评偏差属于（　）。
（A）优先效应　（B）首因效应　（C）后继效应　（D）近期效应
57. 语言表达能力属于（　）。
（A）行为过程型的绩效考评指标　（B）品质特征型的绩效考评指标
（C）工作结果型的绩效考评指标　（D）工作方式型的绩效考评指标
58. 绩效指标不够清晰的是（　）。
（A）年销售额超过 40 亿元　（B）两年内成为知名企业
（C）市场占有率保持在 50%　（D）净利润不低于 3 亿元
59. 绩效考评指标体系设计的程序包括：（1）工作分析；（2）理论验证；（3）修改调整；（4）指标调查，排序正确的是（　）。
（A）(1)(3)(2)(4)　（B）(1)(2)(3)(4)
（C）(1)(2)(4)(3)　（D）(1)(4)(2)(3)
60.（　）属于结果导向型评价方法。
（A）直接指标法　（B）关键事件法　（C）行为定位法　（D）加权选择量表法
61.（　）就是根据企业组织的战略要求而精心设计的指标体系。
（A）平衡记分卡　（B）关键分析法　（C）目标分解法　（D）岗位分析法
62. 绩效考评中加权选择量表法的主要缺陷是（　）。
（A）适用范围小　（B）打分容易出错　（C）核算相当复杂　（D）反馈比较困难
63. 将关键事件归并为若干绩效指标，并建立绩效评价等级的绩效考评方法为（　）。
（A）行为观察法　（B）关键事件法
（C）加权选择量表法　（D）行为锚定等级评价法
64. 360 度考评方法中，对从事服务业、销售业的人员特别重要的评价方法为（　）。
（A）客户评价　（B）自我评价　（C）上级评价　（D）同级评价
65. 下列陈述中，符合业绩考核指标设置要求的是（　）。
（A）领导满意　（B）100%利用时间
（C）接到任务及时完成　（D）一季度销售额达到 300 万元

66. 对于（　）的绩效指标，设定的考评标准通常是一个范围。

（A）数量化　（B）质量化　（C）描述性　（D）目标化

67. 关于员工行为考核中的强制分布法，表述正确的是（　）。

（A）可以在诊断工作问题时提供准确的信息

（B）可以把员工工作行为和工作绩效进行排序

（C）前提假设是员工的工作行为和工作绩效呈正态分布

（D）依然不能避免传统考核中绝大多数员工评价雷同的情况发生

68. 林刚是技术部的员工，由于销售部正在争取一个大项目，林刚加入了这个项目组并负责技术支持工作，同时在业务上接受销售部经理的管理。在这种情况下，由（　）负责对林刚的绩效考核更为合适。

（A）技术部经理　（B）销售部经理

（C）两个部门的经理　（D）更高层的管理者

69.（　）选择具有代表最好和最差的行为表现的活动作为考评的内容和标准。

（A）关键事件法　（B）选择排列法　（C）成对比较法　（D）行为锚定等级评价法

70. 当企业需要确定薪酬水平的岗位难以在类似企业中找到对等岗位时，应考虑选择（　）的方式来进行薪酬调查。

（A）企业之间相互调查　（B）委托调查

（C）公开调查信息　（D）调查问卷

71. 美国劳工统计局每年都要举行三类薪酬方面的调查，这属于（　）。

（A）公司薪酬调查　（B）商业性薪酬调查

（C）政府薪酬调查　（D）专业性薪酬调查

72. 使营销人员和企业之间产生较大的离心力的工资形式是（　）。

（A）计件工资制　（B）提成工资制　（C）技能工资制　（D）岗位工资制

73. 某公司的薪酬结构如下，这种结构属于（　）薪酬结构。技术与培训水平——基础工资（48%）；职务（或岗位）价值——岗位工资（28%）；绩效（生产量、销售量）——绩效工资（24%）。

（A）以绩效为导向的　（B）以工作为导向的

（C）以能力为导向的　（D）组合

74. 在同一薪酬等级中，最高档次的薪酬水平与最低档次薪酬水平之间的薪酬差距称为（　）。

（A）薪酬等级档次　（B）薪酬级差　（C）薪酬比例关系　（D）薪酬浮动幅度

75. 可对全体员工给予等比例奖励的薪酬调整方法是（　）。

（A）物价性调整　（B）工龄性调整　（C）奖励性调整　（D）效益性调整

76. 薪酬水平低的企业应当注意（　）点处的薪酬水平。

（A）25%　（B）50%　（C）75%　（D）90%

77. 适用于那些岗位划分较粗，岗位之间存在工作差别、岗位内部的员工之间存在技术熟练程度差异的企业或部门的岗位工资类型是（　）。

（A）一岗一薪工资制　（B）技能工资制

（C）一岗多薪工资制　（D）提成工资制

78. 劳务派遣单位的出现是（　）的必然结果。

(A) 社会化大生产　(B) 科学技术发展
(C) 劳动管理专业化分工　(D) 劳动环境改善

79. 工资指导线（　）是对工资增长较快、工资水平较高企业提出的预警和提示。
(A) 上线　(B) 基准线　(C) 下线　(D) 标准线

80. 工资集体协商时，协商双方在协商开始前（　）内，提供与工资集体协商有关的真实情况和资料。
(A) 5 日　(B) 7 日　(C) 10 日　(D) 15 日

81. 以下关于工资指导价位的说法不正确的是（　）。
(A) 每年发布一次　(B) 坚持实事求是原则
(C) 仅供企业查询　(D) 坚持市场取向原则

82. 企业所有员工在劳动安全保护工作中应遵循的职业道德行为准则不包括（　）。
(A) 安全第一　(B) 预防为主　(C) 以人为本　(D) 奖惩分明

83. 职工一方当事人人数为 2 人以下，有共同争议理由的劳动争议称为（　）。
(A) 个别争议　(B) 集体争议　(C) 团体争议　(D) 权利争议

84.（　）属于劳动争议仲裁的原则之一。
(A) 平等自愿　(B) 一次裁决　(C) 公平公正　(D) 二次裁决

85. 我国法律规定集体合同协商代表双方可以委托专业人士作为本方协商代表，但委托人数不得超过本方代表的（　）。
(A) 1/3　(B) 1/4　(C) 1/5　(D) 1/6

二、多项选择题（第 86~125 题，每题 1 分，共 40 分。每题有多个正确答案，请在答题卡上将所选答案的相应字母涂黑。错选、少选、多选，均不得分。）

86. 对摩擦性失业表述正确的是（　）。
(A) 高效率利用劳动资源的需要
(B) 一种正常性失业
(C) 动态性市场经济的一个自然特征
(D) 一种岗位交换之间的失业
(E) 表明劳动力经常处于流动过程之中

87. 企业目标管理的特点主要包括（　）。
(A) 一种系统化的管理模式　(B) 更富于参与性
(C) 有明确的完整的目标体系　(D) 强调自我控制　(E) 有完善的员工福利计划

88. 满足亲和需要的行为可以是（　）。
(A) 控制他人的活动　(B) 受到许多人的喜欢
(C) 战胜对手或敌人　(D) 成为团队的一分子　(E) 比竞争者更出色

89. 人力资源理论体系包括（　）。
(A) 心理开发　(B) 生理开发　(C) 伦理开发　(D) 技能开发　(E) 环境开发

90. 关于组织理论与组织设计理论，说法正确的是（　）。
(A) 组织理论包括组织设计理论　(B) 组织理论被称为广义组织理论
(C) 组织设计理论被称为大组织理论　(D) 组织理论与组织设计理论外延不同
(E) 组织理论与组织设计理论外延相同

91. 部门结构不同模式的组合原则包括（　）。

（A）以产权为中心　（B）以关系为中心　（C）以成果为中心
（D）以岗位为中心　（E）以工作和任务为中心

92. 企业组织结构变革的方式包括（　）。
（A）改良式变革　（B）爆破式变革　（C）计划式变革
（D）组织结构整合　（E）反馈式变革

93.（　）属于人力资源规划的内部环境。
（A）企业的行业特征　（B）企业结构　（C）企业的发展战略　（D）企业文化
（E）企业的人力资源管理系统

94. 人力资源预测的局限性包括（　）。
（A）预测方法不精确　（B）企业内部的抵制　（C）预测的代价高昂
（D）知识水平的局限　（E）环境的不确定性

95. 人力资源需求预测的定量方法包括（　）。
（A）转换比率法　（B）马尔可夫分析法　（C）回归分析法
（D）灰色预测模型法　（E）趋势外推法

96. 由于面试考官的偏见而产生的误差包括（　）。
（A）第一印象　（B）对比效应　（C）晕轮效应
（D）录用压力　（E）鲶鱼效应

97. 诊断性测评的特点有（　）。
（A）结果不公开　（B）查找原因时，测评内容精细　（C）有较强的系统性
（D）了解现状时，测评内容全面　（E）过程强调客观性

98. 面试的发展趋势有（　）。
（A）提问弹性化　（B）理论和方法不断发展　（C）形式丰富多样
（D）测评的内容不断发展　（E）结构化面试成为面试的主流

99. 员工素质测评的类型主要有（　）。
（A）开发性测评　（B）选拔性测评　（C）综合性测评
（D）诊断性测评　（E）考核性测评

100. 下列属于投射技术特点的是（　）。
（A）人际互动性强　（B）被测评者反应的自由性　（C）测评目的的隐蔽性
（D）内容的非结构性和开放性　（E）用过去行为预测未来

101. 引起测评结果误差的原因有（　）。
（A）感情效应　（B）测评指标体系不明确　（C）近因效应
（D）测评参照标准不明确　（E）晕轮效应

102. 在制定培训规划时，必须保证培训规划的（　）。
（A）普遍性　（B）有效性　（C）标准化　（D）多样性　（E）系统性

103. 培训项目计划包含的层次有（　）。
（A）企业培训计划　（B）培训人员计划　（C）课程系列计划
（D）培训课程计划　（E）培训阶段计划

104. 外部培训资源的开发途径有（　）。
（A）从大中专院校聘请教师　（B）聘请专职培训师
（C）在网络上寻找并联系教师　（D）聘请本专业专家学者

（E）从顾问公司聘请培训顾问

105. 管理技能的开发模式有（　）。

（A）敏感性训练　（B）角色扮演　（C）决策模拟训练

（D）决策竞赛　（E）轮流任职计划

106. 培训效果评估的内容包括（　）。

（A）培训目标达成情况评估　（B）培训计划评估　（C）培训效果效益综合评估

（D）培训需求整体评估　（E）培训工作者的绩效评估

107. 结果评估的缺点包括（　）。

（A）需要较长的时间　（B）相关经验少，评估技术不完善

（C）多因多果，只能做定性方面的分析　（D）多因多果，简单的数字对比意义不大

（E）必须取得管理层的合作，否则无法拿到相关数据

108. 综合型绩效考评方法包括（　）。

（A）合成考评法　（B）直接指标法　（C）日清月结法

（D）关键事件法　（E）图解式评价量表法

109. 绩效考评效标是指评价员工绩效的指标及标准，具体包括（　）。

（A）优越性效标　（B）特征性效标　（C）结果性效标

（D）行为性效标　（E）一般性效标

110. 绩效考评方法在应用中可能出现的偏误有（　）。

（A）分布误差　（B）自我中心效应　（C）个人偏见

（D）优先和近期效应　（E）晕轮误差

111. 头脑风暴法应该遵循的基本原则包括（　）。

（A）鼓励别人改进想法　（B）依靠个人的冷静思考

（C）思想越激进越开放越好　（D）强调产生想法的数量

（E）任何时候都不批评别人的想法

112. 战略导向的 KPI 体系的意义体现在（　）。

（A）具有战略导向的牵引作用　（B）是企业实施战略规划的重要工具

（C）能够最大限度地激发员工的斗志（D）能够调动全员的积极性、主动性和创造性

（E）是激励和约束企业员工行为的一种新型机制

113. 设计绩效考评指标体系应遵循的基本原则包括（　）。

（A）简洁性原则　（B）明确性原则　（C）针对性原则

（D）科学性原则　（E）经济性原则

114. 从调查的组织者来看，正式薪酬调查可以分为（　）。

（A）企业薪酬调查　（B）商业性薪酬调查　（C）行业薪酬调查

（D）专业性薪酬调查　（E）政府薪酬调查

115. 薪酬调查的意义在于能够为（　）提供参考依据。

（A）绩效管理制度的调整　（B）薪酬晋升政策的调整　（C）整体薪酬水平的调整

（D）岗位薪酬水平的调整　（E）薪酬制度结构的调整

116. 对薪酬调查的数据进行整理、分析时，可以采取的方法有（　）。

（A）数据排列法　（B）频率分析法　（C）回归分析法

（D）离散分析法　（E）图表分析法

117. 岗位工资制的特点主要有（　　）。
（A）根据业绩支付工资　（B）客观性较强　（C）以岗位分析为基础
（D）对岗不对人　（E）根据岗位支付工资
118. 关于宽带式工资结构说法正确的是（　　）。
（A）有利于工作绩效促进　（B）支持扁平型组织结构
（C）有利于工作岗位变动　（D）能引导员工自我提高
（E）有利于管理人员的角色转变
119. 企业工资制度的类型主要包括（　　）。
（A）固定工资制　（B）组合工资制　（C）绩效工资制
（D）岗位工资制　（E）技能工资制
120. 关于劳务派遣管理表述正确的是（　　）。
（A）劳务派遣机构是实际劳动关系的主体之一
（B）劳务派遣机构是形式劳动关系的主体之一
（C）派遣劳动者的接收单位是形式劳动关系的主体之一
（D）派遣劳动者的接收单位是实际劳动关系的主体之一
（E）派遣单位与被派遣的劳动者之间建立的不是劳动关系
121. 按照劳动争议性质的不同，可以把劳动争议划分为（　　）。
（A）权利争议　（B）利益争议　（C）个别争议
（D）集体争议　（E）团体争议
122. 关于制定工资指导线说法正确的是（　　）。
（A）应当遵循协商原则　（B）只需符合企业的需求
（C）应密切关注国际经济发展状况　（D）应密切结合所在地的宏观经济状况
（E）应符合国家宏观经济政策和对工资增长的总体要求
123. 劳动组织优化的主要内容包括（　　）。
（A）以劳务关系取代劳动关系　（B）工作时间合理组织
（C）不同工种、工艺阶段合理组织　（D）工作场地供应服务
（E）准备性和执行性工作合理组织
124. 劳动争议仲裁的基本原则包括（　　）。
（A）合议原则　（B）强制原则　（C）一次裁决原则
（D）回避原则　（E）区分举证责任原则
125. 劳动争议仲裁案件的仲裁准备工作包括（　　）。
（A）组成仲裁庭　（B）审阅案件材料　（C）庭审前进行调解
（D）送达开庭通知　（E）进行必要的调查取证

职 业：企业人力资源管理人员
等 级：国家职业资格二级
卷册二：操作技能

一、简答题（本题共3题，第1、3题每小题10分，第2小题15分，共35分。）

1. 著名的管理学家钱德勒曾经对企业的发展战略和组织结构做过深入分析，认为企业的组织结构的设立与企业的发展战略的关系非常密切。你如何看待这两者之间的关系？(10分)

2. M企业是一家较少给中层干部做培训的企业，因为有人认为培训中层干部，使之成为具有高级管理者的素质，会影响高层管理的权力，你怎样认为？倘若你是一个刚上任的高级管理者，你将给中层干部采取什么样的培训？(15分)

3. 请简述劳动争议的仲裁程序。(10分)

二、综合题（本题共3题，第1小题15分，第2小题20分，第3小题30分，共65分。）

1. 东兴公司是一家大型对外贸易国有企业，最近公司分管人力的党委书记张东总能听到人力资源部门的工作人员抱怨时间不够用，单位人事工作忙得焦头烂额，还经常得不到理解甚至“背黑锅”。这边人事经理整日被总经理催着要公司下一年的用人计划、培训计划、干部队伍建设计划以及相关的预算，并特别催促要招到高素质的人才；那边被各用人部门追着要人，要求提升自己部门的骨干以及增加有效培训次数，还经常被人莫名其妙告到总经理那里，此外，人事经理还要面对层出不穷的各种日常人事管理工作和诸如骨干跳槽、员工纠纷等棘手的问题。好不容易静下来做人力资源部门的工作计划却没有头绪，面对各方面的需求没有“抓手”。即使最终拟出一份工作计划，却连自己都觉得还会像去年一样处于被动地位，使人力资源管理工作陷入“计划赶不上变化”，而且通常会导致出现这些局面：岗位职责界定不清，人员冗余；人员没有合理配置，人才浪费；没有形成人才梯队，后备人才不足；人员素质不高，缺少发展动力。人事经理们开始面对越来越多的投诉以及领导不信任的可怕现象，在这种情况下，很多人事经理最后被迫早做打算。

请回答下列问题：

(1) 出现这些问题的根本原因是什么？(4分)

(2) 如何实施战略性人力资源规划？(11分)

2. 某企业需要招聘一位市场营销经理，下面是某求职者简历的部分内容：1998~1999年A企业销售部营销助理，连续两次获得该企业销售冠军；2000~2002年A企业销售部营销主管，产品销售额连续3年增长10%；2003年至今B企业市场总监，成功策划了2次全国性的大型产品展销活动。

依据这些情况介绍，以及市场营销经理的岗位说明书，人力资源部决定对其进行面试。

(1) 应如何采用行为描述面试的方式来询问该求职者，才能更加深入、准确地了解求职者的真实情况？(10分)

(2) 请为人力资源部设计“自我管理能力”指标分级评分标准表。(10分)

3. A公司是一个制药企业，企业创立之初，人员较少，企业薪酬标准定得较高，随着业务增长，公司人员也由最初的3人扩充到近千人，2009年受金融危机影响，订单数急剧下降，薪酬标准超出了企业的承受能力，并且公司的新产品上市已经将近一年，局面一直不能打开，销售人员的薪酬已经是公司级别最高的了，由于不能取得业绩，公司经营的延续，主要靠公司以前的老产品支撑，其他部门的员工意见很大；同时，由于销售业绩，特别是新产品的销售业绩不好，已经影响到了公司的整体销售收入，因此，公司决策层提出要对绩效薪酬体系进行重新调整，一要重新设计销售人员的绩效考核体系，二要改变薪酬分配体系，使薪酬分配更具有激励性。

如果调整得力，将扭转公司目前经营特别是销售的不利局面；如果调整不得力，结果可能会更糟糕。

现在假若您是A公司的人力资源部经理，承担了进行绩效薪酬体系调整的重任，那么，请根据本案例，回答以下问题：

（1）A公司在设计绩效考评指标体系时应遵循的原则、设计方法和程序是怎样的？（14分）

（2）该公司应采取哪些措施对员工的薪酬制度进行改进？（6分）

（3）要使得A公司达到绩效薪酬体系调整的目标，还要采取哪些配套措施？（10分）

模拟测试题二

职　业：企业人力资源管理师
等　级：国家职业资格二级
卷册一：职业道德　理论知识

第一部分　职业道德
（第 1~25 题，共 25 道题）

一、职业道德基础理论与知识部分

答题指导：

◆该部分均为选择题，每题均有四个备选项，其中单项选择题只有一个选项是正确的，多项选择题有两个或两个以上选项是正确的。

◆请根据题意的内容和要求答题，并在答题卡上将所选答案的相应字母涂黑。

◆错选、少选、多选，则该题均不得分。

（一）单项选择题（第 1~8 题。）

1. 社会主义荣辱观的主要内容是（　　）。

（A）谦虚谨慎，戒骄戒躁，脱离低级趣味

（B）树立正确的权力观、地位观、利益观

（C）牢记“两个务必”

（D）八荣八耻

2. 关于道德的说法中，正确的是（　　）。

（A）道德是处理人与人、人与社会、人与自然关系的特殊行为规范

（B）道德是一种理想化的、难以落到实处的行为规范

（C）道德是一种人人能够认同，但人人又不身体力行的行为规范

（D）道德是一个缺乏共同评价标准的行为规范

3. 建设节约型社会，很重要的一个方面是要求从业人员树立强烈的（　　）。

（A）改革创新观念　（B）节能减排意识　（C）团结协作意识　（D）求真务实精神

4. 古人所谓“慎独”的意思是（　　）。

（A）人是合群的社会性动物，要加强合作和谐，不能搞单打一

（B）人的心灵需要慰藉，要防止出现曲高和寡的状况
（C）人在独处时，要谨防发生违背道德要求的意念和行为
（D）要树立独立人格意识，防止发生侵犯独立人格的现象
5. 我国社会主义道德建设的基本原则是（　　）。
（A）集体主义　　（B）合理利己主义
（C）社会主义　　（D）温和功利主义
6. 企业文化的自律功能是指（　　）。
（A）不断强化从业人员追求利益最大化的动机
（B）严格按照法律矫正员工的动机和行为
（C）加强制度建设，通过制度建设推动企业行为规范化
（D）开展职业纪律教育，增强从业人员的纪律意识
7. 某公司奉行“不惜一切为顾客服务”的理念，正确的理解是（　　）。
（A）要不计成本地满足顾客的要求　　（B）无条件地满足顾客提出的任何要求
（C）一切都是顾客说了算　　（D）顾客的满意程度决定企业的命运
8. 关于打造品牌，正确的说法是（　　）。
（A）只要掌握了高新技术，就能打造品牌
（B）打造品牌，核心任务是加强广告等媒体宣传工作的力度
（C）员工具有敬业精神和强烈的社会责任感是打造企业品牌的内在力量
（D）质优价高才能打造品牌
（二）多项选择题（第9~16题。）
9. 敬业的含义包括（　　）。
（A）恪尽职守　　（B）享受工作　　（C）勤奋努力　　（D）精益求精
10. 践行诚信规范，尊重事实的要求是（　　）。
（A）坚持原则，不为个人利害关系所左右
（B）澄清事实，主持公道
（C）主动担当，不自保推责
（D）敢于说出一切事实真相
11.《公民道德建设实施纲要》指出的职业道德规范包括（　　）。
（A）爱岗敬业　　（B）服务群众　　（C）开拓创新　　（D）艰苦奋斗
12. 下列说法中，属于职业禁语的是（　　）。
（A）“问别人去”
（B）“不知道”
（C）“我有什么办法，又不是我让它坏的”
（D）“后边等着去”
13. 文明礼貌的具体要求是（　　）。
（A）仪表堂堂　　（B）语言规范　　（C）举止优雅　　（D）待人热情
14. 符合爱岗敬业要求的是（　　）。
（A）慎重选择职业，一旦选择了某种职业就要踏踏实实干一辈子
（B）强化职业责任，严格履行职业责任的规定，不管成功与否
（C）提高职业技能，不断学习理论知识，提高业务能力

（D）高职业责任修养，不断锤炼自己的职业意志

15. 下列做法中，违背诚实守信要求的是（　　）。

（A）甲与乙签订供货合同，后来原料涨价，甲要求提价没有得到乙同意便中断供货

（B）张某答应帮石某“摆平”赵某，后来张某意识到问题的严重性，便借故不干了

（C）X 厂发货到 Y 厂，不知何故 Y 厂迟迟没有收到货物，X 厂依合同进行赔偿

（D）某女结识某男，后该女发现该男不诚实，于是她采取多种方式愚弄对方

16. 下列做法中，符合团结互助要求的是（　　）。

（A）工作中相互取长补短

（B）互助即互相帮助，是否要帮助同事要以对方能否帮助自己为前提

（C）以自己的兴趣爱好为标准，要求他人向自己看齐

（D）做事情多从善良、积极的角度思考问题，树立团队意识

二、职业道德个人表现部分（第 17~25 题。）

答题指导：

◆该部分均为选择题，每题均有四个备选项，您只能根据自己的实际情况选择其中一个选项作为您的答案。

◆请在答题卡上将所选择答案的相应字母涂黑。

17. 如果你买了一部手机，使用几天后便发现手机通话声音不清，但也能够勉强使用。这时，你会（　）。

（A）找销售商退货或掉换　　（B）向消费者协会投诉

（C）凑合着用　　（D）再买一部新手机

18. 你正驾车行驶在路上，突然发现前方有一个人大呼小叫地拦截过往车辆，看样子是有人急需帮助，但呼啸而过的车没有一辆停下来，这时，你会（　）。

（A）考虑到社会治安状况不佳，不会停下车来

（B）如果自己没有其他特别重要的事情，一定会停下来帮忙

（C）拨打警察或是急救中心的电话，反映情况

（D）不管怎么样，会停下车来帮忙

19. 上司安排你带一名新徒弟，一段时间后，发现他进步不大，工作老出差错，你会（　　）。

（A）向上司提出换人　　（B）给他提出更加严格的要求

（C）失去信心，不再帮助他　　（D）顺其自然，让他自己领悟

20. 如果你的上司要去旅行结婚，这位上司平时口碑不是太好，你会（　　）。

（A）送个小礼物给他　　（B）别人送什么，自己也送什么

（C）发送手机短信给他　　（D）送他一份厚礼

21. 你觉得自己在单位是个（　）的人。

（A）朋友很少　　（B）不惹是生非

（C）大家愿意共事儿　　（D）别人不真正了解自己

22. 遇到困难时，你一般会（　　）。

（A）自己解决　（B）找同事帮忙　（C）放弃　（D）怪自己学的知识少

23. 由于工作忙碌，本来你打算周末好好休息一下，但几位同事不期而至，占用了你大半天的时间，你会（　　）。

（A）感到有点沮丧　　　　　　　　（B）觉得无所谓
（C）觉得这个周末过得不如意　　　（D）认为周过得还可以

24. 公司召开员工大会时，领导讲话，你一般会（　　）。
（A）耐着性子听领导说话　　　　　（B）带一份小报看看
（C）爱走神　　　　　　　　　　　（D）能明白领导的心情

25. 立春后虽然天气还冷，家里的几棵大蒜长出了嫩芽。母亲感到很失望。你想对母亲说的话是（　　）。
（A）“别那么节俭！几棵大蒜，不值得伤心”
（B）“要是长得再长一点，就可以炒菜了”
（C）“好像春天到了”
（D）“眼不见心不烦，扔了它，我再去买几棵”

第二部分　理论知识

（26~125 题，共 100 道题，满分 100 分）

一、单项选择题（第 26~85 题，每题 1 分，共 60 分。每小题只有一个最恰当的答案，请在答题卡上将所选答案的相应字母涂黑。）

26.（　　）是指经济运作过程中繁荣与衰退的周期性交替。
（A）经济规律　　（B）经济交替　　（C）经济周期　　（D）经济变动

27. 关于社会保险的说法不正确的是（　　）。
（A）社会保险当事人可以自行选择缴费标准
（B）社会保险当事人不能自行选择保险项目
（C）社会保险当事人不能自行选择是否参加保险
（D）对劳动者而言，物质帮助权主要通过社会保险来实现

28.（　　）是以法律共同体的长期实践为前提，以法律共同体的普通的法律确信为基础。
（A）法官法　　（B）判例法　　（C）习惯法　　（D）成文法

29.（　　）是指对本企业的营销具有吸引力的、能享受竞争优势的市场机会。
（A）企业营销机会　（B）企业竞争机会　（C）企业优势机会　（D）企业实践机会

30. 满足地位需要的行为不包括（　　）。
（A）拥有舒适的轿车，合体的穿着　（B）具有执行官的特权
（C）居住在合适的社区，参加俱乐部（D）影响他人并改变他们的态度和行为

31. 对组织而言，绩效管理的功能不包括（　　）。
（A）组织发展的有力措施　　　　　（B）规范员工的手段
（C）提高生产效率的途径　　　　　（D）认识决策的基础

32. 两家企业合并属于企业组织结构变革的（　　）变革方式。
（A）改良式　　（B）渐进式　　（C）计划式　　（D）爆破式

33. 以下关于新型组织结构模式的说法错误的是（　　）。

（A）康采恩属于模拟分权组织结构模式
（B）多维立体组织是矩阵组织的进一步发展
（C）子公司与母公司模式中子公司是独立的法人企业
（D）企业集团是众多企业法人组织共同组成的经济联合体

34. 以下不属于部门结构设计原则的是（ ）。
（A）以关系为中心 （B）以成果为中心
（C）以工作和任务为中心 （D）以层次为中心

35. 以下不属于组织结构分析内容的是（ ）。
（A）各种职能的性质及类别
（B）员工与岗位之间是否匹配
（C）决定企业经营的关键性职能
（D）内外环境变化引起的企业经营战略和目标的改变

36. 以下不属于企业人员配置计划内容的是（ ）。
（A）企业每个岗位的人员素质 （B）人员的职务变动情况
（C）企业每个岗位的人员数量 （D）职务空缺的数量及填补方法

37. 以下说法不正确的是（ ）。
（A）人力资源预测能引导员工进行职业生涯设计
（B）动态的组织条件下，人力资源预测非常必要
（C）静态的组织条件下，人力资源预测并非必要
（D）现实生活中的组织既有静态的，也有动态的

38. 以下属于人力资源需求预测的定性方法的是（ ）。
（A）马尔可夫分析法 （B）综合分析法
（C）灰色预测模型法 （D）经验预测法

39. 人力资源需求预测的方法中，依据事情发展变化的因果关系来预测事情未来发展趋势的方法是（ ）。
（A）趋势外推法 （B）人员比率法 （C）回归分析法 （D）转换比率法

40. 以下关于人力资源预测方法的说法不正确的是（ ）。
（A）趋势外推法最为简单，其自变量只有一个
（B）经济计量模型法不需考虑不同自变量之间的影响
（C）马尔可夫分析法可以预测企业人力资源供给的情况
（D）马尔可夫分析法可以预测企业人力资源需求的情况

41.（ ）具有测评标准刚性强、测评指标灵活等主要特点。
（A）选拔性测评 （B）考核性测评 （C）开发性测评 （D）诊断性测评

42. 量化对象具有明显数量关系的量化形式是（ ）。
（A）一次量化 （B）二次量化 （C）类别量化 （D）模糊量化

43. 对被测评者的回答或反应不作任何限制的品德测评法是（ ）。
（A）心理技术 （B）FRC 技术 （C）投射技术 （D）问卷技术

44. 在素质测评的结果处理中，最常用的集中趋势量数为（ ）。
（A）几何平均数和中位数 （B）算数平均数和中位数
（C）几何平均数和标准差 （D）算数平均数和标准差

45. 面试考官应消除应聘者的紧张情绪，创造轻松、友好的氛围的面试实施阶段是（　）。

（A）关系建立阶段　（B）导入阶段　（C）核心阶段　（D）确认阶段

46. 从某一优点或者缺陷出发去评价应聘者的其他方面，这属于（　）。

（A）第一印象　（B）对比效应　（C）晕轮效应　（D）录用压力

47. “你好像不太适合我们这里的工作，你看呢？”这类问题属于（　）。

（A）压力性问题　（B）知识性问题　（C）思维性问题　（D）经验性问题

48.（　）是多角度对个体行为进行标准化评估的各种方法的总称。

（A）评价中心　（B）管理中心　（C）控制中心　（D）学习中心

49. 以下不适合用无领导小组讨论进行人员选拔的岗位是（　）。

（A）人力资源主管　（B）技术研发人员

（C）销售部门经理　（D）公关部门经理

50. 实现员工培训规划要选择适用的方式方法，高层培训、管理培训、员工培训、员工文化素质培训等宜采用（　）的培训方式。

（A）分散　（B）边实践边学习　（C）集中　（D）安全脱产学习

51. 制定培训规划时，培训需求分析的目标是（　）。

（A）明确员工现有技能与理想状态的差距

（B）收集有关新岗位和现在岗位要求的数据

（C）明确培训的要求，预测培训的潜在困难

（D）选择测评工具、明确评估的指标和标准

52. 以下不属于培训课程内容的选择原则的是（　）。

（A）适应多样化的学员背景

（B）满足学员在时间方面的需求

（C）针对相同背景的学员设计培训课程

（D）使学员掌握生产技术和技能

53. 培训的印刷材料中，工作任务表的作用不包括（　）。

（A）强调课程重点　（B）提高学习效果

（C）关注信息反馈　（D）节约培训时间

54. 不同层次的管理人员所应具有的技能是不同的，对于高层管理人员而言，（　）是最重要的。

（A）专业技能　（B）理念技能　（C）人文技能　（D）协调技能

55. 培训效果的建设性评估的优点不包括（　）。

（A）有助于培训对象改进自己的学习　（B）帮助培训对象明白自己的进步

（C）在数据和事实的基础上作出判断　（D）使受训者产生满足感和成绩感

56. 在培训效果的层级体系中，行为评估的评估内容是（　）。

（A）受训者在工作中态度、行为方式的变化和改进

（B）受训者在技能、态度、行为方式等方面的收获

（C）受训者取得的生产经营或技术管理方面的业绩

（D）受训者对培训项目的主观感或满意程度如何

57. 培训的五大类成果中，（　）的评估标准是缺勤率、劳动效率、专利项数和事

故发生率。

（A）技能成果　（B）情感成果　（C）认知成果　（D）绩效成果

58. 在评估培训效果时，（　）更适用调查面窄，以开放式问题为主的调查。

（A）访谈法　（B）问卷调查法　（C）观察法　（D）电话调查法

59. 劳动定额法属于（　）的绩效考评方法。

（A）品质导向　（B）结果导向型　（C）行为导向型　（D）综合型

60. 以下关于成绩记录法的表述不正确的是（　）。

（A）需要聘请外部专家参与评估

（B）该方法有很强的适应性和有效性

（C）与行为量表等考评方法结合效果会更好

（D）由外部专家验证工作业绩是否真实准确

61. 以下关于图解式评价量表法的表述不正确的是（　）。

（A）考评效标涉及的范围较大　（B）有广泛适应性

（C）可以考评员工的品质特征　（D）涉及难度较大

62. 对于管理性组织和服务性组织的考评，一般不采用的指标是（　）。

（A）工作方式　（B）工作产出　（C）组织气氛　（D）工作效率

63. 获得专利权的项目数属于（　）的绩效考评指标。

（A）行为过程型　（B）品质特征型　（C）工作结果型　（D）工作方式型

64. 将反映考评指标内涵和外延等诸方面的特征独立并列的绩效考评标准为（　）。

（A）分析提问标准　（B）分解等级标准　（C）综合提问标准　（D）综合等级标准

65. 关键绩效指标作为绩效考评的指标与标准的结合体，它必须具备的条件是（　）。

（A）定性化、结果化　（B）定性化、行为化

（C）定量化、结果化　（D）定量化、行为化

66. 实施360度考评的程序是（　）。

①统计评价信息并报告结果　②对被考评人进行考评培训

③实施考评　④制定改善绩效计划

（A）①②③④　（B）③④②①　（C）③①②④　（D）②③①④

67. 以下（　）不是在360度考评中对考评者培训的内容。

（A）考评的应用开发技巧　（B）沟通技巧

（C）考评实施技巧　（D）总结和反馈评价结果的方法

68. 基于互联网的360度考评的优势是（　）。

（A）网络化程度大　（B）信息的安全性

（C）评价管理的简化　（D）易于接受信息

69. 以下不是对选拔出的考评者进行培训时的内容是（　）。

（A）考评实施技巧　（B）报告结果

（C）沟通技巧　（D）反馈评价结果

70. 具有"对事不对人"这一特点的工作分类是（　）。

（A）岗位分级　（B）岗位分类　（C）品位分级　（D）品位分类

71. 适用于那些岗位划分较粗，岗位之间存在工作差别、岗位内部的员工之间存在技术熟练程度差异的企业或部门的岗位工资类型是（　）。

（A）一岗一薪工资制　　（B）技能工资制

（C）一岗多薪工资制　　（D）提成工资制

72.（　）反映不同岗位之间在工资结构中的差别。

（A）工资等级　（B）工资档次　（C）工资级差　（D）浮动幅度

73. 工资结构具有高稳定性的工资制度是（　）。

（A）岗位工资制　（B）考核工资制　（C）技能工资制　（D）年功序列制

74. 企业效益提高，对全体员工给予等比例奖励的工资调整方法是（　）。

（A）物价性调整　（B）工龄性调整　（C）奖励性调整　（D）效益性调整

75.（　）将工资计划和培训计划结合在一起。

（A）年薪制　（B）技能工资制　（C）绩效工资制　（D）岗位工资制

76. 员工的（　）应与企业的经济效益、部门业绩考核结果和个人业绩考核结果挂钩。

（A）浮动工资　（B）固定工资　（C）基本工资　（D）岗位工资

77.（　）是企业及其员工在依法参加基本养老保险的基础上，自愿建立的补充养老保险制度。

（A）企业公积金　（B）企业年薪　（C）企业附加福利　（D）企业年金

78. 在劳务派遣中，（　）的关系属于有劳动没“关系”的实际劳动关系。

（A）接收单位与被派遣劳动者　（B）雇主与雇员

（C）劳务派遣单位与接收单位　（D）劳务派遣单位与被派遣劳动者

79. 下列关于劳务派遣的说法错误的是（　）。

（A）劳务派遣单位可以向被派遣劳动者收取费用

（B）劳务派遣单位有义务将派遣内容告知劳动者

（C）劳务派遣单位对保护劳动者的合法权益承担义务

（D）被派遣劳动者管理的特殊性在于避免可能出现的劳动歧视问题

80. 实行工资指导线制度的主要目的不包括（　）。

（A）实现社会公平　（B）逐步提高工资水平

（C）调整、规范工资分配关系　（D）使雇员工资收入随企业效益增长而增长

81. 劳动力市场工资指导价位的制定步骤包括：（1）公开发布；（2）信息采集；（3）价位制定。排序正确的是（　）。

（A）(2)(3)(1)　（B）(3)(1)(2)　（C）(3)(2)(1)　（D）(1)(2)(3)

82. 在企业中，（　）对本单位安全卫生负安全卫生技术领导责任。

（A）工人　（B）各级生产负责人

（C）总工程师　（D）企业法定代表人

83. 下列对职业危害描述错误的是（　）。

（A）职业危害因素对劳动者人身造成的危害性

（B）既具有客观现实性，又具有可避免性

（C）表现为对劳动者的急性伤害、慢性伤害

（D）潜在职业危害不算职业危害

84. 关于劳动争议的分类，按照劳动争议的主体划分，职工一方当事人人数在 3 人以上，有共同争议理由的，称为（　）。

（A）个别争议　（B）团体争议　（C）集体争议　（D）小组争议

85. 调解委员会调解劳动争议应遵循自愿原则，该原则的主要内容不包括（　）。

（A）申请调解自愿　（B）调解过程自愿　（C）退出调解自愿　（D）履行协议自愿

二、多项选择题（第 86~125 题，每题 1 分，共 40 分。每题有多个答案正确，请在答题卡上将所选答案的相应字母涂黑。错选、少选、多选，均不得分。）

86. 社会就业总量取决于（　）。

（A）总需求水平　（B）总供给水平　（C）国民生产总值（D）劳动力数量

（E）均衡国民收入

87. 决策科学化的要求包括（　）。

（A）合理的决策标准　（B）有效的信息系统

（C）系统的决策观念　（D）科学的决策程序

（E）决策方法科学化

88. 在使用心理测验对应聘者进行评价和筛选时，可选择的策略包括（　）。

（A）首因策略　（B）择优策略　（C）淘汰策略　（D）晋升策略

（E）轮廓匹配策略

89. 环境优化机制的主要因素包括（　）。

（A）工作报酬　（B）学习发展环境（C）工作条件　（D）人际关系环境

（E）工作环境

90. 企业集团的职能机构包括(　)。

（A）依托型组织职能机构　（B）非常设机构

（C）综合型组织职能机构　（C）智囊机构、业务公司和专业中心

（E）独立型组织职能机构

91. 企业组织结构整合的目的主要在于（　）。

（A）实现相互间协调的要求　（B）保证企业经营活动的正常运行

（C）实现组织管理的系统化　（D）保证人力资源管理的各项计划的实施

（E）提升企业经营管理的总体水平

92. 企业人力资源规划的作用包括（　）。

（A）满足企业总体战略发展的要求　（B）提高企业人力资源的利用效率

（C）促进企业人力资源管理的开展　（D）协调人力资源管理的各项计划

（E）执行政府有关的劳动就业制度

93. 影响企业人力资源活动的法律因素有（　）。

（A）户籍制度　（B）劳动力市场价位

（C）最低工资标准　（D）劳动力市场

（E）政府有关的劳动就业制度

94. 德尔菲法所请的专家的来源有（　）。

（A）组织内部　（B）组织外部　（C）管理人员

（D）普通员工　（E）高层经理

95. 企业内部人力资源供给量必须考虑的因素包括（　）。

（A）薪酬　（B）退休　（C）平调　（D）晋升　（E）福利

96. 员工素质测评的主要原则包括（　）。

（A）客观测评与主观测评相结合　（B）定性测评与定量测评相结合
（C）静态测评与动态测评相结合　（D）素质测评与绩效测评相结合
（E）定期测评与随机测评相结合

97. 员工素质测评标准体系的横向结构包括（　）。
（A）结构性要素　（B）行为环境要素　（C）时间性要素
（D）工作绩效要素　（E）空间性要素

98. 以下各项不属于素质测评中对员工进行分类标准的是（　）。
（A）道德分类标准　（B）调查分类标准　（C）数学分类标准
（D）性别分类标准　（E）能力分类标准

99. 以下属于面试中背景性问题的是（　）。
（A）个人兴趣　（B）家庭背景　（C）法律常识　（D）工作经历　（E）遗传病史

100. 行为描述面试的实质是（　）。
（A）属于特殊的结构化面试　（B）面试提问都是行为性问题
（C）识别关键性的工作要求　（D）用过去行为预测未来行为　（E）探测行为样本

101. 无领导小组讨论包括（　）等多种类型。
（A）无情境性讨论　（B）不定角色的讨论　（C）情境性的讨论
（D）指定角色的讨论　（E）无主题讨论

102. 在制定培训规划时，设计培训方法的途径有（　）。
（A）经验总结　（B）中介机构　（C）小组讨论　（D）查阅文献　（E）专家咨询

103. 外部培训资源的开发途径包括（　）。
（A）聘请专职的培训师　（B）聘请本专业的专家、学者
（C）从大中专院校聘请教师　（D）在网络上寻找并联系教师
（E）从顾问公司聘请培训顾问

104. 管理技能开发的基本模式包括（　）。
（A）在职开发　（B）替补训练　（C）出国学习
（D）拓展训练　（E）决策模拟训练

105. 培训前效果评估的内容包括（　）。
（A）培训环境评估　（B）培训对象工作成效及行为评估　（C）培训计划评估
（D）培训对象知识和工作态度评估　（E）培训需求整体评估

106. 对培训效果进行学习评估的具体方法有（　）。
（A）访谈法　（B）角色扮演法　（C）演讲法　（D）行为观察法　（E）笔试法

107. 员工培训评估时，投资回报率的评估标准包括（　）。
（A）劳动效率　（B）直接成本　（C）专利项数
（D）间接成本　（E）质量要求

108. 综合型的绩效考评方法包括（　）。
（A）合成考评法　（B）加权选择量表法　（C）目标管理法
（D）图解式评价量表法　（E）评价中心法

109. 以下关于强迫选择法的说法正确的有（　）。
（A）是一种定量化考评方法　（B）属于目标导向型的客观考评方法
（C）属于行为导向型的主观考评方法　（D）可以用来考评特殊工作行为表现

(E) 考评通常采用一个或两个最能描述员工行为表现的项目

110. 自我中心效应的具体表现为（　）。

(A) 相似偏差　(B) 优先效应误差　(C) 对比偏差

(D) 晕轮效应误差　(E) 共同偏差

111. 编制绩效考评标准应遵循的原则有（　）。

(A) 定量准确原则　(B) 定性科学原则　(C) 目标导向原则

(D) 先进合理原则　(E) 突出特点原则

112. 以下关于战略导向的 KPI 体系的说法正确的有（　）。

(A) KPI 体系以控制为中心　(B) 财务与非财务指标相结合

(C) 战略目标自上而下分解　(D) 最大限度激发员工的斗志

(E) 强调对员工行为的激励

113. 审核关键绩效指标的要点包括（　）。

(A) 是否具有可操作性　(B) 是否留有可以超越的空间

(C) 工作产出是否为最终产品　(D) 多个考评者参与，结果是否可靠、准确

(E) KPI 体系能否解释被考评者 50%以上的工作目标

114. 从薪酬调查的（　）来看，薪酬调查可以分为薪酬市场调查和员工薪酬满意度调查。

(A) 对象　(B) 作用　(C) 组织者　(D) 方式　(E) 具体内容

115. 确定薪酬调查的范围，即确定（　）。

(A) 被调查的岗位　(B) 调查的目的　(C) 调查的时间段

(D) 调查的步骤　(E) 被调查的企业

116. 关于设计薪酬调查问卷说法正确的是（　）。

(A) 把相关的问题分散开来　(B) 要语言标准，问题简单明确

(C) 充分考虑信息处理的简便性和正确性

(D) 确保表格中的每个调查项目都是必要的

(E) 先明确薪酬调查问卷要调查的内容，再设计调查表

117.（　）属于绩效工资制。

(A) 销售提成工资制　(B) 计件工资制　(C) 岗位技能工资制

(D) 计时工资制　(E) 佣金制

118.（　）工资制度属于团队工资制。

(A) 核心团队　(B) 项目团队　(C) 平行团队

(D) 流程团队　(E) 虚拟团队

119. 工资制度总体设计的前期工作包括（　）。

(A) 个人业绩考评　(B) 工资的市场调查

(C) 确定工资原则与策略　(D) 工资制度的调整　(E) 工作岗位分析与评价

120. 劳务派遣单位的职责包括（　）。

(A) 支付工资　(B) 被派遣劳动者的招聘甄选　(C) 提供福利待遇

(D) 被派遣劳动者的考核录用　(E) 提供工作岗位

121. 劳动力市场工资指导价位分为（　）形式。

(A) 年工资收入　(B) 月工资收入　(C) 周工资收入

（D）日工资收入　　　　　（E）小时工资收入

122. 我国劳动力市场工资指导价位制度的具体目标包括（　　）。

（A）建立规范化的信息采集制度

（B）建立现代化的信息发布手段

（C）保证统计调查资料的及时性、准确性

（D）建立科学化的工资指导价位制定方法

（E）保证工资指导价位能真实反映劳动力价格

123. 以下属于劳动安全卫生保护费用的有（　　）。

（A）工伤保险费　（B）工伤医疗费用　（C）工伤评残费用　（D）健康检查费用

（E）职业病防治费用

124. 根据争议标的不同，劳动争议可划分为（　　）。

（A）关于劳动权力的争议　　　　（B）关于工作时间的争议

（C）关于休息休假的争议　　　　（D）关于保险福利的争议

（E）关于劳动利益的争议

125. 按照劳动争议自身的规定性对劳动争议进行分析，其要点包括（　　）。

（A）确定劳动争议的标的

（B）分析确定意思表示的意志内容

（C）分析确定意思表示所反映的意志内容是否符合劳动法律法规的规定

（D）分析确定意思表示所反映的意志内容是否符合集体合同、劳动合同的规定

（E）分析确定意思表示所反映的意志内容是否符合企业内部劳动管理规则的规定

职　业：企业人力资源管理人员
等　级：国家职业资格二级
卷册二：操作技能

一、简答题（本题共3题，第1题12分，第2题10分，第3题18分，共40分。）

1. 简述企业员工素质测评的具体实施程序。（12分）

2. 简述绩效管理中360度考评的实施程序。（10分）

3. 简述工资集体协商的主要内容及其程序。（18分）

二、综合题（本题共3题，每小题20分，共60分。）

1. 长风汽车公司是一家拥有68000名职工的民营家用轿车生产厂家，面对金融危机带来的整个家用轿车行业的不景气，公司高层于2009年5月进行了一次组织结构方面的重大变动，废除了原来的处、科体制，而实行了以重视工作能力、以工作成绩为中心的工作小组制，把企业建成具有“客户至上”形象的组织。原各技术、事务部门的部、处、科等金字塔式的纵向组织结构，经过改革，成为没有层次的扁平的组织，即工作室制。具体做法是把原有部门中的2~3个处合并建立工作室，而各工作室之间根据各个时期的任务不同，临时建立各种相应的工作小组。

这样做的目的有两个：

（1）使得部长或室长一个人就能够解决室内的事务，加快了领导决策的速度。

（2）从部长到组员都是室内的普通一员，小组的领导是根据任务的不同而随时换人的。

也就是说，原来的部长、处长、科长的各种工作，根据不同的情况而临时选人担任。这样，在公司的实际工作中，就取消了各种等级职务。在代表公司对外接触方面，由于要考虑资格、待遇等因素，因此在新组成的工作小组中全都是一般的组员，而在对外处理问题时还可保留原来的头衔。通过这种灵活的组织结构，实现了繁重工作所需求的高效率，取得了理想的效果。

请回答下列问题：

（1）长风公司原有的组织结构存在哪些问题？（5分）

（2）长风公司现在采用的部门结构模式是什么，优缺点是什么？（8分）

（3）长风公司采用的工作室制未来会出现什么问题，如何解决？（7分）

2. 某合资企业生产高新电子产品，员工人数在800人左右，管理干部300人，技术工人500人，年产值15亿元人民币，公司净利润今年达到7%。董事会决定推动企业进一步发展，计划3年后产值提高到25亿元，递增18.5%。计划新投资2.5亿元，从国外引进一条新生产线和一批新设备。另外，计划招聘一批新工人和管理干部，招聘人员预定如下：工人30人；各类主管5人；区域销售经理2名；销售工程师5名；装配车间主任2名；质量管理人员2名；生产计划人员1名；采购员1名；财务经理1名；会计师1名；产品开发设计工程师2名；培训师1名。

公司产品大部分销往国外，部分在国内销售，公司重视质量与环保，已通过ISO9001及ISO14001认证，公司组织机构如下：总经理1名；副总经理1名。下设：总经理办公室；财务部（财务总监1名）；人力资源部；销售部；制造部；生产计划采购部；质量部；技术开发部；计算机系统管理部。公司重视企业文化建设，并有工会组织。公司产品市场竞争激烈，管理水平和人员素质有待提高。公司员工平均工资3000元/月，公司准备加大国内市场开发，努力提高市场占有率1%。公司重视企业员工培训工作，把员工培训作为企业发展战略措施之一，计划3年内管理干部全部本土化。

要求人力资源部制订一份3年的员工培训计划，包括员工素质的提高、人才培养和培训经费预算。（20分）

3. 天创机械制造公司在总经理刘耀光的率领下开始着手改革人事体系，长期以来，管理岗位难以达到高的工作绩效，因而管理者的工作成绩平平也不会影响他的收入和职位。天创公司提出的管理职位人事改革的原则是，全面贯彻"以能力中心"分配薪酬，将管理人员的年薪差距拉大到三倍，以奖优罚劣，增加工作激励的诱导能量。2008年底天创公司开发的新的人事评价体系充分体现了这一目的和原则。

新的人事评价系统首先把过去的七级评价标准改为五级评价标准，从而将评价结果的差距拉大。天创公司以前采用七级评价标准，即由好到坏依次为A1、A2、B1、B2、B3、C1、C2。按照这一评价标准，有副总裁以上职位的管理人员的评价结果分布在中间，因而很难体现工作差距。最好的A1、A2占50%，最差的C1、C2占3%，B1占15%，B3占7%。而体现一般标准的B2却高达70%。在新的人事评价系统中，将七级减少到五级，依次是G1、G2、G3、G4、G5。按照新的标准分级，评价结构的差距进一步体现出来了：G1占17%，G2占33%，G3占33%，G4占14%，G5占3%。在新的分级标准中，虽然G2仍然可以看成是一般标准，但集中度明显减少。

新的人事评价系统扩大了员工的收入差距。在传统的评价体系中，由于体现不出评价差距，因而在收入上也很难拉开。采用新体系后，根据评价结果的不同，收入差距会很大。例如，员工从新入厂到提升至科长的14年间，收入差距不大，但提升为科长后，收入差距迅速拉大。就拿连续获得G1的员工来说，不考虑基本工资的提高，在新的标准下到50岁，其收入将是G5员工的5倍，在旧体系下二者的年收入差距只有不到0.5倍。新标准对评价结果不佳的员工，采用减薪的办法，特别在来年提薪时，其收入会有明显下降。因此，天创公司管理人员收入差距达到5倍并非仅仅是理论设想。

新的人事评价系统改变了过去把人事评价仅仅理解为考核工作的狭隘看法，天创公司将人事评价看成是包括“评价”、“展示”、“对话”和“现状革新”在内的整体系统和过程。扩大收入差距仅仅是天创公司综合人事改革的一个方面，如果仅仅停留在评价工作上，那么对于那些常年获得不理想评价结果的员工，人事评价系统将失去激励作用。因此，天创公司在新的人事评价系统上制定了一套帮助员工改进工作的活动程序。按照评价、展示、对话和现状革新的工作程序，每年1月评价者与被评价者进行面谈，将上年度的评价结果告诉给被评价者，二者相互协商制定新年度的工作目标和革新的课题。年底，被评价者写出自我议定书。评价者对被评价者进行综合能力评定和业务评定。来年1月再次进行面谈。这样，评价、展示、对话、革新将一直循环下去。

请根据本案例，回答以下问题：

（1）“薪差陡增”的改革方法是否有助于企业的发展？（8分）

（2）如何在改革中体现工资的公平性原则？（12分）